第29辑

法律是一部历史机器

鲁楠 主编

清华大学出版社
北京

内容简介

卢曼是德国最重要的社会学家之一，也是当代法律系统论的奠基人。卢曼的法律系统论宏大、抽象、严密，奇崛之论众多，对德国乃至其他国家的法律研究都产生了持续而深刻的影响。同时，卢曼理论融合了西方学术界在自然科学与社会科学领域的最新进展，颇具后人类色彩，这使其论断在科技革命时代焕发出新的生机。本书是"法律是一部历史机器"专号，围绕系统论法学展开深入讨论，集中关注卢曼法律系统论的基础理论和概念，同时探讨法律自主性、法律系统与政治、金融乃至时间等社会理论法学主题，展望其理论的最新发展与应用前景。本书不仅适合从事法理学、法律史专业的学者阅读，而且适合社会学、历史学等人文学科的专家参考。

版权所有，侵权必究。举报：010-62782989，beiqinquan@tup.tsinghua.edu.cn。

图书在版编目(CIP)数据

清华法治论衡. 第29辑，法律是一部历史机器 / 鲁楠主编. —北京：清华大学出版社，2023.8
ISBN 978-7-302-64383-8

Ⅰ. ①清… Ⅱ. ①鲁… Ⅲ. ①法治—文集 Ⅳ. ①D902-53

中国国家版本馆CIP数据核字(2023)第149829号

责任编辑：朱玉霞
封面设计：傅瑞学
责任校对：王荣静
责任印制：宋　林

出版发行：清华大学出版社
网　　址：http://www.tup.com.cn, http://www.wqbook.com
地　　址：北京清华大学学研大厦A座　　邮　编：100084
社 总 机：010-83470000　　邮　购：010-62786544
投稿与读者服务：010-62776969, c-service@tup.tsinghua.edu.cn
质量反馈：010-62772015, zhiliang@tup.tsinghua.edu.cn

印 装 者：北京同文印刷有限责任公司
经　　销：全国新华书店
开　　本：155mm×230mm　　印张：23.25　　插页：1　　字　数：310千字
版　　次：2023年10月第1版　　印　次：2023年10月第1次印刷
定　　价：99.00元

产品编号：087511-01

卷首语
　系统论法学的突围 ………………………… 泮伟江 （1）

主题文章
　卢曼的系统论法学及其法律系统 …………… 高鸿钧 （7）
　探寻法的自主性之谜：系统论法学的新洞见 …… 张文龙 （41）
　批判法律的自治性
　　——法兰克福学派与自创生法学的隐蔽关联
　　………………………………………… 曹勉之 （71）
　略论卢曼信任理论及法律在金融信任演化中的作用
　　………………………………………… 袁开宇 （89）
　论法律系统过度免疫：以敌人刑法为例 ……… 梁译如 （118）
　卢曼的现代社会困境与法律时间化 …………… 李宏基 （144）
　法律与政治关系的再认识
　　——基于法律实证主义和系统论法学的考察
　　………………………………………… 韩成芳 （168）

法苑品茗

法律共同体与语言共同体的互动调试关系
　　——以德国民法典为焦点 ················· 刘璐 （184）
论生而平等的人权哲学
　　——评佩里教授的人权道德观 ············ 吴园林 （195）

文心法言

与卢曼的三次相遇
　　··············[德]贡塔·托依布纳著 王童译 张文龙校 （220）
苏联法学家的命运（三）
　　——正统马克思主义法学家帕舒卡尼斯
　　··································· 王志华 （225）
法的自主性：神话抑或现实？
　　——世界3与法的自创生系统
　　·························· 於兴中、高鸿钧等 （240）

域外法音

世界社会 ············[德]尼克拉斯·卢曼著，泮伟江译 （274）
非人类的权利？
　　——作为政治和法律新行动者的电子代理和动物
　　··············[德]贡塔·托依布纳著，陆宇峰、迟子钧译 （295）
论社会宪治的政治性
　　········[希]埃米里奥斯·克里斯托多里迪斯著，卞苏译 （325）

编后记 ································· 李宏基 （361）

CONTENTS

FOREWORD

Breakthrough of Systems Theory of Law
.... Pan Weijiang (1)

MAIN TOPIC

Luhmann's Systematic Jurisprudence and Legal System
.... Gao Hongjun (7)

Exploring the Mystery of Law's Autonomy: New Insights into Systematic Jurisprudence
.... Zhang Wenlong (41)

Criticizing the Autonomy of Law: The Hidden Connection between Frankfurt School and Autopoietic Jurisprudence
.... Cao Mianzhi (71)

A Brief View of Luhmann's Trust Theory and the Function of Law in the Evolution of Financial Trust
.... Yuan Kaiyu (89)

On the Excessive Immune of Legal System: Take "Criminal Law for Enemy" for Example
.... Liang Yiru (118)

Luhmann's Conundrums of Modern Society and Legal Temporalization
.... Li Hongji (144)

Rethinking the Relationship between Law and Politics: Based on Legal Positivism and Systematic Jurisprudence
.... Han Chengfang (168)

COMMENTS AND REVIEWS

The Interactive Relation between the Legal Community and the Language Community .... Liu Lu (184)

On the Human Rights Philosophy of Being Born Equal: A Review on Prof. Perry's Conception of Human Rights Morality
.... Wu Yuanlin (195)

CULTURAL TALK AND LEGAL SPIRIT

Three Encounters with Niklas Luhmann
.... Günther Teubner,
    trans. by Wangtong, proofread by Zhang Wenlong (220)

The Fate of Soviet Jurists (Ⅲ): Orthodox Marxist Jurist Пашуканис
.... Wang Zhihua (225)

The Autonomy of Law: Myth or Reality? —World 3 and Autopoietic System of Law
.... Lectured by Yu Xingzhong,
    Gao Hongjun et al. (240)

FOREIGN INFORMATION

The World Society
.... Niklas Luhmann, trans. by Pan Weijiang (274)

Rights of Non-humans? —Electronic Agents and Animals as New Actors in Politics and Law
.... Günther Teubner,
    trans. by Lu Yufeng, Chi Zijun (295)

On the Politics of Societal Constitutionalism
.... Emilios Christodoulidis, trans by Bian Su (325)

EDITOR'S NOTES .... Li Hongji (361)

卷首语

系统论法学的突围

泮伟江*

    许多中国人对梅勒（汉斯·格奥尔格·梅勒）教授或许并不陌生。梅勒教授目前任教于澳门大学哲学系，许多中国人都知道，他是大名鼎鼎的德国汉学家陶德文先生的弟子，他研究老子和庄子哲学的几本专著也早已被翻译成中文出版，甚至还成了畅销书。但我们这些研究卢曼社会系统理论的老朋友们私下更喜欢亲密地称他为"格奥尔格"（Geog），同时也更认同他另外一个身份——按照他自己的说法，他是一位卢曼主义者（Lumanian）。除了汉学研究之外，梅勒教授也非常服膺法律人出身的德国社会学家卢曼所创立的社会系统理论，并有精深的研究，目前已经出版了两本研究卢曼的专著，分别是《卢曼解释：从心灵到系统》和《激进的卢曼》。其中《卢曼解释：从心灵到系统》将卢曼的系统理论引入到哲学领域中关于自我同一性问题探讨，尤其具有深度和富有启发性。《激进的卢曼》一书则对于那些对卢曼有兴趣，但刚接触卢曼思想的读者特别有帮助。
    我与梅勒先生最初是在2017年的一次学术会议相遇。第一次见

---

* 泮伟江，北京航空航天大学法学院教授，博士生导师。

面,他就握着我的手说:"我知道你在翻译卢曼的《社会的社会》,这是一件了不起的事,我很期待。"这有点让我受宠若惊,之前看到会议名单里有他,我也非常兴奋,因为读过他研究卢曼的著作和论文,很受启发,算是久仰大名。如今倒没想到,因为翻译卢曼的著作,也已经被他关注到了。但想想也正常,作为汉学家兼卢曼理论的追随者,他对中国的卢曼研究必然也很关注。后来我们又在比勒费尔德大学的一次研讨会中遇见过,这又再次加深了我们之间的友谊。最近收到梅勒教授的一封邮件,除了问候疫情之外,梅勒教授也很兴奋地告诉我,他刚和卢曼的亲传弟子迪尔克·贝克尔(Dirk Baecker)教授通过一次电话,他们都注意到一个现象,那就是似乎最近中国对卢曼理论的兴趣正在上升。梅勒教授因此问我是否有这回事。我惊讶于贝克尔教授和梅勒教授的敏感,但确实,就我个人的观感而言,最近这一两年,中国的知识界和理论界正在发生着某种躁动和变化,而对卢曼理论的兴趣的增强,或许恰恰就是这种思想内部躁动和变化的一个表征和信号。另外,这个小插曲也提醒我们,由于中国巨大的体量和日益增强的世界影响力,中国的一举一动,乃至一些非常细微的波动和变化,都受到全世界前所未有的关注。我们正处在一个卢曼所谓的"世界社会"之中。

一方面,我们确实能够感受到整个中国知识界对卢曼理论兴趣和关注度的增加。另一方面,我们还是能够感受到,与卢曼理论自身的深度和重要性相比,中国对卢曼理论的研究及其成果,仍然是太少了。首先,在中国的社会学领域中,除了李猛早期曾经关注和研究过卢曼,以及北大社会学系秦明瑞先生一直在比较系统地研究和引介卢曼的著作之外,其他只有相对比较零星的卢曼研究。整体而言,中国社会学界对卢曼研究保持了集体的沉默。哪怕是侧重理论面向的中国社会学研究,整体的研究兴趣仍然侧重于诸如涂尔干、韦伯等所谓古典社会理论遗产,他们的整体心智似乎也停留在那个时代,整体上对传统社会充满着留恋,并对传统社会的消逝和现代性的发生充满了各式各样的多愁善感。他们中许多人认识到,卢曼与吉登斯、贝克、鲍曼、哈贝马斯等其他当代社会理论家相比,确实显得更为深刻,但同时他们也很难接受卢曼的激进现代性立场。一种意味深长的沉默!

与社会学界对卢曼社会系统理论的那种充满敬而远之意味的沉默相对照的,是法学界对卢曼理论的热情。无论是法学理论界,还是诸如宪法学、民法学、刑法学的法律教义学领域,似乎都对卢曼理论充满了一探究竟的热情。无论是社科法学与法教义学的争论,还是政治宪法学与规范宪法学的争论,都能够看到卢曼的身影,同时似乎卢曼所提供的思考方向和论证线路,都是其中最有启发性和建设性的。这更不用说在法学理论领域,卢曼关于法律的自主性、法律的功能、法律与社会、法律与政治、法律与经济等问题方面所提供的系统论述,早已经征服了相当一批中国的法理学研究者。笔者2019年年初访问比勒费尔德大学社会学系时,曾经与哥伦比亚大学社会学系的斯塔克(David Stark)教授有过一次深聊。当斯塔克教授听说笔者正在翻译卢曼的代表作《社会的社会》,同时也听完笔者关于中国卢曼研究的现状时,惊呼:"也许将来中国卢曼研究的希望在法学界!"

中国社会学界和中国法学界对待卢曼社会系统理论的不同态度确实耐人寻味。其中一个很重要的原因,可能是法学与社会学两个学科的经验基础是不同的。中国社会学学科从建立之初,就特别注重用田野调查的方法,对中国乡村传统社区乃至边疆地区进行实证研究,从而形成了自己的研究风格和特色。就此而言,中国社会学研究的传统,其理论旨趣和兴趣,更多的是对非西方的,具有中国传统和文化特色的社会经验的"抢救性挖掘"。这当然很值得理解和尊重。正是在这种理论关怀下,乡村成为中国社会学关注的首要对象,也被中国社会学研究者看作最有可能做出独特贡献的领域。与此相对,中国传统社会中并没有现代意义的法律,也没有现代意义的法学。中国现代法律和法学的兴起,更多的是与中国社会的现代转型紧密关联在一起,并且本身就是整个社会转型中非常核心的部分。法学研究者,尤其是部门法研究者对中国社会转型中形成的经验感受,也许真的与社会学研究者的经验感受存在着某种细微但实质的差异。

晚近中国学术界和思想界对卢曼兴趣的加深,很大程度上也是源于中国社会这几十年的剧烈变迁。二十年前一个中国法学院的学生和二十年后一个中国法学院的学生,在读到苏力的《法治及其本土资源》时,他们的感受很可能并不一致,甚至存在着非常巨大的差异。其中一个很关键的原因,就是两个时代学生所生活的社会语境已经发生了翻天覆地的变化。如果说,二十年前中国仍然是一个以农村、农业和农民为主的农业社会的话,二十年后的中国,随着交通、通信设施的多轮次的升级换代和改造,随着中国快速融入世界贸易体系,变成世界工厂,中国社会也发生了许多实质性的变化:一大批新工业城市崛起,如今中国的城镇人口已经超过60%,中国的网民达到9亿多,互联网普及率达到64.5%。昨天上午我在校园散步,看到校园里一个角落里坐了很多退休的老人在聊天。走近时,听见他们聊天的内容主要是微博、微信、凤凰网等互联网方面的内容。

最近新冠疫情再一次提醒,我们已经生活在充满各种风险的、既复杂又偶联的现代社会之中。然而令人感到遗憾甚至恐惧的是,我们的肉身已经暴露在超大规模的复杂社会之中,但保护我们免于超大规模复杂社会的各种病毒和辐射之肆意侵害的各种防护机制和基础设施却付之阙如。就此而言,对卢曼社会系统理论日益增长的兴趣,其实是当代中国人基于自身当下生存的经验感受,对社会学启蒙的日益强烈的需求。

卢曼社会系统理论对于中国法律和社会转型的意义不需多言。记得多年前比勒费尔德大学卢曼的前同事,曾经担任德国宪法法院大法官,如今已是柏林高等研究院院长的迪特尔·格林教授有一次访问中国,与中国法学界的许多学者进行了一次交流和对话。其间很多中国学者就自身研究过程中遭遇的很多疑难问题求教于格林教授,格林教授对这些问题都发表了自己的看法。最后,格林教授就当时大家提出的问题发表了感叹:"你们为什么不去读点卢曼的作品呢？你们提出的很多问题，其实都可以从卢曼的作品中得到很大启发！"

但读卢曼作品又谈何容易！即便是在德国，卢曼的作品也以深刻又晦涩著称。很多德文的卢曼研究文献和入门作品，都会专门谈几句卢曼的作品为何那么难读的话题。笔者有一次在法兰克福拜访留学时期认识的几位德国老朋友，其中一位朋友介绍我时，说我正在翻译卢曼的《社会的社会》。听完介绍后，对方赶紧说，你太厉害了，即便用母语我也读不懂卢曼的东西，你居然还能够将它翻译成另外一种语言。虽然是玩笑话，但卢曼作品之难读，确实是公认的。作为法学研究者，我们当然希望社会学领域的朋友们能够较为系统而全面地研究、翻译、阐释卢曼社会系统理论，从而给我们这些从事法学研究的学者提供支持和养料。但目前的现实是，相比社会学研究者，法学研究者更容易感受到卢曼学问之精妙，并且更愿意花费时间和精力从事卢曼思想的研究和阐发。

国内法学界对卢曼法社会学思想的系统开发，从2005年前后起步，虽然不约而同，但殊途同归，最终形成了一个既松散但又充满默契的研究群落。在这方面，张骐教授对托伊布纳理论的翻译和阐释，贡献尤多。目前大陆对卢曼法社会学的研究，很大一部分也是通过托伊布纳作品开始的。另外，台湾鲁贵显、汤志杰、张嘉尹、李君韬等诸位先生翻译和研究卢曼的一些作品，也对我们研究卢曼思想提供了很多帮助。高鸿钧老师在清华大学开设了卢曼著作的研读课程，培养和孵化了许多对卢曼著作感兴趣的年轻学者。整体而言，中国法学界的卢曼理论研究呈现出一片欣欣向荣之蓬勃气象，一批年轻的研究者既注重对卢曼经典著作的研究和阐发，也关注卢曼理论在思想界和法学理论界的进一步的发展和演变，也有不少年轻学者结合中国法律转型中的一些具体疑难问题，利用卢曼的理论和分析工具展开分析和对话，都取得了比较丰硕的成果。最近，大家越来越形成了一个共识，即卢曼的法社会学已经形成了对现代法律的系统阐述，并且在方法论上也别具一格，自成一派，或许可以用系统论法学称之。

尽管如此,我们也清醒地认识到,目前中国卢曼社会系统理论的研究整体上还比较弱小。我们也期望不久的将来,能够有更多的不同学科的人从事卢曼社会系统理论的系统研究,从而不但有系统论法学,还有系统论社会学、系统论政治学、系统论教育学、系统论艺术理论等研究群落。在这一切还仅仅是美好期望的时候,法学界的系统论法学研究群落,只能是相互鼓励着孤独前行。

有鉴于此,《清华法治论衡》经过长期准备,专门辟出一辑卢曼研究专题,既是同声相应,同气相求,尽享燕聚鸣之乐趣,同时也期待这或许是国内系统论法学研究的一次整装待发的突围之旅的开始。

主题文章

卢曼的系统论法学及其法律系统

高鸿钧*

近年来,已故德国学者尼克拉斯·卢曼(Niklas Luhmann, 1927—1998)的名字,在中国法理学和法社会学界已不再陌生。卢曼一些著作的中译本陆续问世,研究卢曼系统论法学的中文成果也越来越多。

关于卢曼的生平介绍已有很多。他早年参加"二战"并成为美军战俘,不过是那个时代众多德国青年的宿命。他在战后的法学本科学历,以及毕业后就职公共行政部门的经历,显得平淡无奇。他33岁赴美留学,师从美国著名社会学家帕森斯;39岁才获得博士学位,并取得在大学授课的资格。无论如何,这种经历对于一位专业学者来说,都显得姗姗来迟。然而,在他后来30年的学术生涯中,70余部高质量的著作和450篇富有创见的论文,足以证明这位迟到学者具有非凡的创造力。1972年出版的《法社会学》①是卢曼早期的代表作。这部著作在借鉴和改造帕森斯理论的基础上,从功能的视角考察了法律结构的产生和演化过程,使用了演化、系统、复杂性、偶联性、自我

---

* 清华大学法学院退休教授。
① 中译本见[德]尼克拉斯·卢曼:《法社会学》,宾凯、赵春燕译,上海,上海人民出版社,2013。

指涉以及认知性期待与规范性期待等基础性概念。1984年《社会系统》一书的问世,代表了他思想的一个崭新阶段。该书虽然沿用了早期的一些概念,但富有创意地借鉴了智利生物学家马图拉纳(Humberto Maturana)和瓦瑞拉(Francisco Varcla)的自创生理论,德国物理学家冯·福斯特(Heinz von Foerster)的二阶观察理论,以及美国逻辑学家斯宾塞·布朗(Spence Brown)的区分理论,①对早期的系统论进行了重构,创建了一般系统论和自创生社会系统论。随后,他把这一基础性理论运用到社会的各个领域,相继出版了《社会中的经济》《社会中的政治》《社会中的宗教》《社会中的艺术》以及《社会中的法》等多部系统分论。最后,他又在分论的基础上进行综合,其成果是1997年问世的《社会中的社会》。②

面对卢曼的理论,读者不仅赞叹他的百科全书式知识视野,而且感佩他对科技革命和信息社会的先知般预见。与此同时,卢曼独特的概念体系、理论范式和表达风格,往往使许多读者对他的著作望而生畏,或望文生义。故而我们联络同道,针对他在《社会中的法》③一书进行解读,尝试理解他的法律系统论及其法律系统。

一、系统与环境:社会系统的涌现及其运作

(一)社会系统的涌现

按照《圣经》的说法,上帝创造了万物。但达尔文的理论揭示,万物乃是演化的产物,在演化中涌现、存续或灭亡。卢曼从演化的角度提出了四种系统类型,即无机系统、有机(或生物)系统、心理(或意识)系统和社会系统,这几种系统都属于演化的产物,并在演化过程

---

① 海勒在《我们何以成为后人类》一书的第6章中,对此具有详细介绍。参见[美]凯瑟琳·海勒:《我们何以成为后人类:文学、信息科学和控制论中的虚拟身体》,刘宇清译,173~210页,北京,北京大学出版社,2017。

② 泮伟江博士正在主持此书的中文翻译,中译本会在明年问世。

③ 本书所依据的文本见[德]尼可拉斯·鲁曼:《社会中的法》,台湾"国立编译馆"主译,李君韬译,台北,台湾五南图书出版股份有限公司,2009;关于"Luhmann",台湾学者有"鲁曼"和"卢曼"两种译名,大陆通译为"卢曼"。

中各自又分化出诸多子系统。所有系统自涌现之后便持续运作。故而运作是所有系统的第一个共同特征,也是系统的存在方式。系统一旦停止运作,便无法存在。从发生学上讲,不同系统涌现的时间顺序存有差异。最先涌现的是无机系统,然后是有机系统,人类在有机系统发展到一定阶段才涌现出来。伴随着人类的涌现,心理系统和社会系统涌现出来。

早期系统论强调系统的封闭性。这种系统论重视系统的内部关系,即部分与整体的关系,强调系统的整体性和可控性。但这种封闭系统会因熵效应而能量递减,以致归于混沌。有鉴于此,开放性系统论应运而生。这种系统论以系统/环境的关系图式取代了部分/整体的图式,从而使系统能够从外部吸入能量。然而,这种系统论由于主张系统与环境之间存在输入和输出关系,使得系统与环境的界限变得模糊,以致两者的差异最终不复存在。为了避免封闭系统与开放系统之弊,卢曼主张系统运作封闭,认知开放。换言之,系统运作封闭和认知开放,构成了所有系统的第二个共同特征。有机系统、心理系统和社会系统存在认知能力,这一点不难理解。但是,涉及无机系统的认知,人们往往会产生疑问。应该指出的是,系统的"认知"不是指人的心理认知,也不是指低等生物的感知,而是指系统与环境之间的激扰-反应关系。这样一来,无机系统就能够认知环境的激扰。例如环境改变,水便会发生形态的变化,温度高到一定程度就会蒸发,而温度降至一定程度就会结冰。无机系统具有感知能力最明显的例子是温度控制器和感应灯。前者根据环境温度的变化而运作或停止,后者根据环境而变化,天黑则启动,天亮则关闭。人们如果考虑到具有深度学习能力的智能机器人,就不难理解无机系统的认知能力。

系统的第三个共同特征是自创生。自创生是生物学家用于描述生物的一个特征,如细胞的自我复制和生物种群的自我繁衍等。卢曼把这个概念用于系统论,是指系统以自我指涉的方式持续运作,并在这种运作中通过各种元素的组合进行自我生产和再生产。卢曼关注的重点是社会系统。由于社会系统依赖心理系统,并与心理系统存在结构耦合,因此,卢曼也同样重视心理系统。

像其他系统一样,社会系统也是演化的成就。那么,社会系统为何和如何涌现?这就要追溯到帕森斯双重偶联性的概念。在帕森斯的思考模式中,两个主体即自我和他者在互动中存在困境。自我期望他者如何行动,他者期望自我如何行动。双方的期望是两个"黑箱"(或称"黑匣子""黑盒子")。他人即便知道我的期望为何,也可能采取异于我期望的方式行动。这时,双方的心理状态是,当你做了我想要的事,我才做你想要的事;如果你不会让我来规定你,我就不会让你来规定我。于是,这就出现一种循环:自我依赖他者如何行动,而他者依赖自我如何行动。这样一来,双方就无从行动。针对这种双重偶联性的困境,帕森斯提出的办法通过文化型塑人们的人格和规范共识,从而使得人们的期望能够契合,使人们的行动具有确定性。卢曼对帕森斯的理论进行了改造。其一,卢曼认为,偶联性不应意指"依赖",而应意指"既非必然,亦非不可能"。这意味着,偶联性概念蕴含着解决偶联性的可能性。其二,卢曼指出,帕森斯诉诸"共识"解决双重偶联性虽然不失为一种选项,但涉及大型复杂社会,跨文化的陌生人往往具有不同文化背景,并不存在共识;即便在文化同质性的社群,强调共识也会导致对差异的压制。其三,帕森斯在强调共识时,虽然注意到了偶联性的社会维度,但忽视了偶联性的时间维度。在自我与他者相遇时,静态的心理测度无法打破无可行动的循环,但一旦引入时间因素,一方仍然可能在一个不明朗的情境中,首先由一个眼神、微笑或手势等尝试打破僵局,然后看对方如何反应。只要双方行动延续下去,就可能打破"先由对方行动"的循环,从而摆脱双重偶联性的困境。其四,时间化机制虽然可能使双方的行动得以延续,催生互动系统,但仍然存在问题。例如在争议双方无法达成协议时,以及虽然达成协议但一方拒绝履行协议时,就会陷入困境。因此,就需要中立的第三方出面协调争议并保证协议得到执行。但是,如果第三方是临时的私人,那么争议的解决结果就具有偶然性,而协议的执行也无法保障。因此，就需要建立在时间上持续的社会制度。这种社会制度超越争议双方的利害关系，具有对争议做出决定并强制执行决定的能力。这种对社会制度的需求催生了组织等社会系统的涌现。其五，卢曼认为，帕森斯强调主体之间的对立和依赖，但从主体之间的关系考虑，自我可以把对方体验为"他我"。由此，自我不必认清对方期望的真实状态，而是从自身出发认知对方的期望，实质上是一种建构性认知。卢曼认为，这种思考模式可以生发出系统与环境的关系模式。自我类似系统，他我类似环境。系统可以通过自我指涉的方式认知环境，即对环境进行建构性认知，从而可以化约原本难以把握的环境复杂性。

总之，卢曼认为，双重偶联性困局催生了社会系统。首先，社会系统超越了人际心理的"黑箱"而形成系统"白箱"。所谓"白箱"是指社会系统本身具有一定程度的透明性。例如，法律系统的组织、程序和运作方式都具有高度透明性。争议双方进入法律系统之后，系统会以透明的运作方式对有关争议进行沟通，并做出决定。再如，在房屋买卖的交易中，卖方期望买方先付款后交付所售房屋，而买方则期望卖方先交付所售房屋，然后再付款。这种困境催生了由银行作为第三方负责监督的"共管账户"。这个"共管账户"实质上属于经济系统，具有高度透明性，从而降低了交易风险。晚近出现的区块链提供了一个新例子。区块链作为一个由代码建构的系统，为参与者提供了共管账户的功能，其中每一笔交易都透明化。换言之，区块链为无数各怀鬼胎的陌生"黑箱"交易者，提供了一个"白箱"。

由上可见，为了解决双重偶联性困境，社会系统才涌现出来。积土成山，风雨生焉；积水成渊，蛟龙生焉；积疑成难，系统生焉。"涌现"是指演化中选择和变异所带来的结果。这种结果并非计划的产物，更不是上帝的恩赐。这种结果一旦在尝试中反复出现，就会得到稳定化，并会在持续中保存下来。换言之，社会系统乃是人际沟通困境的产物。我们可能联想到，缺少淡水催生了海水淡化系统，人们远距离不便联系催生了通信系统，病毒催生了免疫系统，疾病催生了医疗系统,犯罪催生了警察系统。社会系统是一种超越机制,借助这种机制,系统得以跨越人际沟通的障碍,对社会事件进行沟通。社会系统是一个沟通平台,借助这个平台,原本人际心理"黑箱"得以变成系统"白箱"。社会系统是一种社会体制,借助这种体制,系统可以化约复杂性,使不可决定之事变得可决定,从而避免社会陷入无序。社会系统是一种信用网络,借助这个网络,系统增加了确定性。在卢曼看来,演化中各个系统无法消除偶联性,系统的功能在于降低或然性。①

(二)社会系统的特征及其与环境的关系

像其他系统一样,社会系统一旦涌现出来,就作为一种"母体",具有自创生的自我繁衍能力。它借助运作和运作的衔接得以延续。不同系统的运作方式有所不同。无机系统的运作方式是存续,生物系统的运作方式是存活,心理系统的运作方式是感知和思考,而社会系统的运作方式则是沟通。

如果说韦伯把人的行动/行为作为社会的基本单元,那么卢曼则把沟通作为社会的基本单元。帕森斯虽然使用了系统的概念,但他的系统论并不彻底,仍然保留了行动的底色。卢曼早期的系统论中混杂着行动的因素,但自1984年的《社会系统》出版后,他的社会系统概念便剔除了行动概念,只是把沟通要素中的告知归因为行动。在卢曼看在,社会系统是沟通的建造物,除了沟通,别无他物。沟通是一个整体,但可分解为信息、告知和理解。信息是关于社会事件的消息或数据,涉及世界的各种可能性。信息是指系统在诸多可能性中进行选择,以及在这种选择中体验到的新奇感和惊讶值。② 这里需要

---

① 关于卢曼对帕森斯双重偶联性概念的改造和双重偶联性与社会系统涌现的关系,本文参阅了台湾辅仁大学教授鲁贵显的《社会系统》中译本(未出版稿)第3章;感谢鲁教授慷慨赠阅此书的未出版中译本。本文也参考了 Niklas Luhmann, *Social Systems*, Trans. By John Bednarz & Dirk Baecker, Standford University, 1995, pp. 103-136;泮伟江《双重偶联性问题与法律系统的生成——卢曼法社会学的问题结构及其启示》,《中外法学》,2014(2),544~559页。

② 参见[德]玛格丽特·博格豪斯:《鲁曼一点通:系统理论导引》,张锦惠译,102页,台北,台湾暖暖书屋文化事业股份有限公司,2016。

注意两点。一是老生常谈不具有信息价值,新奇的消息或数据才具有信息价值。二是信息在来源上可以归因于系统,如系统在自我观察和反思中所获取的信息;也可以归因于环境,如在异己指涉中从环境汲取信息。但所有信息都是系统识别的产物。这意味着,对于系统内部所储备的各种知识和经验,只有系统将其识别为信息,它们才具有信息价值;对于环境的激扰,系统只有将其识别为信息,它们才具有信息价值,否则只是作为噪声。换言之,信息不是备好的现成之物,而是系统建构的产物。这意味着信息不仅经过了系统的选择,而且经过了系统的"加工"或"改造"。例如,在大众媒体系统中,当记者小明在有关各种消息中,感到某球星绯闻有信息价值,于是选择了将信息撰成文稿,发表在《伊甸早报》上。大海在早餐时阅读《伊甸早报》,读到这个信息。小明发表该信息是告知,而大海阅读了小明告知的信息则为理解。这样,上述过程就构成了大众媒体的一个完整沟通。这里需要指出以下几点。第一,沟通始终是系统在进行沟通,人际不能沟通;小明和大海只是在系统中扮演了角色,参与了系统沟通,而不是他们之间进行沟通。第二,沟通是指系统就某个社会事件进行沟通。例如,属于大众媒体的《伊甸早报》编辑部针对是否刊用小明文稿进行沟通,属于法律系统的法院针对某个案件进行沟通,属于政治系统的议会针对某项法案进行沟通。第三,信息、告知和理解都具有选择性,例如在上述例子中,小明在多种消息中注意到某球星的绯闻,把这个事件作为信息,是他选择的结果;他如何撰写有关文稿,当然具有选择性;大海如何理解这条信息也有选择性,例如好奇、厌恶或嫉妒等。换言之,信息、告知和理解的选择过程及其结果都具有偶联性。第四,沟通是信息、告知和理解三者的统一,只有理解之后才构成一个完整的沟通。第五,一个沟通完成之后便会衔接另一个沟通。如大海把他理解的某球星绯闻告知他的朋友,便会开启下一个沟通过程。第六,社会系统的沟通既会指涉自己,也会指涉环境,前者是指系统关于自己的沟通,后者是指系统关于环境的沟通,但系统不能与环境沟通。第七,社会系统的沟通需要依赖心理系统,每个沟通至少涉及两个以上的心理系统,但心理系统只是与社会系统结构耦合,仍然是社会系统的环境。沟通是关于社会事件的沟通,而不是诸心理系统之间的沟通,因为诸心理系统之间不能沟通。换言之,在社会系统沟通过程中,诸心理系统仍然处于不透明的状态。实际上,心理系统之间一旦透明化,则无须社会系统。但人际之间的任何心理活动和内心隐秘暴露无遗,便是一种更可怕的状态。换言之,人际不具有心理透视的能力,而上帝无所不知的说法和佛陀具有他心通能力的拟构,不过代表了一些人试图透视他人内心世界的幻想。

心理系统和社会系统的运作都需要媒介。媒介是指中介基质,具有多种形式。媒介引导运作并对运作范围起到限制作用。心理系统和社会系统的共同媒介是意义。没有意义作为引导机制,心理系统的感知和思考就难以衔接,社会系统的沟通也难以持续。意义也是一种驱动系统自我改变的强制机制,从而把各种可能性予以现实化。社会系统的沟通是在意义的引导下,于现实性与可能性之间进行选择。这种选择具有复杂性和偶联性。复杂性意味着选择面临多种可能性,但"鱼和熊掌不可兼得",一种选择排除其他选项。选择过程不可逆,而可能性一旦现实化,就只能如此这般。偶联性意味着任何选择在未来都具有不确定的后果,有时"种瓜得瓜,种豆得豆",有时"播下龙种,收获跳蚤"。社会系统在运作的反思过程中,始终存在"原本可以不这样选择"的遗憾,但无法消除这种遗憾。因为发生了的事情已经发生了,而已经发生的事情可能对尚未发生的选择产生影响。当社会系统回头选择曾被排除的选项时,已时过境迁,进入了另一个沟通过程,而这种选择仍然具有偶联性。

作为沟通媒介的意义具有事物、社会和时间三个维度。意义的事物维度有内部与外部之分,即要么指向系统,要么指向环境。意义的社会维度有自我与他者之别,或者达成共识,或者产生歧见。意义的时间维度涉及系统的特定时间,分为过去与未来。社会系统与心理系统共享意义媒介。但与心理系统不同,社会系统的一般媒介是语言。没有语言,社会系统就无法进行富有意义的沟通。这并不是说意义不是社会系统的媒介,而是说社会系统的意义是通过语言传播的意义,即内在于语言的意义。同时,不同社会子系统各有自己的沟通媒介,这些媒介是自己的语言,承载自己的意义。例如,政治系统的媒介是权力、经济系统的媒介是货币、宗教系统的媒介是信仰、法律系统的媒介是法律。各个子系统的媒介在引导沟通的同时,也限制各自沟通的意义选择范围。例如政治系统仅仅识别"权力"语言,把权力作为意义,并对涉及有权与无权的事态进行沟通。同样,法律系统仅仅识别"法律"语言,把法律作为自己的意义,并对涉及法与不法的事态进行沟通。法律系统如果把权力作为意义,并以这种媒介进行沟通,则蜕变为政治系统的附属物。另外,媒介与形式一体两面。媒介是不变之维,形式是可变之维,是媒介多样性的体现。例如语言是不变基质,而语言会有多种形式,如不同文体和各种句式;下棋规则是媒介,而千变万化的对弈攻略步法则是形式。经济系统的货币媒介具有多种形式,如贝币、金属币、纸币和电子币等。在法律系统中,成千累万的法律规则是法律媒介的具体形式。

从结构上,社会系统的类型可分为互动系统、组织系统和全社会系统。从演化上,互动系统与初民社会的片段式分化模式相符应,组织(系统)与国家产生后、现代前的层级式分化模式相符应,而结构上独立的功能子系统则与现代功能分化模式相符应。在相同阶段,不同类型的系统可以并存,例如在现代的功能分化阶段,互动系统和组织仍然存在。在法律系统中,法院就以组织系统的形式作为其中的子系统。系统结构的变化既是演化的产物,也是社会复杂性增加的结果。换言之,随着社会复杂性的增加,系统为了实现其功能而不断调整结构。在现代功能分化阶段,系统功能型塑结构的特征显得尤为突出。还需要指出,作为社会系统沟通的通用媒介,语言的传播形式与社会系统的结构变化存在密切关联。口语只适合于在场的互动系统。文字出现使远距离的沟通成为可能。于是,国家等组织类型的系统得以出现。印刷术和电子传播技术为沟通范围覆盖全球提供了条件。因此,现代功能分化阶段的社会子系统具有了世界社会维度。当然,我们并不能由此认为语言及其传播形式决定系统的类型和结构。实际上,像社会系统一样,语言也是演化的成就。在演化过程中,语言与社会系统之间存在互动关系。另外,社会不断分化和社会复杂性增加不是计划的产物,而是演化的结果。社会演化过程并不意味着进步,演化的结果具有不确定性。

系统一旦运作就会产生出系统/环境的差异。然后,系统通过"再进入"的观察复制系统/环境这组由差异构成的图式,就形成了两种指涉,即系统指涉自己的自我指涉与指涉环境的异己指涉。在这里,系统/环境的差异出现两次,第一次出现是基础性区分,但只有通过"再进入"的观察,静态的系统/环境区分图式才能得以启动,系统的运作才得以衔接,认知才得以形成。由此,系统复杂性的建构才迈出了第一步。[①] 洪堡认为,语言界定了我们的世界观。海德格尔认为,语言是人类存在的家园。在卢曼看来,社会系统在运作和观察中所呈现的世界,其基础是系统与环境之间的差异。这种差异的统一构成社会世界。社会世界的界域既小而可见,近在咫尺,又大而无边,无远弗届,例如全社会系统的范围可以覆盖世界社会,而社会系统的环境可以遍及心理系统、有机系统和无机系统。就此而言,环境比系统涉及的范围更大。在这个由系统/环境的差异所构成的世界中,系统只要它决定改变,就可以自我改变;系统只要想改变,亦可因环境而变。系统的过程不可逆,发生的事情本来未必发生,但已经发生的事情就发生了;未来不确定,已经发生的事情,并不必定影响未来发生的事情;当下不可能的事情,未来未必不可能。系统的结构具有可逆性,过去没有实现的可能性,将来未必不可能重新选择。系统在运作中增加复杂性,只有具备一定程度的复杂性才能化约复杂性。对于系统来说,环境比自己更为复杂,因而系统只能通过封闭运作化约环境的复杂性。系统不能透视环境,而是建构出环境的图景。系

---

① 参见[德]玛格丽特·博格豪斯:《卢曼一点通:系统理论导引》,58~59页。

统也不适应环境,更不随环境起舞,而是为了实现自己的功能而与环境保持互动。系统何时和以何种方式对环境的激扰做出反应,完全由自己决定。这可能给人带来这样的印象,即系统比环境重要,或系统为主,环境为辅。但环境与系统同样重要,系统与环境相互依存,没有环境就没有系统。同时,系统与环境的关系不是固定不变而是具有动态性,不同系统之间互为环境。例如,社会系统把心理系统作为环境,心理系统则把社会系统作为环境,政治系统把法律系统作为环境,法律系统则把政治系统作为环境。环境与环境共同演化,环境的复杂性增加有助于提升系统的复杂性,反之亦然。还应指出,不同系统类型并不影响系统与环境的关系。例如,层级式分化的组织内部虽然存在阶序,但系统内部的阶序关系并不影响系统与环境的关系。因此,组织无论把互动系统作为环境,还是作为互动系统的环境,都服从系统与环境的一般关系。

观察是卢曼系统论的一个重要概念。在卢曼看来,观察是系统运作的附属形式。系统观察自己属于自我观察,观察环境属于异己观察。运作离不开观察,观察是一种特殊运作性。但是系统有时以运作为主,称为运作性观察;有时以观察为主的运作,称为观察性运作。[①] 法律系统对案件做出决定属于运作性观察,对决定进行论证的二阶观察、系统在反思层次自我观察以及系统的自我描述,属于观察性运作。在社会系统中,无论是运作性观察还是观察性运作,都属于不同的沟通形式。

所有观察都使用区分,而观察者无法观察到自己正在观察,也无法观察到自己所使用的区分。因此,任何观察都具有盲点。"系统只能看到它所能看到的东西,它不能看到,它所不能看到的东西";"它也无法看到,'它所不能看到,它所不能看到的东西'这件事"。[②] 观察

[①] [德]Geore Kneer & Armin Nassehi:《卢曼社会系统理论导引》,鲁贵显译,台湾编译馆主译,12~123页,注(29),新北,台湾巨流图书公司,1998。

[②] [德]尼克拉斯·鲁曼:《生态沟通——现代社会能应付生态危机吗》,汤志杰、鲁贵显译,38页,新北,台湾桂冠图书股份有限公司,2001。

的不同位阶各有优势,也各有局限。一阶观察者看不到自己的盲点,因为"进行观察的操作对自身而言,是无法观察的"。① 二阶观察者是对观察的观察,能够看到一阶观察者的盲点,但也有自己的盲点;三阶观察者等以此类推。就法律系统而言,案件决定是一阶观察;法官对决定进行观察,为决定提供论证理由,是二阶观察。法律系统的反思、法律论证和自我描述都属于二阶观察,而卢曼对法律系统的反思、法律论证和自我描述进行观察,则属于三阶观察。由此可见,观察具有动态性。

二、法律系统的结构及其运作方式

卢曼在《社会中的法》一书的许多章节中,从不同维度论述了法律系统的运作结构、方式和过程和功能。从静态结构上看,法律系统是一种"社会装置"。这种"装置"中具有复杂的配置,如代码、纲要、司法组织和诉讼程序等。

法律系统的代码是法/不法(合法/非法)。这个代码是法律系统的基本结构性要素,属于法律的创生起点。第一,如前所述,鉴于人与人之间无法沟通,社会系统为了解决双重偶联性而涌现出来。法律系统作为社会系统的一个子系统,其功能是通过运用法律代码进行沟通,从而稳定全社会的规范性期待。从逻辑上讲,社会一旦运用法/不法这组代码判断事件,法律系统就得以创生,并由此而持续运作。这表明,政治权力解决冲突并不具有法律系统的性质,采取自力救济、临时性仲裁和调解方式处理纠纷,也不属于法律系统的运作方式。法律系统与非法律系统的区分标志在于是否运作法律代码。第二,法/不法这组代码界定了何者为法,何者为不法。这组代码也揭示了法与不法相反相成的关系:没有不法,法就无法存在;没有法,也无法判断何为不法。这样一来,法就是法与不法差异的统一,而这种

---

① [德]尼克拉斯·卢曼:《社会的宗教》,周怡君等译,59页,台北,台湾商周出版,城邦文化事业股份有限公司,2004。

统一中包含着悖论。第三,这组代码仅有二值,即正值(法)和负值(不法)。当某个事态符合或顺从系统的规范,则属于正值;反之,违反或偏离系统规范则属于负值。法律系统通过对代码正值的肯定和对负值予以否定,发挥稳定全社会规范性期待的功能。第四,二值代码排除了第三值,简化了对事态判断的复杂性。因为引入第三值或更多值,判断变得过于复杂,且会助长判断的任意性。二值代码让人联想到《易经》中的阴阳二爻,更让人联想到计算机0/1模式的二值代码。第五,代码是区分的产物。人们当观察法时,只有借助不法才能界定法。这种由区分所生成的代码,建构了法律系统,代码生成与法律系统的涌现乃是同一个过程。如果说双重偶联性催生了社会系统,那么,法律代码的建构则启动了法律系统。法律代码的展开使得法律的运作得以衔接。由此,法律系统得以持续运作。第六,由上述可见,法律不是源自神意、天理或道德,而是源于法与不法的区分。这揭示了一个秘密:法律的根源就是法律本身,法律就是法律系统视为法律之物。质言之,法律就是法律。第七,我们如果认为法律源于法/不法的区分,就产生以下一个问题:这种区分本身是法还是不法?这种追问便使法律代码的悖论显露出来。所谓悖论就是悖论、两难或二律背反,典型的例子是"说谎者悖论"和"理发师悖论"。人们对悖论感到不安,往往对悖论加以掩盖和转移。代码的纲要化就是转移悖论的重要方式之一。

法与不法二值代码,界定了法律系统判断事态的基准。这一基准使得法律系统仅仅运用法律标准衡量事态,判断事态是否合法,而排除政治、经济、道德和宗教等非法律标准。与此同时,法律代码也决定了法律系统的沟通媒介和语言。法律系统仅仅把法律作为自己的意义,仅仅识别和理解运用法律代码的法律语言。

然而,法律的代码毕竟过于抽象,不足以为多种多样的事态提供具体的判断标准。由此,法律系统的代码需要纲要化。所谓纲要化,就是把代码具体化、条件化或程式化,使之在判断具体事态中具有可操作性,确定哪些事态属于合法,哪些事态属于非法。在形式上,纲要主要是指立法。在类型上,纲要分为目的式纲要和条件式纲要。前者主要是指一些政策和原则性立法内容,后者是指采取"若……则/如果……就"形式的具体法律规则,更类似于计算机的执行程序。在司法中,目的式纲要只有转变为条件式纲要,才能用来判断事态是否合法。纲要充实了代码的内容,并使代码得以展开。这种对代码的展开及其所伴随的时间化,转移了代码的悖论,并使法律系统得以运行化。在生成方式上,代码是基本的区分,而纲要属于诸多进一步区分。唯有借由诸多进一步区分,法律系统才能运作起来,进入持续的自创生再生产过程。法律系统在代码的结构形式中,体现不变性和统一性,在纲要的结构形式上,展现出可变性和多样性。与此同时,法律系统通过代码化和纲要化铸造了规范性。唯有借助这种规范性,法律系统才能发挥稳定全社会规范性期望的功能。

按照现代法理著作的一般说法,法律源于立法,立法源于民主的立法过程,而法院只是把立法适用于具体案件。哈特的规则法律观就属于这种范式。哈贝马斯认为司法商谈是运用性商谈,即把立法恰当地适用于具体案件。因此,哈贝马斯也属于立法中心论者。与哈特的重要区别在于,哈贝马斯更强调立法的正当性,即通过商谈民主程序和诉诸道德理由产生法律。德沃金认为,法律的内容除了规则,还有政策和原则;法律是一项解释事业;"法律帝国"的疆界由法官对规则、政策和原则的建构性解释所构成。在他构想的"法律帝国"中,"法院是法律帝国的首都,法官是帝国的王侯",[1]显然,德沃金不仅认识到法律原则和法律解释的重要性,而且突出强调法院地位的重要性。卢曼比德沃金更进一步,认为法律是一个系统。这个系统在静态上是中心/边缘图式:法院是中心,立法是边缘。法律系统的中心封闭运作,边缘认知开放。法律系统在运作中,中心和边缘共同运作,但只有中心做出决定,而边缘无须做出决定。在动态上,法律系统除了中心和边缘之外,还涵括全社会一切运用法律代码进行

---

[1] [美]德沃金:《法律帝国》,李常青译,361页,北京,中国大百科全书出版社,1996。

思考和判断的事件与活动。这样一来，法律系统就是一个由沟通所建造的网络，这个网络的边界具有动态性，有时会覆盖世界社会。同时，法律系统在运作中，既会涉及原则，也会涉及解释，既会自我指涉地调用法律系统的一些要素，也会通过异己指涉的方式从环境汲取信息。

如果法律系统和环境都不变，那么，把既定的先例和立法对号入座地适用于个案，判决就是一个很简单的事情。但社会变动不居，系统和环境都在变化，且如何变化具有不确定性。这样一来，法官把先例和过去制定的法律简单地适用于当前案件，就会产生问题。法官机械适用滞后的先例和制定法，不仅会阻遏法律系统的演化，而且会使法律系统失去对环境的感知能力。英美的判例法区分技术和欧陆的制定法解释都试图解决这种困局。在卢曼看来，法官这时所遭遇的是偶联性的困局，即法院在时间压力下必须做出判决，而面对选择的不确定性又难以做出判决。法官判决时面对许多选择，而选择的社会成效如何，是否能够符合全社会的规范性期望，处于不确定的状态。在这种情况下，法官判决实质上是对不可决定之事做出决定。这样，做出判决的法官就是在诸多选项中进行决断。

对不可决定之事做出决定本身是一个悖论。为了转移这个悖论，法官运用了时间化机制，在法律系统中建构出一段当下时间，如诉讼期间就把一段时间悬置在"当下"。然后，法官基于当下而区分出过去和未来。法官的判决通过回溯过去，获得了历史性基础；通过展望未来，具有了目标性理由。这是法律系统一阶观察的运作逻辑。人们在二阶观察层次上就会发现，时间是一个流动过程，过去的时间已经过去，未来的时间尚未到来，只有过去与未来之分，并不存在一个凝滞的"当下"。而且，当下不等于过去的未来，未来的当下也不等于当下的未来。换言之，"当下"属于法律系统建构的系统时间，当下的过去和当下的未来也是建构的产物。这种诉诸时间化机制的时间建构，使得法官通过回溯过去和展望未来，为判决提供正当化理由，由此使不可决定之事得以决定。这种决定看起来顺理成章，正确无误。但人们只要注意到这种决定的时间化机制,就会发现判决实质上是一种决断,这种决断借助时间化机制转移了悖论,把决定的风险转移到未来。

转移决定悖论的另一个策略是论证,即对决定提供理由,使决定具有合理性和可接受性。然而,真相不是先有充足的理由,然后才做出决定,而是相反。论证理由是对决定的事后合理化。理由论证不过是借助另一个区分所得到的概念,转移了决定的悖论。例如诉诸理性和道德的理由,给人的印象是这两个概念比法律具有更高位阶,其实它们与法律处于相同的位阶。理性是理性/非理性之区分的产物,本身并没有根基。而且,这种区分本身就包括悖论。同样,道德是道德/非道德之区分的产物,背后也没有根基,且存在悖论。实际上,任何概念都经不起无限溯根的追问,上帝亦经不住这种追问。质言之,决定是在诸可能性之间进行选择,而任何选择都具有偶联性。对决定提供论证理由不过是使用另外一些概念展开或转移了决定的悖论。法律论证的理由本身无法证明其正当性基础,故而不具有证成判决的功能。当然,从不同观察视角来看,法律的性质和功能也不同。在法律系统运作一阶观察层次上,法律系统的决定是把现行有效法适用于个案,而法律效力是固有值。在二阶观察层次上,法律论证通过为法律系统的决定提供理由,使决定正当化。在三阶观察层次上,法律论证自身存在悖论,无法使法律决定正当化,法律论证真正的功能是为法律系统提供冗余性,并增加法律系统的变异性。法律系统的冗余性有助于维持一致性,而法律系统的变异性则有助于自身的动态变化,并有助于同环境共同演化。法律系统的决定无疑以现行有效法律作为基础。但是判决具有决断性质,使得立法处于法律系统的边缘。所有立法都被预设为有效力。但这种效力只是潜在效力。法官在决定中会通过解释等方式,重新对法律进行效力赋予。"法律之所以有效,正好是因为它可能遭到变更。"① 在一阶观察

---

① [德]尼可拉斯·鲁曼:《社会中的法》,578页。

层次,法律因有效而得到适用。但二阶观察上会发现,法律乃是因适用而有效。

法源位阶的拟制是转移决定悖论的另一种策略。按照这种拟制,法律依据位阶具有不同的效力等级,下位法服从上位法。但任何处于高位阶的概念都是区分的产物,都经不住关于其根源的追问。实际上,所有法源都处于相同位阶,而法源不是因其为法律而得到适用,而是因其得到适用而成为法源。

程序在掩盖法律代码悖论上发挥了重要的作用。诉讼程序为法律系统设置了一个独立的时间。法律系统便充分利用这个特定的时间化机制,与环境隔了开来,形成独特系统时间。法律系统把受理诉讼到做出判决这段时间建构成"当下",此前作为过去,此后作为未来。在"当下"这段时间中,法律系统制造并维持案件事实和判决结果的不明确性。这不仅可以悬置当事人之间的冲突,冷却全社会的情绪,而且会制造一种印象,即法律系统经过慎思明辨才能查明真相,实现个案正义。实际上,这种借助时间化机制的程序,把当事人的注意力集中到程序因素。通过鼓励当事人参与这种程序,使当事人体验这种程序的公正性和从这种程序中所产生结果的客观性与自然性,最终接受判决结果。与实体法和程序法的区分一样,事实与法律的区分,也是旨在转移决定的悖论。实际上,事实与法律之间存在解释的循环。

三、法律的功能和法律系统的反思与自我描述

像其他社会系统一样,为了解决双重偶联性问题,法律系统才涌现出来。全社会是一个期望体系,人们相互期望。例如,缔约一方期望对方履行合同,机动车司机期望行车中不受到其他车辆的碰撞,家居者期望不受闯入者的侵犯。然而,缔约者仅仅依靠对方的诚信,不足以保障合同履行;司机仅仅依靠小心行车,不足以保障不被碰撞;住户仅仅依靠自己的防范,不足以保障不受侵犯。这就需要规范性社会系统来稳定人们的期望,而法律系统就是这种规范性系统。法

律系统对合同的履行提供保障,或者要求违约者履行合同,或者要求违约者赔偿对方损失。法律系统确立了交通规则和违章行驶的责任。法律系统禁止他人非法闯入住户。借助于规范性法律系统的存在和运作,人们在从事交易和其他活动时才具有安全感和可预期性。

首先,法律系统是一个规范性系统。在法律系统的装置中,不仅代码和纲要具有规范性,组织和程序也具有规范性。这种规范性法律系统所做出的判决,具有较高程度的连续性和可预测性。相比之下,首领裁判、大众审判和民间调解,显然不具有这种规范性和稳定性,因而所做出的裁决具有临时性和任意性,无法稳定全社会的规范性期望。其次,法律系统封闭运作,不受环境的干扰,以反事实的方式维持自身的规范性。换言之,全社会道德诉求无论多么强烈,政治压力多么强大,经济吁求多么紧迫,法律只要觉得没有必要予以回应,就可以按照既定方式,是其所是,非其所非。此时,全社会针对法律系统的道德诉求、政治压力或经济吁求,都只能作为认知性期望,在失望后只能通过学习加以调整或改变,或者从环境之维激扰法律系统。最后,法律系统并不是铁板一块,而是始终保持认知开放,具有学习能力。法律系统为了实现功能,常常会对环境的激扰保持一定的敏感度,动态地感知全社会对法律系统的规范性期望,并对这种期望予以必要的回应。正是在上述意义上,卢曼认为"法律系统是全社会的免疫系统"。

"法律系统是全社会的免疫系统"这个表述具有以下寓意。第一,法律系统是规范性系统,它对偏离规范的行为说"不",并予以制裁,由此防止社会陷入混乱。第二,冲突是社会的寄生"病菌",产生的原因各种各样。双重偶联性会导致这样的期望困境:"你不做我想要你做的事,我就不做你想要我做的事。"这种期望困境催生了作为社会子系统之一的法律系统。法律系统以时间化的机制和借助于中立第三方的体制性安排,把期望一般化,在履行稳定全社会规范性期望的功能中,取得控制冲突和解决纠纷的成效,从而抑制冲突蔓延和加剧,缩小"病菌"感染范围。第三,人体无法预料会有何种病毒出现,免疫系统作为一个预备的系统在事后启动,有针对性地抵制和消灭病毒。同样,法律系统也无法预见社会将发生何种冲突和纠纷,因而它作为一种免疫系统的配备,以事后启动的方式"对症杀毒"。第四,法律系统借助程序化和时间化的机制,建构出与环境的不同时间,有助于冷却人们的情绪,缓解社会冲突。第五,与首领裁判和大众审判相比,法律系统的决定不受关系和情感的影响,更容易被全社会接受。第六,全社会的期望多种多样,常常相互冲突。如果完全满足所有期望,社会将陷入混乱。法律系统对于环境的激扰具有"免疫性",即是否对激扰做出反应以及如何反应,不取决于环境,而取决于自己的判断和决定。换言之,法律系统仅仅对于自己认为有必要回应的期望,才予以回应。①

应当强调指出,全社会的功能子系统各有不同的功能,每个子系统都仅仅具有一个功能,且都针对全社会履行该种功能。法律系统也只有一个功能,即稳定全社会的规范性期望。但由于法律系统的代码不同于作为其环境的其他系统,因而法律系统的功能无法在全社会直接实现。法律系统的功能在全社会的实现程度,往往取决于全社会的接受程度,正如药物的功能在我们人体的实现程度,取决于人体的吸收程度。因此,系统的功能经过环境的"过滤",最终在环境所产生的效果便只能是成效。系统的一项功能往往会在环境中产生多项成效,正如食物的功能在人体也可能产生多项成效——食物为人体提供必要的营养,有时还会产生治病成效。解决冲突不是法律系统的功能,而是法律系统功能的成效之一。法律系统的功能还具有维护和平秩序、保证交易安全、保护公民权利以及惩罚犯罪等成效。就此而言,我们只有同时考虑到功能和成效,才能说法律系统是全社会的免疫系统。

在古希腊,司法女神即正义女神。这表明法律与正义具有密不可分的内在关联。同时,在古希腊以后,正义的概念尽管经历了复杂

---

① Niklas Luhmann, *Social Systems*, pp. 369-377.

的变化,但始终与自然法概念密切联系。换言之,承载着正义的自然法在位阶上高于实证法,这种观念在近代自然法时期达到了高峰。根据这种观念,只有符合正义的实在法才具有正当性。然而,随着现代国家的建立,法律开始实证化,自然法逐渐隐退。由此,实证法的正当性常常引起争论和受到质疑。

韦伯认为,随着"祛魅"和价值多元化,只有"价值无涉"的形式理性法律,才能为目的理性行为的个人行为和结果提供预测尺度。因此,现代法律的发展趋势必将是法律与道德等正义价值相分离。哈特的规则法律观和"法律与道德"相分离的主张,也否定了法律以正义为基础。但是,针对法律的合法性基于合法律性这种观点,哈贝马斯提出了反对意见。他尝试在商谈论的基础上重构法律的正当性。他认为,法律只有产生于商谈民主的程序并具有可接受的论证理由,才具有正当性。在他提出的论证理由中,道德理由具有基础地位,是正义的同义语。因此,哈贝马斯主张,法律应与道德相符,而不应与道德相悖。德沃金强调原则优于政策和规则,正义优先于善,从另一个角度重新确立了正义对于法律的优先地位。

关于法律与正义的关系,卢曼从系统论法学的角度提出了新的模式。首先,法律系统以法/不法作为代码。这使法律系统的运作只考虑事态的合法与非法,而不考虑正义与非正义。同时,在全社会中,无论是流行的正义观,还是道德和伦理等价值,都存在于法律系统的环境中。这些处在环境中的价值可能对法律系统进行激扰。法律系统一旦把来自环境的激扰作为信息加以理解,正义就进入法律系统之中,成为法律系统的组成部分。然而,那些没有被法律系统所理解的正义观无论多么重要,都不能成为现行有效法,更不能支配法律系统的运作。法律系统是否和多大程度理解并汲取作为环境中的正义价值,取决于法律系统本身的决定。换言之,法律系统与正义的关联具有偶联性。

其次,司法判决需要诉诸过去和展望未来。但当下的过去常常是对过去的选择性重构,而未来的预设也往往无法兑现,因为当下的未来不等于未来的当下,即未来的当下可能并不受先例拘束。因此,司法判决的连续性实际上无法保障。与此同时,立法属于政治系统,也属于政治系统与法律系统结构耦合的领域。立法在政治系统通过之后,就出现"结构漂移"的效应,即"漂移"到法律系统中,成为法律系统的组成部分。立法在法律系统中处于边缘位置。系统边缘在保持认知开放的过程中,会比中心承受更多来自环境的激扰。同时,立法多是政治力量博弈和利益妥协的产物,往往难以保持前后一致。立法机构的频繁更替加剧了立法的前后冲突。法律系统要能稳定全社会的规范性期望,就必须保持统一性和一致性。代码虽然有助于法律系统维护统一性,但代码本身存在悖论。代码的纲要化在一定程度上转移了代码的悖论,但从政治系统"漂移"过来的纲要缺乏统一性和一致性。因此,法律系统不得不在二阶观察的层次上进行反思,即反思自己是否有效履行了稳定全社会规范性期望的功能。这种反思是一种自我期许,即法律系统把全社会对它的期望予以内在化,对全社会的规范性期望抱持规范性期望。法律系统在这样做时,重新置入正义概念。但这个置入法律系统的正义概念本身也是区分产物,无法作为法律系统正确性的基础,只能保持其形式特征,意指同案同判、异案异判。法律系统的反思任务由法院来执行,作为二阶观察针对纲要进行反思。换言之,法院只要做到了同案同判、异案异判,就视为保障法律系统的正义性。正义性不再是判决的正确性和正当性,而是意指法律系统的统一性和一致性。这样一来,法律系统并不追求实体正义,而在于符合形式正义。法律系统只要确保这种形式正义性,就能够发挥稳定全社会规范性期望的功能。

最后,在二阶观察层次,法律系统进行反思的功能是保障法律系统的统一性和一致性。但采取三阶观察的视角就会发现,法院代表法律系统在二阶观察层次进行反思,致力于同案同判、异案异判,实际上是把正义作为偶联性公式。因为司法判决在时间的流程中,是否同案同判、异案异判,具有偶联性。与此同时,法律系统是否和如何汲取环境中的正义价值,也具有偶联性。换言之,在法律系统运作的一阶观察层次,系统只认法/不法之代码,"眼中"无法律之外的东西(包括正义),即只遵循现行有效法。那些环境中的正义,无论是通过结构漂移(纲要)的方式,还是经由法律系统已指涉的途径,一旦进入到系统中,都被吸收和改造为法律形式,就如环境的消息吸入系统之后成为信息,南瓜进入人体成为身体的营养,就此而言,进入法律系统的正义已不再是正义。法学系统在运作中当把正义作为决定的论证理由时,不过是转移决定自身的悖论,是一种系统内部的操作。一旦对正义本身进行观察,就会发现正义也是区分产物,也存在悖论。

人们对法律系统所进行的学理性描述,称为法律系统的描述,法学著作就属于这类描述。人们对法律的自我描述可分为外部描述和内部描述。卢曼具体阐释了这两种描述的特征,并巧妙地构思了这两种描述之间的关系。

外部描述是指人们从法律系统外部的视角对法律系统进行描述。外部视角可以是政治、经济或文化视角,也可以是历史、社会学或文学视角。无论如何,外部描述都会采取特定的视角。人们一旦采取外部视角,就必定会运用非法律的代码观察和分析法律系统,例如从政治的视角观察,就会发现法律是主权者的命令;从经济的代码出发,就会发现法律是实现经济效益的工具;从文化视角出发,就会发现法律运载特定民族或族群的意义;从历史观点分析,就会发现法律体现着民族精神。文学视角的法律描述通常采取道德的立场,因而展现在狄更斯笔下的英国法混乱不堪,而卡夫卡的《审判》则展现了一幅法律讽刺画:专为乡下人敞开的法院大门,而乡下人却始终难以进入。总之,外部视角对法律的描述更多批判和贬抑。

内部描述是指人们在承认法律代码的前提下描述法律,这主要包括法律教义学和一些法理学著作,例如哈特的《法律的概念》就是一部从内部视角描述法律的著作。内部视角对法律的描述,虽然也会对法律持批判态度,但这些批判只是为了维护法律内部统一性,而不会像许多外部描述那样否定或颠覆整个法律体制。内部视角的描述通常会强调法律自主性,排斥政治、经济和道德对法律的干预和支配。

无论是外部描述还是内部描述,都是探求真理的学术活动,都运用了科学系统的代码,因而学理性描述属于科学系统。历史上,人们或者采取外部视角描述法律,或者采取内部视角描述法律。一方面,法律社会学从外部视角描述法律,仅仅把法律作为事实,而看不到法律的规范性。在这种外部视角下,法律系统只能是一种比较模糊的环境图像,无法看清内部的图景。因此,外部视角的描述无法真实反映法律系统,更无法与法律系统相一致。另一方面,法律教义学和法律实证主义从内部视角出发,仅仅把法律视为规范,而无法顾及其事实性,而法律内部的事实与法律的区分不过是一种操作方式。实际上,法律系统内部的事实由规范所建构,法律事实本身就具有规范性。

鉴于上述两种描述都存在缺陷,卢曼构思出自己描述法律的独特方式。他同时采取外部视角和内部视角描述法律系统。一方面,他从科学的角度对法律系统进行描述,把法律系统作为一种事实,进行二阶观察。另一方面,这种描述依循法律系统的代码,与法律系统相契合。他把这种契合称为科学系统与法律系统的结构耦合,即科学系统对法律系统的描述同时可以扣连到法律系统之上,作为法律系统的自我描述。通过内部视角,自我描述呈现了法律系统的结构要素和不同层次的具体运作方式;外部视角的描述,从三阶观察层次揭示了法律系统论证、反思和自我描述的功能,也揭示了法律系统中代码、纲要和论证存在悖论。法律系统的自我描述既然作为法律系统的组成部分,就成为法律系统的一种运作方式。这种运作方式不是做出决定,而是通过对法律系统的观察和描述,成为法律系统统一性和一致性的反思机制。当然,这种学理性反思不同于法院代表法律系统所进行的反思。

四、法律系统与全社会

法律与全社会的关系,在横向上涉及法律系统与全社会系统及其子系统的关系,在纵向上涉及法律系统和全社会未来的演化趋势。

关于法律系统与其他社会子系统的关系,我们在讨论系统与环境的部分已经有所涉及。但那些论述着眼于系统异己指涉视角下作为环境的其他社会子系统。我们如果着眼于全社会就会发现,不同的社会子系统乃是处于并列的内/外关系,这一点在功能分化阶段的社会子系统之间表现得尤为突出。这类似人体细胞之间和不同系统之间的关系。各个社会子系统具有自己特定的代码,仅仅承担并执行全社会的一项功能。法律的代码是法/不法,对全社会的事态做出是否合法的判断,从而稳定全社会的规范性期望。政治系统的代码是执政/在野,负责做出具有集体拘束力的决定。经济系统的代码是支付/不支付,其功能在于解决物质资源的稀缺性。科学系统的代码是真理/非真理,承担全社会的知识生产和创新。因此,按照系统论的逻辑,法律的归法律,政治的归政治,经济的归经济,科学的归科学,正如上帝的归上帝,恺撒的归恺撒。全社会不同子系统都具有自己的特定时间。相比之下,法律系统慢于政治系统,而科学系统的新发现更具有偶联性,因而慢于法律系统。

法律系统与全社会形成了较为复杂的关系。其一,法律系统是全社会的功能子系统,就此而言,法律系统在全社会之中,仅仅执行全社会的一项功能。因此,法律系统小于全社会。其二,法律系统与全社会之间是系统与环境的关系,两者处于并列地位,并无高下大小之别。其三,法律系统所涉及的环境,除了全社会,还有心理系统和有机系统,在这个意义上,法律系统所涉及的范围多于全社会。全社会的不同功能分别由各个功能子系统承担,而每个功能子系统的运作都是在以各自的方式执行着全社会功能。这样一来,全社会所有沟通都是基于各个子系统的代码,就无须具有一个总体代码。

在系统与环境的关系中,较为理想的状态是系统对环境保持敏感。但系统的运作受到自身代码的约束,便可能对环境的激扰缺乏敏感性。不同系统之间的结构耦合在一定程度上解决了这个问题。所谓结构耦合是指两种事物共享一个结构,如全社会系统及其各个子系统都与心理系统存在结构耦合。这方面更通俗的例子是客厅和书房使用同一个空间,有机系统和意识系统使用同一人脑结构。结构耦合也指一种事物共存于不同的系统中,如立法共存于政治系统和法律系统中,契约共存于经济系统和法律系统中。在这种情况下,一种事物因其所在的不同系统而执行不同的功能。例如,在政治系统中,立法服从政治代码,作为具有集体拘束力的决定形式之一;在法律系统中,立法则服从法律代码,以纲要的形式作为现行有效法的一种形式。同样,经济系统中的契约和法律系统中的契约也履行不同的功能。不同系统对于结构耦合的事物,会保持高度的敏感性。例如,法律系统对契约的改变,对经济系统中的契约会产生强度激扰,而经济系统往往会对这种激扰做出反应。有时,结构耦合会造成共振效应,例如立法就可能在政治系统与法律系统造成共振。结构耦合有助于系统与环境之间的互动,使系统面对环境的激扰易于做出选择,即对环境中属于结构耦合领域的变化保持敏感,并做出回应,而忽略其他各种环境噪声。但是,结构耦合并不意味着两个系统融为一个系统。两个系统仍然是系统与环境的关系。

全社会经历了片段式分化、层级式分化和功能分化阶段。社会随着分化,复杂性增加,而复杂性的提升,系统的结构形式也发生了变化。这一切都是演化的成就。但是,社会各个子系统的演化并不同步,所覆盖的范围也不相同。顾名思义,社会系统乃是着眼于社会世界,而社会世界是指全人类意义的世界社会。直至今日,只有科学系统中的自然科学领域,才真正超越了国界,覆盖范围遍及世界社会。全球化的经济系统也具有超越国界和覆盖世界社会的趋势,其中的金融子系统尤其如此。法律系统虽然在很大程度受到国家主权和疆界的限制,但国际法、跨国法、欧盟法、超国家法以及全球法的涌现和发展,加上世界各国法律呈现出的某些共同趋势,如司法的地位日益突出,尤其是人权及其人权法的发展,都表明存在世界性"法秩序"。然而,政治系统中的国家仍然受到地域的限制和分割,无法在世界社会统一运作。这样一来,国际法、跨国法、超国家法和全球法以同样方式激扰政治系统,而不同国家却会做出不同的反应,例如国际人权法在各国实施的情况就千差万别。同样,日益全球化的经济系统却因受到不同国家经济体制的影响,市场也无法在世界社会范围统一运行。

另外,世界各个国家和地区的演化也不同步,有些国家已经进入功能分化阶段,有些国家处于层级式分化阶段,还有一些族群仍然停留在片段式分化阶段。从理想层面讲,功能分化时期的各个功能子系统应该将所有的人都涵括其中,并覆盖世界社会。但由于世界不同国家或地区处于不同演化阶段,人们的生活条件和能力大不相同。因此,许多人都被系统所排除。例如,处于自给自足经济条件下的人们,被以货币为媒介的经济系统排除,因家庭贫困而失学的孩子被教育系统排除,文盲被科学系统排除在外,非法移民则被政治系统的特定国家排除在外,而卡夫卡笔下那样无力聘请律师的"法盲"农民则被法律系统排除。

有人认为,当代社会是风险社会。这种观点产生了广泛影响。但卢曼认为,人们之所以认同"风险社会"的说法,有各种原因。科技发展固然带来了许多人为风险,如核战争和核污染风险,机动车事故风险,以及农药和化肥的广泛使用对人体健康的风险等。但人们"风险"意识的增加主要源于以下两个因素。一是风险的归因发生了变化。在传统社会,人们往往把灾难归因于神灵的惩罚或不可避免的命运。但在现代社会,人们则往往把灾难归因于某个(些)人或某个(些)组织机构的决定。二是在传统社会,遭受灾难的人们往往自己承担后果,而现代社会中发生了灾难,则需要有人负责,或由风险制造者负责,或由社会为其提供救济。在卢曼看来,正是风险的可归因性和可归责性,才使得人们对风险特别敏感,才使得风险问题成为一个热点问题。① 卢曼认为,人们却忽略了一种风险,即系统决定的风险。如上所述,系统借助时间化的机制,才使得不可决定的事物得以决定,才使得程序化的决定变得具有可接受性。系统运用时间化的

---

① 参见[德]Geore Kneer & Armin Nassehi:《卢曼社会系统理论导引》,220~236 页。

机制虽然转移了悖论，推移了决定的风险，但并没消除风险，而是把风险推至未来。例如，法律系统在当下做出的决定可能制造了未来的风险。同时，某个系统往往运用时间化的机制把压力转给另一个系统。例如，在强烈的福利要求下，政治系统颁布大量福利立法，然后转移给法律系统。法律系统为了减缓压力，满足全社会的规范性期望，也会通过大量判决确认根据福利立法提出的要求。但是，这些确认福利权利的判决需要政治系统予以执行，而政治系统往往并不具备执行这些判决所需要的充足资源。这样一来，政治系统的福利立法实质上是给自己的未来制造了风险——一种不可承受之重。

五、卢曼法律系统论的得与失

卢曼在《社会系统》的基础上，通过《社会中的法》一书全面、细致地描述了法律系统。他的法律系统论与所描述的法律系统具有同构的性质。像其他具有重要影响的法学理论一样，卢曼的理论颇具创意，令人耳目一新，获益良多。但他的系统论法学也存在一些局限和缺点。

第一，卢曼的法律系统论建立在他的社会理论基础之上。他的社会理论不仅融合了社会学、逻辑学和法学等社会科学成果，而且运用了物理学、生物学和心理学等自然科学的成果。由此，他的理论视野广阔，思维严密，论述严谨。更为重要的是，卢曼的系统论法学预示了新科技发展对传统法律理论和实践的挑战，并展示了新型法律范式的优势和局限。

第二，卢曼的法律系统揭示了各种法学理论的固有缺陷。例如，概念法学和法律规则论过于简单，忽略了法律系统与环境的关系。历史法学过于重视法律的不变之维，忽视了法律的动态变化。自然法理论在论证自然法作为实证法的基础时，忽视了自然法概念的建构性质和自身存在的悖论。经济分析法学把法律作为实现经济效益的工具，忽略了法律系统的自主性和其他维度。批判法学从外部视角观察法律，看到了法律内部存在矛盾和冲突，从而解构法律，失去了法律系统的内部视角，忽视了法律系统自身的结构和运作机制。卢曼的法律系统论兼顾了系统与环境的关系，系统运作保持封闭，认知保持开放。这样，法律系统既可以维护自主性，又能同环境保持互动。法律系统通过时间化和制度化的机制，解决了人际无法沟通的双重偶联性困境，稳定全社会的规范性期望。在持续运作和演化中，法律系统成为一种高度复杂的法律"装置"——既具备法律概念和规则，又配有法律组织和诉讼程序。这种法律装置以自我指涉的递迴方式运作，从而实现法律的自创生再生产。同时这种法律装置以异己指涉的方式观察和回应环境，从而降低了决定的复杂性。这种法律装置还以回溯过去和展望未来的方式决定当下事态，从而转移了当下事态不可决定的悖论。卢曼的系统论兼顾结构和功能，但不是结构决定功能，而是功能决定结构。这样，法律系统与环境在与时俱进和共同演化中，功能根据需要而型塑结构。就此而言，"法律系统""是一部历史机器"；这部机器的"每个自创生的运作，都会改变系统，将这部机器转移到另一种状态"。这样一来，韦伯意义上结构决定功能的"法律自动售货机"，[1]就被卢曼提升为功能决定结构的"法律变形金刚"。

"法律变形金刚"的隐喻暗示了法律如何自我改变具有偶联性，而法律与环境的关系也具有偶联性。环境对法律系统进行激扰，这对法律系统制造了噪声，但也为法律系统从环境中汲取信息和能量带来了机会。没有环境的激扰，法律系统可能陷入惰性，甚至会因为失去能量补充而趋向坍缩，最终陷入无序。正是从这个意义上，卢曼才用"噪声出秩序"[2]这句名言，概括"系统'从噪声当中'理出'秩序'"[3]的现象。系统与环境存在因果关系，但这是观察者事后归因的结果，系统事前并不知道是否或如何回应环境的激扰。同样，系统的

---

[1] [德]韦伯：《法律社会学》，康乐、简惠美译，357 页，台北，台湾远流出版事业股份有限公司，2003，该译本称为"自动贩卖机"。

[2] Niklas Luhmann, *Social Systems*, p.178.

[3] [德]玛格丽特·博格豪斯：《鲁曼一点通：系统理论导引》，80 页。

过去与未来也存在因果关系,但过去是否影响或如何影响未来,系统事前不得而知,只有实际影响发生之后,人们才能这样归因。在卢曼看来,系统内部的每个运作衔接都具有偶联性,系统与环境的关系也具有偶联性。质言之,偶联性是源自事物的复杂性,是所有系统及其子系统的演化规律,也是世界一切事物存在、演化和彼此联系的法则。偶联性意味着不确定性,拒斥社会演化的线性进步观和历史发展的必然性。法律系统无法消除偶联性,只能通过化约复杂的运作过程降低结果的或然性。总之,卢曼通过建构性地描述社会系统涌现的必要性和系统与环境的关系,对霍布斯提出的"秩序如何可能"之问题,做出自己的独特回应。

第三,卢曼的法律系统论以社会作为观察和阐释对象,建构出社会世界。社会世界是超族群和民族或国家的沟通网络空间。这就比以国家为视域的法学理论具有更广阔的视野,并更具有前瞻性。国家不过是特定历史阶段产物。它的产生和发展乃是符应于政治系统的功能需要。国家的地域性和在层级式分化阶段所具有的中心地位,阻碍了社会的功能分化,并成为建构世界社会的障碍。系统论法学展望的是世界社会图景,有助于反思地域性国家的局限,也有助于从社会的角度建构全球秩序。在卢曼的理论中,系统/环境图式所构成的社会世界替代了国家中心主义,以内/外关系替代了传统的中心/边缘社会治理模式,并超越了层级式分化阶段的上/下统御模式。社会世界的特征不是统一而是分化与差异,不是支配而是共存与互动。在全社会系统中,每个功能子系统仅仅承担全社会的一项功能,从而可以避免某个系统作为全社会的统合中心,负担过重。

第四,卢曼系统论揭示了司法在法律系统的中心地位。长期以来,立法中心论一直占据主导地位。卢曼认为,立法中心论旨在避免"法官造法"的理论窘境,而法律来自民选机构和民主过程,则在逻辑上显得顺理成章。但英美法和欧陆法的晚近发展趋势都显示出,法院才是法律系统的中心。立法只有在司法中得到适用才有实际的效力,否则,立法不过是"书本之法"。换言之,法律不是因有效而得到适用,而是因得到适用而有效。包括宪法在内的立法无论多么完美,如果不具有可司法性,就不是"行动之法"。在卢曼所描述的法律系统中,法律产生于法律系统的代码;法律系统在运作中实现自创生再生产。法律既然源自法律自身,就无须在法律之外寻找源头。法院或法官是法律系统的组合组成部分,扮演功能角色的法院或法官活动属于法律系统的运作。

第五,当今世界网络法的权威美国学者莱斯格教授,根据代码在网络空间所发挥的重要作用,提出了"代码即法律"的命题。① 与此同时,德国学者卢曼基于控制论、计算机、生物学以及逻辑学的研究成果,指出了法律即代码的观点。② 上述两个命题从不同角度对法律的概念进行了重构。(1)在网络空间和作为社会子系统的法律系统中,法律与代码具有同质性。(2)法律代码类似计算机代码,是人为建构的结果。在网络空间中,编码师是立法者;在法律系统中,法律系统是建码者。(3)代码性质的法律或法律性质的代码,都具有技术的特性,它们本身"价值无涉",并不以道德和伦理作为基础,甚至与道德和伦理没有关联。(4)作为法律的代码和作为代码的法律都不同于国家法,不是自上而下强加的准则或规则,而是社会中自己生成的沟通协议架构。卢曼的法律系统论揭示,法律系统的基础是代码,而这个代码是法/不法之区分的产物。基于这个代码,法律系统建构起来,并以自我指涉的方式持续运作。由此,卢曼指出了法律的真实根源,即法律产生于法律代码,即法律源自法律本身,是建构之物。由此,他对"法律是什么"这个问题做出了独特的回答:法律就是法律。卢曼这个法律概念颠覆了历史上所有本体论进路的法律渊源理论和法律概念。然而,"法律就是法律"毕竟是个套套逻辑,法律代码意涵

---

① [美]劳伦斯·莱斯格:《代码2.0:网络空间中的法律》,李旭、沈伟伟译,北京,清华大学出版社,2009;该书第一章的题目就是"代码就是法律",参见第1~9页。莱斯格教授指出,"代码就是法律"这个命题是由约耳·芮登博格(Joel Reidenberg)在信息法学研究中第一次提出,参见前书第6页。

② 参见[德]尼可拉斯·鲁曼:《社会中的法》,第4、5章。

"自我指涉的递归性"和对"不可规定"事物之规定,[1]人们会对这个自我指涉的套套逻辑及其悖论感到不安,因为其背后存在悖论。于是,人们便想方设法掩饰或转移悖论。

为了掩盖或转移悖论,人们便使用另外一组区分,如主张法律基于神意或道德。然而,神意或道德也是区分的产物,自身也存在悖论。卢曼认为,所有概念都是区分的产物,都存在悖论,彼此之间并无位阶关系。人们一旦认识到这种真相,就不会回避悖论,把悖论作为一种"禁忌",而是会把悖论作为"系统的圣地"[2],奉为神圣的图腾:这个圣地的神性具有多种形态,差异的统一,自我指涉的反身性,不可界定性的可界定性,以及无根基的自我正当化。在卢曼的系统中,如同演化和偶联性等基础概念一样,自我指涉、反身性和悖论概念也反复出现。所谓自我指涉是指自己作为自己的对象,而反身性是指某种理论能够套用到自身,从自身出发又返回自身,一种飞去来器的效应。自我指涉与反身性以及套套逻辑具有相同的意涵,所不同者,是语境存有差别,自我指涉是系统/环境在"再进入"的观察中复制了系统所产生的现象。反身性是指系统适用于自身的观察,如对沟通的沟通,也是指系统受自身引导和控制的过程。套套逻辑是从逻辑学上指称自我指涉现象,"纯粹的自我指涉总是套套逻辑"。[3] 自创生是指系统自我繁衍和维持再生产的特性。根据法律系统的自我指涉和反身性特征,法律就源于法律自身,法律的效力就是法律系统所赋予,法律就是法律系统视为法律之物。卢曼从不同的观察层次揭示了法律系统存在的悖论,并指出了悖论在法律系统中的功能及其法律系统去悖论的方式。在指出法律具有自我指涉和自创生的性质之后,卢曼认为法理学的重点不应再纠缠"法律是什么"这个问题——因为法律就是法律,而应观察和描述法律系统如何运作和怎样在自创生中履行功能。卢曼《社会中的法》重点就在于描述法律系统如何

---

[1] [德]尼克拉斯·卢曼:《社会的宗教》,160 页。
[2] 同上注,356 页。
[3] Niklas Luhmann, *Social Systems*, p.218.

运作和在运作中履行功能。系统功能如果说"是观察者的建构",①那么,意义就是系统一种内在的体验。观察者只有"移情潜入"系统内部,才能"体验"到系统在运作过程中的意义。

另外,卢曼认为,任何观察都只能基于特定的区分,因而都具有盲点,只有观察的观察者才能发现这种盲点。由此,卢曼批判了原旨主义的概念论和形而上学的本体论,揭示了事物的多面性和相对性,突出强调了多元视角真理观的重要性。经过卢曼的点拨,我们就很容易理解不同法学派之争乃是由于观察视角不同。这也让我们想到盲人摸象的寓言。

卢曼的系统论法学尽管具有上述可取之处,但他的系统论法学及其所建构的法律系统,也存在一些局限和缺陷。

第一,卢曼的系统论运用系统/环境的区分图式观察和描述全社会,无疑会失去其他观察视角,而这种视角不仅看不到自己观察的盲点,而且看不到其他视角所能看到的社会图景。卢曼在他的著作中承认这种观察视角的局限。卢曼主张,在现代功能分化阶段,各个社会子系统功能不同,但地位并无差别。但常识告诉人们,在迄今为止的现代社会中,各个子系统在地位上存在着不容忽视的差别。例如,在全社会的各个子系统中,政治、经济和法律系统的地位显然更高一些,而政治系统比法律系统的地位也明显更高一些。同时,根据卢曼的系统论,基于代码区分而涌现出来的系统要么全有,要么全无。但系统演化的实践过程并不符合这种逻辑。卢曼系统论法学的阐释者托依布纳(Teubner)就认为,实践中的法律系统存在着自治程度之别,即存在着半自治和全自治的法律系统。② 换言之,法律系统封闭运作只是一种理想状态,现实中的法律系统往往会由于受到政治等因素的干预或控制,运作上达不到完全封闭的程度。

第二,卢曼的系统论具有韦伯理性的背影。在韦伯看来,现代社

---

① [德]尼克拉斯·卢曼:《社会的宗教》,154页。
② [德]贡塔·托依布纳:《法律:一个自创生系统》,张骐译,44页,北京,北京大学出版社,2004。

会必然是形式理性行为占据主导地位。与此相应,形式理性的法律也会成为主要法律类型。但韦伯对于主观权利进入客观法"铁笼"的悖论,以及现代化过程"祛魅"所导致的意义丧失,始终深感忧虑。帕森斯认为,基于文化共识的社会系统可能解决人际无法沟通的问题,但他的系统仍然没有摆脱社会学领域长期以来的"行动范式"。换言之,韦伯和帕森斯都没有摆脱人的主体性观念。卢曼则在帕森斯的基础上,建构了以沟通为单元的社会系统。他的社会系统具有社会技术的明显特征。在社会系统中,人不是主体,只是系统的环境。同时,系统处在不断分化过程,分化意味着进一步的区分,而区分则意味着涵括和排除。人们虽然可能被系统涵括其中,但人们参与系统需要条件,许多人或因为资格或能力欠缺而实际上被系统排除在外。此外,卢曼也指出,法律系统在以时间化机制转移悖论的过程中,把决定的风险转移到未来。凡此种种都足以表明,这种去主体的系统论具有反人文主义的气质。晚近科技的发展,尤其网络技术、虚拟现实和人工智能的发展,法律的技术性和算计性特征越来越突出,各种体制操控这些技术和算法的趋势也越来越明显,由此人们日渐担心,从形式主义的"自动售货机"提升为黑客帝国式"变形金刚",对人的自由和公民权利的侵害会不断增加。由此,我们在阅读卢曼系统论法学过程中,应重申和捍卫人文主义的基本价值,警惕和防范法律系统的潜在风险。

第三,卢曼的法律系统论主张,法律的正当性源于自身。换言之,事实有效之法就是规范有效之法。这样一来,在一些法律系统不完善和政治缺乏民主的国家,不再追问法律的正当性基础,就可能放纵恶法之治。哈贝马斯反对把法律的事实性等于有效性。他认为只要激活人们的交往理性,通过以理解为旨向的人际沟通达成共识,诉诸商谈的民主程序和道德理由,就能够产生合法之法。卢曼强调人际不能沟通,故而需要具有沟通能力的法律系统;哈贝马斯强调主体间能够沟通,因而不需要法律系统。在哈贝马斯那里,法律非但不是系统,而且它作为全社会的交往媒介和值得遵守的规范,具有抵御政治系统和经济系统导控的功能和意义。笔者以为,人际之间是否能够沟通及其沟通的力量很大程度上取决于如何定义"沟通"。强调人际绝对不能沟通或完全能够沟通,可能都失之偏颇,真理也许在卢曼与哈贝马斯的主张之间。哈贝马斯的法学理论比较理想,而现实更接近卢曼的理论。但是,我们如果默认现实中的法律事实性,失去对法律事实性的批判和对法律理想性的追求,就可能沦为不正义之法的牺牲品。

第四,读者会发现,卢曼的法律系统自我描述的概念暗示,《社会中的法》一书既属于科学系统的法律社会学,又是对法律系统的自我描述。但我们并不清楚,他所描述的"事实",在多大程度属于真实世界的事实,又多大程度属于他所建构的事实?

第五,在法律系统论和其他著作中,卢曼所使用的概念过于抽象,他所建构的概念关系也过于复杂。卢曼还使用了大量经他改造的自然科学概念。所有这一切都增加了读者的阅读障碍和理解难度。

探寻法的自主性之谜：系统论法学的新洞见

张文龙*

法的自主性（Autonomy of Law）是一项"斯芬克司之谜"（Riddle of Sphinx）。当俄狄浦斯遭遇"斯芬克司之谜"时，这既揭示了"认识你自己"的神谕，又暗示了没有真正认识自己所带来的"悲剧"（即弑父娶母的命运）。① 当自主性被视为人的主体性之体现时，自主性意味着人的自我认识和决断能力。所以，当人们提出法的自主性问题时，这个问题就会显得像一个谜语。② 法怎么可能具有自主性？法律不是人类的工具吗？作为一种人类创造的事物，法律是人类观察的客体，它如何可能具有自主性呢？对这个谜题，系统论法学提供了一种深刻的新洞见。作为客体的法律，不仅可以具有自主性，而且具有

---

* 张文龙，华东政法大学科学研究院副研究员，华东政法大学数字法治研究院副院长。
① 参见金寿福：《从斯芬克斯之谜到斯芬克斯之吻——一个古老概念的延续与演变》，《文汇报》，2018-08-17，第 W05 版。
② "斯芬克司之谜"揭示了人的自主性与人的自我认识关联，这种关联是以人类中心主义为预设。随着后人类主义兴起，自主性问题不再局限于人类及其认识的范畴，而是拓展到整个社会的层面。参见赵柔柔：《斯芬克斯的觉醒：何谓"后人类主义"》，《读书》，2015(10)，82～90 页。

自我认识的能力。系统论法学认为法律是一个执行全社会功能的系统。这个社会系统通过自我指涉、自我观察、自我描述和自我再制方式不断再生产出它自身。① 于是,法律系统被描述为一个自创生的社会功能系统。同时,由于系统论法学将这种描述理解为法律系统的自我描述,所以,法的自主性属于法律系统的自我描述。从"斯芬克司之谜"角度来看,法律系统的这个自我描述一方面揭示了系统需要进行"自我认识"之神谕,另一方面也暗示了这种"自我认识"的要求可能遭遇系统悖论的"悲剧"。当然,这种"悲剧"所显示的法律危机恰恰是法律系统自我演化的契机。在这个意义上,作为一项法律系统的悖论,法的自主性将极大提升法律系统运作,使之有效化约(环境)复杂性,从而发挥其系统功能,即稳定社会的规范性预期。然而,当人们尚未从系统论角度来把握法律时,法的自主性问题就显得晦暗不明,因为人们尚未能摆脱人类中心主义的认识论束缚,只能从作为环境的人类角度来观察和认识法律与社会的关系。作为这种人类认识论的结果,法的自主性问题一直被遮蔽了起来,而法治恰恰成为了这个问题的谜面。

一、法治:法的自主性之谜面

法的自主性与西方社会的法治传统是互为表里。在西方社会中,法的自主性程度越高,法治就越是从理想变成一种现实。法的自主性意味着,法律决定着"法律是什么"。当法律决定自己的命运时,法律至上、法律面前人人平等、罪刑法定、法不禁止即自由等法治的精神和理想就会变成一种制度实践和社会现实。于是,法治也意味着法律决定不受经济、政治、宗教、科学、道德等社会力量的干预。否则,法治就不是法律之统治,而是经济之支配、政治之规训、宗教之束缚、科学之铁律、伦理之教导。西方社会的法治观念经历了一个由神

---

① 参见[德]Georg Kneer & Armin Nassehi:《卢曼社会系统理论导引》,鲁贵显译,43~139页,台北,巨流图书公司,1998。

圣化到理性化再到世俗化过程。① 这个过程恰恰是法律与宗教伦理逐步分离,以及与政治经济科学逐步分离的过程。按照卢曼的说法,这就是现代社会的功能分化。具言之,随着现代性在西方兴起,现代西方社会分化出一个个社会功能子系统,如经济系统、政治系统、法律系统、科学系统、宗教系统、道德系统、艺术系统、大众媒体系统等等。每个社会功能系统都是全社会的子系统,并担负着一项全社会的功能。② 法律系统的功能就是稳定社会的规范性预期。不过,法律这项单一的功能对全社会产生了诸多成效,这些成效包括纠纷解决、权利救济、行为指引、社会控制等。③ 在这个意义上,法治就是法的自主性(即功能性)之价值象征,即现代法律的"图腾"。西方的法哲学、法理论对这个"图腾"的研究,显然已经蔚为壮观。从自然法学到法律实证主义,再到法社会学和法的经济分析,以及批判法学和法律与社会研究等新兴理论流派,都逐渐揭示了法的自主性是西方法学(史)核心问题。西方法治史不仅印证了西方法学流派对法的自主性之描述,同时也构筑了法的自主性之历史社会进程。质言之,法的自主性是西方法律演化的一项重要成就。因此,没有法的自主性,就没有法治。

当中国社会遭遇作为"斯芬克司之谜"之法的自主性问题时,我们是否能够同样认识到这个谜语的启示。当我们提出"市场经济就是法治经济""依法治国是实现国家治理体系和治理能力现代化"等命题时,法治中国建设这个宏大叙事究竟如何直面这个谜语,并解开它的谜底呢?显然,我们法学理论对此并非毫无知觉,或者熟视无睹。不过,面对西方法律话语殖民化的宰制时,我们法理论思考还面临着如何对抗西方法律话语霸权,以期重构法律与法学的"主体性中

---

① 参见洪川:《德沃金关于法的不确定性和自主性的看法》,《环球法律评论》,2001(1),84～87页。
② 参见[德]Georg Kneer & Armin Nassehi:《卢曼社会系统理论导引》,58～182页。
③ 关于法的功能与成效的区分及法律功能的单一性,参见[德]尼可拉斯·鲁曼:《社会中的法》,李君韬译,152～184页,台北,五南图书出版股份有限公司,2015。

国"问题。① 质言之,我们需要建立起现代中国之法律和法学的自主性。然而,在探寻这种法律和法学的自主性中,现代中国的社会语境自然构筑了完全不同的谜面。自 20 世纪 90 年代以来,围绕法治中国这个既具普遍性,又具特殊性的论题,就产生了一系列首尾相接的争论,如法律移植与本土资源之争、精英司法与民粹舆论之争、法教义学与社科法学之争等。这些关于中国法治建设的争论,在规则-制度、机构-职业、论证-方法等不同维度触及了法的自主性问题。尽管"横看成岭侧成峰",然而,这些争论大多数都是"不识庐山真面目"。为此,我们需要进入争论语境,拆解出争论话语背后隐藏着的谜语。

(一) 法律移植与本土资源

自清末修律起,中国就试图通过移植西方法律来改变其"落后""不够文明"的状况。虽然中国是一个文明古国,但是,随着西方殖民扩张,中国逐渐沦为西方列强侵略和掠夺的对象。与此同时,中国关于"华夏与蛮夷"的叙事被颠覆。② 作为"蛮夷"的西方列强,否认华夏中国的文明程度,尤其指摘传统中国法律的野蛮和不人道,不仅要求战败的中国割地赔款,而且,通过与中国签订不平等条约提出治外法权。于是,中国不仅被排除在国际文明社会之外,而且,日益沦为西方列强殖民瓜分的"势力范围"。当时中国有识之士逐渐认识到,如果不向先进富强的西方学习,那么,中国就不可能摆脱这种被西方列强殖民瓜分的命运。中国就会亡国灭种。因此,"变法图强"就成了中国有识之士改变国家民族命运的必由之路。并认为通过移植西方法律,中国可以改变自身的缺陷,争取获得西方列强对中国文明的承认。质言之,让中国获得真正的独立自治,成为国际文明社会的成员。因此,法律移植成为了中国"救亡图存""富国强兵"的手段。③

新中国成立之后,民国"六法全书"被废止,旧法统被认为是反动

---

① 参见邓正来:《直面全球化的主体性中国——谈"中国法学的主体性建构"》,《中国法学》,2007(2),132~144 页。
② 参见喻中:《法的现代性:一个虚构的理论神话》,《法律科学》,2013(5),21~28 页。
③ 参见张晋藩:《综论中国法制的近代化》,《政法论坛》,2004(1),3~12 页。

的,同时,向欧美学习的目光,全面转向苏联。由此,中国移植西方法律的历史进程被中断了。虽然"变法图强""救亡图存"是中国社会遭遇西方文明冲击的一种回应,但是,这种回应并不是与现代性无关的历史社会进程。因为西方文明正是现代性的前提和后果。随着西方殖民扩张,西方现代性日益变成一种全球现代性。[①] 非西方文明的国家和社会都必须回应这个全球性问题,以获得国际文明社会的成员资格。[②] 因此,当中国开启改革开放,移植西方法律又成为中国走向现代化,融入国际社会的必要手段。中国走向现代化是一项全社会工程,它既是中国政府主导推动,又有民间社会力量的参与和支持。这项工程不仅被表述为"四个现代化",而且还要求实现治道政制层面的现代化,如从20世纪90年代提出的"市场经济就是法制经济",[③]到最近提出的"依法治国是实现国家治理体系和治理能力现代化"。[④] 质言之,法治成为中国移植西方法律,实现自身法律现代化的基本目标。没有法律现代化,就没有法治。法律移植则是实现法律现代化的必要手段。因此,在手段意义上,法律移植是实现法治的前提和基础。

何谓法治?对此研究文献汗牛充栋,也不存在统一的共识。不过,作为一种西方观念和理想,法治是指"用预先制定好的法律规则来指导和约束人们的社会行为以避免人的任意性"。[⑤] 当然,这里的人们既包括被统治者,也包括统治者。不过,西方历史经验表明,腐败的统治者最容易破坏法治,因此,从法治观念中又发展出来宪政主

---

① 参见[美]阿里夫·德里克:《全球现代性:全球资本主义时代的现代性》,胡大平、付清松译,1~7页,南京,南京大学出版社,2012。
② 参见刘禾:《世界秩序与文明等级:全球史研究的新视野》,《文化纵横》,2015(6),112~119页。
③ 参见苏力:《市场经济需要什么样的法律?——关于法律文化的一点思考》,载苏力:《法治及其本土资源》,78~94页,北京,中国政法大学出版社,2004。
④ 参见《中共中央关于全面推进依法治国若干重大问题的决定》,载"中共中央党校的网站":http://www.ccps.gov.cn/xytt/201812/t20181212_123256.shtml(最后访问时间:2020-5-16)。
⑤ 洪川:《德沃金关于法的不确定性和自主性的看法》,84~87页。

义,从分权制衡、保障人权角度强调法治的民主意义和基础。① 作为一种制度实践,西方法治观念源流久远,同时,又因应不同社会发展出制度具体各异的形态,如英美法治与欧陆法治国。在理论上,人们更是揭出了不同的实践范式,如形式法治、实质法治、程序主义法治、共同体法治等等。② 可见,法治作为一种社会理想和制度实践,既有普遍性,又有特殊性。中国移植西方法律,推动自身法律现代化,自然是一个学习和分享现代性文明的过程,同时,也是为现代世界的法治文明贡献自身经验和教训。

虽然法律移植是实现法治的前提,但是,仅有法律移植并不一定能实现法治。当移植西方的法律遭遇本土社会长期以来形成的习俗和习惯抵触时,法律移植就遭遇到"南橘北枳"问题。这个问题反映了所移植的法律与本土社会存在着冲突和紧张。因此,中国法治建设必须处理好法律移植与本土资源之间的张力关系。③ 这种张力关系主要表现为以下五个方面:④一是规范与事实。由于法律移植提供的规范并非产生自本土社会事实,缺乏本土社会人民的认同和接受,所以,移植西方的法律可能无法调整本土社会事实。二是理性与情感。法律移植是通过立法实现的。现代立法是利益博弈与理性妥协之产物。虽然中国经历从传统向现代转型,但是中国社会仍然讲面子人情。在乡土社会中,人际关系纠纷大多数通过调解方式解决。如此,基于理性的立法与基于情感的调解难免存在竞争,甚至冲突。三是规则与制度。法律移植可以提供一套制度,但是,司法实践并不是将整个制度适用到个案,而是将具体规则适用到个案。如此,司法

---

① 参见[美]布鲁斯·阿克曼:《我们人民:奠基》,汪庆华译,2～34页,北京,中国政法大学出版社,2014。
② 参见高鸿钧:《现代法治的出路》,北京,清华大学出版社,2003;季卫东:《法治秩序的建构》,北京,中国政法大学出版社,1999;[美]布雷恩·Z.塔玛纳哈:《论法治》,李桂林译,武汉,武汉大学出版社,2010。
③ 参见苏力:《变法,法治及其本土资源》,载苏力:《法治及其本土资源》,3～23页。
④ 参见马剑银:《法律移植的困境:现代性、全球化与中国语境》,《政法论坛》,2008(2),54～69页。

实践是将具体规则嵌入到既有的社会制度中。于是,法律移植带来的规则改变,就可能与维持既有制度的稳定产生不一致和不协调。四是建构与自发。法律移植是通过立法方式来建构法律体系,因此,它与社会长期演进自发产生的习俗和习惯极为不同。如果说后者源自生活世界,反映民情,那么,前者则可能是政治系统利益博弈的结果,主要反映统治精英的利益。五是普遍与特殊。虽然法治源自西方,是一种地方性知识,但是,随着西方文明的全球扩张,法治越来越成为一种具有普遍性的理想和实践。然而,法治的具体实践离不开地方社会的脉络,这意味着地方知识对法治理想的"重构",形成形态各异的法治实践。于是,统一的法治理想与多样的法治实践就会存着张力。由于这些张力关系,中国法治建设就会面临法律移植的"水土不服"与本土资源的"局限不足"这种双重困境。为此,人们纷纷提出法律移植的本土化进路,以期在法律现代化与文化主体性之间寻求平衡。

虽然法律移植与本土资源之争凸显了中国法律和法学现代化的自主性问题,但是,这一中国自主性问题却掩盖了法的自主性问题。因为中国自主性更多是强调文化的主体性以及政治的自主性即主权。如此,法律移植可能沦为维护政权统治和发展国家经济的工具,如新中国成立后基于政治意识形态而移植苏联的法律和改革开放后基于发展市场经济而移植西方法律。[①] 如此,法律有可能沦为政治统治和资本获利的工具而丧失其自主性。法的自主性一旦丧失,法治危机就会显现。

法治乃规则之治,无规则则法治如"无米之炊""无源之水"。从法律演化角度来看,法律移植是法律发展的基本方式。一方面,法律移植预设了法的自主性为前提。因为唯有当法律在规范上是封闭自主的,法律才能够从特定的社会脉络中"脱域",摆脱传统、文化和语

---

① 参见姚建宗、孟融:《当代中国法律移植的反思和实用主义法律移植观的兴起》,《甘肃政法学院学报》,2015(2),12~23页。

境的束缚。① 另一方面,法律不是在真空中运作的,且必须依赖一定的社会脉络。所以,法律移植提供的规范从一个文化传统迁移到另一个文化传统,就必须将自身嵌入新的社会脉络中,否则,移植的法律必然遭到本土社会的抵制。不过,这种"嵌入"同时又是建立在法的自主性基础上。否则,法律如何可能与新的社会脉络区分开来。因为"嵌入"并不意味着"混同",也许仅意味着某种结构上的相互拘束而已。在这个意义上,法律移植的本土化所解决之真正问题不是凸显中国的自主性,而是如何真正落实法的自主性。因为法没有自主性,则所谓法律移植的本土化就是"无本之木"。在这个意义上,法律移植应该对政治意识形态和经济功利导向保持警惕和克制,以维持法的自主性。换言之,法律规则和制度的制定和执行应当独立于政治、经济、道德和宗教等社会力量,因为法律不是社会的"镜像",而是有其自己的生命。②

(二)精英司法与民粹舆论

虽然法律移植提供了规则和制度,但是,仅有规则和制度无法实现法治。正所谓"徒法不足以自行",因为法律规则和制度是需要人来运用和实施的。西方现代法治建立在三权分立的基础上,即由议会立法,由政府执法,由法院司法。在功能上,立法负责创制规则,行政与司法则负责实施规则。不过,司法与行政不同,司法主要通过审判的方式来实施规则。这意味着司法面向具体个案。而且,当个人与行政发生纠纷时,也可以诉诸司法来获得救济。此外,现代宪政发展出司法审查制度,将立法的违宪行为纳入司法审查范围。从终局的角度,司法似乎是社会正义的最后防线。换言之,合法与不法,最终是法院说了算。在这个意义上,法律规则和制度的实施主要依靠法院和法官。因为法院和法官才是法律决定的最终担纲者。因此,

---

① 参见余成峰:《超越历史社会的"法律移植":纪念艾伦·沃森》,《读书》,2019(11),168~176 页。

② 参见[美]布莱恩·Z.塔玛纳哈:《一般法理学:以法律与社会的关系为视角》,131~163 页。

司法权之于现代法治具有极为重要的结构意义和功能价值。质言之,三权分立,尤其是立法与司法的分化,是现代法治的基本前提。①

从清末到民国时期,中国宪制的形成和发展主要建立在西方三权分立理论基础上,及至民国时期还发展出"五权分立"的宪制。新中国成立之后,国家权力采取议行合一的宪制,同时,立法权、行政权与司法权形成分工合作的关系。在议行合一的宪制下,司法权具有一定的自主性和独立性。不过,改革开放以来,因应社会发展的不同需要,法院对司法体制进行改革,这成为推动中国法治建设的重要举措。为了发展市场经济和构建和谐社会,中国司法体制改革曾先后形成了两种不同模式。第一种模式是精英主义的司法改革,以第一个《人民法院五年纲要(1999—2003年)》为标志。第二种模式是民粹主义的司法改革,以第三个《人民法院五年纲要(2009—2013年)》为标志。② 这两种模式的差异主要体现在以下四个方面:一是精英与大众。在改革立场上,前者强调法官精英的作用,提倡法官的职业化和专业化。后者则强调司法满足大众需求,提倡司法的民主化和调解化。二是审判与调解。在解纷方式上,前者强调审判,注重审判组织和审判制度的完善。后者则提倡调解,主张建立多元纠纷解决机制。三是形式与实质。在裁判论证上,前者强调形式正义,要求统一司法尺度,后者则是提倡实质正义,要求裁判实现社会效果、政治效果和法律效果的统一。四是克制与能动。在司法哲学上,前者强调司法的有限性,要求司法与社会的区隔,且对社会需求在法律专业层面进行过滤。后者提倡司法的能动性,主张社会公众参与司法,要求司法积极回应社会公众的利益诉求。由于两种模式的差异,司法精英主义与民粹主义之间的张力构成了中国法治建设的基本语境和问题域。

21世纪之后,由于新媒体技术兴起及其对公民产生的赋权效果,

---

① 参见[德]尼可拉斯·鲁曼:《社会中的法》,340～341页。参见[美]汉密尔顿、杰伊、麦迪逊:《联邦党人文集》,程逢如、在汉、舒逊译,390～396页,北京,商务印书馆,2007。

② 参见孙笑侠:《司法职业性与平民性的双重标准——兼论司法改革与司法评估的逻辑起点》,《浙江社会科学》,2019(2),43～49页。

很多个案引起公共舆论的关注和讨论,以致司法与民意之间的张力凸显。譬如,张学英继承案(2001年)、许霆案(2006年)、彭宇案(2006年)、杨佳案(2007年)、杭州飙车案(2009年)、邓玉娇案(2009年)、"我爸是李刚"案(2010年)、药家鑫案(2010年)等舆论公案就凸显了精英司法与民粹舆论之间的对立与矛盾。① 不过,当司法顺应舆论做出判决或改判时,恰恰揭示出法的自主性问题。借助新闻媒体,尤其新媒体的技术赋权,公共舆论获得了巨大影响力,而在这种舆论背后,则可能是经济、政治、科学、道德等各种社会力量发挥着作用。因此,当司法受到公共舆论的刺激,进而做出某种有利于或不利于经济、政治、科学、道德、宗教等的法律决定时,法治精神是否得到彰显,或者法的自主性能否得到实现,很大程度上依赖司法运作能否贯彻法律系统的自身内在逻辑。如果司法运作不是独立自主,那么,与民粹舆论一致的司法裁判就可能被认为是受到政治与资本操控的民意所支配。反之,与民意不合的司法裁判则可能被认为存在司法腐败嫌疑,进而损害司法公信力。如此,在舆论公案中,精英司法与民粹舆论之争将聚焦在司法公信力问题上,这恰恰掩盖了司法运作的自主性问题。

法治乃司法之治,没有独立自主的司法运作,法治的理想就不可能变成现实。从法律运作角度,司法是实现法律在规范上运作封闭的基础。首先,在机构层面,法院组织保障了司法的独立自主。一方面法院组织建立起对法官的纪律约束和控制。具言之,一是法官作为司法组织的成员承担着司法裁判的义务。二是法官做出裁判时,必须遵循法律。一旦法官违反法律,就会遭到司法纪律的制裁。三是法官做出裁判时,必须为决定提供论证。同时,审级制度可以保障当事人面对不当裁判时的上诉机会,防止错误裁判。四是法官可以享受法院组织提供的薪资和职位,因此,一旦丧失法官资格,就会失

---

① 参见周安平:《涉诉舆论的面相与本相:十大经典案例的分析》,《中国法学》,2013(1),160~174页。

去职业生涯的保障。另一方面法院组织避免法官遭受舆论攻击的风险。只要法官依法裁判,即便裁判是错误的,法官也不会受到追责。换言之,法官面对媒体舆论的炒作,不用担心丢失工作,或者遭到财产的损害。其次,在职业层面,法律职业共同体有利于司法独立运作。一方面法律人使用共同的"法言法语",有利于过滤法外因素。另一方面,律师具有独立的地位,作为法律专家,律师可以辅助法官做出决策,甚至在实务中发展出预防纠纷的方法。如此,法律职业构成了司法与社会之间缓冲区。① 总之,法律系统正是透过司法机构与法律职业来保障司法权的独立自主运作。

精英司法与民粹舆论之争表明司法须回应社会需求。不过,这种司法回应性是建立在法的自主性基础上。一方面法的自主性要求司法运作独立自主。司法在机构与职业上的独立性,恰恰使法律运作封闭起来,以保障法的自主性。另一方面法律系统与大众媒体具有各自不同的社会功能:大众媒体的功能是产生信息,法律的功能则是稳定社会规范性预期。换言之,媒体舆论对公案的关注,只是提供了对公案的信息描述,它本身无法做出合法与不法的决定。相反,法律决定是由法院及其法官做出。因此,民粹舆论并不能直接取代法官的司法裁判。因为民粹舆论是大众媒体的运作结果,它既不能直接进入法律系统的运作,也不能直接决定法律系统的运作。如果司法裁判与民粹舆论一致,那么,这种一致性并不是否定了法的自主性,而是预设了法的自主性。因为司法裁判对民意的回应不是大众媒体运作的结果,相反,这是法律系统运作的结果。可见,大众媒体对个案的关注,对司法而言只是一种"激扰",这种"激扰"并不会必然导致司法做出与之具有一致性的回应。司法是否回应以及如何回应完全由司法自身运作来决定。质言之,司法的回应性依赖于司法的独立运作。没有司法独立,就不会有司法回应,这二者是互为表里。在这个意义上,法的自主性将要求同时提升司法的独立性和回应性。

---

① 参见[德]尼可拉斯·鲁曼:《社会中的法》,362~366页。

（三）法教义学与社科法学

正义是法治追求的最高价值和终极目标。没有正义的"法治"，是恶法之治。然而，什么是正义？在初民社会，正义也许就是"每个人得到其应得的"，又或许是"以眼还眼，以牙还牙"。到了古代社会，正义可能指涉到人们的身份地位，以及与这种身份地位相符应的权利，如贵族享有的诸多特权与豁免权。现代社会则经历了"从身份到契约"的转变。于是，社会契约成为正义的基础。通过宪法规定社会正义的基本原则，西方现代法治一方面强调法律的正义性，如通过立法保障人的自由与平等，另一方面则要求正义的法律化，如要求司法裁判遵循"同案同判、异案异判"的诫命。现代社会的经济、政治、法律、科学、教育、家庭、宗教、大众媒体等领域的分化，一方面造成了正义观的多元与差异，另一方面又需要通过法律来稳定人们预期。可见，法律的正义一方面固然是与社会诸领域的正义要求相连接，如通过立法来保障性别平等、种族平等，另一方面又要求维持法律自身固有的正义理念，如通过司法确立"同案同判、异案异判"的原则。因此，在司法裁判的论证上，自然会形成两种不同的方法进路和标准。第一种是形式性的论证，强调司法裁判依循法律文本、法律概念和法律教义。第二种是实证性的论证，强调司法裁判依循社会事实、社会利益和社会后果。如果第一种论证进路属于形式法治，那么，第二种论证进路则体现实质法治。① 西方现代法治之路大体上经历了形式法治与实质法治的不同发展阶段。所以，形式法治与实质法治之间的张力亦是中国法治建设不可回避的基本问题。

当中国移植了大量西方法律规则和制度，并建立起完整的法院组织和法律职业时，关于中国法治建设的论争就进入了一个更加学术本土化的发展阶段。即如何通过将法学学术与法律实务结合起来，使得中国法律和法学的现代化真正落地，满足中国社会发展的法治实践要求。正是在这个背景下，进入 21 世纪以来中国法学界掀起

---

① ［德］尼可拉斯·鲁曼：《社会中的法》，422～427 页。

了一场社科法学与法教义学之争。社科法学的兴起具有美国法学的背景,这一派的学者大多数曾有留美经历,深谙法经济学、法人类学、法社会学、法与认知科学等研究法律的社会科学进路。相反,法教义学的登场则具有德国法学的背景,这一派的学者大多数从德国及日本留学归国,又往往是各种具体部门法的研究者,如宪法学者、民法学者、刑法学者、诉讼法学者等。① 如果归纳一下这两种学术研究进路的差异,大概有以下四个方面:一是外在视角与内在视角。社科法学大多数采取外在视角研究法律,如经济学、政治学、社会学、人类学等研究视角,法教义学则立足法学的内在视角。二是经验事实研究与规范体系研究。社科法学关注法律实践的事实维度,如行为和社会结构。法教义学则关注法律实践的规范维度,如法律规则和法律体系。三是科学研究与司法裁判。社科法学强调对法律现象提供科学解释,法教义学则强调为司法裁判提供理论基础。四是后果取向与原则取向。社科法学要求司法裁判要考虑社会后果,强调具体社会情境对裁判的影响。法教义学则要求司法裁判要根据普遍的法律原则,强调法律原则的体系化对裁判的影响。② 社科法学与法教义学在视角、焦点、功能和取向上的差异表明,这两种学术进路之争一方面是现代社会功能分化的产物。换言之,由于中国社会已经进入功能分化的发展阶段,所以,中国法学研究格局才会出现不同的流派与进路。另一方面由于法律系统从全社会中分化出来,所以,法教义学的兴起和发展是中国法学研究本土化的具体体现。不过,与社科法学的本土化不同,法教义学的本土化才是真正中国本土化的法学研究之表现形式。因为前者否定了法的自主性,同时也否定了现代法治在中国扎根的可能性。③ 可见,社科法学与法教义学之争,与前述

---

① 参见尤陈俊:《社科法学的成长与发展》,《南开法律评论》,2015(00),6~12页。
② 关于社科法学与法教义学各自的基本立场,可以参见雷磊:《法教义学的基本立场》,《中外法学》,2015(1),198~223页;侯猛:《社科法学的传统与挑战》,《法商研究》,2014(5),74~80页。
③ 参见泮伟江:《法教义学与法学研究的本土化》,《江汉论坛》,2019(1),137~144页。

法律移植与本土资源之争、精英司法与民粹舆论之争是一脉相承的。

法治是正义之治。法律若丧失正义,就可能沦为"恶法"。司法若不能提供正义,法治就可能不彰。因此,法治如何保障正义?立法与司法的分化,一方面使得法律实证化,从而建立起法律与社会诸领域的正义要求之连接,另一方面通过法律的司法化,又将社会诸多正义要求建立在"同案同判,异案异判"的原则上。前述司法权是法律运作的担纲者,亦即法院是法律系统的中心。① 因此,尽管法律可能为社会诸领域的正义要求提供保障,但是,法律的正义与经济的正义、政治的正义、环境的正义等依然有着运作逻辑上的差异和不一致。因为法律的正义理念是"同案同判,异案异判"。惟其如此,法律才能使得自身的诸多决定能够保持一致,从而发挥自身的功能即稳定社会的规范性预期。在这个意义上,法律的正义是以诸多法律决定的一致性为基础。这种法律决定一致性,往往诉诸法律论证,来划分"同案"和"异案"的标准。在英美法系,司法裁判主要通过发展法律推理及相关学说来保障法律决定的一致性。在大陆法系,这种一致性主要依靠法学方法论以及建立其上的法教义学来保障的。虽然英美法系与大陆法系在司法裁判上可能在论证方法上有诸多差异,但是,寻求法律的确定性和自主性则是共同的。不过,相对于英美法系的灵活性,大陆法系更强调体系性。因此,无论英美的法治,还是欧陆的法治国,对于正义的寻求都是建立在法律系统的分出基础上。质言之,法律的正义预设了法的自主性,并与道德上、政治上、经济上的正义观念区分开来。②

虽然中国移植西方法律,既有英美法系,也有大陆法系,但是,在重要部门法如宪法、刑法、民法和诉讼法等领域,主要学者都强调法教义学的本土化建设,以期通过法教义学的本土化使得移植西方的法律规则和制度能够真正满足中国本土司法实践的需要。因此,法

---

① 参见[德]尼可拉斯·鲁曼:《社会中的法》,355~360页。
② 同上注,248~266页。

教义学在中国的兴起和发展表明,中国社会的功能分化以及法律系统的分出已经是一个不争之事实。然而,社科法学与法教义学之争,更多是强调彼此的差异,如在疑难案件上,社科法学强调语境论和后果论,法教义学则提倡体系论和原则论。如此,二者都没看到这种差异背后隐藏的问题即法的自主性问题,以致双方只看到彼此的对立,而看不见彼此合作的出路。因为二者都各执一端,而看不到体系的封闭性与语境的认知性是彼此一体的,同样也看不到原则的冗余性与后果的变异性是彼此相容的。因为在具体裁判中,法律决定既可能诉诸体系与语境,也可能诉诸原则与后果,但是,无论诉诸何者,法律决定都是法律系统自己做的决定。质言之,法律具有自主性。恰恰因为法的自主性预设,法律才能够提供自己界定的"正义",才能稳定社会的规范性预期。否则,法治无疑是"梦幻泡影"。

社科法学与法教义学之争,虽然看到彼此的盲点,但是,却无力洞见到各自盲点的意义。譬如,法教义学看到了社科法学只看到事实而不见规范之盲点,社科法学则看到了法教义学只看到体系而不见后果之盲点。如此,法教义学有可能是封闭性有余而开放性不足,反之,社科法学则开放性有余而封闭性不足。然而,法律系统必须在运作上封闭,而同时保持认知上开放,且认知开放是建立在运作封闭的基础上。① 如此,法律系统才可能既高度依赖其环境,又具有高度的系统自主性。法的自主性并不是否定法律系统对其环境的依赖,相反,法的自主性提升了法律系统"回应"环境的能力。在这个意义上,法律系统作为一个意义系统,它既需要信息的冗余来保障自己对环境的冷漠,同时,又强化自身对环境激扰的敏感性,从而使得法律系统的演变与社会的变迁形成"共振"。② 因此,法律系统在论证层面发展出自己的方法和标准,如法律推理、利益衡量、比例原则等。这既是提升法律系统的自主性,又是提升了法律系统的可激扰性。

---

① [德]尼可拉斯·鲁曼:《社会中的法》,93~107页。
② 同上注,490~532页。

二、悖论:法的自主性之谜底

当俄狄浦斯解开"斯芬克司之谜"时,人们可能认为他已经解开了谜语。不过,俄狄浦斯弑父娶母的命运却表明他并未真正解开这个谜语,即没有真正认识他自己。因此,"斯芬克司之谜"的反讽性揭示出"自我认识"这个神谕之悖论。因为这个神谕既要求自我肯定,又带来自我否定。不过,悖论恰是自我拯救的力量。基于这种前理解,当我们解开法治的谜面——法治是神话,抑或现实时,我们需要重新提问,即法的自主性是神话,还是现实呢?通过这种自我套用式的提问,我们才能真正将法的自主性论题化,探寻法的自主性之谜底,即法的自主性是一项悖论。首先,这项悖论源自法理论将法律描述为自主的,即法的自主性是法律系统的自我描述。其次,作为法律系统的自我描述,法的自主性具有三个意义维度,即法的自主性在事物、时间和社会维度上具有的可能性与实现性。不过,当法的自主性在神话与现实之间摆荡时,法的自主性就会遭遇自身"开端悖论"。最后,如果人们接受法律系统的分出及其运作的自主性,也就是接受这个悖论,那么,法律系统的功能运作就会获得提升。因为当法律系统遵循"自我认识"的神谕时,法的自主性之悖论正是法律系统进行自我拯救的创造力之源。

(一) 法理论对法的自主性之描述

法治是神话,抑或是现实?面对这个问题,人们莫衷一是。当法治成为人类追求的一种社会秩序时,法治自然是一种理想,这种理想建立在法治与人治的区分基础上。人治充满了人的情欲因素,是非理性的、恣意的。法治则展现了人的理性,尤其是法律对人的情欲因素之限制。如此,人们才会推论出法治优于人治(尤其是一人之治)。不过,法治这个理想并不是一蹴而就的,正如罗马城不是一天就能够建成的。虽然法治的理念起源自西方,但是,这个理想变成一种现实,恰恰是西方法律演变的一项成就。我们今天谈西方现代法治,无论是英美法治,还是欧陆法治国,不仅是描述一种理想,同时,也是在描述一种社会实践和社会秩序。因此，法治在西方社会既有其理想和精神的维度，也展现了其现实和实践的维度。当法治被描述为一种神话时，这不仅是说法治理想丧失了其现实性，而且也表明了现实对这个理想的可批判性，即现实的法律实践没有实现其法治理想之承诺。譬如，西方资本主义社会的形式法治理想之衰落，恰恰表明了形式法治与实质的社会不平等之间的张力。反之，当法治被描述为一种现实时，这不是说法治理想已经丧失其他的可能性，恰恰是表明了这个理想对现实的可辩护性。譬如，福利国家兴起及其实质法治的取向，恰恰是对形式法治的纠正，并形成福利法的体制与运作。如此，当人们用法治与人治的区分来描述法律运作的原则、过程及其结果时，法治既可能是神话，也可能是现实。不过，无论是神话，抑或是现实，这两种描述都只是隐藏起另一个悖论即法的自主性。因为神话揭示了人类创造和改变法律的可能性，同时，现实则表明人类受到法律的拘束和限制之实在性。质言之，法治的神话与现实有助于让人类接受法律系统的分出及其运作的自主性。

一旦人们解开法治的谜面，法的自主性就会成为新的问题，即法的自主性是神话，抑或是现实？当自主性被描述为人类主体性之特征时，法的自主性就会像是一个隐喻。正如法律移植可能会遭到文化主体性的质疑，法的自主性也会面临同样的质询，只是质询的主体已经不仅仅是人类，而是同样具有特定社会功能的诸子系统，如经济系统、政治系统、科学系统、宗教系统、教育系统、大众媒体系统，甚至包括法律系统自身。当法律系统从全社会分化出来时，全社会对于法律的描述可以有着各种不同的视角，如政治系统将法律描述为统治的工具，科学系统将法律描述为研究的对象，教育系统将法律描述为一门课程及教学的对象，等等。质言之，对法律系统的描述可以分为两种：一种是从法律之外的视角进行描述即异己描述（外部描述），另一种是从法律之内的视角进行描述即自我描述（内部描述）。[①] 由

---

① ［德］尼可拉斯·鲁曼：《社会中的法》，548～549页。

于两种视角之间的差异,法律系统的自我描述与异己描述之间就会形成张力。这种张力是法的自主性问题之根源。譬如,当政治系统将法律描述为统治工具时,作为工具的法律是不可能被描述为具有自主性的。相反,当法律系统将自身描述为一个与道德分离、不受政治干预、超越宗教的社会秩序时,法的自主性才被描述为是可能的,甚至是现实的。质言之,法的自主性是法律系统对自身的一种描述。

法的自主性是一个法理论问题。因为法的自主性牵涉到法律系统的边界以及法律系统的统一性问题。在法律系统中,法理论与法教义学都属于法律系统的二阶观察,不过,二者具有不同的功能。法教义学的功能在于为法律决定提供理论基础,即为司法裁判提供论证理由。法理论的功能在于描述法律系统的边界以及反思法律系统的统一性,即提供对于法律系统的整体认识。因此,法教义学需要服从法律系统做出决定的功能要求,而法理论则不需要这样做。换言之,法理论的特殊任务在于对法律系统的统一性、功能性、自主性和漠然性等进行阐述。① 虽然法理论不需要为法律决定提供理论基础,即不涉及关于法与不法之分派进行沟通,但是,法理论之沟通是将法律系统的规范纲要、符码导向和功能逻辑作为预设前提。质言之,法理论是法律系统的自我描述。所以,法理论对法的自主性之描述属于法律系统的自我描述。

从捍卫法治理想而言,自由主义法学已经触及法的自主性问题。有学者将自由主义法学分为三个流派,分别是形式主义、现实主义和理想主义。② 在法理论中,形式主义主要以哈特为代表,哈特的法理论将法律描述为一种规则体系。③ 虽然哈特批评了美国法律形式主义,但是,哈特的规则中心主义仍然捍卫了法律的确定性,以致法治神话仍然有市场。不过,现实主义法学提出的"规则怀疑论""事实怀

---

① [德]尼可拉斯·鲁曼:《社会中的法》,550~551页。
② 参见洪川:《德沃金关于法的不确定性和自主性的看法》,84~87页。
③ 参见[英]哈特:《法律的概念》,张文显等译,81~100页,北京,中国大百科全书出版社,2003。

疑论",则戳穿了这个神话。① 然而,现实主义法学之鼻祖霍姆斯提出了"法的生命"一说,则似乎早就暗示了这个神话的现实维度,因而现实主义法学以司法中心主义取代了规则中心主义。由于现实主义法学具有太过强烈的"解构"倾向,以致对法治神话可能构成一种颠覆的危险。所以,以德沃金为代表的理想主义开始登场。他在批评哈特的规则论基础上,提出了法律原则论,以期通过描述法律的整全性(Integrity)来捍卫法治的理想。② 在自由主义法学的"复调"叙事中,形式主义在规则层面触及法的自主性问题,正如韦伯认为形式理性法可以构造出法律的"自动售货机"一样,哈特描述的法律规则体系也是自主的,即作为一个封闭的规则体系。现实主义在司法层面触及法的自主性问题,正如霍姆斯认识到法律的生命不在逻辑,在于经验。司法的经验就是法律的生命。法的自主性乃司法所构造的,因为司法决定"法律是什么",即法与不法的界限是由司法建构出来的。理想主义在论证层面触及法的自主性问题,德沃金以阐述法律的整全性来描述法律决定的一致性。为此,他还提出了赫拉克勒斯法官形象作为保证。可见,自由主义法学在不同层面描述了法的自主性。

自由主义法学虽然触及了法的自主性问题,但是,毕竟还没有明确将其论题化。质言之,自由主义法学仍未破解法治的谜面。系统论法学才是真正揭示谜底的法理论。因为系统论法学真正自觉描述法的自主性,将法的自主性作为自己的理论课题。首先,系统论法学将法律系统描述为自主的,譬如,法律系统可以自我指涉、自我观察、自我描述和自我再制。如此,法律系统的边界以及系统的统一性,都是法律系统自身沟通建构的。其次,系统论法学将法的自主性作为法律系统的自我描述。如此,法律系统才能建构对自身的"自我认

---

① 参见陆宇峰:《"规则怀疑论"究竟怀疑什么?法律神话揭秘者的秘密》,《华东政法大学学报》,2014(6),67~77 页;陆宇峰:《"事实怀疑论"的浅薄与深刻——弗兰克法律现实主义的再解读》,《江汉论坛》,2014(10),139~144 页。

② 参见[美]德沃金:《法律帝国》,李常青译,355~367 页,北京,中国大百科全书出版社,1996。

识"。这种"自我认识"描述了法律系统运作的固有值,如法律系统的规范纲要、符码导向和功能逻辑。① 最后,系统论法学将法的自主性描述为一项法律系统的悖论,并反思将系统悖论展开或掩盖的条件。因为法律系统自身也会质询法的自主性究竟是一项神话,抑或是现实。一旦法律系统对法的自主性之描述摇摆于神话与现实之间,法的自主性将作为一项系统悖论而导致法律系统运作的停摆。正如人们追问法与不法这项区分到底是合法,抑或是非法时,这会带来悖论,并造成法律系统的认同危机。如果法律系统不具有自主性,法律系统如何可能?因此,法治才会成为法的自主性之谜面,将这个悖论掩盖起来。

(二)法的自主性作为法律的悖论

当法的自主性既是一种神话,又是一种现实时,法的自主性将显现为一项法律系统的悖论。然而,人们通过法治与人治的区分,将这项悖论隐藏起来,并接受法律系统的分出及其运作的自主性。因此,通过法治的谜面,法的自主性获得展开其自身的意义维度。具言之,法的自主性之意义主要有以下三个维度:

首先,从事物维度来看,法的自主性表现为法律规则和制度的独立性。法律规则和制度不是经济、政治、道德、宗教、科学、教育、艺术、大众媒体等社会体制的附属物。因此,法律的内容并不是社会关系的"镜像"。因为法律系统与其他社会子系统都具有各自的功能。譬如,经济系统的功能是解决资源的稀缺性,政治系统的功能是提出具有集体约束力的决定,宗教系统的功能是掩盖世界的偶联性,教育系统的功能是培养人才和建立职业生涯,科学系统的功能是生产出新的知识,大众媒体的功能是描述世界。② 由于每个社会子系统都具有自身独特的功能,如法律系统的功能就是稳定社会的规范性预期,所以,法律规则和制度不是由其他社会系统决定的,而是法律系统自

---

① 参见[德]尼可拉斯·鲁曼:《社会中的法》,552~557页。
② 参见[德]卢曼:《社会的宗教》,周君怡译,28~29页。

身沟通运作所建构的。质言之,法律规则和制度是法律系统的功能运作之产物。在这个意义上,法律规则和制度是独立于其他社会体制,其内容并不是其他社会关系的直接反映。不过,法律规则和制度并不是在社会真空中运作,而且嵌入到特定的社会脉络中。因此,法律规则和制度又体现了社会脉络的多元性。为此,法律系统通过符码与纲要的区分来建立起法律规则和制度的统一性。一方面社会脉络的多元性通过规范纲要来获得保障,另一方面系统的统一性则通过法与不法的二元符码来保障。在符码与纲要之间的张力则透过正义的原则来协调,即通过"同案同判,异案异判"来实现法律系统决定的一致性。[①]

其次,从时间维度来看,法的自主性表现为法律效力和决定的封闭性。法律效力和决定并不是其他的社会功能子系统赋予的,而是法律系统自身运作的结果。从法律运作的角度,法律效力和决定在规范上的运作是封闭的。一方面法律规范的适用是因为法律规范具有效力,另一方面法律规范之所以具有效力是因为法律规范被适用了。换言之,在法律适用的过程中,法律运作虽然区分了效力与理由以及决定与论证,但是,法律运作通过自身的时间化将效力与决定的循环以及理由与论证的循环建立起来了。效力与决定的循环是建立在法律文本基础上,理由与论证的循环则建立在法律概念基础上,但是,无论是法律文本,抑或是法律概念,二者都通过法律系统的二阶观察而实现一种"控制论的循环关系"。[②] 而这种循环关系与法律运作的时间化有关。具言之,法律运作的时间化是指法律系统在做出决定的过程中,将时间划分为过去与未来,从而将效力与理由、决定与论证扣连起来。如此,无论诉诸过去的规则,还是诉诸未来的后果,法律系统做出的决定都是当下的。但是,这个当下的决定,并不是真正回到过去,也不是真正预见到未来。所谓的"过去"和"未来"

---

① [德]尼可拉斯·鲁曼:《社会中的法》,248~266页。
② 同上注,340~344页。

都是当下的过去和当下的未来即当下的想象与建构,与过去的当下和未来的当下是不可能一致的。可见,法律运作的时间化是一个封闭的圆环。①

最后,从社会维度来看,法的自主性表现为司法组织和职业的自治性。法院组织和法律职业的分出,且二者具有自治性,是法律系统从全社会中分出的前提。因为法律系统的分出是以法律系统的内部分化为前提。这一内部分化主要表现为立法与司法的分化,且以中心与边缘作为法律系统内部分化的主导形式,即法院是法律系统的中心,而立法与契约等属于法律系统的边缘。② 由于立法与司法的分化,法律系统可以通过立法与司法彼此的相互观察而做出决定,从而无须依赖法律系统的外部环境。换言之,法律系统分出的风险,可以由立法与司法来共同分担。譬如,当立法决定是错误的,法律系统可以通过司法来调整。反之,当司法裁判出错了,法律系统可以通过立法来纠正。此外,立法与司法的分化,也是建立在司法内部分化的基础上,即法院组织的分化和法律职业的分化。法院组织的分化主要有三种形式:一是分割分化的形式,即按地域形成具有相同位阶的法院组织。二是分层分化的形式,即按照审级划分成具有不同位阶的法院组织,如地方法院与中央法院等。三是功能分化的形式,即按照专业来形成具有不同功能的法院组织,如海事法院、劳动法院或者财税法院等。法律职业的分化主要包括法官、律师、检察官、公证员等。透过法院组织和法律职业的分化,在司法运作的内部,同样建立起了二阶观察,使得司法裁判的风险可以被法院组织和法律职业吸收。③ 譬如,通过律师的法庭论辩,可以为法官的裁判提供一些理由,使得法官可以兼听明辨,做出公正的裁判。同时,这还可以让当事人将败诉的风险归因到自己的律师,而不是法官身上。

如果法律沟通在事物、时间和社会维度都具有自主性,那么,法

---

① [德]尼可拉斯·鲁曼:《社会中的法》,345~348 页。
② 同上注,355~360 页。
③ 同上注,365~366 页。

的自主性就可以说是一种社会现实。尽管如此,人们仍然指出法律系统对环境具有高度的依赖性,且借此否定法的自主性,将之视为一种意识形态的神话。譬如,宪法体现了最高的政治主权要求,合同法反映了经济交易的需求,婚姻法反映了家庭亲密关系和利益,环境法则反映保护自然的必要性,等等。因此,在法律系统的自我描述中,法的自主性既是一种神话,又是一种现实。然而,法理论一旦如此描述法律系统的功能运作,就会产生一项法律系统的悖论,即让法律系统的自主性在神话与现实之间来回摆荡。这项系统悖论会指涉到法律系统的边界及系统的统一性问题。换言之,法律系统会再次遇到其"开端悖论":法与不法的这项区分,到底是合法,抑或非法?法律系统的开端悖论主要源自这个首要区分(即法与不法的二元符码)的自我套用。因此,法的自主性一方面预设了法与不法这项区分的自我套用,另一方面又通过展开这项区分而掩盖自身的悖论。具言之,法的自主性作为一项悖论,主要体现在以下三个方面:

第一,法的自主性是建立在法与不法这项原初区分基础上。通过法与不法的二元符码,法律系统建立起自身运作的边界。没有这个边界,系统与环境的区分就不可能建立起来。一旦法律运作将这个区分套用到自身时,法律系统就可以一方面指涉系统自身即自我指涉,另一方面指涉其环境即异己指涉。当法律系统的自我指涉扣连到法与不法的分配决定时,法律系统就可以进行自我观察的沟通运作。当法律系统对这种自我观察的运作进行观察时,法律系统就形成对系统的自我描述。当法律系统将自己描述为一个自我描述的系统时,亦即一个包含了法理论的系统时,法律系统就具有了反思性。① 因此,通过法律运作的自我套用,法的反思性构造了法的自主性。换言之,法律系统可以透过二阶观察来建立系统运作的自主性。

第二,法的自主性是对法与不法这项区分进行展开之结果。当法与不法这项区分自我套用时,法律系统的"开端悖论"就会出现。

---

① [德]尼可拉斯·鲁曼:《社会中的法》,549页。

为了避免系统悖论导致运作的摆荡,法律系统就需要使用新的区分来替代悖论本身,即对系统的悖论进行转移或者掩盖。在法律运作中,通过做出字义与精神、效力与理由、决定与论证、利益与概念等区分,法律系统的功能运作就可以跨越法与不法的区分,同时,将"法"的这一面重新标示出来。由此,"不法"这一面不仅可以作为法律系统的"反省值",而对法律系统产生"激扰",而且还可以作为"异己指涉"标示出法律系统对其环境的依赖性。因为没有"不法","法"的这一面也不会成立。正是通过法律运作的时间化,这种跨越界限的运作才能使得这个"开端悖论"被展开,如通过符码与纲要的区分,使得法的统一性与脉络的多元性可以兼容于一体。因此,法的自主性是法律系统动态运作之结果。

第三,法的自主性是作为法律系统的自我描述之悖论。任何区分的自我套用都会产生悖论。譬如,关于法的自主性与非自主性的区分,究竟是神话(即非自主的)还是现实(即自主的)?因此,作为法律系统的自我描述,法的自主性要建立新的区分来展开系统的诸多悖论。具言之,一是系统与环境。通过这项区分,法律系统在事物、时间和社会维度的自主性得以被凝练出来,否则,法律系统的分出及其自主性不可能被精确描述。而且,这项区分替代了"开端悖论",将法与不法这项区分展开为系统与环境。换言之,法律系统通过将系统与环境的区分"再进入"到系统中,以此来拯救系统可能再次遭遇的"开端悖论"。[①] 二是运作与认知。通过这项区分,法律系统可以将法的自主性建立在运作封闭和认知开放的基础上。一方面,法的自主性依靠系统的运作封闭。正是通过系统的二阶观察和自我指涉,法律系统实现自身运作的封闭,才能够使系统对环境复杂性进行化约,进而实现法律系统的分出及自主运作。另一方面,法的自主性透过认知开放来提升系统对环境的敏感性。法的自主性不是否定系统可以对环境进行回应之可能性,而是反对将系统与环境之间的

---

① [德]尼可拉斯·鲁曼:《社会中的法》,587~591页。

关系描述为"点对点"的信息输入与输出关系。由于认知开放是建立在运作封闭的基础上,法律是否回应以及如何回应环境都是法律系统自主决定的。如此,法的封闭性与开放性之间的悖论就获得展开了。三是冗余与变异。通过这项区分,法律系统的功能自主性获得了提升。法律系统是一部历史机器,即法律不断地演化。同时,法律系统作为一个意义系统,它的功能是稳定社会的规范性预期。然而,功能分化意味着法律系统与其他社会系统在时间上可能不同步。如此,法律的稳定与社会的变迁就会产生冲突。当法律系统对环境保持漠然时,法的自主性正是建立在法律的冗余性上。法律的冗余性主要表现为法律的功能、规范、效力、概念等层面。当法律系统对环境进行回应时,法的自主性则建立在法律的变异性上。这种变异性主要表现为法律的目的纲要、论证、利益、后果等层面。[①] 如此,法的稳定与演变之间的悖论就获得了展开,从而使法的功能运作获得提升。由此可见,法的自主性本身就是诸多悖论获得展开之结果,同时,法的自主性也是一个被隐藏起来的悖论。因为法的自主性与非自主性之悖论,正是通过上述诸多区分而获得展开即被掩盖起来。

(三)法的自主性提升法律的运作

作为法律系统的自我描述,法的自主性可以提升法律系统的功能运作。因为法的自主性是一项法律悖论。这项悖论一方面可能会使法律系统的功能运作遭遇停摆的危机,另一方面可能也迫使法律系统创造新的区分来替代悖论,使之展开或者隐藏起来,从而提升法律系统的功能运作。[②] 下面主要从三个区分来阐述,法的自主性如何提升法律系统的功能运作。

一是功能与结构。首先,从功能角度来讲,法律是一个社会功能系统,它从全社会中分化出来,并执行着一项唯一的全社会的功能,即稳定社会规范性预期。法的功能实现之过程同时也是法律系统的

---

① [德]尼可拉斯·鲁曼:《社会中的法》,389~399页。
② Niklas Luhmann, "The Third Question: The Creative Use of Paradoxes in Law and Legal History", in 15/2 *Journal of Law and Society*, 1988, pp.153-165.

自创生过程。通过自我指涉、自我观察、自我描述和自我再制的方式,法律系统实现自身的功能运作。可见,法的自主性就是法律系统的功能自主性。如果法律系统不能维持自身的功能运作,那么,法的自主性就会丧失。反之,当法律系统将自身功能运作描述为自主时,实际上这是为法律系统的功能运作提供了系统运作统一性之条件。因为当法律的非自主性被揭示出来时,系统运作统一性之悖论就会暴露出来,从而会造成法律系统功能运作的停摆。[①] 在这个意义上,法理论对法的自主性之描述又是法律系统的功能运作之前提。其次,从结构角度来讲,法律是一项社会运作的结构,它具有稳定性的同时,又具有可变性。人们可以通过冗余与变异的区分来描述这种结构的二元性。法的自主性是以结构上的信息冗余与变异为基础。法的自主性一方面表现为法律的冗余性,即法律系统的功能运作所沉淀的固有值,如法律的规范、效力、概念、符码和功能等。另一方面表现为法律的变异性,即法律系统的功能运作之偶联性,如不确定性和风险,并通过指涉目的、利益、后果等语义来呈现。在结构上,变异性是以冗余性为基础。因此,法的自主性意味着法律的结构是由其功能决定的。最后,法的自主性既表现为系统的功能运作上,又建立在系统的运作结构上。于是,功能自主与结构变异是结合在一起。法律系统的分出是社会演化过程中复杂性化约之结果。复杂性化约与复杂性提升是一体的。法律系统的分出是以法律系统的内部分化为前提。由于在法律系统内部分化出不同的结构,如立法与司法,法院与律师等,法律系统才能提升自身结构的复杂性来化约社会环境的复杂性。

二是观察与描述。首先,从观察角度来讲,法律是一个观察系统。法律可以观察自身(即自我观察),也可以观察其环境(即异己观察)。法律系统的观察包括三个层次:一是法律系统对自身沟通运作的观察,如涉及法与不法的二值代码分派之沟通运作,这属于一阶观

---

① [德]尼可拉斯·鲁曼:《社会中的法》,588页。

察。二是对上述法律系统运作的观察进行观察,即二阶观察。这种二阶观察包括法律系统的内在视角,如法教义学、法实证主义等,也包括法律系统的外部视角,如自然法理论、法社会学等。三是对上述二阶观察进行观察即三阶观察,如对法律系统的自我描述(即法理论)进行反思。当法律系统能够进行二阶观察时,法的自主性才获得实现,即法律系统实现自创生。因为只有通过二阶观察,法律系统才能实现自身运作的封闭,如立法与司法之间形成的二阶控制论循环,使法律系统得以分化出来。二阶观察不仅使法律系统分出,而且还使得法律系统的自我描述作为反思得以分化出来。① 其次,从描述角度来讲,法律可以通过描述(即制造文本的)方式来建构系统及其环境。当对法律的描述依循法律系统的规范纲要、符码导向和功能逻辑时,这种描述就是法律系统的自我描述,否则,就是法律系统的异己描述。法的自主性是属于法律系统的自我描述。因为法的自主性预设了法律系统的固有值,如规范、符码和功能等。法律系统若没有了这些固有值,法的自主性就会丧失。最后,由于法的自主性是一项系统悖论,当二阶观察揭示出这种悖论时,法律系统就必须创造出新的区分来展开或掩盖悖论,以保障法律系统的功能运作。因此,法的自主性是法律系统内部不断分化(创造新的区分)之动力。

三是激扰与共振。首先,从激扰角度来看,法律系统会受到其环境的激扰。法律不是在社会真空中运作,而是嵌入到不同的社会脉络当中。因此,法律自然会受到自身环境的激扰。激扰意味着噪声。因为法律系统运作封闭,所以,法律系统具有自身的边界和界限。如此,法律系统面对其环境的"激扰"可以采取漠然的态度,以保障其自身功能运作的自主性。其次,从共振角度来看,当法律与其社会环境之间在某个频率上发生激扰、振荡时,这种激扰可以在法律系统内部运作中制造出信息。换言之,法律与其社会环境的共振使得彼此具有关联性。不过,这种关联并不是"点对点"的信息输入与输出关系。

---

① [德]尼可拉斯·鲁曼:《社会中的法》,548~552页。

相反,这是一种选择性的关联。这种选择性关联的程度一方面取决于环境的激扰强度,另一方面取决于法律与其社会环境之间的耦合密度。在法律的演化过程中,法律系统与其他社会系统之间确实形成了一些紧密耦合的形式即结构耦合,如宪法是政治与法律的结构耦合、契约和所有权是经济与法律的结构耦合。这些结构耦合的形式极大提升了法律系统对其社会环境的敏感性,甚至对于政治系统和经济系统的激扰产生"共振"。① 最后,漠然性和可激扰性都是法的自主性之体现。因为法律与其社会环境之间"选择性的关联"都是法律系统的功能运作之结果,所以,法的自主性实际上同时提升了法律系统的可激扰性和对环境的漠然性。

三、结语:法的中国性与法的自主性

我们将"斯芬克司之谜"套用到法的自主性问题上,旨在揭示一个双重谜面的问题。如果法治是法的自主性之谜面,那么,这种自主性就是谜底。不过,如果仅停留在隐喻层面,那么,这个谜底又变成了一个新的谜面。如果我们不是在隐喻上来把握法的自主性,那么,这个问题的探究将会带领我们进入一个更深刻的法理论层次,并最终直面法律系统自身的诸多悖论,尤其是"开端悖论"。通过探讨法的自主性之悖论问题,我们进一步地观察到当前的法理论应该如何理解和解释法治中国的实践。

首先,中国法治建设引发的一系列争论,无论法律移植与本土资源之争、精英司法与民粹舆论之争,抑或社科法学与法教义学之争,都触及了法的自主性问题。不过,这些争论在一定程度上又是对这个问题的遮蔽。因为这些争论虽然揭示了法治中国的普遍性与特殊性之间张力,但是都尚未能从法律系统的分出及其运作自主性角度来理解和处理这种张力和矛盾。不过,这些争论本身恰恰表明在中国社会的近代转型过程中,尤其在迈向功能分化的现代社会过程中,

---

① [德]尼可拉斯·鲁曼:《社会中的法》,490~532 页。

法律系统的分出已经是一个不争之事实。同时,法治与人治的区分也是人们接受法律系统的分出及其自主性之理由。换言之,通过这个区分,法的自主性之悖论被隐藏起来。在处理上述争论时,法理论应该穿透法治的谜面,探寻法的自主性之谜。换言之,法理论应该自觉将法的自主性作为基本论题,进而探讨法的自主性之条件及界限。如此,法理论才能够真正应对法治中国的实践挑战。

其次,从法的自主性角度来看,法的自主性之意义维度有三个面向,即事物、时间与社会。与此相应,法的自主性表现为法律规则和制度的独立性、法律效力和决定等法律运作的封闭性,以及法院组织和法律职业的自治性。因此,衡量中国法治的发达程度,应当从法的自主性及其三个基本面向来考察。同时,法的自主性之意义在于维护法律系统的功能运作,即稳定社会的规范性预期。法的自主性与法的功能是"同一枚硬币"的不同面向。法律系统的功能运作是以实现法律系统的自我再制为基础,即法律系统以自创生的方式划分出系统与环境之间的界限。这个界限就是法的自主性之范围。越出这个界限,法律系统就会观察到环境,同时也会观察到系统对环境的依赖性。反之,在这个界限内,法律系统就会观察到自身,同时也会观察到法的自主性之条件。因此,法理论对中国法治实践的理解和描述应以维护法律系统的功能运作及其自主性为目标。

最后,在晚近中国法理论发展中,法治中国在实践和理论上要求的主体性已经凝练出"法的中国性"命题。[①] 这个命题试图解释中国法治实践的内在逻辑,揭示西方法治观念在中国实践的命运。具言之,西方法治观念的中国表达与实践是依循中国文化的内在逻辑,是具有创造性的"转译"。这种"转译"不是对西方法治的简单"重复"与"模仿",而是以中国问题来"重构"法治的观念,并建构出具有中国主体性的法治实践。"法的中国性"不仅凸显了中国的主体性,而且也

---

① 参见王人博:《法的中国性》,增订序和第一版序,桂林,广西师范大学出版社,2015。

可能凸显了法治的差异性。不过,这种差异性不应该否定法治的普适性,否则,就不是法治模式的差异,而是法治与非法治的差异。在这个意义上,"法的中国性"命题应该以法的自主性为前提和预设。随着中国社会日益功能分化以及法律系统的分出,"法的中国性"不是否定现代法治的运作逻辑和规律,而是在功能分化的现代社会中探索中国自己实现法治的路径与经验。因此,中国法理论必须探讨法治中国的界限和条件,即法的自主性之中国语义与结构。通过这种探讨,"法的中国性"命题将获得新的理解:不是以中国问题来"重构"法治观念,而是以法治观念来"重构"中国社会。这种新理解不是否定中国问题之重要性,而是通过法律系统的分出及其自主运作来真正解决中国问题。质言之,没有法的自主性,法的中国性就会丧失其法治之根基。

批判法律的自治性
——法兰克福学派与自创生法学的隐蔽关联

曹勉之[*]

一、规范性问题：自创生法学对法兰克福学派的继承与发展

在森肯贝格大道两边，法兰克福大学的社会研究所（Institut for Sozialforschung）和法学楼（Juridicum）遥相对峙。同出建筑师费迪南德·克雷默（Ferdinand Kramer）之手，两座建筑却风格迥异，社会研究所大楼仍然不脱对老欧洲砖石空间的重构，而法学楼则是钢筋水泥复合上玻璃视窗，呈现出一套全然未来主义的立场。新校园的建设始于1952年，应时任校长霍克海默的邀请，克雷默为结束了10多年的流亡生涯的初代法兰克福学派设计了新的家园，背井离乡20多年的霍克海默（Max Horkheimer）、阿多诺（Theodore Adorno）和波洛克（Friedrich Pollock）等学者，得以重新在家乡开展批判理论的工作。

在安德烈·费舍-莱斯卡诺（Andreas Fischer-Lescano）的"批判系统理论"一文中，法兰克福大学内部两个机构的对峙正好呈现出初代法兰克福学派嗣后的两个迥异发展方向：尤尔根·哈贝马斯

---

[*] 曹勉之，德国法兰克福大学法学院研究人员，法学博士候选人，宾夕法尼亚大学访问学者。

(Jürgen Habermas)和贡塔·托伊布纳(Gunther Teubner)。① 关于批判的使命,霍克海默这样表述,"社会探究应该结合而不是分开哲学和社会科学的各个方面……它必须解释当前社会现实的弊端,确定改变这一现实的行为者,并提供明确的批评规范和可实现的社会转型实际目标"。有趣的是,尽管在批判理论领域完成了大量的工作,初代法兰克福学派却在规范性问题上发力不多;有鉴于此,在社会研究所和法学院分别开展工作的哈贝马斯和托伊布纳几乎将规范性问题视为一生最核心的学术追求:当哈贝马斯试图在全球化的基准上复兴欧洲的文明传统时,托伊布纳则试图通过借助全球化来打破欧洲中心主义迷思。

汉语学界对于哈贝马斯的批判法学成就的研究已经蔚为大观,然而对于和批判理论与自创生法学间关系的探究仍嫌不足。② 这不难理解,作为法兰克福大学的博士毕业生和社会研究所嗣后的继承人,哈贝马斯与初代法兰克福学派有着先天的学术血缘和后天的机构联系,然而对于在前民主德国度过少年时期、学术生涯黄金阶段全然在英语世界度过的托伊布纳而言,他与批判理论的关系则未免有点微妙。众所周知,托伊布纳堪称最早将卢曼的社会系统理论成功应用在法学研究的学者之一,③ 以自创生的跨国法(transnational

---

① Andreas Fischer-Lescano, "Critical systems theory", 38/1 *Philosophy & Social Criticism*, 2012, pp. 3-23.

② 对哈贝马斯的政治法律理论的系统探究始于高鸿钧教授 2002 年的文章,高鸿钧:《法范式与合法性:哈贝马斯法现代性理论评析》,《中外法学》,2002(6),742~747 页;随着童世骏教授的翻译付梓,研究哈贝马斯的现代法批判的文献开始趋于丰富,参看哈贝马斯:《在事实与规范之间:关于法律和民主法治国的商谈理论》,童世骏译,北京,生活·读书·新知三联书店,2003;高鸿钧教授在 2008 年发表了对于哈贝马斯权利理论的研究,见高鸿钧:《权利源于主体间商谈——哈贝马斯的权利理论解析》,《清华法学》,2008(2),5~32页;马剑银:《哈贝马斯的基本权利观——商谈论视角的基本权利体系重构》,《北大法律评论》,2010(1),272~291 页。

③ 参见张骐教授的序言,[德]贡塔·托伊布纳,《法律:一个自创生系统》,张骐译,北京大学出版社,2004。泮伟江:《托依布纳法的系统理论评述》,《清华法律评论》,北京,清华大学出版社,2011。关于法学的社会系统理论视角,参看鲁楠、陆宇峰:《卢曼社会系统论视野中的法律自治》,《清华法学》,2008(2),55~74 页;又见宾凯:《法律如何可能:通过"二阶观察"的系统建构——进入卢曼法律社会学的核心》,《北大法律评论》,2006(2),15~42 页。

law)现象为突破口,托伊布纳在传统法学疆域的边缘找到了法律全球化这个处女地,并且以"从边缘到中心"的姿态反过来对法律理论主流形成了冲击。尽管如此,在规范性的立场上,直到他晚年的作品《宪法的碎片》,托伊布纳本人似乎更加偏向康德主义的取向,很少提及批判理论。① 在文献引证上,当我们翻开托伊布纳本人的拳头作品《法律:一个自创生系统》时发现,托伊布纳似乎更赞赏那个在经验层面将公共领域与公私社团并举、让国家权力在社会运行中现身的早期哈贝马斯,而非在规范层面将民主法治的规范框架与国家叠合的晚期哈贝马斯;在他学术生涯晚期的重要作品《宪法的碎片:全球社会宪治》中,托伊布纳更是试图借助后基础主义的阳性/阴性政治之分,在规范框架上提出借以刺激国家中心的宪治模式来化解国家和社会的对峙关系,有意与哈贝马斯《事实与规范之间》划清界限。

自创生法学与批判理论之间的这种模糊关系在过去十几年里发生了变化。尽管仍然与商谈民主理论泾渭分明,自创生法学却越来越多地从初代法兰克福学派的遗产中吸取营养;在托伊布纳本人的推动下,年轻一代学者开始重新审视自创生理论和初代法兰克福学派(尤其是其中的领军人物阿多诺)之间的联系。如果我们将法律判断视为一种审美判断,阿多诺审美理论中的否定辩证法实际上为我们提供了一个以批判态度理解法律自治性的机会;而审美判断这种既承认自治性又要求规范性的做法,和托伊布纳在"自我颠覆的正义"中的解构正义论异曲同工:法律在追求自治的过程里,仍然保持和社会总体之间的张力。正是为此,以《批判系统理论》一书2014年的出版为标志,怀有批判使命的新生代学者,尤其是在规范性问题上有野心的一批人,开始更多转向自创生法和批判理论的交叉地带,试

---

① 参见陆宇峰:《"自创生"系统论宪法学的新进展——评托依布纳〈宪法的碎片:全球社会宪治〉》,《社会科学研究》,2017(3);又见张文龙:《托依布纳的社会系统理论与西方自由主义宪政批判——读〈宪法的碎片:全球社会宪治〉》,《国外理论动态》,2017(10),15~23页。

图全面回应批判理论给自创生理论提出的挑战。①

与此同时,批判理论也在发生内部转向。哈贝马斯在20世纪90年代末淡出社会研究所的组织工作后,综合商谈理论和批判理论的工作在法兰克福学派内部已经乏人承继;随着瑞纳·佛斯特(Rainer Forst)接掌社会研究所帅印,马克思著作中的对抗、斗争概念更是被边缘化,宽容、正义在批判理论中的地位得到承认,批判的锋芒几乎钝化不见。与社会研究所的"去批判化"浪潮相反,法学院反而成为批判思想的新大本营。进入21世纪,托马斯·菲斯汀(Thomas Vesting)开始接手以批判理论为思想轴心的"周三读书会",并且延请年过八旬的法学理论家鲁道夫·维特霍特(Rudolf Wiethölter)坐镇指导,在这个读书会上,托伊布纳的博士生安德烈·费舍-莱斯卡诺脱颖而出,他不但系统地提出了融合批判理论和系统理论的倡议,并且率先在批判理论的期刊上与社会研究所的学者们开始对话。随着费舍-莱斯卡诺近年来名声日隆,法学和批判理论的交叉——这个半世纪前显得很滑稽的事情——已经不再是天方夜谭。

围绕内在性这个线索,本文旨在梳理批判系统理论对于自创生法的规范性的讨论。以托伊布纳的工作为基础,批判系统理论将阿多诺审美理论中的集中和希望的概念引入,通过制造纸面上的权利与现实中的权利行使之间的张力,指出了理解自创生法规范性的另一种可能。本文这样安排结构:第二部分首先梳理了初代法兰克福学派,尤其是阿多诺,对于规范性问题的探讨,阿多诺是通过否定辩证法这个工具介入规范性问题的,通过引入法律和社会的对抗关系,他展开批判理论视野下的法律自治的命题。第三部分则梳理了自创生理论家,尤其是托伊布纳对于规范性问题的研究。托伊布纳对规范性问题的介入主要通过解构而展开,这个方法既展现出了托伊布纳思考的深度,也暴露了这个理论在应用中的局限。第四部分介绍

---

① Marc Amstutz & Andreas Fischer-Lescano (eds.), *Kritische Systemtheorie*: *Zur Evolution einer normativen Theorie*, transcript Verlag, 2014.

了批判系统理论在讨论规范性问题上的进展,并且通过两个法律例子,试图解说批判系统理论应用的前景。

二、批判理论中的法律自治及其扬弃

法兰克福学派的批判理论诞生两次世界大战之间的动荡年代,其时,欧洲工人运动陷入低潮,经典马克思主义教条遭到质疑。根据马克思主义的经典著作,"无产者的自由联合"本应是欧洲工人运动的组织原则和行动指南,然而,与工人阶级这个经济基础相对应的阶级意识并未如约产生,劳工仍然依据个人意志、具体情境行事,最后落入被分化瓦解的境地。① 更糟糕的是,欧洲各国劳工组织遭到各色政治和经济势力的影响和操控,成为某些政治强人实现个人野心或调动民族情绪的工具。野心家往往诉诸道德论的外部标准,将角色、期待和要求强加到劳工组织身上,劳工组织被收纳到主权国家的管控下,它内在的革命潜力被压制了。

为了应对主权国家和劳动群众之间的复杂关系,初代法兰克福学派尤其重视内在性作为批判理论的使命。内在性(Immanence)指的是资本主义生产所赖以存在的结构,在批判理论中,内在性表现为理论家们所使用的那些用来反思社会总体性的概念。由于这种重视内在性的取向,批判理论的概念首先不同于在宗教等超验事务上持有肯定立场的理论家,它们的视角是世俗的、实践的;同时,批判理论的概念还不同于在资本主义问题上采取自由放任立场的学者,它们的视角是建构的、反思的。② 值得注意的是,初代法兰克福学派还是国家主义的坚定反对派,尤其重视对于民族主义俘获劳工阶层的批评。(代表德国劳工阶级的社会民主党就曾在"一战"爆发时患上民族主义狂热,甚至支持了威廉二世的扩张战略。)通过内在批判的这个形式,批判理论家可以不再经由宗教信仰、国家主权、资本主义等

---

① See Theodor Adorno, *Einleitung in die Soziologie*, Suhrkamp, 2003.

② Theodor Adorno, "Spätkapitalismus oder Industriegesellschaft", in Theodor Adorno, *Gesammelte Schriften*, vol. 8., Suhrkamp, pp. 354.

外部标准而开展批判工作。

必须指出,批判理论诞生在一个为否定辩证法所认识的世界里。经历了现代社会在晚期资本主义阶段的转型,社会的主旋律已经不再是存有和不变,而是变化和生成,这造成对社会本体的把握变得越发困难,对同一的追求变得更加不可实现。人们不再相信恒久不变的规则、历久弥新的神话;为了在生产机制(production regime)中找到一席之地,人们更愿意去把握现实和当下,管理期待和欲望。对于治理者来说,那些用来保证社会稳定的"恒久之治道,不刊之鸿教"正在日益解体,取代他们的是官僚体制和技术专家,反过来,社会大众也满意于"见木而不见森林",根据职业的要求规训自己,在日复一日的例常性活动中安顿自身。

在这种本体论和同一性的危机下,初代法兰克福学派,尤其是有机会流亡到美国的霍克海默和阿多诺,开始将否定辩证法视为社会认识的主要途径。在继承尼采对形而上的确定性的攻击后,霍克海默和阿多诺的批判主要表现为对于柏拉图式的存有(being)观念的挞伐上,后者被他们归纳为稳定的、不变的抽象领域。批判理论家将世界想象为充满着纷扰和冲突的地方,种种力量正开展着无休无止的斗争。[1] 不妨说,如果说前批判理论的思想家会以代数比喻社会的状况,那么批判理论家的观察就类似将社会活动视为物理过程,批判理论拒绝将社会化约成冷冰冰的抽象数字,因为化约的努力最终会止步在具体的社会活动上。

在结束漫长的流亡过程后,阿多诺进一步完善了他在《启蒙辩证法》中提出的这种否定辩证逻辑,这集中反映在他的《审美理论》中。在阿多诺这里,批判理论的核心内容就是"思考那些没有被思考的",这最终体现为否定的辩证法。[2] 阿多诺指出,不仅柏拉图式的存有观念本身具有强烈的专断色彩,如今我们已经习以为常的种种概念

---

[1] Theodor Adorno, *Negative Dialectics*, Routledge, 1973.
[2] Theodor Adorno, *Ästhetische Theorie*, Suhrkamp, 2003.

(concept)同样具有强烈的暴力性。这是由于,随着工具理性的大行其道,人们已经满足于在某些似是而非的身份(identity)前停步,而不去逐个追究身份背后的蕴含。每个身份都以概念(concept)的形象示人,并且主张自身在某些问题上的主宰地位。由于我们活在这个身份所主宰的世界里,概念不再是我们达到真实的途径,反而已经成为阻碍我们获知真相的阻碍。在这样的状况下,我们所能做的,就是在每一次概念思考中,为概念所不及的内容留下余地,而不是以概念的展示代替思考过程。

值得注意的是,我们可以从阿多诺的审美理论中探索他对法律理论问题的思考。法律与文学研究已经指出,司法过程可以被视为人类运用审美判断所进行的创造性评价,不同于围绕利益计算而展开的经济判断与根据区分敌友而实现的政治判断,审美判断具有鲜明的个体性和创造性,例如对艺术作品水准的评判、对于合法性问题的评价等。[①] 在大众民主时代,这种极度依赖个体性的判断方式一直处于危机当中,它既容易为经济利益所腐蚀,也容易被政治热情所席卷,反过来,因应这种危机意识,司法过程也容易走到过犹不及的程度,转而走到判决多出、正当性成疑的司法化(juridification)的道路上。

否定辩证法准确地捕捉到了晚期资本主义时代法律判断的境况,即法律和社会之间的对立关系。根据阿多诺的逻辑,司法过程实质上就是通过将眼光加以"集中"(concentrate),即在某个系争事实上,裁判者结合法律所提供的标准进行的审美判断。由于代表利益团体的立法权与聚焦国家整合的行政权被排除在司法过程之外,裁判者失去了参详其他因素、架构多种语境的能力,正如否定辩证法所指出的,裁判者无法借助某种超验的标尺去指出判断背后的深刻蕴含或者后续效应,只能指出,他的判断不是其他的经济或者政治判断,以此说明其判断的适格性。换言之,他只能就事论事、以案说案,

---

① Andreas Fischer-Lescano & Ralph Christensen,"Auctoritatis Interpositio: How systems theory deconstructs decisionism",21/1 *Social & Legal Studies*,2012,pp.93-119.

而无法放开眼去、综合判断。随着裁判者越来越多地进行判断,法律和社会规范的关系也就越发疏离,长久下去,法律变成了社会眼中的陌生人,而社会大众都站在法的门前而不得其路。①

法律和社会之间的对立关系,在阿多诺的逻辑里,是否定辩证法这套认识论所导致的必然结果。裁判者之所以能结合法律能进行审美判断,是由于法律本身拥有一套完善整饬的概念体系,由于法律概念具有物自体意义上的客观性,人们可以仅凭借最简单的工具理性而对其加以使用,从而不必多做正当性追问。反过来,这种对合法性的正当化的忽视又使得法律概念的魔力得到了放大。很多时候,律师仅仅列举几个法律概念而不必多做解说,相对人的心理就会在这种概念的力量下而受到影响,行为也会受其触动而大为变化。

可以看到,否定辩证法构成了阿多诺的脉络里论证法律自治性的重要工具,尽管这里自治性的法律是以负面形象出现的。在法兰克福学派的术语体系里,对抽象意义上的社会总体和具体层面的社会关系(尤其是互惠关系)的区分,得到了特别重视。② 由于审美判断这个司法过程所拥有的特别属性,法律制度被推到了互惠关系的对立面,进而形成了法治这个冰冷而僵化的庞大机器。这个机器固然可能带上民族-国家、资本-资本的标签,然而推动它不断运转的其实是晚期资本主义时代的社会认识论。那些诞生在熟人社会中的互惠关系被压制和边缘化了,农耕文明时代的阡陌交通、鸡犬相闻最终不可逆地让位于城市化和金融资本。

需要强调的是,在阿多诺的脉络里,法律和互惠关系之间永远处于不对称的地位。阿多诺理论中的法律是针对抽象意义上的社会整体,它并不以具体的社会关系作为基础,然而互惠关系则仅仅存在于

---

① Andreas Fischer-Lescano & Ralph Christensen, *Das Ganze des Rechts*, Duncker & Humblot, 2007.

② Theodor Adorno, "Kritik", in Theodor Adorno, 10/2 *Gesammelte Schriften*, 2003, pp. 785.

不同个体之间,并不需要抽象社会本身提供支持。而且,考虑到法律概念体系的自治程度,法律总能提供一套应对千变万化的社会现实的形式化表述。例如,由于法律原则的存在,即使没有具体规则指引裁判,裁判者仍然可以通过诠释原则来给出裁判。正如博尔赫斯在制图师的故事中所指出的,法律永远是对社会现实的不完美抽象,否则法律将变得巨细无遗,和它所对应的社会一模一样。

三、自创生理论中的法律自治及其超越

必须指出,自创生理论是复杂系统理论发展的产物。随着现代科学开始涉足牛顿力学之外的疆域,部分之和等于整体的这个卢曼所谓"老欧洲思维方式"遭到了挑战,整体实际上大于各个部分的加和。为此,系统科学应运而生,人们用它来探究启蒙时代的主客体图示所无法触及的世界图像。如果说主客体图示探究的是作为部分之和的那部分整体,那么系统科学所探究的正是大于部分之和的那部分整体,即构成系统的各个要素之间相互联系、作用的方式。

在自创生理论的发展历程里,形式法则的成熟是关键的一步,因为它为分析在主体世界和客体世界之外的第三世界提供了方法论基础。正如主客观图示里意见之于事实的区分,系统科学高度重视系统和环境之间的区分,在这里,为了能够更好地理解系统的自主运作,系统科学亟须一套区分形式与实质的方法,即所谓的形式的法则。在形式法则的研究中,发展的高峰乃是斯宾塞·布朗的《形式的法则》,通过一套文体学中所谓"去系动词"(e-prime)的呈现角度,布朗为研究者提供了一套可以尽可能地避免主观臆断的观察方法,在这个方法中,观察者可以通过捕捉形式的变化过程而处理经验现象。[①] 自此之后,不仅数学问题获得了全新的哲学基础,社会科学的

---

① Kull Andreas, "Self-reference and time according to Spencer-Brown", in Eva Ruhnau (eds.), *Time, temporality, now*, Springer, 1997, pp. 71-79. Also see Spencer-Brown & George, *Laws of Form*, EP Dutton, 1969.

研究也得到了解放；借助形式法则，经验现象界已经可以从主观判断和物自身之外而区分出来，形成了一个独特的世界。

如果说自创生是一个用来探究第三世界的理论，那么自创生的概念仅仅存在于批判理论所谓的社会整体的层面。无论是在生物界援用自创生意象的马图亚纳（Humberto Maturana），还是在人类社会发展自创生理论的卢曼，他们都紧紧抓住了信息沟通和社会制度之间的关系。所谓的自创生可以视为外观上的形式特性和形态上的媒介特征的复合，它本身遵循某种可被识别的规律，为这种规律所限制；却又足以组织起一大批参与者，被这些参与者所构成。马图亚纳率先在生物科学的领域指出，以 DNA 信息为线索，生物界从混沌走向有序的过程遵循自创生的逻辑；尽管马图亚纳本人并不同意将自创生理论推广到人类社会领域，卢曼仍然径直抓住信息沟通这个环节，在生物界和人类社会之间建立了类比，将这个自创生的意象和社会生活联系在了一起。①

我们此时不妨先搁置对科学领域的梳理，暂且回到自创生理论所赖以存在的人文传统中。值得指出的是，从思想史的角度上看，自创生描绘出的是一个反主体的意象。自创生的表述来自拉丁语中的"自发"（auto）和"诗学"（poeisis），在古典传统里，诗学是和哲学相对立的，自创生以此描绘一种不经哲思、纯然媒介化的存在方式。不妨认为，在自创生的秩序里，并不存在哲学王，也不接受国家理性，仅仅存在借助媒介而释放的信息流。如果我们把这个判断带到科学领域里，它的有效性也能得到验证，正如马图亚纳已经指出的，秩序是通过信息片段的自我衍生的方式得以形成的，这里的衍生并不是某个

---

① Humberto Maturana, "Autopoiesis, structural coupling and cognition: a history of these and other notions in the biology of cognition", 9/3-4 *Cybernetics & human knowing*, 2002, pp. 5-34. Also see Maturana Humberto et al., "Origins and Implications of Autopoiesis. Preface to the Second Edition of De Maquinasy Seres Vivos Autopoiesis", 28/6 *Special Issue: Autopoiesis, Systems Thinking and Systemic Practice: The Contribution of Francisco Varela*, 2011, pp. 583-600.

超然的造物者根据特定实质标准管控的结果,而是纯然通过这些信息根据某种形式标准的自我再造而实现的。

甚至可以说,对自创生理论的很多不满很大程度上都是来自论者在主体问题上所持的不同立场。在自创生理论的陌路人中,最为著名的正是社会研究所的继任所长、社会理论家尤尔根·哈贝马斯。尽管对于主体性理论也有不满,哈贝马斯选择通过寻求主体间性作为替代,通过转移重点,哈贝马斯得以在话语商谈问题上重新套用主体哲学的诸多论断。在这里,哈贝马斯仍然试图通过旧瓶装新酒的方式为主体哲学在全球化的时代寻求正当性,正如他在欧洲宪法问题上的看法所揭示的,通过重构,"老欧洲文明成就的巅峰"可以在全球化的时代寻求全新的形象,并藉此"克服自身的弱点"。①

不同于哈贝马斯,自创生法学在这里选择背对主体性传统。和批判理论一样,自创生理论同样追求对社会内在的探究,从而同样采取反思社会总体性的概念。对于特定的宗教、国家或团体而言,自创生理论并不在经验层面上展开描述,而是在社会总体的标尺下寻求它们的定位。这是由于,信息沟通是在遍及社会总体的基础设施中展开的,对具体的对象一视同仁,反过来讲,这种全球化的信息沟通也使得个体的预期变得越来越普遍化,从而可以通过功能系统加以稳定。

这里有必要指出,试图通过封闭外部边界、中断对外交换而建设封闭社会的尝试很难取得成功。"封闭社会"的体制往往试图借助身份政治去稳定社会内部的自发秩序,如"二战"前部分欧洲国家的法团主义(corporatism)机制、苏联及其卫星国的指令经济(command economy)体制等,然而成功者却少之又少。很大程度上,既有的封闭社会的建设,几乎都是围绕暴力机制和互惠关系的复合而实现的,这种案例仅通过资源分配和利益调整得以实现,并不具有现实上的可

---

① Jürgen Habermas, "Eine politische Verfassung für die pluralistische Weltgesellschaft?", 38/3 *Kritische Justiz*, 2005, pp. 222-247.

持续性。

需要指出的是，和作为功能子系统的法不同，自创生法在提供规范性方面具有更大的潜力。在社会系统的视角里，法律的功能是排除双重不确定性状况，稳定个体的规范预期；尽管为自身的承认、改变和审判设定规则和标准，法律仅被用来形成正义这个社会事实，并无内在的规范性可言。可以认为，作为社会的功能子系统，合法的正义是偶联（contingent）的现象，正义能否实现是不确定的、偶然的，是在沟通过程中被呈现的。与之对应，在自创生的视角里，法律是从构成自身的片段重新生产自身，这种再生产尽管没有特定的目的，却要符合特定的审美标准：信息片段根据这种标准得以在自创生系统里不断拆解和组合，被再目的化（repurposed）和再工具化。如果这样，作为自创生的系统，合法的正义已经不仅是偶联的现象，还是以"超验公式"形式而存在的规范心理，它不再是被呈现的结果，而是能够主宰自身命运的超验符咒。

借助自创生这个跳板，法律实现了比社会功能子系统更高的自治性。和批判理论一样，借助自创生的视角，法律可以将自身和社会对立起来。一旦法律从社会的功能子系统发展到自创生系统，法律就可以凭借超验正义的标准来生产合法的正义决定。在这里，信息单元的生产已经从理性走向了诗性，从符码化走向了反身性。尽管这样，在讨论自创生法的规范性时，我们仍然需要借助其他社会理论的辅助。

在《自我颠覆的正义》一文里，贡塔·托伊布纳借助德里达的解构理论提出了一套具有鲜明精英主义气质的规范性理论，他认为，作为一套具有内部层级结构和自我完结特性的体系，法律尽管有着外部的整饬外观，但也享有通过解构而再形式化的契机。[①] 在他的理论里，通过法律而寻求正义的重任落在了裁判者身上，裁判者可以通过

---

① Gunther Teubner, "Self-subversive Justice: Contingency or Transcendence Formula of Law?", 72 *Modern Law Review*, 2009, pp. 1-23.

抓住司法裁判的机会,利用裁判的悖论,拉平法律的层级结构,让已经完结的法律重新开始。一如批判法学所指出的,司法裁判确实有不确定性的一面,然而在托伊布纳这里,这种不确定性为寻求正义提供了机会,因为每次裁判都是法律形成新的内在动态的机遇,在裁判的时刻,法律内在的层级和效力有机会进行重新设置,只要合法性可以和它的环境进行新的一轮沟通,法律也就得到了一个全新的正当化的机会。

如果将托伊布纳的"自我颠覆的正义"语境化,我们其实看到的是一幅法律转型的图景。一方面,由于遵循"同案同判,异案异判"这个基本准则,法律体系需要一直保持形式上的稳定性,另一方面,法律又通过进化的方式不断变化,从而和社会变迁呈现出某种镜像关系。例如,1952年的"布朗诉教育委员会"判决实质上否定了1896年"普莱西诉弗格森"中的"隔离且平等"。尽管如此,为了维持法律体系的稳定性,布朗案的判决在形式上并没宣告普莱西案是"错误"的。正如阿克曼(Bruce Ackerman)在《我们人民》中所指出的,普莱西案和布朗案在法律意义上都是正确的,因为裁判者都忠实于他们所在时空的法律体系。如果我们结合托伊布纳的"自我颠覆的正义"来看,布朗案的裁判者正是考虑到了罗斯福新政后美国宪法所发生的深刻变革,从而选择在司法审查中解构掉支配普莱西案裁决的层级结构。在这个意义上,正如批判法学运动所指出的,布朗案本身就是法律不确定性的产物,然而,多亏了这种不确定性,"隔离且平等"的问题在新的时空条件下呈现出来,所谓合法的正义才有了实现的机会。

有趣的是,托伊布纳本人一直以英语传统中的社会学法理学(sociological jurisprudence),而非德语传统中的法哲学或法律社会学,界定自身的学术谱系。对于托伊布纳的这个取向,我们可以从与他本人的学术经历中一窥究竟:作为青年人,托伊布纳在欧陆亲历了1968年及其后爆发的多场欧洲左翼学生运动,又在美国参与了伯克利学派在20世纪70年代举办的几个推进社会正义的研究项目。尽管从学术渊源和立论方式看,托伊布纳是标准的欧洲学者,然而他的政治取向和价值立场则更多地来源于他在美国求学和从教的经历:他非常反感法学学者在政治议题上自我设限的做法,但也对街头抗议和左翼政治保持着强烈的警惕,比起那些"故乡的陌生人",反而是塞尔兹尼克(Philip Selznick)这一代怀揣强烈社会关怀的美国同事们让他心有戚戚。在加州大学伯克利分校的"法与社会"硕士项目毕业后,他甚至一度准备继续在塞尔兹内克的指导下继续攻读博士学位,直到新任的加州州长罗纳德·里根中断该中心的资金来源才告终。

也正是为此,正如司法审查遭遇的"反多数难题"一样,托伊布纳的解构正义论也因为其强烈的精英主义立场而遭到了新生代学者的批评。解构的正义之所以能够实现,很大程度上依赖于一群有责任感、行为审慎的法官,所谓"良善的自由主义者"(good liberal)。在这个意义上来讲,托伊布纳实际上回到了康德主义的立场上去,回到了对精英主义司法的诉求中。这种立场或许在精英文化仍然盛行的20世纪中后期仍然具有吸引力,彼时社会运动家和法律精英的合作关系仍然稳定而强韧,通过法律实现民主的诉求仍然得到广泛认可;然而在社会高度扁平化、社交网络无孔不入的21世纪,这种立场则难免遭到质疑,如今,平民主义已经成为新的社会规范,反精英、反权威的文化更是在公共媒体上大行其道,承担解构任务的法律精英在哪里,仍然是一个有待回答的问题。

四、批判系统理论:法律自治的规范性

在这里,批判理论的引入可以为我们提供阅读法律自创生理论、理解自创生法的规范性提供另外一种角度。这种理论可以是发最大限度的批判潜力。如果说解构理论还着眼于法律体系的结构性和自我完结性,那么批判理论则更加着眼于法律效力框架外法律所不及的那些内容所带给人的规范心理。

批判系统理论认为,如果我们将规范性视为心理现象,那么法律其实扮演着应对失望、挽回希望并去除绝望的作用。这是因为,现代

社会往往给人提供了自由发展的承诺,然而现实中的异化现象则构成了对这种承诺的背离,当反复遭遇这种背弃承诺的状况时,社会大众对于法律及其所维系的社会秩序就会失去信心,甚至走向绝望。面对这种现象,法律文本,尤其是其中关于人的权利和尊严的内容,为社会大众提供了先于现实的幻想内容,人们通过感知这种内容,超越了异化的现实生活,获得了再次接近人性的机会。[①]

法律与心理状况的互动,在批判系统理论这里,主要体现做出法律判断时的那个"集中"的行为。"集中"具有阿多诺所说的指向他物的特性,通过"集中",纷繁复杂的社会生活被指向到法律文本所承诺的那个非此在的世界里。正是由于这个集中,法律由此具有了对抗现实的功能:人们能够将对现实社会的种种争议、纠纷转化到法律所提供的他物世界里面的一组组请求和抗辩。所谓"法典是人民自由的圣经",通过将注意力集中在法典中承诺的权利之上,社会大众构想了一幅自由生活的图景,并且就此生发出了对于法典的信奉。

法律和规范心理的关系,在批判系统理论看来,集中表现在那些貌似"口惠而实不至"的权利论证上。现代社会的现实运作显然和"人的自由联合"相去甚远,种种异化现象已经在社会大众日复一日的日常生活中得到了例常化。当人们在法律文本上获知那些他们所享有的权利时,他们也在对于这些权利进行审美判断,试图通过将自己"集中"在这些纸面上的权利,而忘记异化所带来的绝望。由于现代法是通过程序化的权利论证而得以运行的,社会大众的记忆也就被法律程序的时间性所塑造和加工,本来在异化的现实面前产生的彻底绝望被转化成了希望和失望的复合。

我们这里不妨借用费舍-莱斯卡诺的《紧缩时代的人权》这个例

[①] Andreas Fischer-Lescano, "Global Constitutional Struggles: Human Rights between colère publique and colère politique", in Kaleck W. (eds.), International Prosecution of Human Rights Crimes, Springer, 2006, p.13.

子。① 经历了欧洲一体化时期的发展,欧洲人权法已经通过欧盟的基本权利宪章,各国宪法的基本权利章节与国际、区域与各国的人权法庭的判决实现了高度的体系化,相应的内容遍及政治、经济、文化等多个方面,欧盟、国家和地方等多个层次。尽管人权法的规范和学理已经相当完善,然而随着欧债危机后带来的紧缩政策,很多人权法所承诺的权利仅仅保留在纸面上,而已经无法付诸现实。对于那些在异化的人权机制前茫然若失的社会大众来说,人权法成为他们将绝望转化为希望的制度工具,通过了解和主张自身所享有的人权,社会大众将视野从社会现象的荒谬转移到了法律制度的缺陷上来,从而将对社会问题的不满通过权利主张的方式提出。

例如,紧缩时代里获取健康照看的权利。当财政收入大幅缩水时,政府往往会从公共支出项目中砍掉部分医疗服务,从而把政府的账目做平。在这个问题上,如果采取经济学的视角,政府往往这样论证自身的立场:政府行为的内容是将行政权的部分内容被通过外包的方式转交给市场,这个举动的目的是提高职权行使效率、优化公共服务结构,这个举动的结果则是将许诺的免费公共服务转为收费商业服务。换言之,政府的论证实际上是基于经济效率的:通过克减公共服务的内容,政府在行使权力上变得更加高效、节约,反过来,"羊毛出在羊身上",即使社会大众需要为获得这部分公共服务而支付一定对价,但是他们的选择权也得到了更好的保障。

批判系统理论并不赞同这种效率论的逻辑。同样针对上述政府行为,批判系统理论会做出这样的观察:政府行为的内容是将部分权力从建制化的政府部门转移到自治的社会团体,这个举动的目的则是维系社会不同功能之间的分化,防止经济体系内部的动荡被传染到政府部门的日常运转中,这个举动使得个体的预期在新的外部条件下需要再度稳定。在这个过程里,社会大众从未失去获取健康照

---

① Andreas Fischer-Lescano, *Human Rights in Times of Austerity Policy*, Nomos Verlagsgesellschaft mbH & Co. KG, 2014.

看的权利,反而是政府表达了他们已经失去了保障这种权利行使的意愿,反过来讲,政府的这种做法来自经济条件的限制,一旦社会经济状况得以好转,政府仍然有义务继续保证获取健康照看权利的实现。

再例如,紧缩时代里的政治权利。当政府以外部机构(如欧洲央行)的监督为理由采取紧缩的财税政策时,公民对政府的财税安排问责的权利被相应克减了。在这个问题上,政府往往这样论证自身的立场:政府只能在所拥有的主权范围内行事,该国在加入欧元区秩序时已经将部分主权让与给了欧洲央行;为了符合相应的管理标准、确保政府的信用,政府有必要遵守外部机构提出的种种条件;根据这个逻辑,公民对政府的问责应当以不妨碍外部机构对成员国政府的监督为前提。政府的这种论证是依托政府在国际和区域的跨国机制中的角色而做出的,即政府的权限为它所缔结的一系列政治契约所限制,对契约义务的履行是政府享有条约所带来的权益的前提。

批判系统理论同样不接受这种论点。针对上述的状况,批判系统理论会做出这样的观察:政府行为的实质是通过自主行动保证一国开展经济活动的外部条件,在国际和区域政治中获取主动权,其目的是利用成员国的财税自主性在欧元区的经济竞争中寻求优势地位。该国的欧盟成员国身份为主权行使创设了条件,但这一身份不足以改变人民主权原则的内容。此外,成员国身份虽然限制了一国政府的权能,反过来也为该国公民提供了寻求救济的新机遇,如经由欧洲的立法、司法机制的诉愿。在这样的条件下,公民不仅可以通过民主程序要求政府与外部机构进行协商,还可以直接针对外部机构寻求救济。

五、结语

还从来没有哪个学术脉络像批判理论这样复杂而多元。即使我们将其他具有批判力量的学术流派(如生命政治理论,后结构主义理论)隐去,仅仅将视野集中在初代法兰克福学派这个最为狭义的批判理论上,我们都可以看到它在学术理路上旁逸丛生的状况。仅仅在规范性问题上,初代法兰克福学派就至少和自创生理论与主体理论这两条脉络保持着选择性亲和关系。一方面,自创生理论更多地和美学相联系,关注创造性在现代社会中的命运,另一方面,主体理论则更多地与伦理学相关联,关注合乎伦理的生活在现代社会是否可能。

吊诡的是,尽管有哈贝马斯这样的体系性理论家护航,在过去20多年的发展里,批判理论和主体理论的交叉探究似乎陷入了漫长的停滞,少有让人眼前一亮的观点面世。或许,这是因为哈贝马斯过于勤奋造成的,在他的理论大厦衬托下,任何再次回到主体的尝试都显得渺小。当然,也许正如伯恩斯坦(Richard J. Bernstein)在评论哈贝马斯作品时所指出的那样,在现代社会追寻伦理生活的可能性,本身就是一个充满悲剧色彩的任务,后来者未必多。两者之间的具体关联并非本文所能处理的问题,尚待专文再加探讨。

与之相反,融合了批判理论和自创生理论,反而迎来一场不期而遇的大繁荣,不能不说有点出人意料。批判理论和自创生理论的共同特点恰恰是对于主体问题的回避和避讳,仿佛谈主体就触及了某种政治的不正确,然而,晚近产生的新问题,如金融资本、人工智能等,本身也是在克服主体问题之后才出现的,这种造就英雄的时势,则更像是一个充满了未来感的黑色幽默。

略论卢曼信任理论及法律在金融信任演化中的作用

袁开宇[*]

在《信任：一个社会复杂性的简化机制》的开篇，德国社会理论家尼可拉斯·卢曼写道："在许多情况下，某人可以在某些方面选择是否给予信任。但是，若完全没有信任的话，他甚至会次日早晨卧床不起，他将会深受一种模糊的恐惧感折磨，为平息这种恐惧而苦恼。他甚至不能够形成确切的不信任，并使之成为各种预防措施的基础，因为这又会在其他方向上预先设定了信任。任何事情都会是可能的。在其最极端情况下，这种与世界复杂性的突然遭遇超出了人的承受力。"[①]这段话极富洞见地指出了"信任"之于个人生活乃至人类社会的重要性，如果没有信任机制的支撑，人类将无法面对世界的复杂性，所有的行动和言辞都将失去凭据；只有在信任的基础上，尤瓦尔·赫拉利（Yuval Noah Harari）所强调的"大规模人类合作"才成为

---

[*] 袁开宇，清华大学法学博士，锦路安生律师事务所合伙人。
[①] ［德］尼可拉斯·卢曼：《信任：一个社会复杂性的简化机制》，瞿铁鹏、李强译，3页，上海，上海世纪出版社，2005。

可能①。如果一个人失去给予信任的意愿或能力,那么对世界的恐惧将使他寸步难行;而如果一个人失去获取或维持信任的能力,他将沦为群体和社会意义上的被驱逐者。

在《信任》这本早期出版的小册子中,卢曼提出"在最广泛的涵义上,信任指的是对某人期望的信心,它是社会生活的基本事实"②,而在其后面世的《社会中的法》一书中,卢曼又明确指出"法律的功能是稳定规范性期望"③。前述两个论断中都出现了"期望"(Expectation,也有学者译作"期待")一词,从特定视角来看,卢曼早期对信任机制的论述以及后期对法律系统的阐释,都是围绕"期望"这一源于心理系统的关键要素展开的,这也从理论上揭示了信任与法律之间所具有的某种深层关联。那么在社会系统中,特别是在作为经济系统中心子系统的金融系统中,法律与信任之间的互动关系是什么？二者如何相互影响和共同演化？以卢曼将信任作为"社会复杂性简化机制"这一理论视角为切入点,结合福山(Francis Fukuyama)就信任及其形成机制所提出的"社会资本"理论及格兰诺维特(Mark Granovetter)的"社会嵌入"理论,本文拟针对上述问题作一初步考察及概要分析。

一、卢曼信任理论:社会系统中法律与信任的一般关系

随着世界复杂性的不断增加,与信任有关的法律技术、社会机制和全球治理在持续演进,各种信任机制在法律、经济、金融等社会子系统的运作中发挥着重要作用,并在媒介沟通、环境激扰、结构耦合和系统共振的共同作用下,形成了多层次、多维度的互动关系,以回

---

① [以]尤瓦尔·赫拉利:《人类简史:从动物到上帝》,林俊宏译,114页,北京,中信出版社,2014。
② [德]尼可拉斯·卢曼《信任:一个社会复杂性的简化机制》,3页。
③ Niklas Luhmann, *Law as a Social System*, trans. Klaus A. Ziegert, Oxford University Press, 2004, p.148.

应各自或共同面临的双重偶联性问题。①

（一）作为一种期望、机制及过程的信任

在后期关于法律系统的著述中，卢曼进一步区分了"规范性期望"与"认知性期望"这两个概念。所谓规范性期望，是指那种虽然经历失望仍不会改变的期望，而认知性期望则是经历失望与挫折则会做出相应调试和改变的期望。规范性期望是非学习性的，是"择善固执"，而认知性期望是学习性的，是"因势利导"。② 而其早期研究中，虽然卢曼确实论及了信任与规则及规范性的密切联系，但前述概念区分及其对应的分析框架尚不明晰。如卢曼提出，"给予信任的必要性是正确行为规则的起源。也就是说，正向的规范性的产生，什么是正确的信任的方式，以此避免盲目的信任或无端（没有方向）的信任。这些规则构成了道德准则和自然法，尽管其可能是蕴含了内在矛盾或可质疑的价值观的"③，也就是说，伦理、道德和法律等规范的必要性，均源于社会系统运作所不可或缺的信任的必要性。因而，信任不仅是一种心理状态或伦理概念，也是一种关涉生活态度、行动框架、社会关系、文化观念、法律意识与经济价值的复合概念，甚至可以说"超级概念"，其主要包括期望、机制及过程等三重含义：

第一，信任是一种基于社会伦理且具有社会效应的功能性期望。信任是对他人行为或社会活动的期望，但只有在开展沟通或在社会系统运作中产生实际影响时，如促成、改变、约束或以其他方式影响某种行为和活动时，才构成我们所讨论的具有功能性的真正信任，否则，如果仅局限在本人或本组织的内部世界，则这种期望只是一厢情愿的愿望或希望，而不是本文所要讨论的信任。与卢曼关注信任在社会沟通及系统运作中的作用这一研究视角不同，美国学者福山高度关注信任在社会资本增长及经济社会塑造中的巨大力量，但同样将信任界定为一种期望，即在一个有规律的、诚信的、相互合作的共

---

① 泮伟江：《双重偶联性问题与法律系统的生成》，《中外法学》，2014(2)，544页。
② 鲁楠、陆宇峰：《卢曼社会系统论视野中的法律自治》，《清华法学》，2008(2)，59页。
③ ［德］尼可拉斯·卢曼：《信任：一个社会复杂性的简化机制》，4页。

同体内部,成员会基于共同认可的准则,对于其他成员有所期望,这一期望便是信任。这些准则可能是关乎上帝的本质或者正义之类深层次的"价值观",但也可以是关于职业标准或行为规范之类的俗世准则。①

第二,信任是一种社会系统应对内部及环境复杂性的简化机制。卢曼将信任界定为一种社会复杂性的简化机制,通过这种机制,人类社会的不确定性被吸收或容忍,或者说,系统用内在的确定性代替了外在的确定性,因而提高了系统对外部环境中不确定性的耐受性。就现代社会中的信任机制,区别于"人格信任"或"人际信任",卢曼和福山都特别强调"系统信任"的意义、功能和价值。卢曼认为,与人格信任相比,系统信任的主要特点包括易习得、难控制、潜在性、不受动机的影响等等。另外,对系统信任的控制要求增加专家知识。② 他还特别强调,"系统信任"主要回应了分化社会系统中所蕴含的更大复杂性,这集中体现为人类"对多元选择的分化和联结所进行的社会调节的过程,是有内在联系的",而系统信任需要通过真理、权力和货币等泛化交往媒介来实现。③ 而从信任产生的系统性基础这一层面,福山提出了"系统信任"的另一种定义,即"系统信任是指陌生人之间能够建立起的信任,通常来自对权威的信任,即对有合法性的公权力的信任;对专业体系的信任,即对有专业知识和规范的专家系统的信任;对规则的信任,即对法律、正式规则、制度的信任"。在上述各种系统信任中,福山认为对法律、制度的信任最为重要。④

第三,信任是一个社会经验泛化的学习过程,一个行动结构的形成过程,也是一个文化符号的信息交互过程。通常来说,信任不是自然产生的或理所当然实现的,而是一个学习过程,包括学习能够去信

---

① [美]弗朗西斯·福山:《信任:社会美德与创造经济繁荣》,郭华译,28~29页,桂林,广西师范大学出版社,2016。
② [德]尼可拉斯·卢曼:《信任:一个社会复杂性的简化机制》,76~78页。
③ 同上注,29~63页。
④ [美]弗朗西斯·福山:《信任:社会美德与创造经济繁荣》,序言,第6页。

任以及如何给予信任,例如卢曼和福山都强调了家庭在其中的社会化功能。卢曼指出,基于社会制度和家庭成员之间信任的特定运作,信任的最早形式找到了它在已高度复杂化世界中的第一个确证①,这种信任态度的普泛化是系统信任形成的起点。福山强调了公民社会(civil society)诸种"中间体制"中家庭的基础作用,他写道:"公民社会是一个繁杂的中间体制,它融合了各色商业、自发结社、教育机构、俱乐部、工会、媒体、慈善机构以及教会等等,并构建在家庭这一基础结构上。之所以说家庭是基础结构,是因为人们通常通过家庭来完成社会化,以融入他们所在的文化,习得在更广大的社会中生存所必需的技能,而社会的价值和知识也通过家庭得以在一代又一代人中间传承。"②一方面,从系统论的角度,信任是个体在家庭、社群与更大的系统范围内获得自身行动结构的过程,在这个过程中"系统的内在秩序通过有选择地解释世界,透支它所拥有的信息,将世界的极度复杂性简化到它能够有意义地定位自己的程度,因此获得它经验和行动可能的结构"③。另一方面,从信息论的角度,信任的赋予方、接受方以及相关社会系统形成了一个"符号复合体"。由于这种复合体对于信息骚乱特别敏感,因此信任者必须谨小慎微地在特定的、理性的比例内给出信任,被信任者也必须如履薄冰地通过其言行证明其可信赖性,而相关社会系统将依据其固有价值、规范和话语,对这些活动所传递的符号信息进行解码和编码,"一个谬误就可以使信任全然无效,根据它们的符号值,相当小的错误和表达不当,都可能揭开某人或某事的'真面目'"④。

(二) 社会系统中法律与信任的一般关系

随着复杂性增加,社会系统也必然产生分化,基于法律保护的信

---

① [德]尼可拉斯·卢曼:《信任:一个社会复杂性的简化机制》,36页。
② [美]弗朗西斯·福山:《信任:社会美德与创造经济繁荣》,8页。
③ 同上注,42页。
④ 在此,卢曼已开始用系统理论阐释信任问题,并提出了信息和符号等概念,但尚未深入到后期提出的递归沟通、封闭运作等理论。参见[德]尼可拉斯·卢曼:《信任:一个社会复杂性的简化机制》,38页。

任与基于一般社会伦理或道德的信任的分化就是这种社会系统演化的必然结果,而更进一步的考察表明,信任、信任机制及信任过程的演进,往往与法律、法律技术与法律体系的发展密切相关。在整体社会系统中,法律与信任之间的一般互动关系及相互影响主要体现在如下三个层面:

首先,法律对社会系统中的信任具有保障作用,而信任又是法律稳定化的重要基础。在系统信任的情境下,由于个体可能无法对其中的事件和运作产生完全的理解和洞察,也无法对其中事件的发生进行干预和更正,于是感觉被置于无法预见的环境中,但仍然被迫不得不继续信任,这就构成了系统信任的脆弱性。[1] 这种脆弱性部分被系统信任本身的机制所缓解和吸收,但在社会复杂性不断提升的过程中,仍将由于自身发展需求、外部环境变化或其他系统的激扰而加剧。然而,"法律安排为特定的期望提供了特定的保证,尤其是具有强制力的制裁措施,给大范围、长时间、远距离的信任关系提供了基础",因此可以说,法律是信任保证,是信任行为的重要风险缓释措施。[2] 从相反的角度看,信任又是法律演化、构建和运行的基础,如果没有信任,法律的规范性就无从谈起,因为人们不会信任法律所能够提供预期的稳定性,也不会信任立法的公允性、司法的公正性、法律运行的有效性,乃至整个法律的正义性或合理性。如卢曼所说,"其他社会机制在现在的稳定化以信任为先决条件"[3],同时信任观念以整体法律为基础,也以对他人的普遍依赖为基础,反过来说,正是因为法律所提供的风险限制,各种更多形式的信任才得以产生和发展。[4]

其次,作为与信任机制平行发展的一种社会机制,法律制度本身也指向复杂性的简化,因此法律制度与信任机制之间存在补充、替代

---

[1] [德]尼可拉斯·卢曼:《信任:一个社会复杂性的简化机制》,66页。
[2] 同上注,44页。
[3] 同上注,21页。
[4] 同上注,46页。

和联动等多种互动关系。信任机制与法律系统都具有社会复杂性简化的功能,在特定情境中是信任机制还是法律制度发挥作用,主要取决于该种情境的先决条件,也取决于其价值、效率考量和选择。法律制度和信任机制的动机、运作过程和结果保障不同,如遵守法律的动机为间接的、非个人的、社会促成的,且有作为"最终手段"的暴力保证,而信任具有个人意义和经验证明等多种动机,一般也没有对结果的强制性保证,因而,两者在复杂性简化中通常具有互补性,如法律制度回应特殊规范性处境,而信任机制回应一般社会性需求。随着社会系统的分化,社会系统中原先的一般信任机制可能被后来出现的特殊信任机制所替代。如在现代社会中,由于经济系统的某种统摄作用,主要由货币发挥了跨越时间和吸收风险的功能,因而信任机制在此方面的作用似乎被替代了,当然这种替代并不是完全绝对性的,例如信任仍然以商业信用、金融信用等形式继续存在乃至空前发展于经济系统之中。相似地,由于与法律制度中"合法/非法"二元代码相比,信任机制中的"信任/不信任"代码的互斥性较弱,例如我们普遍理解或经历过半信半疑、将信将疑的情况,但较少遇到既合法又非法的状态;同时,在互相转化过程中,信任转化为不信任,比不信任转化为信任要容易,因此信任机制与法律系统相比似乎表现出"相对低的技术水平"[①]。这一功能效率上的差异,会在某些需要较强结果控制或具有强制过程控制的情境中,导致法律制度对信任机制的替代。另外,在社会信任程度相对不足,而法律保障相对充足的情况下,社会主体也会倾向于选择法律机制而非信任机制来简化复杂性。卢曼认为,通常来说,信任与法律必须在很大程度上彼此独立地发生效力,只是通过使它们成为可能的一般条件才相互关联,而且当需要产生时,就有点意义的个别问题而言,它们才能相互协调[②];因而,信任机制与法律系统的这种耦联性和共同发挥作用的情况,是在特定

---

① [德]尼可拉斯·卢曼:《信任:一个社会复杂性的简化机制》,118页。
② 同上注,47页。

情境才会出现的。因此,从部门法的角度来看,本文所考察的"法律制度"将主要限于金融领域中与信任机制相关的立法、司法和金融监管等法律制度。

最后,随着社会系统的演进和分化,出现了若干与信任相对独立但又密切相关的法律技术。如"自愿契约"就是这种社会系统分化的产物,作为一种"根据法律对信任原则在技术方面的重新阐述",其本身已经独立于原先的一般信任机制,而不能再被视为是信任产生的"条件"。① 除了作为信任机制的外在保障,法律通过技术上的重述完成了一系列"信任的内化",即把信任机制吸收或整合为法律制度的一部分,把社会系统中的一般信任问题转化为一个特定的法律技术问题,这些法律技术产生并被广泛运用于金融领域的众多方面,例如:作为商业和金融重要基础的信用制度、特定委托关系中的信义义务、金融审判中适用的诚实信用原则、源于信任的信托制度和信托产品、监管与被监管者共同安排的监管沙盒实验(Regulatory Sandbox)、基于信息科技的数字货币协议、仲裁和调解等金融纠纷非诉讼解决方式,以及以金融消费者保护为目的的格式条款规制等等。

二、金融信任:金融系统中法律与信任的特殊互动

相对于上文所述法律与信任在社会系统中的一般关系,金融法律与金融信任在金融系统的运作中形成了某种特殊的互动。如同卢曼针对复杂性简化问题,而将"信任"提升至超越社会学和心理学通常概念的高度,本文中的"法律"或称"法律系统"也指涉一个更广义的范畴,即包括"法律体系、法律文化、法律制度,及其跨国整合与全球治理"②。在针对金融系统的特定讨论中,本文所称"金融法律"包括与金融组织及活动相关的法律体系与法律制度,金融监管的政策导向、管理规定与执行措施,金融跨国经营及全球治理相关的制度与

---

① [德]尼可拉斯·卢曼:《信任:一个社会复杂性的简化机制》,46页。
② 高鸿钧:《法律全球化的理论与实践:挑战与机会》,载高鸿钧:《全球视野的比较法与法律文化》,186页,北京,清华大学出版社,2015。

通行规则,乃至金融市场参与者和金融法律专家所共同认可、创造并遵从的交易习惯与法律文化等等。

而本文所称"金融信任",是指在金融系统中形成的一种特殊信任类型,其兼具制度性与非制度性两方面的要素特征。首先,金融信任主要是一种"制度型信任",构成这种特殊信任的"制度性要素"包括:金融市场所必需的金融体系、法律制度和政府监管;金融机构及相关组织的运营规则、行业惯例和互动机制;金融从业人员群体所共有的专业知识、专门技术和职业伦理;以及金融行动各方在公众预期中所承担的特定角色、责任和义务等等。其次,必须要强调的是,虽然金融信任是一种"制度型信任",即制度及与其连体共生的专业人员、专门知识和专属角色等在金融领域的信任中发挥着非常重要的核心作用,且其中的个人行为、组织行动和其他主体的运作模式亦均受到制度的重大影响乃至形塑,但制度性要素绝非构成金融信任的唯一元素,在现实的金融活动及信任形成机制中,还包含着某些不容忽视的"非制度性要素",如心理要素、人格要素及文化要素等等。在金融系统中,上述两类要素通常并非单独或孤立地发挥作用,而是在特定情境下以整合性与嵌入性的方式,共同形塑金融信任的相关模式并影响其运作机制。在进行理论探讨之前,让我们先从两则故事入手,直观感受一下金融信任的主要特征与运行机制。

(一)从两则故事看金融信任

1992年,美国著名城市规划师、女作家简·雅各布斯(Jane Jacobs)在《生存的系统》一书中写道:

> 在将一笔很大数额的钱存入在外国的一家银行之后,我突然发现,我将我的资金交给了银行中一个素不相识的人。我对这家银行一无所知,而且它还处于一个我举目无亲的城市之中……而换回的仅仅是一张带有潦草字迹的薄纸,上面写着我看不懂的语言。我明白,我为自己所启动的是一个商务诚实方面的巨大信任之网,它使我忐忑不安地意识到,那么多被我们在商务交易中视为理所当然的事

竟然是悬垂在一副如此脆弱的网上。①

在雅各布斯写下这段文字的短短不到30年后,网络银行、移动支付和跨境汇款成了家常便饭,在某些金融业务场景下人们已习惯将给予信任视为理所当然,甚至是毫无意识的默认模式或一键点击,而很少再虑及那些根本性的、利益攸关的问题:为什么我们会信任某个素不相识的人、某家外国的陌生银行乃至隐藏于屏幕之后的虚拟世界?

如果说在20世纪90年代,一个美国人把大笔现金存入一家陌生异域银行,足以让她忐忑不安;那么,一个中国人在20世纪20年代这么做,则简直可以说是一个近乎疯狂的冒险。因为人类的日常经验表明,信任从来不是理所当然的,尤其在跨越较长时间和较大空间的情况下,背信弃义的行为以及对这种行为的指控更是司空见惯。北京大学教授颜品忠在2004年出版了《花旗银行在华掠夺纪实》一书,书中讲述了这样一个故事:在20世纪20年代,国民政府贵州省主席、军阀周西成将黄金、实物等价值3亿美元的财产存入美国花旗银行在新加坡的金城道分行。1941年太平洋战争爆发,新加坡沦陷在即,周西成将其中的2.5亿美元交其机要秘书金娣转存到美国花旗银行纽约总行。1949年后,花旗银行趁美国冻结中国资产的机会吞没了这笔存款。1979年,中美两国达成解冻中国在美资产的协议,这笔存款具备了取回的条件,但因存款人金娣多年来一直在深山寺庙隐姓埋名、与世隔绝,直到1990年才知道存款可以取回。截至该书出版的2004年,这笔巨款连本带息共12亿美元,折合人民币约100亿元,但多年来经过向花旗银行在华机构及美国总行的多次催讨,该银行均拒绝兑付该笔存款,甚至指责其存款凭证涉嫌伪造、整个事情是一场骗局。②

在中国故事中,令美国女作家雅各布斯忐忑不安的事情似乎确

---

① Jane Jacobs, *Systems of Survival*, Vintage Press, 1994, p.1.
② 颜品忠:《花旗银行在华掠夺纪实》,1~5页,北京,新世界出版社,2004。

实发生了。虽然从情节上看,中国故事远比前面的美国故事更加跌宕起伏,但我们也能发现一些貌似共同的故事元素,例如"很大数额的钱""外国的一家银行"和"看不懂的语言",等等。所不同的是,中国故事中的存单是"一正三副共四套的存款凭证,即正本为金版(总用金量大约8公斤),副本为银版、丝版和五色套印造币纸版(制作工艺精良,据称只有美国和德国拥有此类技术)"①,而非如美国故事那样只是"一张带有潦草字迹的薄纸"。毫无疑问,把可以直接用于即时消费的真金白银和绿背美钞交给异国他乡陌生组织中某个素不相识的人,而换回一张轻飘飘的手写体薄纸,或四套沉甸甸不同质地的印刷体文件,这显然远远超越了基于熟稔环境或熟识个体的信任行为,其背后一定有更为稳固也更具韧性的某种东西,在支撑这种信任的给予和接受。那么这种东西是什么呢?有学者认为是"制度"。如德国制度经济学家柯武刚和史漫飞所说:"人类的相互交往,包括经济生活中的相互交往,都依赖于某种信任。信任以一种秩序为基础。而要维护这种秩序,就要依靠各种禁止不可预见行为和机会主义行为的准则。我们称这些规则为制度。"②

无论是中国故事还是美国故事,如果从制度维度进行考察,可以发现其中均隐含了促成信任行为的众多制度基础,这包括法律制度、经济制度、监管制度,也包括政治制度乃至涉及全球治理的诸种制度,例如:根据存款协议,存款人可以通过向银行提交银行所开立的存单,而自由支取其所储蓄的特定金额的货币;根据通存通兑条款,存款人可以向所存款银行的特定乃至所有网点提出兑付请求;根据存款保证金制度,商业银行必须将一定比例的存款缴存至中央银行,作为其在特定情况下的支付能力保障;根据存款保险制度,通过加入存款保险方案,商业银行可以在发生经营困难、破产危机的时候,经由保险机构向存款人支付部分或全部存款;根据业务记录保留的监

---

① 颜品忠:《花旗银行在华掠夺纪实》,3页,北京,新世界出版社,2004。
② [德]柯武刚、史漫飞:《制度经济学——社会秩序与公共政策》,韩朝华译,3页,北京,商务印书馆,2000。

管制度,银行必须长期乃至永久地保存存款业务记录,以便存款人在较长时间后提出兑付主张时,仍然有据可查;根据银行兼并、收购和破产的规定,对存款人的兑付义务通常由存续的金融机构承继,因而受到某程度的保护;甚至在政权更迭时,某些国家也会根据国际金融治理规则保护存款人的合法权益,如中国在解放后发布的《政务院关于解放前银钱业未清偿存款给付办法》等。随着金融全球化程度不断提升和法律全球化进程持续发展,上述法律和制度几乎已形成全球金融市场的通行规则,因此在其他国家开展存款业务时,存款人一般可以合理地预期上述诸种制度同样存在并适用。

那么仅凭这些制度,信任就能构建起来了吗?或换一个角度来看,怎么能够信任这些制度是在正常运转或适时演进的呢?在对古印度经典文本《薄伽梵歌》正义观的研究中,高鸿钧教授指出:"正义的制度及其所承载的原则和精神,是正义的结构,而生活在结构之下的人,是制度运行的动力。"① 与此类似,关于信任的制度及其所承载的原则和精神,只是一种社会结构,而共生于该结构之下的个人或组织才是制度运行的动力,尤其是通过担当该制度核心角色的个人或组织来实现或表现出其可信赖性;处于制度之下的个人或组织也并非总是被动地执行制度,而是通过自己的行动或言说,能动性地诠释着该种制度,进而与该种制度共同演化乃至推动和触发其根本变革。"金娣存款事件"② 一度闹得沸沸扬扬,各种个人和组织都牵涉其中、轮番登场,包括:身份存疑且从未露面的神秘存款人、以爱国者身份奔波海内外催讨存款的代理人、指出存单伪造并拒绝兑付的跨国金融机构、搜集相关史料且笃信存单真实性的哲学教授、深究逻辑错误

---

① 高鸿钧:《〈薄伽梵歌〉的正义观——兼评〈正义的理念〉》,《清华法治论衡》,第23辑,2016,113~142页。
② 当时对"金娣存款事件"的相关媒体报道较多,如:《2.5亿美元存款口舌之争》,载"新民周刊":https://news.sina.com.cn/s/2004-04-12/12543119008.shtml(最后访问时间:2019-12-15);京华时报《金娣存款事件疑云再生》,载"京华时报":http://news.sohu.com/20040715/n221008328.shtml(最后访问时间:2019-12-15)。

而坚称存款为骗局的打假公知、代表存款人及其代理人向中美法院提起诉讼的律师、受理和审理相关诉讼的法院和法官、拒绝认定事实但确认中国法院具有管辖权的法学家、新闻视角与观点大相径庭的传统及网络媒体,乃至真假难辨之下各抒己见的广大网民等等。无论采取信任、不信任或将信将疑的倾向或态度,正是这些个人和组织的角色互动构成了一个真假难辨的故事或荒诞不经的现实,也正是他们的言辞和行动推动了与信任有关的各种制度的运转,并在某些机缘巧合下促成了这些制度的形成、维持、崩坏乃至毁灭。

(二) 金融信任的制度性特征

上述故事表明,在现代的社会行动中,某些关键性的制度与行动主体,包括个人、组织和其他群体等等,构成了特定情境下信任关系最基本的两大要素。鉴于制度与主体在不同信任情境中相关联的强度不同,我们可以把相对脱离特定背景制度或专业知识、形成于共同文化习俗和一般社会环境的信任,称为"一般型信任";而将那些与某种背景制度或专门知识具有强联结、高度依赖于特定专业人员、机构和体系的特殊信任称为"制度型信任"①。举例来说,"一般型信任"如社群在一般生活或日常活动中的信任,而"制度型信任"则有本章探讨的"金融信任"以及后文将论及的"法律信任""政府信任"等等。需要特别强调的是,"一般型信任"与"制度型信任"之间并非泾渭分明,在特定情境中二者可能共同发挥作用,但在另外一些情形下则产生互斥和替代效果,而心理倾向、文化习惯、道德规范和社会结构等等因素又可能对两者同时施加影响。

金融领域的信任,通常具有"制度型信任"的明显特征。如在"金娣存款"这一事件中,有些人笃信这笔存款是真实存在的,而又有一些人指责其为凭空捏造,论争的焦点除了证据证言和历史记载的真实性以外,最重要的就是这笔存款"实际产生时"或"刻意编造中"所

---

① 特别需要说明的是,"制度型信任"只是特殊信任的一个子类型,并非所有特殊信任均为制度型信任。

依托的背景制度（contextual systems），尤其是当时跨国银行所遵循的经营制度、运营规则、行业惯例和法律规定。制度本身构成了对事件描述可信赖性的支持或削弱，因为这些制度性因素被认为是超越了行动主体主观性的，并且长期稳定而有据可查；但同时，参与其事的主体因内心倾向、社会角色、所处地位、专业知识或生活经历的不同，对这些制度的内容及影响往往有着不同的理解，这造成了各个主体对同一事件描述的信任程度不同，也形成了主体之间信任倾向及信任形成机制的差异。那么，如果从案例观察走向理论归纳，到底什么是"金融信任"呢？

首先，可以从中外学者对"信任"给出的一般定义入手，对金融信任可能包含的基本要素进行梳理和分析。英国学者吉登斯认为，"信任是指对他人或者制度之可信赖性所抱有的信心，或者对抽象事物之正确性抱有的信念"[1]。美国学者巴伯从三个层面对信任进行了定义，指出了不同情景下人们建立预期的不同基础以及信任的三个层次，包括：一般性信任即"对自然法则和社会秩序的信任"、技术信任即"对他人技术能力能胜任其角色的信任"和"对托付责任和义务能够被承担的信任"[2]。中国学者郑也夫提出，"信任是一种相信他人的行为或者社会秩序符合自己要求的态度，并表现为三种期待：对社会秩序的期待、对合作伙伴的期待、对某种事物的期待。信任是处在全知与无知之间的，是不顾不确定性的相信"[3]。如果把上述信任定义中的一般性要素剥离出来，如"抽象事物""自然法则"和"社会秩序"等等，"制度型信任"的某些要素就凸显出来了，如"制度之可信赖性""技术能力""胜任角色"和"承担责任和义务"等等；由此可见，金融领域特定的制度、知识、技术、角色、责任和义务构成了"金融信任"这一概念的基本要素。

---

[1] ［英］安东尼·吉登斯：《现代性的后果》，田禾译，30页，南京，译林出版社，2000。
[2] ［美］伯纳德·巴伯：《信任—信任的逻辑和局限》，牟斌、李红、范瑞平译，11页，福州，福建人民出版社，1989。
[3] 郑也夫：《信任论》，19页，北京，中国广播电视出版社，2006。

其次,考察社会学、心理学和经济学上对"信任"的分类,也有助于厘清"金融信任"的概念范畴。最早对信任进行分类的学者之一,是社会学的"类型化大师"德国学者韦伯,他在《中国的宗教:儒教与道教》一书中,从跨文化比较的视角提出了"特殊主义信任"和"普遍主义信任"的区分,但他所说的"特殊主义信任"是指对熟悉的、家庭内部或本社群的"自己人"的信任,而"普遍主义信任"是基于契约、产权和法律体系,对传统团体之外的更大社会共同体成员即"外人"的信任,他更进一步指出,普遍主义的信任是西方资本主义社会崛起的一个重要因素。[1] 最早编制"人际信任量表"的美国心理学家罗特(J. B. Rotter)将信任划分为"特别信任"和"一般信任",其中"特别信任"是指建立在血缘关系和社会关系上的呈网状分布的信任关系,而"一般信任"是建立在规则约定和制度约束基础上的信任关系。[2] 这里需要说明的是,韦伯和罗特都是从"信任的范围"来区分"特殊/特别"和"普遍/一般",即从信任者与被信任者社会关系的亲疏远近来进行分类;而本文则是从信任的核心来源和制度基础的视角,将信任区分为"制度型"与"一般型"信任。虽然在具体名词选用上似有抵牾,甚至易生混淆,但如果从"系统信任"的子类型这一层面来看,这两种分类方法并不存在矛盾,相反,二者在"制度型信任"以"契约、产权和法律体系"以及"规则约定""制度约束"为基础这一判断上颇具共识。中国经济学者张维迎也从信任来源和信任对象的角度,对信任进行了分类,他认为"信任的来源基本分为三类:基于个性特征的信任、基于制度的信任、基于信誉的信任;信任的对象也分为三类:第一是对作为个体的人的信任,包括个人之间的信任;第二是对作为组织的信任;第三是对政府的信任。"[3] 其中,"基于制度的信任""对组织的信

---

[1] [德]马克斯·韦伯:《中国的宗教:儒教与道教》,康乐、简惠美译,22页,桂林,广西师范大学出版社,2014。
[2] 洪名勇、钱龙:《多学科视角下的信任及信任机制研究》,《江西社会科学》,2013(1),190~194页。
[3] 张维迎:《信息、信任与法律》,9页,北京,生活·读书·新知三联书店,2003。

任"和"对政府的信任",均属于"制度型信任"的范畴。由此反观金融领域的信任机制,我们会发现,"金融信任"涉及心理学、社会学和经济学等多个领域和层次的问题,且与契约、产权、法律、规则、制度、组织、政府等诸种因素均有关联。

最后,借鉴金融学对投资行为中"信任"功能与机制的最新研究成果,有助于丰富我们对"金融信任"这一概念的理解。美国学者斯多特(Lynn Stout)认为,金融市场中的信任是解释和操纵投资者行为的强大力量,投资者在一个高度复杂和不确定的环境下做出决策需要对风险进行评估与承担,而信任是承担风险行为的理论先导。[①] 美国金融学家杰纳奥里(Nicolas Gennaioli)等学者将金融投资中的信任区分为"对市场的信任"和"对管理者的信任"。其中"对市场的信任"即"对制度的信任",因为制度的完善程度与实施情况将关系到投资资金被滥用的可能性,并最终影响投资者对风险收益的预期,这部分信任主要建立在金融制度的客观特征基础上,如投资者保护法规及监管有效性等等;"对管理者的信任"是指投资者对特定资金管理者的信心,因为"投资者把资金交到自己觉得可靠的管理者手中会感到心里踏实,从而降低了对于承担风险的紧张忧虑"[②]。中国学者崔巍把投资者在金融市场中的特殊信任称为"金融信任",即"在金融市场上投资者对经济前景、上市公司、管理层以及股票分析师等的信任程度,以及对整个金融市场及运行机制的信心,其直接影响到金融决策及经济效果",其具体包括"信念"和"偏好"两方面内容,前者是指"对他人值得信任程度的预期",后者是指"由个体特征决定的个体本身的信任度和被信任度"[③]。中国学者王娟就此的观点略有不同,她认为由于金融活动存在特定的金融风险,"大部分人都会委托专业从事金融的人或金融机构来完成相关工作,因为个体没有足够的时间和

---

① L. A. Stout, "The Investor Confidence Game", 88/2 *Brooklyn Law Review*, 2002, pp.407-437.
② N. Gennaioli et al., "Money Doctors", 70/1 *Journal of Finance*, 2015, pp.91-114.
③ 崔巍:《信任、市场参与和投资收益的关系研究》,《世界经济》,2013(9),127~138页。

专业能力来应对金融投资选择",因而需要对这些金融专业人员和机构的信任,但她并未明确提出"金融信任"这一概念,而是将其归入了广义的"社会信任"范畴。[①] 虽然上述对"金融信任"概念的金融学描述主要针对投资领域或局限于个人投资决策,但从学科本身的普适性视角来看,仍可以丰富我们对这一问题的理解,即"金融信任"与金融活动的特定风险及决策密切相关,也与金融制度、运行机制、法律规范、监管制度、从业人员、专业机构等高度联结。

综上可知,"金融信任"主要是一种"制度型信任",构成这种特殊信任的主要"制度性要素"包括:金融市场所必需的金融体系、法律制度和政府监管;金融机构及相关组织的运营规则、行业惯例和互动机制;金融从业人员群体所共有的专业知识、专门技术和职业伦理;以及金融行动各方在公众预期中所承担的特定角色、责任和义务等等。

(三)金融信任的非制度要素

必须强调的是,虽然"金融信任"是一种"制度型信任",即制度及与其连体共生的专业人员、专门知识和专属角色等在金融领域的信任中发挥着非常重要的核心作用,且其中的个人行为、组织行动和其他主体的运作模式亦均受到制度的重大影响乃至形塑,但制度性要素绝非构成金融信任的唯一元素,在现实的金融活动及信任形成机制中,还包含着某些不容忽视的"非制度性"要素,如心理要素、人格要素及文化要素等等。

首先,金融信任是一种制度型信任,是系统信任的一个子类型,但在这样的信任类型中,人格要素与制度要素是互相影响并共同发挥作用的。卢曼将信任区分为"人格信任"和"系统信任",福山将信任划分为"传统信任"和"现代信任",虽然在理论阐述中,二者均强调了系统信任与现代信任的巨大"进步性"或"先进性",但这并不是说,系统信任就完全脱离了人格因素。而是说,人格因素一方面以更"匿名化"的方式存在于系统信任当中,另一方面则在某些高光或至暗时

---

① 王娟:《金融风险中的社会信任研究》,《北京金融评论》,2015(4),163~175页。

刻以鲜活的人格形象影响着系统发展的进程。根据卢曼的理论,"系统信任建立在这种事实上,即其他人也信任,而且对信任的这种共同拥有成为有意识的。显然,人们不必把每一个案例都记住,这种功能能力是基于对信任的信任"①。这也就是说,系统信任是一种"主体间性"的信任,因而作为主体性特征的人格要素是系统信任的应有之义。系统信任建基于"他人也信任",这里的"他人"可以是从众而为的一般人即"系统中的人",如信任纸币具有经济价值的普通人、加利福尼亚淘金热中的工人、荷兰郁金香热中的投机者或中国P2P风潮中的投资人,但也可以是推动这些"信任"狂潮的那些始作俑者,是英国南海泡沫中的罗伯特·哈利、法国密西西比泡沫中的约翰·劳或美国超级庞氏骗局中的伯纳德·麦道夫。福山某程度上将"传统信任"和"现代信任"简单等同于"人格信任"和"系统信任",进而列举了具体的信任基础和对象,他说:"简而言之,传统信任与现代信任的区别体现为人际信任和系统信任。不难理解,现代社会的信任主要来自系统信任。系统信任是指陌生人之间能够建立起的信任,通常来自对权威的信任,即对有合法性的公权力的信任;对专业体系的信任,即对有专业知识和规范的专家系统的信任;对规则的信任,即对法律、正式规则、制度的信任。系统信任中,对法律、制度的信任最为重要。"②在这里,福山强调了法律、制度在系统信任中的重要性,但也同时肯定了权威、专家等人格要素在系统信任中的地位和作用。引用一句当代的名人名言"因为相信,所以看见",这句话激励了无数中国年轻人投身创业,同样,在金融史上也不乏这种基于人格魅力、成功经验或美好蓝图的信任建构和传导模式。

其次,金融信任的形成是一个不断发展和持续演化的历时性、渐进性过程,除了制度要素固化为制度体系、专业知识和角色设定这些显性因素以外,特定社群或社会的规范、价值和身份认同往往会沉淀

---

① [德]尼可拉斯·卢曼:《信任:一个社会复杂性的简化机制》,73页。
② [美]弗朗西斯·福山:《信任:社会美德与创造经济繁荣》,8~9页。

为相对隐性的文化要素。易言之,金融信任这样的制度型信任,也必然受到特定社会历史累积与文化禀赋的深层影响。卢曼指出,"从人格信任向系统信任过渡的伟大文明化过程,赋予人类对待复杂世界的偶然东西的稳定态度,并使人们在生活时可能抱有这种认识:一切都可能以另外方式出现"。① 这一"伟大文明化过程"是信任模式的发展过程,也是人类历史和文化的发展过程,二者共同演化、相互影响,最终体现为历史中的信任行为、文化中的信任观念,以及信任机制中传统与文化的心理性、结构性乃至规范性要素。福山更是明确指出了文化、信任与经济之间的密切联系,他认为"经济行为是社会生活中至关重要的一环,它由各种习俗、规则、道德义务以及其他各种习惯连缀在一起,塑造着社会",他的信任理论试图证明"一个国家的繁盛和竞争力是由某一种普遍性的文化特征所决定的,即社会本身所固有的信任程度"②。他进而指出:"在一个有规律的、诚信的、相互合作的共同体内部,成员会基于共同认可的准则,对于其他成员有所期望,这一期望便是信任。这些准则可能是关乎上帝的本质或者正义之类深层次的'价值观',但也可以是关于职业标准或行为规范之类的俗世准则。"③由此可见,在福山的理论中,在即时性的维度上,共同的准则和价值观是共同体成员对其他成员产生期望、形成信任的重要基础;而在历时性的维度上,这些共同准则和价值观将在长期的社群、民族和国家历史演进中形成独特的文化,从而更加长远和深刻地影响其社会信任水平及形成机制。基于文化与信任的关系及"社会资本"这一概念,福山提出了"高度信任社会"如日本、德国和美国,以及"低度信任社会"如中国、法国、意大利和韩国的区分,并认为这两种社会在形成自发性社会、开展大规模合作以及参与国际化分工方面存在巨大差异。从金融领域来看,文化因素确实影响着相关主体的信任关系以及金融行业的整体样态、产业格局和治理模式,例如日

---

① [德]尼可拉斯·卢曼:《信任:一个社会复杂性的简化机制》,78页。
② [美]弗朗西斯·福山:《信任:社会美德与创造经济繁荣》,11页。
③ 同上注,28~29页。

本银行与企业之间形成了非常紧密的长期合作乃至共生关系,美国金融机构专注于资本垄断的短期逐利行为,而中国金融则大体上与同由政府主导的国有企业高度绑定,这些差异与各个国家的文化传统均有着千丝万缕的深层联系。

最后,"金融信任"兼具的制度要素、人格要素和文化要素这一事实,以及诸要素间的密切互动关系,预示着这些要素不是单独或孤立地发挥作用,而是在特定情境下以某种整合性的方式共同形塑着信任行为并影响着信任机制。在这里,有必要引入格兰诺维特对"低度社会化"和"过度社会化"这两种社会学理论谬误的分析和批判。"低度社会化"是指仅仅用个人的因素,诸如个人出身背景、价值观、态度和行为动机等,解释个体的社会行动或行动的社会结果,甚至将集体行为的结果理解为个人行为的简单加总,如古典经济学和理性选择学派的"经济人""理性人"假设,均属于典型的"低度社会化"谬误;相反地,"过度社会化"是认为个人是没有能动性的,完全受制于集体规范、制度约束和文化惯习,这种理论谬误的典型例子是"文化决定论"。① 格兰诺维特还指出,在将个人行动进行"原子化预设"这一点上,"低度社会化"和"过度社会化"实际上是共通的,两者的差别主要在于:前者将个人的狭隘利益作为内置因素,而后者将群体行为模式作为内置因素,因此,很容易理解现代经济学从个人决定论向文化决定论的转向。② 在对这一问题的探讨中,格兰诺维特并未提及卢曼的信任理论,却明确将福山的"文化-信任-社会资本"理论当作了批判的"靶子"。实际上,虽然卢曼并没有旗帜鲜明地提出"系统信任决定论",但毫无疑问,他把系统信任作为了理解现代社会信任机制的核心理论与普适范式,如他认为"系统信任不仅适用于社会系统,也适用于作为心理系统的其他人"③,并且在系统信任的特征中明确排除

---

① [美]马克·格兰诺维特:《社会与经济:信任、权力与制度》,罗家德、王水雄译,译者序16页,北京,中信出版社,2019。
② 同上注,22页。
③ [德]尼可拉斯·卢曼:《信任:一个社会复杂性的简化机制》,29页。

了"动机形态的影响"①。如此看来,在信任这一主题上,卢曼似乎与福山一样,都具有某种"过度社会化"的理论倾向。或者从另外一个层面来看,任何经典理论都有被概念化的危险,即以其核心论点作为整个理论的"替代品"或"符号",与"从身份到契约"这样的论断一样,无论是对"从人格信任到系统信任"还是对"从传统信任到现代信任"的趋势性描述和分析,都不能脱离人类演进的历史性与社会现实的多样化,任何绝对化的理解或阐释都可能是一种以偏概全的误读。

三、金融信用:法律在信任制度化及全球化中的作用

若是立足当下来做静态的考察,现代金融信用无疑是金融领域中信任与法律等制度性要素高度结合的产物,也是社会信任"金融化"的重要演化成果,对全球经济增长和均衡发展做出了不可估量的贡献。如戈兹曼所说,"由于相比即期消费而言,投资人或贷款方在金融交易中投资,推迟了获得满足的时间,因此希望在收回本金的同时获取与资金时间价值相当的额外收益,即利息……这些交易具有世界性的意义,投资资本的生产效率在全球范围内的消费者、生产者和投资者中起着媒介的作用;通过金融机构和金融市场,投资者与消费者、生产者联系起来。这个均衡看起来既纤弱又精致"②。但若是从金融史研究的最新视角来回顾社会信任演变、金融信用产生及其全球化的过程,我们将发现一个截然不同的故事版本。

根据美国学者威廉·戈兹曼(William N. Goetzmann)的观点,"金融是一种技术——一个工具和制度的网络,用以解决复杂的文明问题。这项技术关于价值的跨时空流动,运用契约、制度和单据,来实现未来收益承诺这一本质上假想的东西"③。用现代人的眼光来看,由于金融所指向的是"未来收益",若是没有明晰的记录和强有力

---

① [德]尼可拉斯·卢曼:《信任:一个社会复杂性的简化机制》,76~77页。
② [美]威廉·戈兹曼:《千年金融史:金融如何塑造文明》,张亚光、熊金武译,XIV页,北京,中信出版社,2017。
③ [美]威廉·戈兹曼:《千年金融史:金融如何塑造文明》,VI~XV页。

的保障,谁也不会放弃即期利益来换取一种"本质上是假想"的未来收益,或是相信或接受关乎经济价值的单纯"承诺"。似乎正是契约、单据和法律等制度性要素的出现及运用,使参与金融活动的各方跨越了一般型信任所无法逾越的鸿沟,形成了金融领域中特殊的制度型信任关系与信任机制,从而使"价值的跨时空流动"成为可能。相对于学术化的阐释,网上流传甚广的是原重庆市长黄奇帆对金融本质的三句话归纳,即"为有钱人理财,为缺钱人融资""信用、杠杆和风险"和"为实体经济服务"。那么,为什么"有钱人"愿意通过理财业务向身份不特定的"缺钱人"提供融资?为什么金融机构敢于向毫无关联的实体企业提供金融服务?这显然不是基于一般型信任,而是特殊的金融信任及其制度保障。在谈到金融与信用的关系时,黄奇帆说"信用是金融的立身之本,是金融的生命线。金融机构本身要有信用,向金融机构融资的企业也要有信用,没有信用就没有金融"[①]。虽然这是一种比较日常化的表达,并具有某种政治经济学话语的意味,但也通俗地点明了金融与信用之间密不可分的关系。

(一)社会信任的金融化与金融信用的全球化

为区别于一般的商业信用,我们将金融领域的信用称为"金融信用"。在《资本论》中,马克思引用了英国经济学家图克·托马斯的理论,认为:"信用,在它最简单的表现上,是一种适当或不适当的信任,它使一个人把一定的资本额,以货币形式或估计为一定货币价值的商品形式,委托给另一个人,这个资本额到期一定要偿还。"[②]《牛津法律大辞典》对"信用"的释义是:"得到或提供货物或服务后并不立即而是允诺在将来付给报酬的做法;一方是否通过信用与另一方做交

[①] 《黄奇帆三句话归纳金融本质》,载"中国新闻网":http://www.chinanews.com/fortune/2018/07 07/8559514.shtml.(最后访问时间:2019-12-17)。

[②] [英]图克·托马斯《对货币流通规律的研究》,载马克思:《资本论》(第三卷),452页,北京,人民出版社,1975。

易,取决于他对债务人的特点、偿还能力和提供的担保的估计。"① 同样是涉及即期利益与远期利益互换的跨期安排,前者将信用的性质理解为一种似乎前途未卜的信任行为,而后者则将其定义为一个事先仔细评估的决策结果,这种差异是如何产生的呢?可能的解释是,二者所论及的"信用"处于货币和商品经济不同的历史阶段和形态。依据人类学和金融史的最新研究成果,美国学者大卫·格雷伯指出:如果回溯到人类社会早期或商品市场出现以前,我们会发现,信用行为肇始于紧密社群的内部分享观念和文化传统,其具有高度人格化、道德化甚至"非互惠"的属性,而非制度性、理性化和交易性的特征。如直到16世纪中叶,英国才明确承认了"有息贷款"的合法性,但即便在那时,信用安排也大多是握手协议,"人们使用'信用'一词时,他们首先指的是因诚实和正直而取得的声誉;另外,一个人的荣誉、德行、社会地位,还有慷慨、正派的声名以及好的社交天赋,在决定是否向其放贷时,至少也是和净收入评估同等重要的考虑因素。因此,金融上的术语与道德上的术语是无法区分的"②。可见,在当时的信用体系中,人格化与非人格化因素的权重仍然是平分秋色。然而,在其后的"大资本主义帝国时代"(1450—1971),随着现代资本主义的经济浪潮席卷全球,以金融信用为代表的非人格信任取代了传统的人格信任,原先的人性经济蜕变为利息经济,而与人格信任一同退场的还有原先在经济和金融领域发挥重要作用的文化、道德和宗教等因素。同时,与非人格信用一起登上历史舞台的,是赤裸裸的利益算计以及作为信用保障的战争、暴力、法律、国家和国际金融组织等等。③

格雷伯的上述观点,可以说是"金融性恶论"的典型代表;与之相反,戈兹曼与《金融与好的社会》的作者罗伯特·席勒则站在"金融性

---

① [英]戴维·M. 沃克主编:《牛津法律大辞典》,北京社会与科技发展研究所译,225页,北京,光明日报出版社,1988。
② [美]大卫·格雷伯:《债——第一个五千年》,孙碳、董子云译,308页,北京,中信出版社,2012。
③ 同上注,314~363页。

善论"这一边,后者在书中强调的核心意识是"金融有充足的潜力为我们塑造一个更加公平、公正的世界"①。事实上,关于金融的"善与恶"之争由来已久,这足以说明金融本身并非抽象的技术、制度和数字,而是关乎人类的自然本性、道德观念和文化传统。如通过考察债务的历史,格雷伯发现,几乎在世界的每个地方大多数人自然而然地持有以下两个观点:一是偿还自己借来的钱是一个道德问题,所谓"欠债还钱"的观念深入人心;二是任何有放贷习惯的人都是坏人,且早期的宗教无不将之视为罪恶。② 就这一问题,坚持"金融性善论"的戈兹曼也毫不讳言地承认,最早期和基本的经济跨期机制是家庭中的代际扶养和熟人社群的礼物馈赠,但与金融交易不同的是,其补偿方式不是支付利息而是履行未来的社会义务。他还指出,由于金融具有潜在的颠覆性力量,因此社会总在试图对其加以限制,以防精于金融之道的人剥削那些不善此道的人,甚至以违背道德的方式重建权力的架构。③ 可见,一方面,在早期观念中人们普遍珍视信用和尊重债务,如英国和德国都有一句谚语"对世界而言,失信者即死人",并且还有将债务道德化的倾向,又如在早期印度宗教中,往往用"三重债"④的方式来譬喻人出生以后的宗教和世俗义务;另一方面,人们对有息放贷行为,尤其是对以放贷为生的食利阶层或高利贷经营者,抱有天然的敌意。自降生以来,金融似乎就带有某种先天的道德缺陷和危险倾向。

但如若暂时抛开道德上的善恶评判与宗教上的罪业观念,从历史、文化和社会现实的中立角度来考察,金融信用确实经历了一个从"一般型信任"到"制度型信任"的演变过程。有学者将这一过程总结

---

① [美]罗伯特·席勒:《金融与好的社会》,束宇译,XXXIII 页,北京,中信出版社,2012。
② [美]大卫·格雷伯:《债——第一个五千年》,9 页。
③ [美]威廉·戈兹曼:《千年金融史:金融如何塑造文明》,XV 页。
④ 参见相关章节,Donald R. Davis Jr., *The Spirit of Hindu Law*, Cambridge University Press, 2010。

为五个阶段,即"道德化、法制化、商业化、证券化及风险市场化"[①],而在整个历程中尤为明显的是,这种信任的经济计算、制度特征和金融属性越来越凸显出来,因此我们也可以将之称为"信任的金融化"进程。毫无疑问,通过信任的金融化,金融系统将社会关系的范围和本质拓展到了时间领域,同时跨越了或长或短的距离[②],进而促成了与之互为表里、相伴相生的"金融全球化"与"金融信用的全球化"。在相近的历史时期,金融机构陆续开始了跨国经营活动,全球资金逐步实现了跨境流动,金融信用不仅完成了跨越时间的价值安排,还完成了跨越空间的市场连接,通过全球化的资本供给、资金定价、制度保障和法律安排,全世界的资产者都联合起来了,而相应地,不同期限、不同地域的融资需求也在全球市场的基础上得以匹配。如影随形地,这一全球化过程也给金融风险管理带来了新的挑战,如日益复杂的金融组织架构和稀薄的共同文化。[③]

(二) 金融信任演化中法律所发挥的两大功能

那么,在信任金融化及金融信用全球化的进程中,法律发挥了什么样的作用或扮演了怎样的角色呢?这可以从法律在金融信任演化中所发挥的正向、负向两个方面的功能来概括。

"正向功能"是指,法律就金融信任所发挥的保障、补充、替代等功能以及伴生性迁移。第一,通过提供制度保障的方式,法律催生了金融信任这种新的制度型信任类型,并成为金融信任整体稳定性的重要制度基础。鉴于金融本质上是一种跨越时空的价值流动、需求匹配和利益重组,如果没有合同文本的完整记录、没有法律制裁的强力保证,这样的金融信任是无法形成的。如卢曼所说,在信任与法律良性互动的系统信任社会中,"归根结底,信任观念以整体法律为基

---

① 《金融信用发展演变研究》,载"原创力文档"网站,https://max.book118.com/html/2018/1013/6211051202001222.shtm(最后访问时间:2020-7-3)。
② [美]威廉·戈兹曼:《千年金融史:金融如何塑造文明》,XVI页。
③ [瑞士]汉斯·乌里希德·瑞克:《金融服务运营风险管理手册》,查萍译,93页,北京,中信出版社,2004。

础,也以对他人的普遍依赖为基础;同样,反过来说,正是因为法律所提供的风险限制,各种更多形式的信任才得以出现和产生"①。第二,通过契约的方式,法律填补了一般型信任或传统信任中的某些"空白",扩展了金融信任的适用空间和社会维度。例如,福山指出"通过法律体系而执行的合同,以及合同所规定的义务和惩罚,能够填补社会缺乏家庭式信任这一空白。尤其是股份有限公司,它通过汇聚大量投资者的资本,而使公司的增长得以超越单一家庭的规模"。② 第三,在某些金融场景下,法律形成了对信任的替代,即法律对信任的"挤出效应"。例如在契约和信任并存的情况下,由于法律相对于信任的强势及显性等特征,"各种主张直接建立在契约之上,如果有人很超前,在给定事件中以信任为根据履行其责任,也是无关紧要的。实际上,如果契约要被信任,那么这是必要的,契约的执行于下列问题无关:谁—如果有人的话—实际上在信任谁"。③ 通常,这种替代效应会发生在首次合作、跨境融资和远期交易等信任基础相对薄弱或信任资源相对稀缺的情况下,也是法律与信任在社会演进中系统功能分化的结果。第四,作为法律全球化的一种重要现象,"法律移植"伴随并助力了金融信任的迁移和全球化。根据高鸿钧教授的观点,"法律移植的概念有广义和狭义之分,狭义的法律移植仅仅是指植物学和医学意义的移植,广义的法律移植意指所有法律迁移的现象"④。而在金融的全球化过程中,随着跨国金融机构不断进入新的国家开展业务,以及国际金融组织对特定国家和地区提供金融援助,金融信任本身产生了跨国迁移的现象,这必然也伴随着与之密切相关的法律制度的移植和迁移。

"负向功能"是指,法律通过"制度化的不信任"的方式防范、遏制

---

① [德]尼可拉斯·卢曼:《信任:一个社会复杂性的简化机制》,46页。
② [美]弗朗西斯·福山:《信任:社会美德与创造经济繁荣》,4页。
③ [德]尼可拉斯·卢曼:《信任:一个社会复杂性的简化机制》,46页。
④ 高鸿钧:《法律移植:隐喻、范式与全球化时代的新趋向》,载高鸿钧:《全球视野的比较法与法律文化》,21页,北京,清华大学出版社,2015。

金融中的不信任倾向,并对可能破坏金融信任的行为进行惩戒和规制。卢曼特别强调"不信任并非只是信任的反面,它也是信任在功能上的等价物"①,即"不信任"并非简单地"不给予信任",或只是维持信任未给出前的原状,而是产生了相反的效果,例如主动停止沟通、减少信息摄入、激发无谓敌对、做好孤立准备和决定放弃合作等等。因而,特定社会在促进内部信任机制良性运转的同时,必须建立应对和遏制不信任的完整机制,即"为特定功能需要或是无法避免其成员间不信任行为的社会系统,同时需要防止不信任占上风的机制,并且防止由于互报增强过程给予回报,使不信任变成了一种破坏性的力量",而"高度复杂的系统,需要较多的信任,但也需要较多的不信任,因而必须使不信任制度化,例如采取监督的形式"。② 在金融信任的情境下,诸多法律制度和技术的设立均是基于"不信任的制度化"这一思路。例如:第一,某些金融立法直接针对金融中的欺诈和过度投机行为,从最早的英国《泡沫法》到晚近的美国《多德-弗兰克法》,其目的都是保护投资者的权益,同时约束金融投机者及金融机构不负责任的市场行为,以减少失信行为与公众不信任对金融体系及金融市场稳定性的冲击,而金融监管机构的职责定位更是"制度化不信任"在金融领域的典型代表。第二,法律要求某些市场主体,如特定金融机构和上市公司等,进行全面、真实、准确和有效的信息披露,这也是一种"不信任的制度化"措施,其主要目的之一是通过信息透明实现市场监督,并减少信息不对称可能导致的不信任情绪。第三,法律通过提供司法救济的方式,惩治市场主体对金融信任的背弃行为,包括针对证券内幕交易的集团诉讼模式、针对中小投资者和消费者保护性诉讼机制,以及信赖利益保护、诚实信用原则和信义义务判例在金融司法中的运用。第四,法律对金融机构的公司治理要求日益严格和完善,这是一种"制度化不信任"的内置模式,即通过董事会与监事

---

① [德]尼可拉斯·卢曼:《信任:一个社会复杂性的简化机制》,93页。
② 同上注,100~118页。

会的良好履职、合规管理与内部审计等职能部门的"三道防线"设置,以及外聘审计师的年度报告和专项评估,将监督工作内部化、系统化和日常化。

结论

综上所述,从卢曼系统论框架下的信任理论出发,结合福山的"社会资本"理论及格兰诺维特的"社会嵌入"理论,通过对金融系统中法律与信任之间特殊互动及其相互影响的初步考察,本文得出的粗浅结论有二:

第一,在金融信任的要素构成方面,应秉持"多要素论"的观点。即虽然金融信任具有较强的制度化特征,但在考察其形成机制、演化过程和发展趋势时,不应囿于对制度要素的研究,而是要着重分析制度要素与人格要素、文化要素的复杂互动和共同作用。正如格兰诺维特所言:"在真实世界里,一个人决定要对另一个人信任的成因都是多重的,所以想要区分难免造作,而信任研究中最大的误解是有些学者总试图把一个人信任的期望设限在单一的、他们所喜爱的原因中,这不免导致过度简化与不能复制的结论。"[1]他还进一步指出,在当代社会、经济领域和金融活动中,小范围的信任与大规模复杂组织内的信任在不同层次上并行产生,传统信任模式与新的现代信任模式也不是简单的时序更迭关系,如果承认这一点,则研究这两个层次或模式之间的关系,理解个体决定与大规模合作行动的关联,以及考察诸种信任要素的相互作用和整合性过程,就构成了信任理论研究中最重要的工作目标。[2] 事实上,本文在金融系统这一特定领域中对信任机制、法律制度及文化传统之间互动关系的考察,正是这个总体目标下的一个初步尝试。

第二,在金融信任演化的进程中,法律发挥了关键的保障作用。

---

[1] [美]马克·格兰诺维特:《社会与经济:信任、权力与制度》,107页。
[2] 同上注,127页。

历史地来看,在法律化、制度化和经济化等多股力量的影响下,"金融信任"逐渐演化为"金融信用"这种特殊的高度法律化、制度化的信任形态,并在全球化的进程中逐步完成了向世界范围的迁移和扩张;而作为一种重要的制度性因素,法律在金融信任的形成、发展和全球化过程中发挥了非常关键的作用,这包括以其保障功能弘扬金融之"善",和以其监督功能抑制金融之"恶"。正如福山在《历史的终结和最后的人》一书中所说,"人类的历史进程可以理解为两大力量的推动。第一种力量是理性的欲望,在这种欲望下,人类企图通过财富的积累来满足自己的物质需要。第二种力量即黑格尔所谓'寻求承认的斗争',也就是说,所有人都希望自己从根本上作为自由的、道德的存在而被其他人承认"①。我们一方面可能基于欲望与利益而打破信任,另一方面又渴望获得承认与信任,与人类的整个历史一样,金融的历史也是一部关于欲望、承认与信任的斗争史。

---

① [美]弗朗西斯·福山:《历史的终结和最后的人》,陈高华译,336页,桂林,广西师范大学出版社,2014。

论法律系统过度免疫：以敌人刑法为例

梁译如[*]

一、问题的提出：敌人还是市民？

20年前柏林"千年之交"刑法研讨会上，德国法学家雅科布斯（Günther Jakobs）提出了"敌人刑法"概念，主张把持续性地、原则性地威胁或破坏社会秩序者和根本性的偏离者当作"敌人"来"排除"。"排除与涵括"是尼古拉斯·卢曼（Niklas Luhmann）社会系统理论的重要概念，雅科布斯的刑法理论大量借用系统论的"规范""期待""沟通""风险"等概念，被视为深受卢曼影响。但本文认为，敌人刑法的观点立场与系统论之风险观南辕北辙。

在雅科布斯那里，敌人刑法是与市民刑法相对立的范畴：与"市民"相反，"敌人"是缺乏"人格"[①]期待的危险源，当其行为还处于预备阶段时，刑法就要予以堵截，堵截之目的在于消除其危险。[②] 随着

---

[*] 梁译如，清华大学人文与社会科学高等研究所博士后研究人员，清华大学刑法学博士。

[①] 参见［德］雅科布斯：《规范·人格体·社会——法哲学前思》，冯军译，30页，北京，法律出版社，2001。

[②] ［德］雅科布斯：《市民刑法与敌人刑法》，载许玉秀主编：《刑事法之基础与界限——洪福增教授纪念专辑》，徐育安译，39页，台北，台湾学林文化事业公司，2003。

"9·11恐怖袭击"以来世界范围内一系列恐怖主义事件的发生,"敌人刑法"因应了人们对恐怖分子的憎恨,以防卫社会为价值取向的刑法理念受到欢迎,而保障人权的法治国理念遭到挑战。敌人刑法理论引起很大争议,也受到部分学者的青睐。有人认为,"敌人刑法发轫于恐怖主义犯罪的规制可欲性,两者的契合结局显然是理论上超前思维的体现"①。

此处引入一个现实议题:过去一年,香港社会的暴力活动不断升级,构成恐怖主义风险。"港独"组织公然挑战政权,外部势力介入香港事务,香港成了国家安全的缺口。于是全国人大常委会通过了香港国安法,旨在防范、制止和惩治分裂国家、颠覆政权、组织实施恐怖活动等严重危害国家安全的行为和境外势力干预香港特区事务的活动。② 这一立法决定将分裂行为纳入法律系统框架,但若依照敌人刑法观念,此类行为恰好可以说是"敌人行为"。香港国安法的规制对象是"敌人"还是市民?类似的问题是,我国刑法分则第一章"危害国家安全罪"(有研究者认为该类罪名的设置属于"象征性立法"),其打击或威慑对象是"敌人"还是市民?③

法律的适用对象难道不是人民内部矛盾吗?敌人不应当交由政治和军队处置吗?这是多数人对"敌人刑法"的质疑。尽管将危害国家安全的罪犯,尤其是叛国者称为"敌人",并非毫无依据;但"敌人刑法"主张,司法者对于敌人可以突破"比例性原则"、废除"正当程序"权利,还可以进行隔离、封锁,要在其未察觉的状况下予以监视、监控、秘密调查。雅科布斯似乎认为,在刑事程序中,有一部分人不必

---

① 韩晋、刘继烨:《"敌人刑法"的国际刑法法规范诠释——基于防御国际恐怖主义犯罪的思考》,《武大国际法评论》,2018(5),41~61页。
② 《林郑月娥致信全港市民,呼吁市民理解支持全国人大通过的立法决定》,载"环球网",https://china.huanqiu.com/article/3yQimXAJE86(最后访问时间:2020-6-15)。
③ 在我国语境中理解"敌人"概念,可参考毛泽东在其《关于正确处理人民内部矛盾的问题》中指出的,"要区分敌我矛盾和人民内部矛盾","一切赞成、拥护和参加社会主义建设事业的阶级、阶层和社会集团,都属于人民的范围;一切反抗社会主义革命和敌视、破坏社会主义建设的社会势力和社会集团,都是人民的敌人"。

被当作人来对待,而且在现实的司法运作中,事实也正是如此。①

有论者提示:若只注意对敌人宣战的论述,而忽视雅科布斯的规范论,容易对此发生理解偏差。② 但本文的质疑是,当回溯到刑法之社会防卫论、规范保护论的根源——社会系统论时,经由卢曼作出的"法律系统的功能是稳定规范性期待"这一基本判断,能够推出"规范不可破坏""持续破坏规范者即当被排除"等偏离自由主义法治原则的刑法理论吗?

二、敌人概念之否定:基于规范的反事实性与失范的普遍性

卢曼将社会系统与心理系统区分开来,将其视为两个相互平行但结构耦合的独立系统。社会系统的基本单位是"沟通",而人与人之间的沟通效果与"期望"密切相关。"期望"分为认知性期望与规范性期望两类,后者指经历失望仍不会改变的期望,前者则是经历失望与挫折就会做出相应调试和改变的期望。"规范性期望是非学习性的,是择善固执;而认知性期望是学习性的,是因势利导"。法律系统的功能在于维持"规范性期望",这意味着在现代法律必须做到"即使遭遇违反法律的事态、经历法律规范与社会实效的落差等现象,仍能有效维持社会对法律的一般性坚守"。③

尽管卢曼将法律系统视为稳定预期、处理失范的功能系统,但其深知法律之更新无法追及社会观念之变迁,规范体系本身不一定始终符合人的预期,也不能同时符合所有人的预期:规范性决策并非人类本能的认知方式,因此卢曼称之为"反事实的"④。卢曼指出,在这样一种以反事实性方式稳定下来的期望轴线上,法律系统提升了时

---

① [德]雅科布斯:《市民刑法与敌人刑法》,15~59页。
② 蔡桂生:《敌人刑法的思与辨》,《中外法学》,2010(04),600~614页。
③ 鲁楠、陆宇峰:《卢曼社会系统论视野中的法律自治》,《清华法学》,2008(02),54~73页。
④ 参见[德]尼可拉斯·鲁曼:《社会中的法》,李君韬译,台湾翻译馆主译,164页,台北,台湾五南图书出版股份有限公司,2009。

间拘束,它会与人们在社会习惯领域预设为任意偏好的事物产生矛盾,制造出新的"共识/歧见"这种二分形式,并在其上引燃社会紧张状态。换言之,"期望的规范性"与"期望的认知性"彼此紧张,规范既能稳定社会秩序,也可能引发负的外部性,即社会成本。

既然规范具有反事实性,那么违反规范就具有通常性,某种程度上是人之常情。但雅科布斯认为,"只有在规范秩序中才存在人格体"①,人格体是一种当为形态,不为当为之事者,便没有"人格";那些从根本上与法规范作对、破坏人们对法规范信任的人,便是"敌人":"敌人痛恨我们,并以超出我们正常规范交往的理性理解方式、原则性地破坏既有规范,无法提供认知性的安全,而这种认知安全正是规范效力和规范信任的内在意义,以至于我们要对敌人适用与市民犯罪人不同的特殊解决方法。在市民刑法那里,认知安全只是附带地加以调整的,而在敌人刑法这里,则成为主要的任务。"②

认知性世界的自然规则是由自然罚的危险保障的;而对诸人格体而言,也就是在规范性地相互理解的社会中,若对法规范进行自然状态的违反,无法提供认知上最低限度的保证,则成为任意地、根本上违反期望的事情,就需要进行"认知性地解决"。③ 认知性期望只遵循自然规律而不受法律规制,因此"认知性地解决"便是在法律之外解决。

"认知性安全"即为法益,雅科布斯是刑法规范保护论者,即主张刑法的目的是保护规范,法益只是被附带地加以调整。这一判断不难理解,因为刑法的威慑力只能及于未来,而无法改变过去,从这个意义上讲,刑法不能保护被害人的法益。但法益保护论者并不因此而站不住脚,因为实施刑罚在一定程度上可被证明能够实现限制罪犯和威慑公众两个目的,前者是特殊预防,后者是一般预防,二者共同保护着未来的法益,降低法益受害的可能性。上述观点差异的症

---

① 参见[德]雅科布斯:《规·范·人格体·社会——法哲学前思》,36页。
② 转引自蔡桂生:《敌人刑法的思与辨》,600页。
③ 参见[德]雅科布斯:《规范·人格体·社会——法哲学前思》,55页。

结在何处呢?在于雅科布斯从系统论视角出发,在沟通的意义上界定了法律系统的功能乃至目的。亦即,当采卢曼之观念,认为沟通是社会系统的基本单位时,个体就从社会系统中消失了,"法益"(表现为某种利益)也就随之消失了;在法律系统中只剩下规范性期望。

雅科布斯似乎发现,规范保护论在某些刑事领域难以奏效,于是他试图在恐怖主义犯罪、危害国家安全犯罪乃至一些经济犯罪的场合,放弃其系统论、抽象化视角,转而关注现实的法益保护问题。也就是提倡敌人刑法,将认知安全作为其主要任务。换言之,在敌人刑法的场合,雅科布斯似乎承认法益保护是刑法的目的,由此弥补其规范保护立场的缺陷:此时的刑法要以消灭敌人而非稳定规范为目标。

"人格体"与"非人格体"的区分其实也是建立在期望的规范性与认知性之区分之上的。雅科布斯认为,能够遵守规则、履行义务、忠诚于法律的个体是"人格体";而根据趋利避害的功利主义行事、不遵循规范要求的人,其缺乏对法秩序内在的"忠诚",在国家强制力的强制与威慑作用下可能不会违法,其一旦实施犯罪,刑罚就应当否定其行为,恢复被破坏的规范和确证规范的适用性;若其持续蔑视法规范,使规范期待落空,就不能给予他人认知上的最低保障,不能令他人相信他的行为是"人格体"的行为,国家便不被容许把他作为一个人格体来对待,因为他会损害其他人要求安全的权利。这种人即是社会的敌人,国家要与之作战,即动用敌人刑法。①

如果说不能给他人提供"被作为人格体来对待的认知最低保障"的人就是"敌人",那么精神病人是不是敌人?许迺曼在反驳雅科布斯时指出,原则性的犯罪人格是不存在的,所谓"敌人"其实是精神病人。雅科布斯则辩称,"精神病人不是规范接收者",不具备给理智正常者提供效仿榜样的危险,对他们没有遵守规范的期待,刑罚在他们那里丧失意义。首先,这一反驳又站回了系统论语境,即从沟通意义上把精神病人视为无关痛痒的细胞,认为其行为表征不具备传染毒

---

① 参见[德]雅科布斯:《市民刑法与敌人刑法》,39页。

性。但正如上文所指出的,"敌人刑法"理论已经放弃了系统论的基本逻辑,将本体性的、认知性的安全而非规范性期望作为了刑法的任务,那么精神病人确实是认知性安全的最大威胁者,而犯罪人——即便是持续犯罪、犯重罪者——也只是挑战人们的规范性期望,仍应当在规范的运作中解决。

其次,雅科布斯将"规范性期望"理解为一般人对规范行为有所期待,市民刑法通过对规范违反者处以刑罚以保障规范的适用,其前提是被处罚的行为人可以被视为一个具有认识规范和按照规范命令而行为的潜在能力的人。如果行为人不具有这种能力,而是体现了某种持久违反规范的危险特质,成为社会危险的来源,这时候市民刑法就不再适用,取而代之应该对他适用敌人刑法。① 这似乎又要把敌人刑法置于系统论框架内,强调敌人是持久违反规范性期望的个体。可是"持久违反"与"短暂违反"在何种意义上具有质的区别?"持久违反规范"又何以威胁了认知性安全?事实上,前者是犯罪人(或轻或重),后者是精神病,不存在二者的交叉地带,即所谓的"敌人"。

刑法规范责任论认为,当社会一般人有可能期望一个人遵守规范、该人却违背规范时,他便具有罪责。但由于对于趋利避害的人类行为而言,规范的指引作用往往有限,失范是正常社会行为,因此犯罪是法律系统中的常见病毒,法律系统的特点是以规范性运作来对这些病毒行为进行免疫。而罪犯则是常人,免疫细胞的杀伤力针对的不是个人。敌人观念则从根本上否定了失范,认为国家要在规范层面否定持续失范者,并且可以使用非规范的手段对其进行否定,最终将其彻底排除出社会可接纳的范围。原因是,如果行为人不能或者"顽固地不愿意理解刑罚所宣称的规范有效之意",那么刑罚的否定"宣称"含义即无法得到施展;刑罚于是发挥隔离保障的作用,将犯罪行为人隔离起来,使其不致危害社会。② 可以说,敌人刑法理论

---

① [德]雅科布斯:《市民刑法与敌人刑法》,15~39页。
② 同上注,39页。

时而站在法律系统里,时而以非法律的逻辑作出描述;时而以系统论为出发点,时而又放弃系统论的基本认识。

从敌人刑法观还可以看出,雅科布斯试图将全社会系统防御环境中风险的任务加诸刑法一身。社会系统之运作主体是沟通,社会事实往往具有沟通和象征属性,包括刑罚在内的法律,实质上是意义符号,发挥沟通职能,从而稳定人们的规范性期望。法律的宣示含义一旦无法施展,就有待其他社会子系统介入,而不是继续动用法律系统的免疫武器——刑法——来发挥隔离作用。刑法作为一种法律运作,其功能是在象征意义上标识违法、确证规范,而不是在实在意义上消灭敌人、保全法益。

包括刑法在内的法律是符号现象,也是"时间问题"①:每当当下完成的沟通不充分,需要在其意义的时间延展性上,以期望作为导向并且明确表达出期望时,时间问题就会在社会的沟通中呈现出来。法律的功能是与对期望进行沟通的可能性相关。换言之,期望的稳定与沟通的实现,须由整个功能系统在时间的维度上来保障——法律系统"同案同判"的特殊运作模式便是用来进行时间维度之保障的。

用卢曼的话来讲,期望意指"诸沟通之意义的时间视域",社会的诸运作(以沟通为单位)都需要时间,沟通有赖于透过只在时间中形成的循回性网络化而使自身获得界定——使自身关联到业已运转过的沟通,以及未来的衔接可能性。时间决定进一步的沟通应以何种系统状态作为出发点,在此范围内,沟通受到时间的拘束。② 这是指司法运作能够创生出较为稳定的规范性期望,但卢曼并未主张过任何一种部门法的立法目的在于稳定规范性期望。

三、敌人刑法之无效:基于规范的效力与失范的意义

规范可以由法律宣示,其有效性却是未知的。卢曼明确指出,

---

① [德]尼古拉斯·鲁曼:《社会中的法》,152 页。
② 同上注,153 页。

"人们可以说在下面这点上具有共识:规范概念不可以借着制裁之威胁、当然更不可以借着制裁之实施,来加以定义","但对于制裁的展望,正好就属于一种象征性的工具,人们在其上可以认识到,他们是否在法律的意义上做了期望;相对地,制裁之失灵则会产生严重的、超出个案作用范围之外的后果"。① 因此作出司法判决并执行,才是保证规范有效性的途径。

由于制定法律时对现实将会发生的情况只能进行假设,规范性期望所具有的应然性只是一种象征。法律只能指涉未来,不会改变过去,也不能决定未来,刑事处罚的预防性功能就是最好的例证:醉驾入刑的目的是减少交通事故的发生,但此项立法出台后,随着醉驾判决数量的直线上升,交通事故发生数量及交通肇事致死数量均无显著降低(见图一:数据来源于国家统计局网站)。

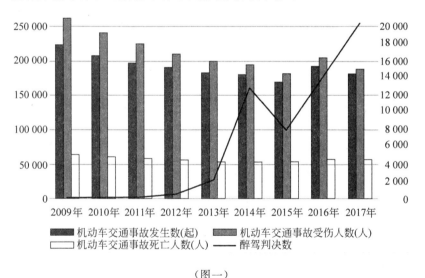

(图一)

法律秩序有这样一种指涉未来的象征化需求,"各种象征总是表现那些本身不可见的、也无法成为可见的事物"。借着象征化的规范

---

① [德]尼古拉斯·鲁曼:《社会中的法》,160页。

性期望,全社会"制造"出特定的稳定状态。① 可见卢曼并不认为象征化的规范性期望是可靠的。相反,他指出"沟通的时间拘束会产生社会成本"②,对于(根本上是)被规范所给定的"偏离可能性"所做的负面评价,界定了时间拘束的社会成本——时间约束针对社会的"偏颇性"预先做判断,如将某些行为规定为犯罪而禁止。行为的自由已预先被限缩,"法律会进行歧视,它会决定支持一方而对抗另一方——这么做是为了一个在细节上尚无法预见的未来"。③ 在卢曼看来,将越多的行为入罪化,便对自由产生越多的限缩,而这样做的效果是不确定的,因此刑罚本身是极大的社会成本。

雅科布斯认为"犯罪是对正常秩序的挑衅,是对正常秩序的可以修正的偏离"④,由此刑法便能够理直气壮地对失范者进行惩罚。但卢曼分明指出"偏离"才是事实,反事实的规范秩序是反常和想象。例如醉驾入刑,尽管在时间面向上,公众可以由此而期望交通肇事率的下降;但在社会面向上,这会造成大范围的不适、利益相关者的反对及法律与社会习俗的冲突;并且,未来交通肇事是否减少,仍旧是"薛定谔的猫"。换言之,意义的时间面向和社会面向是彼此紧张的,也就是上文指出的"期望的规范性"与"期望的认知性"彼此紧张,规范很可能引发负的外部性,从而生成风险。这种抽象意义上的"风险"观念,才是卢曼系统论的要义。

规范作为一种被稳定下来的关于行为的期望,尚未蕴含任何动机,并不存在针对未来和风险的充分控制。卢曼以制裁失灵为例,指出规范不能保证合乎规范的行为的出现。那么诸规范是否能对抗大规模相反走向的实际情况,而被持守住?⑤ 这便涉及规范之可贯彻性的问题,卢曼的基本态度是:法律预设偏差行为,其对于期望之坚持

---

① [德]尼古拉斯·鲁曼:《社会中的法》,156 页。
② 同上注,164 页。
③ 同上注,155~156 页。
④ 参见[德]雅科布斯:《市民刑法与敌人刑法》,39~45 页。
⑤ [德]尼古拉斯·鲁曼:《社会中的法》,160 页。

能力所能发挥的作用,应该被否定。① 可见卢曼并不认为法律可以担保其自身不被违反,也不能保证规范性的期待不会经常落空,更不能控制未来的风险。

基于法律系统具有稳定规范性期望的功能,因此刑法就应当确证法规范的效力这一错误逻辑链条,雅科布斯论证了敌人因其持续违反规范而根本性地破坏了期望,故而要被排除。与此同时,他表达了"市民刑法在于维护规范的效力,敌人刑法则是在抗制危险"②的观点。但"危险"概念与"风险"不同,仅指与安全相对的实体性"不安全"。"敌人刑法"的目标是消除实体性不安全因素,便是放弃了法律的沟通性功能。按照雅科布斯的说法,"敌人"问题要被认知性地、而非规范性地解决——敌人问题在这里不再是沟通与效力问题,因为"敌人"是无法沟通的。

如此一来,"敌人刑法"不再与包括市民刑法在内的其他法律一样发挥媒介效力。当行为人不能就刑罚所宣称的意义进行沟通时,卢曼认为此时出现了期望的失落和制裁的失灵。尽管法律无法担保自身不被违反,但法律系统仍要通过自我运作来维持规范的有效性、化约复杂性,从而建立起新的规范性期望。此时如若向外求助,才真正出现了法律系统的失灵。雅科布斯的选择恰恰是放弃法律的规范性运作——直接将犯罪行为人隔离起来,当作敌人对待,适用"敌人刑法"。正如已有批评所言,"敌人刑法"绝对不是法律。在卢曼系统论的意义上,法律必然是沟通符号;敌人刑法不处理象征意义,而是要放弃沟通,对个人实体进行简单粗暴的排除,实乃法律系统失灵的表现。

卢曼指出规范是具有稳定化功能的一般形式,因此获得了专门的法律性质,作为法律系统被分化了出来。它可以衔接于已经存在的传统,利用现存规范要素来运转。在沟通过程中,若诸期望产生矛

---

① [德]尼古拉斯·鲁曼:《社会中的法》,163~164 页。
② [德]雅科布斯:《市民刑法与敌人刑法》,28 页。

盾,就会引发外在于法律的特殊情况——受到争议的失落。若期望与失落都一直处于法律之中,便出现不受争议的失落,此时,某人对其他人具有的权利根本不提出争议,但还是做了某事,他便是以造成失落的方式行动了,常见形态便是犯罪;而公民不服从则是"受到争执的失落",恐怖主义亦然。那么"港独"活动属于前者还是后者?在香港国安法制定以前,"港独"行为只能被理解为"港独"分子对权利和权力提出了根本性质疑,因此属于政治行动,属于受到争议的失落。国安法的作用,恰恰是终止此种争议,以法律运作化约问题的复杂性,将港独行为定性为不受争议的失落,亦即危害国家安全犯罪。

不受争议的失落是稳定可控的,社会有规范可期,人们知道规范总有被违反的可能,但风险可控。而受争议的失落则不可控,暴力与分裂混杂着被利用的道德纲领,侵蚀全社会系统。雅科布斯将"不受争议的失落"规定在"市民刑法"内,"受争议的失落"则成为他主张的敌人刑法的内容。以恐怖主义或港独活动的组织领导者为例,"敌人可能是他的自我世界中的斗士或者英雄——其对某类特定的权利提出异议"——此时,雅科布斯认为"他不是其行为所破坏的现实社会的成员",而是敌人:"敌人本质上不是公民,而是公敌。"① 依照此观点,社会将随时被割裂为公民与公敌,人民内部矛盾随时会被上升为敌我矛盾。

卢曼指出:区分"受到争执的与不受争执的失落",其结果是"法律不仅排除冲突(在不受争执的失落中),也制造冲突(在受争执的失落中)。"② 法律是在对于法律进行争执此一诱因下,才发展出专门的工具,由此成为独立的系统。这一系统承担的任务便是在不断的"失落"中论证规范有效性。可见,面对期望的失落,甚至制裁的失灵,法律系统能做的,是对规范有效性进行论证,而不是放弃规范的沟通属性,直接诉诸武力。后者显然不是法律系统的运作方式;面对社会冲

---

① 冯军:《死刑、犯罪人与敌人》,《中外法学》,2005(5),610页。
② [德]尼古拉斯·鲁曼:《社会中的法》,164页。

突,法律维持其自身的方式只能是:"在进一步的情况出现前,规范一直有效。"这便是也是香港国安立法的必要性之所在,将危害国家安全的行为纳入法律系统,能够使法律系统有效地排除冲突;若将其扔进政治系统,或归于"敌人刑法",则会制造更大的分裂与冲突。

卢曼指出,"法效力之超实证性基础开始被法治国的程序代替,合法拟制为法律提供正当性基础,正当性被程序化,也就是被时间化了",遗留的问题是:"尽管各种程序事实上获得设置与执行,他们是否真的能满足那些已经被设置到他们中的期望?"人们不仅纯粹地偏好或不偏好某些价值,还规范性地提出采取价值偏好的要求,对其进行制度化,进而衍生为道德层面的纲领,让其他人在价值纲领上团结一致。但这种形式倾向于反抗法律,因为对于人道主义者而言,无论"合法"还是"不法",人道才是重点。指责涉港国安法威胁港人人权的言论之所以站不住脚,是因为标准单一的人权纲领可能是西方中心主义的意识形态。此时法律系统的独立运作尤为必要,其作用就在于将价值之争和利益之争,统统化约为法/不法的简明判断。

涉港国安问题由政治系统转入法律系统,也有利于"违反法律"的"讯息价值"①之发挥。卢曼认为,"对于那些由结构性因素诱发的违法状态所进行的追问,或许具有更大的讯息价值","诸多违法状态作为各种不同社会关系的指标,具备自身固有的逻辑,也为个体在社会层面上的不可动员性(这种性质似乎在不断增长中),提供了指标"。以陆勇案为例,其非法代购仿制药的违法行为,推动了我国医疗保障制度的完善,也启发了人们反思,因而促进了全社会的福利,这便是"失范"与"违法"的讯息价值。"港独"行为当然截然不同于陆勇的犯罪,但当其被纳入法律系统、当"香港废青"被作为"人民内部矛盾"中的罪犯,而非作为敌人对待时,其人权才能被保障,其诉求也才能被倾听。因此香港安全立法恰恰保障这些犯罪人的人权。

然而雅科布斯认为,犯罪是行为人对规范的否定,而刑罚的作用

---

① [德]尼古拉斯·鲁曼:《社会中的法》,626页。

就是否定行为人的这种否定,通过惩罚来宣称:你的否定"是没有任何意义的,规范继续有效,社会形态保持不变"。① 这一观点与卢曼所认为的"违法具有重要的讯息价值"大相径庭。卢曼发现了违法在现代社会的普遍性,叛国行为当然是不希望被看到的,但危害国家安全的犯罪从来都是存在的。卢曼认为法律系统发挥的功能是稳定规范性期望,但这并不意味着他主张法律系统应该且能够让规范一直被遵守。尽管法律系统一心求稳,但其他社会力量可能求变,相互之间始终存在张力,正是这种张力推动社会向前。

换言之,不安定因素必然破坏社会,但同样引发社会反思与变革。这正类似于病毒和细菌,虽然破坏人体器官,但其作为一种环境对系统的激扰,能够使人体在免疫过程中越发强大。病毒应当被抵御,但免疫系统的目标不在于此,其目标在于"学习"和治愈(免疫系统中不仅有抗体,还有补体)。面对破坏社会的行为,法律系统捕捉细节并归类、抽象出行为类型,对同一类行为规定同样的法律后果,以"相同情况相同处理"的机制,制造并稳定规范性期望。最终的效果是,保护了健康细胞免受病毒侵害,也能使部分被感染的细胞恢复健康。

在社会学三大鼻祖中,马克思采冲突视角,认为社会革新的力量便在反抗陈规之中;马克斯·韦伯对现代社会的理性形式同样忧心忡忡,他看到在科层制的法理型权威下,滋生出"专家没有灵魂,纵欲者没有心肝"的现代性废物;只有涂尔干采整合视角,认为由传统社会到现代社会实现了从机械团结到有机团结的演化;但即便是主张整合的涂尔干,也提出压制性法律会随着机械团结社会向有机团结社会的演化而转变为"恢复性法律",以及社会生活会从由刑法主导发展到由其他部门法主导。

在涂尔干对图腾制度、象征仪式的分析中,"他由强调社会现象的制约性特征,转向进一步强调象征在使人积极地怀有理想方面所

---

① [德]雅科布斯:《市民刑法与敌人刑法》,15~50页。

具有的重要意义"①,既避免个体自由走向自由的反面,从而导致社会失范,也避免社会纪律对个体生活形成外在的宰制。刑法规范保护论者提倡积极强化公民"对法的忠诚和对法秩序的信任"②,其目的是实现社会整合,似乎并未跳脱出涂尔干的社会团结理论。所谓积极的一般预防,是要让"规范"成为公众心目中的图腾。但刑法规范保护论忽视了根本的一点:法律是外在的强制手段,刑法何以能够助力法律成为"宗教"?难道刑法处罚规范违反者,就是为了能使得人们忠诚于法规范?

卢曼恰恰指出,现代社会,个体自主决定之主张不断增加,"古典的自由赋予形式和工具,似已穷途末路"。"如果说,生活所意指的是依照个人自主决定的标准过活,那么各种对于法律的违反,对生活而言已是必然。""特别是,若官僚组织成功贯彻了其各项执法纲领,那么个体为自身赋予意义的诸多可能性就会被切断。"③亦即,"当人们期待法律会通盘地被遵守时,那在全社会语意中被赋予高度评价的个人主义(解放、自我实现,以及所有相关的事情),就不再能获得维持。"

在此种语境下,规范绝不是神圣不可侵犯之物。卢曼指出,"遵守法律也可能带来一些对于个体而言毁灭性的附带后果,特别展现在人们丧失从事那些需要强烈动机的活动领域的勇气,把自己排除在这些领域之外。""倘若在诸个体的层次,或诸功能系统的层次上,还存在值得追求的、社会性的完善目标,那么这些目标是不可能在不违反法律的情况下达成的。"④陆勇案便是这种情况。

敌人刑法的问题就在于,将作为外在力的法律和规范视为神圣,将"失范"视为恐怖,其不相信社会的内在感召力可以对罪犯进行"积

---

① [英]吉登斯:《资本主义与现代社会理论》,郭忠华、潘华凌译,122页,上海,上海译文出版社,2007。
② 冯军:《死刑、犯罪与敌人》,610页。
③ [德]尼古拉斯·鲁曼:《社会中的法》,624~625页。
④ 同上注,625页。

极的特殊预防"(如社区矫正)。遵守规范并非人类的本能,认知性期待才是自然的期待形式。正因如此,社会才需要法律系统使用强制力来维护规范、稳定人心,但这并不意味着法秩序天然地应该,也能够成为公众持续忠诚和信任的对象。德国刑法学者阿佩尔反驳规范保护论("制度理论")时指出:在不诉诸处于优位的价值秩序的情况下,想要通过刑法规范来确定人类共存的条件及其安全的可能性或必要性,制度理论需要回答:"社会结构或者制度条件是否仍然值得通过刑法手段加以保留?"①

阿佩尔对制度理论的质疑一针见血,但他将卢曼的功能论也视为"制度理论"是不准确的,卢曼并不追求以往社会学家如涂尔干、帕森斯所致力于的"社会整合"。而即便是社会整合论者,也并不主张"同质性"。令人吃惊的是,敌人刑法的支持者却认为,"敌人"指的是"敌视基本规范""根本没有意愿和社会沟通"的人,"他们行为表达的意义正好是对社会同一性的毁灭,如果还保障他们的基本权利,就是对社会同一性本身的难以承受的伤害"。②但卢曼在此问题上的立场相反:社会系统的运作由同一性和变异性共同促成。规范论者将变异性视为"敌人",是对人类价值多样性的否认。

卢曼认为法律的形式产生于期望的认知性与规范性这两者的结合,法律当中所有针对全社会做出的适应,都在此框架中运作。此框架使事物实质性的意义、法规范的内涵,以及对于"法/不法"的价值进行正确分派的诸多纲领产生变异,以便能够在一个具有交互相容性的界域中,维持住"时间拘束"以及产生"共识/歧见"之能力。可见共识与歧见、同一与变异,二者不可偏废,否则社会系统难以运作。法律系统固然要作出是与非的判断,但它只评价和标识行为,不否定人本身。"敌人刑法"却相反。

"敌人刑法"似乎既是法律规范的信徒,也是社会秩序的信徒;而

---

① [德]伊沃·阿佩尔:《通过刑法进行法益保护?—— 以宪法为视角的评注》,载赵秉志主编《当代德国刑事法研究》,北京,法律出版社,2016。
② 何庆仁:《对话敌人刑法》,《河北法学》,2008(07),94~98页。

卢曼则两者都不是。他不认为法律像现在这样发挥免疫功能便能带来可追求的未来效果(例如推动社会发展进步,或助益于个人福祉),因为他不相信线性的进化模式,而是主张未来的开放性和未知性:任何决策都能带来风险,风险不可能被消除。就个体福祉而言,法律不可能起到增进作用。即便刑法坚持以保护法益为己任,也不得不承认,被害人的生命、身体法益,不会随着刑事追诉而恢复。刑法的意义,只能是面向未来宣称"预防",只能在有限程度上恢复某种信心与期望。

维持社会运转所需的规范性期望确实是法律的目标,但规范可能更多地需要由司法来保护。亦即能够确证规范有效性的机制是以法院为中心的、"相同情况相同处理"的司法运作①。法院是法律系统的中心——这是法律系统的基本设置。刑法规范只是众多法律文本中的一部分,它必然无法承担起保护包括自己在内的一切"规范"的职能;而刑罚措施,只能保护刑法规范,不能保护起所有法律规范。这是本文对雅科布斯规范保护论和敌人刑法理论的基本反驳。

申言之,立法者设置刑法规范的主观目的是保护将来的、个人的法益,包括法律论证和强制执行在内的司法程序的目标才是保障规范被遵守,从而保护公众对规范文本的信任,客观上使个人对特定行为会产生特定法律后果形成普遍的期待,从而形成全社会的规范性期待,符合规范的行为被系统标记为"合法",失范的、与法秩序冲突的行为被标记成"非法",经由此种"涵括与排除",法律系统便起到了对失范行为的免疫作用,使得社会的稳定得以可能,社会系统得以在环境的激扰下运作,卢曼称之为系统的自创生。

在此过程中,刑法与其他部门法分别是法律系统里的子系统,相互之间必须保持运作上的独立性,若民刑不分、公法介入私法领域,便会损害人的权利。若刑法过度扩张到法律系统边界以外,如政治系统中,则造成全社会的过度免疫。尽管社会系统的运作以社会自

---

① [德]尼古拉斯·鲁曼:《社会中的法》,338~339页。

身为目的,但如若以规范保护和社会防御作为刑法或任何其他部门法宣扬的价值,法律系统将无法发挥其社会功能,社会系统将无法实现其目的。相反,这可能会造成法律系统过度免疫并危及人权;得到的结果恐怕不是规范性期待的稳固,而是人的普遍反抗,最终全社会系统受累。

四、国安法的正当性条件:系统适度免疫

卢曼将法律系统理解为全社会的免疫系统,并指出这"不是借由类比进行论证,也不是纯粹隐喻性地使用此概念",而是"在各种系统中都会浮现的一般性的典型问题:所有系统都是在运作上的闭合的形式中对环境进行化约,从而建立起自身的复杂性,并在此过程中不断增加自己的复杂性及复杂性带来的风险"①。

封闭运作的系统虽不像变色龙一样附随环境的变化而不断改变自己,但会在环境的激扰下部分地开放认知而进行有限的学习。尽管如此,系统通过有限的认知学习和建构规范、稳定预期的方式来应对环境的能力是有限的,②随着复杂性的激增,其始终有被不可知的环境破坏甚至毁灭的风险。③ 以生命有机体为例,身体系统不可能点对点地预备所有应激措施:人体受到某种病毒侵袭后,先产生抗原、再产生抗体;不会从开始就具备对抗一切病毒的一切抗体。系统只在面对入侵时,对捕获到的"病毒"进行学习,从而产生免疫能力,以期在同类病毒再次入侵时及时抵抗。

由于社会的目标在于自身的持续运转及群体的整合团结,因此社会的免疫系统要对抗的病毒是社会沟通中的冲突。在此意义上,法律正是社会机体的免疫系统,因为法律要对抗的正是社会冲突与人际纠纷。由于全社会系统是沟通系统,仰赖心理系统的意识而感知到沟通,激起有机体组织相应的感觉和运动机能上的共同作用,在

---

① [德]尼古拉斯·鲁曼:《社会中的法》,621页。
② 同上注,492页。
③ 同上注,610页。

充分的范围内记忆起曾经被沟通过的东西,并且假定他人也会记忆起这些东西。但此时如若出现和预设的,或已经表述出来的期望相互抵触的沟通;若当人们对"不"回应以一个相对立的"不",这类琐碎的事件会拓展为对沟通的干扰,诱惑人们停留在"不",双方在沟通中反而强化这种"不",于是出现了冲突和争端。

社会的免疫系统——法律,就是在为冲突寻求解决途径的过程中形成的:各种解决途径会从个案发展出来,到其他个案中适用。此时形成的规范性规则就是抗体:它从个案里获得了具体明确性(一种抗体只针对一种抗原)。系统不是事先认知,而是事后记录每一次社会冲突,并为那些以个案方式出现的冲突提供一般化的解决方案——也就是以立法和司法的方式给未来的案件提供备用产能。由于免疫系统不消除冲突,所以冲突能持续再生产,因此风险持续存在。免疫系统不干预系统外的事务,不主动到系统之外消灭一切病毒,而是缓和并制约不确定性,即风险。由社会不平等、种族、宗教问题和国际势力干涉等引发的歧视、敌对、犯罪、恐怖主义甚至战争等冲突持续存在,因此风险持续存在。法律系统并无义务、也无能力消除这些社会冲突,冲突能持续再生产。免疫系统不矫正错误(即各种就"什么事情是正当合法"这个问题提出的错误见解),而是缓和并制约风险。

在此基础上就能够理解,针对危害国家安全犯罪的立法,和其他刑事法规一样,其对象不是敌人,而是人民内部矛盾:免疫系统的威力从不在于消灭入侵的病毒,它也无法消灭病毒;其威力更不在于消灭被感染的身体细胞——任何个体作为被感染的细胞而被暴力机关消灭,都是社会的惨重代价——免疫系统的价值在于生成规范并由此减少细胞个体的牺牲。就香港暴乱而言,境外势力可能是政治系统、是军事力量要打击和威慑的对象,法律系统面对的是已经染上病毒和将来可能染上的社会个体细胞。此时,法律免疫系统有必要迅速生成抗体,即推出一般化的法律解决方案,应对所有将来还可能发生的危害国家安全犯罪,而非消灭境外或者国内的"敌人"。

亦即,法律系统的免疫功能表现为对一般化方案(即抗体)的生产能力,对病毒或被感染的细胞的灭杀工作只是附随效果。如若在此过程中灭杀了普通健康细胞,冤枉无辜,则会得不偿失。因此,打击危害国家安全犯罪是现代法治的应有之意,但比例性原则不可突破,适度免疫是系统正常运作的基石;免疫过度则会伤及个体,进而伤及社会。但雅科布斯恰恰主张,对于敌人,要突破"比例性原则",施加更严厉的惩罚;要废除或限制一般被刑事指控者所享有的"正当程序"权利。即便行为还没有对法律所保护的利益造成真正的危险,刑法也要提前介入,将其"犯罪化"。相应地,对敌人适用的刑事诉讼程序也更为严格,如封锁他与外界的联系,包括剥夺受拘禁者与其辩护人接触的可能性,以避免他人遭受危险;在被告未察觉的状况下予以监视,对其进行通信的监控、秘密调查、使用卧底警探等。①

国家安全法原本具有充分的正当性,但若按照敌人刑法的原则实施,则会侵犯人权。法律以生产并不断巩固规范性期待的方式处理人民内部矛盾,"敌人刑法"理论却要着力打击外部敌人和被敌人策反的人民。雅科布斯将部分实实在在的个人视作了免疫系统针对的"病毒",但系统论语境中的"病毒",是指沟通中的乱码,而非任何个人实体。犯罪者通过制造乱码病毒的方式危害社会,但其本身不是沟通意义上的乱码和病毒,不应被作为免疫系统的敌人而被"消灭"。

人体免疫系统过度发挥其功能会触发过敏反应甚至诱发系统性疾病,法律系统同样有过度免疫的倾向。卢曼指出了"违反法律成为生活之必然的现代现象"②,他揭示出"法律总是预设偏差行为"③,犯罪数量激增、监狱人口爆炸,正是法律不断建构甚至想象失范与偏差的表现,也是法律对个体自由形成威胁的表现。正如尤瓦尔·赫拉利对恐怖主义的判断一样,"恐怖主义的实际杀伤力并不强,但当全

---

① 刘仁文,《敌人刑法:一个初步的清理》,《法律科学》,2007(06),54~59页。
② [德]尼古拉斯·鲁曼:《社会中的法》,613页。
③ 同上注,164页。

世界谈恐色变,政府、媒体和民众陷入风险焦虑症、陷入普遍恐慌与过度反应时,恐怖主义的目的就实现了"。① 当社会为防御犯罪风险而将大量行为入罪,甚至在市民中区隔出敌人时,伤害到的"无辜"个体便像是人体中的好细胞,被过度敏感的免疫系统杀死,成为了社会的牺牲品而不可逆转。卢曼指出,任何决定之下的未来都存在风险,且法律做出决定的风险还会对他人形成危险②,刑法决定尤是如此。

"由于急于根除威胁,这个体制总是感到存在尽可能早地进行干预的压力,而不是等着威胁以犯罪行为的形式呈现时才介入。压力将随着每次隔离的失败而加剧。将潜在的威胁扼杀于萌芽状态的目标,与其实现的不可能性一起,促使预防性措施的持续扩张,沿着威胁起源的因果链无限制地后退。"③劳东燕教授在国内较早地对风险社会刑法进行了反思,发现将潜在威胁扼杀于萌芽状态的目标不可实现。

"敌人刑法"还不专指恐怖主义犯罪,而是包括恐怖主义、经济犯罪、有组织犯罪、性犯罪以及其他危险犯罪,④其可能给那些需要打破常规的领域带来毁灭性的限制。以我国广受争议的陆勇案为例,其触犯的生产销售假药罪正是一种经济犯罪,其并未伤及任何人,反而事实上挽救了生命。陆勇正是处于需要强烈动机的活动领域。事实上,如果说严重的、持久的犯罪行为是病毒的话,类似陆勇"非法销售假药"的行为则属于细菌的范畴。而细菌分为坏细菌和益生菌,陆勇的行为起到的便是益生菌的作用。不论基于何种外界生物的激扰,法律系统过度免疫都会伤及自身。越多的刑事责任被越早、越广泛地施加于人,也就可能有越多个体自由与活力丧失,纵然打击了犯

---

① 参见[以]尤瓦尔·赫拉利:《未来简史》,林俊宏译,北京,中信出版社,2017;尤瓦尔·赫拉利:《今日简史》,林俊宏译,北京,中信出版社,2018。
② [德]尼古拉斯·鲁曼:《社会中的法》,618 页。
③ 转引自劳东燕:《风险社会中的刑法》,66 页,北京,北京大学出版社,2015。
④ 参见[德]雅科布斯:《市民刑法与敌人刑法》,15~17 页。

罪,也可能伤及无辜——这便是本文提出的法律系统过度免疫——敌人刑法便是其极端的表现形式。

实际上,对于法律系统发挥稳定规范性期望、维持规范效力的问题,卢曼的旨趣在于:规范之有效性本身是存疑的,随着时间变化的不确定性才是事实,稳定性只是假象。社会沟通需要有稳定的规范性期望,于是发展出了专门的法律系统,该系统依靠"规范"符号而运转。但随着社会变迁,失范行为在所难免,推动社会变革的力量或许蕴藏其中。因此雅科布斯的敌人刑法的问题在于,将规范的有效性视为不可质疑,将质疑者视为对法秩序缺乏忠诚,要以刑罚惩罚之,从而确证法规范的效力。持续破坏规范者甚至不是"人格体",社会要将其直接排除,无须对其适用法律这一象征系统。"敌人"概念已然把冲突转入了政治系统,不啻为发动"公民"对"公敌"的战争。

五、再论"敌人刑法"的"非法"性

在卢曼系统论的视野下,规范遵守不具有绝对正确性,规范也不是社会系统的绝对价值。当然,规范效力确实是法律系统的根本,但规范失落与制裁失灵不可避免,无法苛求。即便效力失落,也要在系统内部、依靠时间上的运作来解决,而非妄想将持续性的失落直接排除。例如免疫系统对病毒难以控制时,时间会帮助系统产生变异性,逐渐生产出新的抗体来抑制病毒;如若直接赋予免疫系统强大的杀伤性武器以对抗病毒,全身系统及所有良性细胞都会遭殃。

退一步讲,当确实存在持续性的规范性期望失落时,以生命有机体为例,该处身体组织可能已然癌变,确实需要直接剔除。但此时要动用的不是免疫系统,而是手术刀。法律只是免疫系统,不是手术刀、不是化学药物。"敌人刑法"若试图充当一种外部角色,那么其性质便不再是"法律"。

国家刑罚权关涉人权,敌人刑法被诟病的主要原因是其将政治

性引入刑法。有学者指出,敌人刑法意图以"战争"取代"刑事诉讼"①。也有学者认为,"敌人刑法可防患战争于未然,对于一直梦想着和平的人类来说,这是相当理性和现实的选择。"②但在卢曼风险观下,任何法律都不可能防患未然,敌人刑法谈不上是为了避免战争的"现实选择",反而可能把无辜者卷入"战争"。

因为敌人刑法理论的核心在于,"根本性的偏离者,对于具有人格之人所应为之行为不给予保证,因此他不能被当作一个市民予以对待,他是必须被征讨的敌人。这场战争乃是为了市民的正当权利,即对于安全的权利而战,与刑罚有所不同,遭到制裁之人并无权利,而是作为一个敌人被排除。"③雅科布斯认为,"人们不愿意再和希特勒一起制定法律,因为已经和他不共戴天。所以人们排除希特勒,自己制造自己认为更好或更为人道的法律。"④

但卢曼指出,法治国的运转本身就已经是对人权给予承认,唯有在法治国的架构无法获得担保,以及当相关国家无能力或不愿意借着通常的法治国手段来排除侵犯人权的状态时,那些具有明显严重性、世界性的人权侵害情况,才真的会被理解为对"人权"的侵犯。而这样的侵犯随处可见,此时援用国家实证法(如宪法的形式)的做法,已经不够充分,本国的实证法律反而会被利用。⑤ 对于纳粹时期德国、对于当今世界上饱受军国主义与战争之苦的国家,国家法律已经成为强权势力侵犯人权的工具,此时的问题就会类似癌细胞不能由免疫系统自己解决一样,已经超出了法律框架能够规制的范围,战争这把手术刀才可能需要出场。但对于正常运转的民主社会而言,法律才是冲突解决的现代性、系统性方案。

---

① 林立:《由Jakobs"仇敌刑法"之概念反省刑法"规范论"传统对于抵抗国家暴力问题的局限性——对一种导源于Kant"法"概念先天性信念之思想的分析与批判》,《政大法学评论》,2004(81),4~23页。
② 何庆仁:《对话敌人刑法》,98页。
③ 蔡桂生:《敌人刑法的思与辨》,600页。
④ 转引自蔡桂生:《敌人刑法的思与辨》,600页。
⑤ [德]尼古拉斯·鲁曼:《社会中的法》,632页。

有论者认为卢曼系统论就是敌人刑法理论的思想基石，因为卢曼把社会理解为一个自我复制、自我循环的沟通体系，该体系仅限于适当的沟通范围之内，超出这个范围之外的就不再属于该体系，而是体系外的环境。雅科布斯将该理论转化到刑法学上，将法治国视为具有规范沟通能力，能够遵守规范的人进行沟通的体系，而将那些所谓不具有这种能力的人排除出"人格体"之外，从而达到维护法治国体系的目的。因此学者指出，"敌人刑法的唯一目的，即是为了捍卫体系的存在"。①

但纵观卢曼的理论体系，尽管其承认"法律总是预设偏差行为"，"排除与涵括"规则有其存在的必然性，现代社会正朝着排除更多人（或人群）的方向迈进，系统将那些"错误的人"——犯罪（嫌疑）人、性瘾者等排除出去。但他警惕地指出：现代功能分化社会的演进存在的问题就在于，通过涵括/排除规则的娴熟运用，将大量的个体排除出系统而成为社会系统外的"幽灵"。② 卢曼从未提倡社会应当为了捍卫自己的体系而排除个体。

以现代社会多发的过罪化问题为例，被"犯罪"污名化的个人将难以被社会诸系统接纳（涵括），有过犯罪记录的青少年会被学校以"防止带坏其他孩子"为名拒绝，也不受用工单位待见。此时，"个体自我呈现的可能性"③降低，交往的不确定性上升，社会并不因严格的排除与涵括而变得稳定："在高度整合的排除领域，人们已经没有什么东西可以失去了，故不再会谨守法律"，紧接着发生的便是普遍性违法。④ 因此维护体系稳定性的途径并不是排除个体。

---

① 转引自王莹：《法治国的洁癖：对话 Jakobs"敌人刑法"理论》，《中外法学》，2011(1)，126～142 页。

② 刘涛：《纳入与排除：卢曼系统理论的第三演进阶段》，《社会学评论》，2016(1)，81～96 页。

③ Verschraegen & Gert, "Human Rights and Modern Society: A Sociological Analysis from the Perspective of Systems Theory", 29/2 *Journal of Law & Society*, 2002, p. 258.

④ ［德］尼古拉斯·鲁曼：《社会中的法》，637 页。

之所以强调保障个体自我呈现与稳定社会沟通,是因为从系统论的视角出发,法律系统所要规制的,不是任何实体性风险,而是沟通的、符号性的风险,沟通是社会有机体的最小细胞。因此卢曼人权观聚焦之处,并非法律或政府应当或不应当将一个人关进监狱以实现对其他人安全的承诺;也非必须或不必对可能妨害个人自由的国家行为设置无限障碍。卢曼的关怀在于,法律系统做出"法/不法"的决定、将人区分为"有罪/无罪",将部分人涵括进犯罪之列、监狱之内,这与"不识字的人会受到阻碍,无法有意义地参与政治"①一样,都是把部分人排除出某种社会沟通之外。而卢曼人权概念的要义则是个人决定自己进出功能子系统之选择自由,以及相同情况被相同对待的平等权利。

不论何种"排除"机制,都存在侵犯人权的巨大风险,监禁罪犯如是,刑事侦查亦如是,更何况是将某类行为人直接视为"敌人"。保障个体对抗国家权力恣意的权利,是法律保障基本人权的题中之意。在刑法中引入"敌人"概念,是将政治符码植入法律系统,其必然成为一种乱码,会引发系统的运作失灵。因此敌人刑法的提出,是法律系统过度免疫的表现;并且此一风险的制造者正是应当对法律之风险属性保持高度警惕的刑法学者,这更值得反思。

卢曼在肯定"功能上的专门化所带来的优点"②的同时,强调"必须强烈注意法律自身固有的风险"③。只有当法学家以社会科学家的身份(跳脱出法律系统而进入科学系统),发现并承认法律的风险本质,将其观察和描述成风险性后,才能理解社会的未来面向的风险属性,以及法律自身固有的风险——卢曼认为这些风险独立于当下的决定④——对某种行为实施的惩罚,不必然带来该种犯罪行为的减少,反而可能伴生其他风险,"敌人刑法"便是一种风险。

---

① [德]尼古拉斯·鲁曼:《社会中的法》,636页。
② 同上注,184页。
③ 同上注,617页。
④ 同上注,620页。

在指涉着利益的视角下（异己指涉），法律做成决定的风险，会对他人形成危险；在指涉着概念的视角下（自我指涉），法律必须对其自身固有的风险性进行反思。① 此种双重视角，并非为卢曼独有，哈贝马斯也承认自己"步韦伯和帕森斯后尘"而使用双重视角："从内在视角出发，郑重其事地重构其规范性内容；从外在视角出发，把它描述为社会实在的组成部分。"②

雅科布斯对双重视角问题有所察觉，他解释道："'敌人刑法'这样的名称并不一定就含有贬义。当然，敌人刑法意味着一个有着缺陷的安定，这种有缺陷的安定并不一定就该归罪于不顺从者，也可能是由于那些一心企求和平的人所导致的。"③依照雅科布斯的逻辑，是因为德国刑事法上近年来出现了扩张构成要件、刑事可罚性前置以及保安处分大量适用的发展趋势，这种趋势已经超出了传统法治国市民刑法的范畴，具有"敌人刑法"的特征，于是他在描述此事实的基础上才提出了"敌人刑法"这一"理想类型"④。面对"敌人刑法概念语意模糊、没有现实对应物"的质疑，雅科布斯辩解道，所谓的理想类型，"在现实社会中不会以完整的形式出现，在现实社会中存在的仅仅是一种混合形式，而混合形式本身即是不精确的。"⑤

但不论"敌人刑法"这一理想类型是否完全合乎现实，它显然并不"理想"。这一韦伯意义上的社会学概念，原本就不是指向某种应然方案。但正如美国学者弗莱舍所言，"我难以接受敌人刑法这样一种立场"，并且，"令人不解的是，雅科布斯非但不去谴责和消除这种学说，反而去发展它。"⑥

---

① ［德］尼古拉斯·鲁曼：《社会中的法》，618 页。
② ［德］哈贝马斯：《在事实与规范之间》，童世骏译，北京，生活·读书·新知三联书店，2003 年，54 页。
③ ［德］雅科布斯：《市民刑法与敌人刑法》，15～20 页。
④ ［德］马克斯·韦伯：《社会科学方法论》，韩水法译，北京，中央编译出版社，2008。
⑤ 转引自王莹：《法治国的洁癖：对话 Jakobs"敌人刑法"理论》，132 页。
⑥ 何庆仁：《刑法的沟通意义》，《刑事法评论（第 18 卷）》，北京，北京大学出版社，2006。

雅科布斯的敌人刑法观与其规范保护论思想承接,后者在很大程度上存在对卢曼系统论的误解。但抛开系统论传统,刑法的规范保护论自有其存在根源。在传统法学研究中,法律之风险性在规范文本中向来不被表达,也难以获得研究者的重视。卢曼指出,原因在于法律系统的规范性功能决定了它要"假装"决定的基础具有安定性,以此呼应追求稳定的功能。因此法律解释必须提供对规范性和安定性的表达而言有用的东西;法律系统的反思成效(即法理论),也会衔接上规范文本,从而把固有的风险"外部化"。① 雅科布斯发展出的刑法规范论乃至极端的敌人刑法,正是把系统的安定性假装到了极致,把系统的"排除/涵括"规则使用到了极致,其实际作用仅仅是将风险转移并扩大到了全社会系统,并且可能制造出法律系统内部的乱码和宕机,却根本无法实现控制风险的初心。

社会的未来是独立于决定之外的风险,而风险控制可能是一种假象——做决定者如何对"控制的假象"进行反制才是真的问题。为此法律必须接受它自身固有的风险:法律不能为安定性提供保障。② 在卢曼的理论脉络中,法学家的任务是站在外围反思性地观察法律系统之运作,适时地批判权力的运作方式,而非给致力于稳定社会的法律文本和司法裁判做注脚。以刑法扩张为表现形式的系统过度免疫倾向,值得警惕并应当被不断反思,系统实践者有必要承担此种反思性职责。

---

① [德]尼古拉斯·鲁曼:《社会中的法》,620页。
② 同上注,618页。

卢曼的现代社会困境与法律时间化

李宏基*

引言

现代社会发展至今遭遇诸多结构性困境,历代思想家深忧人类晦暗不明的前景。德国著名社会学家马克斯·韦伯(Max Weber)对现代化的理性牢笼感到忧心忡忡,他曾断言:高度成熟的官僚制度渗透到国家、社会各领域,最终主宰了分散的原子式个体,人的自由可能沦为空泛之物。① 同为德国思想家的于尔根·哈贝马斯(Jürgen Habermas)也留意到国家、行政制度化后带来的压迫,他进而寻求构建民主法治国,企图约束行政系统和经济系统。② 除此以外的诸多思想家对当下时代问题的诊断侧重各异,但无不直击要害。然而,既然现代社会早已弊病丛生,其根基问题又源自何处呢?

作为系统论奠基人的尼可拉斯·卢曼(Niklas Luhmann)给出全

---

* 李宏基,北京大学社会学系博士后研究人员,清华大学法学博士。
① 参见[德]马克斯·韦伯:《支配社会学》,康乐、简惠美译,桂林,广西师范大学出版社,2010。
② 参见[德]哈贝马斯:《在事实与规范之间:关于法律和民主法治国的商谈理论》,童世骏译,北京,生活·读书·新知三联书店,2014。

然一新的答案,他从更为宏大抽象的角度指出现代社会始终有两个困境:复杂性(Complexity)与偶联性(Contingency)。① 从实践角度而言,人们也不得不面临时间越来越不可控,对于未来的期望逐渐丧失信心的局面。他对此提出消解多种可能性的方式,那就是时间化(Temporalizing)——通过将复杂可能性限缩到具体当下,利用过去的经验与认知,化解在特定当下的复杂局面。时间问题是卢曼系统论法社会学的核心问题之一。通过探讨时间理论与现代社会症结,甚至与系统理论结合,相关论题能够成为法律系统的关键问题,借此我们可以准确把握社会、系统论、人类、法律四者之间交错复杂的关系。

一、现代社会的困境:复杂性与偶联性

自1688年英国光荣革命、1789年法国大革命以来,西欧的市民社会兴起,资产阶级逐步掌握国家权力,现代的国家、社会制度席卷西方世界,当代社会随着多重复杂性增长逐渐形成。然而,现代社会并非骤然降临,而是经历三个阶段演化得以成形:从原始社会到阶层社会,再演变至现代社会。整个发展历史始终伴随着整体上高速发展、人口激增、经济繁荣、全社会规模及复杂性愈发复杂和偶联性问题愈发凸显。② 与之相随的是,时间观念也经历自然时间、分层时间到标准时间的变化。

(一)现代社会的复杂性

社会演化最初阶段是初民社会阶段,人类基本生活在独立、同质化社会中,如家庭、部落、村庄等。每个独立小社会供应人们生活需求,社会结构简单扁平,人们受到区域性的自然时间支配。不管是家父长、族长或是村长,以他们为首的领导团体承担了管理村落、司法

---

① See Niklas Luhmann, "The Future Cannot Begin: Temporal Structures in Modern Society", 43/1 *Social Research*, 1976.
② Niklas Luhmann, "The World Society as a Social System", 8 *Int. J. General Systems*, 1982, p.132.

裁决、主持宗教仪式等多种职能。初民社会无须通过内部复杂结构处理社会问题,而是通过时间弥补。① 倘若同时出现司法裁决和宗教活动的需求,那么人们可以在不同日期完成。然而,初民社会成员增加容易产生进一步分化,因为它无法解决系统结构性问题。在此阶段的时间尚未摆脱自然、地域因素,人类的活动受节气、气候等因素影响,并以此安排生活。

当社会规模逐渐扩大,人类从自然时间支配的原始社会走向分层时间统治的阶层社会。阶层社会里,社会成员分化成不同阶层,身份而非契约成为界定社会权利义务的核心要素。② 每个阶层有各自的时间准则、生活方式、行为规范和道德准则,依照身份拥有不同的法律约束与惩罚。中世纪欧洲社会分为王室、贵族、农民三个阶层,社会等级森严,不可轻易僭越。传统中国社会受到法律儒家化影响,"礼"成为家族和社会的核心,纲常名教深入人心,贵族与平民享有不同的社会地位与法律身份。③

自16世纪末期开始,全球逐渐连成整体,市民社会兴起,阶层分化无法满足社会复杂性需求。这个时代突出特征是世界逐渐形成统一整体,时间不再成为各地区独立标准,而再现代化的塑造中统一成共同的标准时间。④ 时间从地理空间中解放,不再像自然时间受到各地区的自然现象影响。⑤ 在卢曼看来,现代时间的诞生是以法国大革命为标志。这场人类历史的重大革命重塑了时间观念,过去与未来的地位发生颠覆性变化,原初尊崇古老的时间观念被扭转,人们抛弃古老即为好的观念,直言进步并憧憬未来。现代时间观念就此与过

---

① [德]Geore Kneer & Armin Nassehi:《卢曼社会系统理论导引》,鲁贵显译,160页,台北,巨流图书公司,2000。
② 参见[英]梅因:《古代法》,沈景一译,北京,商务印书馆,1995。
③ 瞿同祖:《中国法律与中国社会》,326页,北京,中华书局,1981。
④ [德]哈尔特穆特·罗萨:《加速:现代社会中的时间结构的改变》,董璐译,36页,北京,北京大学出版社,2015。
⑤ [英]安东尼·吉登斯:《现代性的后果》,田禾译,黄平校,16页,北京,译林出版社,2011。

去决裂,自此以后朝向未来。①

全球初具规模的一体化加剧催生出三种不甚乐观的现象:全球共振、国家宰治和加速现象。首先,社会高度紧密联系,标准时间成型,各国政治、经济、法律等领域高度关联,牵一发而动全身。此类高度协调、时间连通的社会,形成诸国家、社会的共振现象。一国之内的经济或政治危机,会四散铺开影响其他国家或地域。其次,全球复杂性增加后,国家和社会进一步集中发展,反而催生了诸多社会结构问题,呈现韦伯所说的高度官僚化机制。最后,在近 200 年间人类社会物质丰裕程度、科技推进速度、人口膨胀规模、社会节奏提升都远超原始和层级社会阶段。这种加速现象全方位渗透到政治、经济、法律等多领域。② 美国 20 世纪面临的诉讼爆炸,当代中国法院不堪重负,都是社会加速现象的体现。

(二) 社会交往的偶联性

现代社会不仅面临全球共振的危机,而且面临主体之间不可回避的偶联性。偶联性的概念最早来源于帕森斯(Talcott Parsons),哈贝马斯和卢曼沿用并改造此概念,并将之视为社会问题的出发点。在哈贝马斯看来,各种社会互动都处于双重偶联性之下,行动者对于不同人的期待是不确定的。③ 这种理解与卢曼颇为相似。双重偶联性并非现代社会独有的困境,而是自人类社会存在就面临的不可回避的障碍,它所探讨的问题本质上涉及人与人之间能否相互真正理解。近代自然法学家认为,人是理性并具有自由意志的,因此人能够表达主体意志并与他人沟通。现代社会正是在此基础上,拥有自由意志的人类建立起对彼此的信赖,形成大规模的社会合作。但是现代社会的哲学理论逐渐对自由意志理论和社会大规模合作产生怀

---

① Niklas Luhmann, "The Future Cannot Begin: Temporal Structures in Modern Society", p. 132.
② [德]贡塔·托依布纳:《宪法的碎片:全球社会宪治》,陆宇峰译,纪海龙校,93~96 页,北京,中央编译出版社,2016。
③ [德]哈贝马斯:《在事实与规范之间:关于法律和民主法治国的商谈理论》,172 页。

疑,因为在本质上人们根本没有自由意志,更没法真正的沟通和合作。

对自由意志和社会合作的质疑乍眼一看仿佛无理取闹,但是在20世纪系统论、控制论、生物科学等相继涌现的前沿研究成果来看,上述质疑确实有其合理性。卢曼一方面吸收了这些自然科学与社会科学领域的研究成果,另一方面又从帕森斯那里寻找到理论工具的雏形——偶联性。偶联性是指既非必然,亦非不可能的状态。一个恒定状态的下一秒可能就转化成另一种状态。在瞬息万变的时刻里,人很难确切获知自身真实想法,更难相信他人表达的含义确切无误,因而人际交往与沟通从理论上变成了不可确定的事情。当偶联性拓展至社会层面,多主体在不同时刻面对不同的他者,每一次沟通都无法确信,社会就很难有效长效运作。纵览而言,在复杂性骤然提升的现代社会,偶联状态发生在每个个体、集体和国家之间,互相交叉并存。①

卢曼进一步揭示,偶联性并非是现代社会独特危机,而是自人类社会诞生以来就相随而生的,只不过古代社会尚未像现代社会如此复杂,经由传统、宗教、权威的决断尚能控制偶联性。偶联性在初民社会里经由权威性的长老调解、宗教仪式得以消解,在阶层社会及现代社会早期,代表王室、统治者的行政、法院等机制控制住偶联性扩张。但是,不同地域的社会逐渐产生联系,人们逐渐学会与陌生人打交道,原有基于地域、传统的信赖感荡然无存,偶联性危机越发突出。随着社会演化至今,偶联性失去了传统、宗教、权威的背书,人与人的交往缺乏愈发缺乏信赖基础,偶联性危机更加凸显。② 社会复杂性以几何数级别增长后,传统方式再也无法应对扩张的偶联性,社会整合也面临土崩瓦解的局面。为应对上述问题,现代社会演化出诸多社会机制,从时间角度而言,全球的标准时间发挥着不可替代的作用,时间的统一为行动者提供了预期,人们可以从具体时间得知人们的

---

① 泮伟江:《双重偶联性问题与法律系统的生成——卢曼法社会学的问题结构及其启示》,550~551页。
② 关于信赖与现代性的问题,参见[英]安东尼·吉登斯:《现代性的后果》,26页。

基本社会行为。标准时间不仅是产生社会威胁,而且还是创造信赖与合作的基础。但是标准时间只是解决问题的基础,而非最终手段,人们依然面临偶联性危机。如果人们因社会事件与活动而屡屡感到失望,那么他们很容易就对国家和社会失去信任,良好的社会秩序可能逐渐会化为乌有。当代中国社会逐渐走向一个超大型陌生人社会,偶联性危机愈加成为现代社会的重要挑战。①

(三)现代困境的解决路径

无论是全球共振,还是权力高度集中,亦或是社会加速,乃至偶联性问题的凸显,这些都表明:现代社会早已走向复杂性与偶联性前所未有凸显的时代。

首先,复杂性与偶联性共同指向无限的可能性,复杂性面向社会,偶联性指向人类。复杂性意味着社会情境的多种可能性与状态②,偶联性意味着人与人交往互不信赖,彼此揣测而无法实现合作。二者指向多种不可消解、纷繁复杂的可能性。二者不同在于,复杂性表明可能性急剧扩张的现象,而偶联性指明了引发社会的多种可能性的一种原因,那就是来自人类交往本身。从社会而言,人类面临复杂性增加状态,选择和可能性极大扩展;从个体而言,人类面临双重偶联性困局。前者是社会自然演化、时间向前推移的产物,后者植根于哲学、心理学层面。

其次,复杂性与偶联性危机不可消除,在现代社会甚至更为突出。复杂性本身并不能消除,而只能将某些复杂现象简化为具体可描述的文本、模型、结构。社会本身极端复杂,但是通过复杂性化约,社会系统分化多个功能子系统,复杂性进一步缩减至各系统。③ 与此

---

① 泮伟江:《超大规模陌生人社会治理——中国社会法治化治理的基本语境》,《民主与科学》,2018(2),25 页。
② Niklas Luhmann, *Theory of Society* (Volume 1), Stanford University Press, 2012, p.78.
③ Ibid., p.83. 卢曼在此处驳斥了将化约复杂性理解为消灭复杂性的理解。他认为复杂性不可消灭。从二阶观察的角度而言,对复杂性的化约就是一种简化和精细描述。

同时,改变偶联性的困局恰恰就需要时间化。①偶联性本身就是复杂性的一部分,它既可以通过复杂性化约解决,其自身也蕴含着走出偶联性困境的可能性。人们通过长期的经验与实践,对对方乃至社会产生足够稳定的认知与期待,那么偶联性在一定程度上得以解决。复杂性与偶联性都指向源自社会发展和心理构造层面引发的社会中的多种可能性,二者相互交织、叠加之下,现代社会的整合问题显得格外突出。因而,复杂性与偶联性展现了现代社会与人类自身蕴含的内在困境,对于这两种困境的回应就意味着指明社会发展的前景。二者都不可能彻底消除,因而社会需要化解复杂性和偶联性。

最后,处理复杂性与偶联性危机必须以功能分化的社会结构为基础,以时间化为出路。从宏观层面而言,现代社会的问题出路寄托于功能分化形成的诸多子系统与结构。社会内部会形成诸多结构,这些成形的系统、机制等可以对偶联性问题做出决定,缩减偶联性带来的多种可能性。宏观的结构只是解决问题的基础,从微观层面来看,所有的复杂性事件必须依赖决定或是相关机制转化为细碎流程。复杂性被拆分成连贯性事件,每次先前的抉择,都能为下次选择提供经验,并限制下一次的选择。复杂问题从而化大为小,转移到漫长的时间之中慢慢化解。②

二、现代社会的时间问题:未来不可期

从初民社会、阶层社会到现代社会,从自然时间、分层时间到标准时间,社会与时间的转变,现代社会与标准时间的交互影响引发了诸多时间问题。时间观念流转,卢曼建立起与传统法律流派大为不同的当下动态时间观,并指明了未来不可期的时间风险,进而通过时间化的方式才能在一定程度上化解。

---

① [德]尼可拉斯·鲁曼:《社会中的法》,李君韬译,台湾翻译馆主译,552页,台北,台湾五南图书出版股份有限公司,2015。

② Niklas Luhmann, "The Future Cannot Begin: Temporal Structures in Modern Society", pp. 142-145.

(一) 时间的三种特性

自现代社会以来,时间样态逐渐成形。如果时间贯穿于历史演变之中,渗透进复杂性与偶联性问题,那么现代社会的时间究竟具有什么特征,同时又意味着什么?卢曼的时间观念与众不同。这种时间观具有以下几种特性:

(1) 时间是社会文化的建构。一方面,卢曼反对时间是纯粹的客观事物,此类看法视时间是自然界的客观产物。传统时间观念会将时间视为如同日升、月圆、潮汐等客观事物。实际上,自人类步入的现代社会具有了统一标准时间。虽然这种标准时间是对客观时间测量的结果,但是正如钟表能够测量时间,但是钟表时间并不能告诉人们如何行动,唯有社会附加时间的意义才使得客观时间具有了社会价值。另一方面,卢曼的时间观反对形而上学的定性,否认了时间具有时间性。海德格尔(Martin Heidegger)认为时间性,即时间具有本质内容从而使时间称为时间。在卢曼看来,这种本体论的追问全然背离时间的文化建构性。简言之,时间是一种文化建构,是与当下发展的社会关联。①

不同时代的社会建构出各自独特的时间样态。初民社会的各部落拥有自己的自然时间,阶层社会的分层时间延伸出不同阶层的时间,现代社会的标准时间赋予了全社会统一的文化意涵。现代社会进一步发展走向了功能分化时代。在功能分化的时代,分化的不仅是社会,而且是时间。社会系统拥有统一的标准时间,各个子系统拥有独立的时间,二者相互联系、各自独立运转。社会系统的标准时间是功能子系统一切运作、沟通与演化的基础。社会系统调和不同子系统的时间,将所有功能系统的时间同步化,借此确保结构耦合等结构顺利运作。

(2) 时间具有当下性。传统的古典时间观推崇古老的即是好的,

---

① Niklas Luhmann, "The Future Cannot Begin: Temporal Structures in Modern Society", pp. 134-136.

这种时间观念长期占据人类时间观念的核心地位。古典时间观推演至历史领域,会视人类社会的发展是退化的,最美好的古希腊、罗马时代只是一种人类不可重返的美好记忆。① 近现代社会的发展建立于对古典时间观的颠覆之上,以启蒙运动为代表的现代运动都是否认过去与传统,寄期望于未来与新社会。此类观念视人类历史按照一条故事主线发展,看似杂乱的社会历史被规划成一幅起承转合明晰,结构完整的历史故事,从狩猎采集,经历畜牧,发展到农业社会,走向西方工业社会。②

法律的时间观念深受上述两种复归过去或是启明未来的哲学、历史时间观念影响。普通法理念的深层根基与古典时间观如出一辙,以柯克(Sir Gdward Coke)为代表的学者把普通法视为不可追忆的,推崇法律的古老传统,由此延伸出判例法、遵循先例等传统。③ 近代自然法学家极力反对古典时间观,过去被贬得一文不值。究其根本,他们混淆了过去与当下,幻想了一个过去的"自然状态",并将之视为人类即将告别的过去。自然法学断然与过去决裂,历史法学则重拾过去的传统。历史法学派回到过去,寻找历史遗产,重新解释法律传统。他们回溯法律史,却看到了法律演化有其规律,法律发展要不断朝前看,而非从古老传统中汲取力量。不管是自然法学派,还是历史法学派,他们都从虚幻的自然状态或是真实的法律历史中找到了通往未来的思想资源。④

上述哲学、历史与法律的时间观念关注过去,指向未来,但是都过度偏离了当下。在卢曼看来,时间无关乎未来,亦无关乎过去,时

---

① 参见[法]雅克·勒高夫:《历史与记忆》,方仁杰译,"过去/现在"第三节,北京,中国人民大学出版社,2010。
② [英]安东尼·吉登斯:《现代性的后果》,5页。
③ [英]波考克:《古代宪法与封建法》,翟小波译,39页,北京,译林出版社,2014。
④ [英]梅因:《古代法》,42页。[德]萨维尼:《论立法与法学的当代使命》,许章润译,7页,北京,中国法制出版社,2001。[美]卡尔·贝克尔:《启蒙时代哲学家的天城》,何兆武译,79~83页,南京,江苏教育出版社,2005。Also See Peter Stein, *Legal Evolution: The Story of an Idea*, Cambridge University Press, 1980.

间是关乎当下的。时间是关于现实社会结构的多种形态。① 这意味着时间具有当下性,立足现实,关注当下,因而与非现实的历史观念无关,也与演化、进步等进化论观念无关。对于法律而言,"法律是一部历史的机器,它会随着每个运作而变为另外一台机器。"② 他试图表明,法律是一部变幻莫测的时间机器。法律系统是一个在当下时刻运作封闭、自我再制的系统。

(3)时间动态变化,而非静止不变。基督神学时间观与实证主义时间观看似大为不同,却具有共同点:时间是静态的,忽视当下的意义。中世纪欧洲的时间观念奠基于基督教,人们对时间的整体理解包含三个节点:基督降临,死后炼狱和末日审判。人的一生本质上而言是在静止时间中进行的,但是人在主观上向往着世俗之外的、启示性的未来。③ 自现代社会对宗教"祛魅",基督神学的静止时间观早已不复存在。基督神学时间观过分强调启示性、目的论的未来节点从而忽视当下的意义,而实证主义法学走向另一个极端,他们干脆将时间问题抛之脑后,纯粹由逻辑建构出一套法律体系。哈特(H. L. A. Hart)创立一套初级规范与次级规范结合的法律规则体系,凯尔森(Hans Kelsen)的法律规范纯粹是形式上、逻辑意义上的,法律最终指向最高位的基本规范。④ 这种将时间彻底抹平的方式看似解决了一切问题,但恰恰是将时间问题掩盖。从方法论而言,实证法学家总是采取内在的逻辑视角,而忽略外在的时间视角观察法律系统。

卢曼打破这种静止时间观,还原了当下的意义,强调人们的能动性。他认为所有发生的事物都是在当下同时发生,社会诸运作都是

---

① Niklas Luhmann, "The Future Cannot Begin: Temporal Structures in Modern Society", pp. 134-136.
② [德]尼可拉斯·鲁曼:《社会中的法》,79~80页。
③ [美]伯尔曼:《法律与革命:西方法律传统的形成》,贺卫方等译,162~167页,北京,法律出版社,2008。
④ 参见[奥地利]凯尔森:《法与国家的一般理论》,沈宗灵译,北京,中国大百科全书出版社,1995。[爱尔兰]约翰·莫里斯·凯利:《西方法律思想简史》,王笑红译,324页,北京,法律出版社,2010。

在时间之中的,每个沟通都在稍纵即逝的时间里存续。即便是前后相差一瞬,系统业已转化成新样态。在时间之流中,个别沟通承接起业已逝去的沟通,也保留了衔接未来的可能性,由此类细碎运作缩减当下的复杂性。①

卢曼的时间观是当下、动态、文化建构的时间观,它一方面否定了哲学与历史层面的历史退化论、进化论、循环论的时间哲学观念,另一方面也否定了去时间化的逻辑观念。与此同时,卢曼的时间观斩断了时间具有的回到过去或是面向未来的目的论观念。

(二)未来不可期的时间风险

深入审视卢曼的时间观,我们会发觉:卢曼的时间观聚焦于当下,并展现了对过去与未来的迥异态度。这种时间态度深刻影响了现代社会。根本而言,时间并非连续不断的过程,而是过去、当下和未来三种不同维度的统合。② 过去与未来是人们在语言中创造的时间形态,在现实中并不存在。过去与未来是当下的视域,我们既不能触碰,也不能抵达。一旦当下推移,未来随之远离。③ 由此,过去早已逝去,而未来从未降临,二者皆为观念的产物。

对过去与未来的误解表现在哲学与历史时间观念之中。从现实而言,古典时间观对时间的误解在现代社会已不成气候,对于过去与传统的迷恋不再成为社会问题,然而现代社会含带进化论的时间观仍然误导着人们对于时间的认识,对未来的曲解成为现代社会时间观的重要弊病。现代社会的标准时间就是一种文化建构,正如前文所言,标准时间也具有锚定行为的意义。现代时间观长久蕴含的进化论色彩将未来视为一个可追寻的目标,深信不疑的人们满怀热情

---

① [德]尼可拉斯·鲁曼:《社会中的法》,153页。Also See Niklas Luhmann, *Theory of Society* (Volume 1), p. 82.
② 郑作彧:《社会的时间:形成、变迁与问题》,16~24页,北京,社会科学文献出版社,2018。
③ Niklas Luhmann, "The Future Cannot Begin: Temporal Structures in Modern Society", p. 140.

与信念追逐期待的美好社会。但是,卢曼的时间观无情地撕破了这种时间观的假象:未来是一种指引人们负重前行的形式,但它始终不会降临。令人更为沮丧的是,未来其实是剧烈变动、虚无缥缈的,人们根本无法在日常生活中寻求对未来的稳定期待。

未来为何是缥缈不定,以至于不可期待呢?卢曼尝试突破现代时间观,从现象学研究出发,提出一组新概念,即"当下的未来"与"未来的当下",以回应未来问题。人类身处时空之中,活在当下。当我们表达对未来的理解时,其实是站在当下眼望未来。每个当下的决定会限制未来的可能性,由此我们会相信未来较为恒定,乃至于可以控制行为引发的风险。但是在复杂的现代社会,事态变动却极易发生。一旦从"未来的当下",即某个未来具体时刻回视现下时刻,万事万物变化多端,恒定的未来信念可能会坍塌。① 进一步说,现代社会的高度复杂性使得未来趋势不可预测,绝对恒定可信的未来并不存在。② 未来的不确定性使得人们可能丧失对未来的信心。一个对未来无法产生恒定感的社会,永远无法保持基本的稳定。

(三) 时间化化解危机

时间本身具有未来不可期的风险,此类风险扎根于社会文化之中。从时间角度而言,复杂性与偶联性可以表现为一种时间问题。未来由不可避免的或然性构成,当代社会的复杂性需要通过降低未来的复杂性。③ 从社会角度而言,复杂性与偶联性表现为多种可能性,寓于时间中获得解决。唯有通过时间化才能化解时间与社会面向的困境。

时间化的化解功能是通过转移过量的复杂性至未来而实现。现代社会的复杂性和偶联性问题本来会依靠具有决定功能的系统及时处理,然而系统在特定当下所能处理的问题是有限量的,一旦负荷过载,问题就会被积压。因此,系统需要具有正当性将问题搁置到未来

---

① [德]尼可拉斯·鲁曼:《社会中的法》,220~223 页。
② 同上注,620 页。
③ 同上注,615 页。

处理。时间化就是将问题拆分成细节过程,所有当下无法处理的可能性通过程序或机制转移到未来,从而化解当下的危机。

从系统运作层面而言,时间化的处理方式奠基于社会系统运作的基本单位——沟通。复杂性本质上意味着多种可能性与选择,也意味着将多种潜藏的意义转化为现实意义。从功能角度而言,意义就是化约复杂性的形式。意义把诸多可能性转化为现实性,让选择成为现实,进而化约了复杂性。① 对意义的限制最终依赖于内建于语言中的时间。时间内建于语言之中,并透过语言而发挥拘束、限制作用。② 所有的语言唯有经过长时间运用,将语言本身蕴含的意义凝练成固定语意,语言才能获得较为稳固的确定性。因而,语言成为时间上的固定的意义存储器。③ 正因为如此,时间限制储存着意义的语言,从而化约复杂性。

三、如何化解危机:分化、耦合与法律系统

现代社会面临复杂性与偶联性的社会困境,同时也面对着未来不可期的时间风险。面对全球高速发展,卢曼提出一条不同于传统社会理论学者的进路,有效化解复杂性、偶联性与时间风险的道路。从宏观层面而言,现代社会通过功能分化创造了诸多子系统与结构,为化约复杂性与偶联性创造基础。在中观层面,现代社会问题最终还得依靠较为稳定的法律系统长期化约。从微观层面而言,法律系统实现全盘时间化,借此化约复杂性与偶联性。由此,法律系统在社会系统中具有极为关键的意义,发挥着具有决定功能的载体作用。

---

① [德]Geore Kneer & Armin Nassehi:《卢曼社会系统理论导引》,95~100页。
② 具体而言,语意通过凝练、确认、反复使用而沉淀下来成为意义,从而语言获得较为恒久的固定,这就是时间拘束。参见[德]尼可拉斯·鲁曼:《社会中的法》,155页。
③ 语言保存着全社会的主要语意,而语意保存着全社会的意义形式,也就是事物的、社会的、时间的形式。参见[德]Geore Kneer & Armin Nassehi:《卢曼社会系统理论导引》,95~100页。

（一）功能分化与法律系统的稳定性

孕育复杂性的社会唯有通过内部的高度分化回应社会危机与变化。[1] 追根究底，世界的发展历程是一部复杂化历史。在此之中，人类自身复杂性增长较慢，无法适应世界的复杂性日新月异地更迭变迁。面对人类复杂性与世界复杂性之间渐生的鸿沟，社会系统应运而生，接下协调世界与人类关系的重担。从本质而言，社会系统是化约复杂性的中介，它一方面衔接作为个体的人类，另一方面伸展至万般复杂的世界。为了化约世界复杂性，解决偶联性问题，社会系统建立起自身的结构复杂性[2]，分化出多个功能子系统。功能分化时代自16世纪末开始，到20世纪初逐步成熟。全社会逐渐分化成不同的功能子系统，包括经济、政治、法律、宗教、科学等等。所有功能系统依照代码自我再制，自我观察，保持规范性封闭与认知性开放。

法律与社会的关系并未形成对立或隶属的绝对关系。卢曼就此关注，法律该如何从容应对社会的变化，又不至于丧失其独特性。[3] 法律解决社会、时间问题的重要意义体现在对社会的高度敏感与及时回应。法律与社会的关系在结构与功能两方面发生重要联系。在卢曼看来，从结构而言，法律系统独立于其他社会子系统，但又是社会系统的一部分。法律并不是完全归属于社会，也不是与社会截然对立，而是与社会形成既联系又独立的多重复杂关系。从功能而言，法律系统是全社会的镜像，亦是全社会的免疫系统。卢曼捕捉到法律与社会的复杂关系，法律系统是社会系统的功能子系统，却不是社

---

[1] ［德］尼可拉斯·鲁曼：《社会中的法》，318页。

[2] Niklas Luhmann, *Theory of Society* (Volume 1), p. 77. 结构复杂性的概念源自此处，系统自我演变出诸多结构，包括意义、自我指涉、自创生等等，用以应对复杂世界。

[3] 传统关于"法律是否独立于社会发展"的主流研究成果大致分为两派，"法律自主论"一派认为法律能够独立于社会运行，比较法学家艾伦·沃森坚持认为，法律具有自主性，独立于社会运作。另一派"法律镜像论"认为，法律变化始终反映着社会的变化，美国法律史学者劳伦斯·弗里德曼就认为作为环境的社会一再型塑着法律。See Alan Watson, *The Evolution of Law*, Johns Hopkins University Press, 1989. 又见奈尔肯、菲斯特编：《法律移植与法律文化》，高鸿钧等译，9页，北京，清华大学出版社，2006。［美］奥斯汀·萨拉特编：《布莱克维尔法律与社会指南》，高鸿钧等译，22页，北京，北京大学出版社，2011。

会之镜。法律系统依靠法/不法的代码闭合运作,但是法律系统同时保持认知开放,接受激扰,同时与其他功能子系统发生结构耦合。法律系统是全社会系统的镜像,法律更加能反映社会隐患并加以解决。① 法律又是社会的免疫系统,通过处理社会冲突而自我学习,从而发挥更大的作用。②

(二) 结构耦合回应现代人的交往困境

借由功能分化,我们能够审视到功能系统依赖固有时间保持独立运作,化约复杂性。与此同时,功能子系统通过结构耦合等方式,确保了各自之间的联系,这些联系亦建立于时间分化的基础之上。结构耦合涉及两个功能子系统。它们具有完全相同的部分结构,这些同质结构完全一致,同步变化发展。一个系统通过结构耦合可以对另一个系统产生高强度的激扰,这也是一种共振现象。比如说,宪法是法律系统与政治系统的结构耦合;所有权与契约是法律系统与经济系统的结构耦合。结构耦合避免打破功能子系统的封闭独立性,维持系统的边界,却同时使得诸系统在保持分离的基础上建立联系。

一方面,结构耦合限制共振与集中危机。结构耦合的基础是社会时间与系统时间的差异,维持了时间的统一性与差异性。首先,诸系统在共同的社会时间中保持运作,彼此协同发展,这保证了它们的时间基础是一致的。其次,功能子系统对于时间的处理却是各不相同。政治系统、法律系统、经济系统都可以按照自身固有时间,或是快速,或是缓慢地将时间过程化。③ 时间得以快慢有别地推进。法律系统的固有时间一向是比政治系统、经济系统缓慢,比科学系统更加快。所以,一般情况下普遍的司法裁决比政治、行政、经济决策更为迟缓。由此可见,功能系统的结构耦合将共振现象限制在两个功能子系统之间,全社会的共振联动被消融于功能子系统当中。诸系统

---

① [德] 尼可拉斯·鲁曼:《社会中的法》,627~628 页。
② 同上注,182 页。
③ 同上注,491 页。

自身始终维持独立运作,保持内部不同的时间速率,由此避免了政治乃至行政权力高度集中权力,完全主宰社会发展与个人自由。

另一方面,结构耦合为解决偶联性问题奠定了系统论基础。现代社会功能分化回应了全球发展危机,但是系统论也将人排除出系统。人类凭借系统生活,但是人类不在系统之内,而是在社会系统之外的环境。结构耦合实现了人与社会的联系,在确保系统与人分离的前提之下,又不完全抹去人类的地位。在卢曼的系统论看来,社会系统外的人本身面临偶联性困境,彼此不能互相沟通,唯有借助作为第三方制度的社会系统,人才可以实现沟通。比如说,法律系统与心理系统之间亦有结构耦合,那就是主观权利。换言之,结构耦合没有从根本上消除双重偶联性,因为偶联性无法通过任何方式消除。但是,结构耦合提供了人与人之间沟通的可能性结构,是功能系统实现弥合人类与世界之间鸿沟的桥梁。

(三) 法律发挥面向社会与时间的平衡功能

从法律的功能角度而言,我们能更为清晰的认识法律系统在处理社会困境、时间问题的独特之处。法律在社会抽象层面与具体层面发挥着双重作用。在抽象社会层面上,法律主要化解了大规模的社会分歧。在具体层面上,法律达成稳定规范性期待的功能。[①]

针对具体层面,卢曼认为法律的功能是稳定规范性期待。法律的功能是历代法学家关注的重大命题,重要著作不绝如缕。对于法学家来说,法律的功能意味着法律存在的意义与重要性,例如美国法律现实主义法学家罗科斯·庞德(Roscoe Pound)就曾指明,社会控制由国家职能履行,并通过法律实现。换言之,法律功能就在于社会控制。[②] 社会学者则从整个宏观社会角度出发,审视法律在社会结构中扮演的作用,涂尔干、韦伯和帕森斯等人的社会理论研究极为重视社会整合。有部分学者就强调法律的整合功能,比如哈贝马斯寄期望

---

① [德]尼可拉斯·鲁曼:《社会中的法》,158页。
② 参见[美]罗科斯·庞德:《通过法律的社会控制》,沈宗灵译,北京,商务印书馆,2008。

于经过商谈理论改造的法律实现社会整合。①卢曼的法理论与前述学者大相径庭,他视法律系统的功能为稳定规范性期待。②在他看来,功效与功能并非一回事。社会整合、社会控制,乃至刑法学说的打击和预防犯罪,均为法律系统的成效,而非其自身的功能。

针对抽象层面,法律解决了一个社会分歧问题。建基于偶联性的社会交往可能会达成共识或形成分歧。倘若一个社会大多是认知性期望的人,那么社会可能就不会面临诸多矛盾,因为绝大多数人都会接受现状并做出自我调整。但是,社会不能无视秉持规范性期望的个体。从社会角度而言,大量持有规范性期望的人存在,就会影响整个社会的稳定,整个国家也面临统治风险,社会动荡不稳定。因而,社会需要处理社会交往中产生的大量分歧。

法律所发挥的抽象与具体功能,实际上都是牵涉时间问题。从最根本的微观运作层面而言,社会分歧产生于人与人的冲突和不理解,人的交往分歧又植根于不充分的沟通。因此,法律解决了一个时间问题。③

法律发挥着在时间与社会之间的平衡功能。在一个人口膨胀、社会交往日益频繁的社会,社会每时每刻都制造着大量的共识或分歧,为了调和社会中的紧张关系,法律就此出场。法律规范由于无法预知未来,唯有预先对社会行为或时间做出判断,违反法律之期望的人事先会被分配到不利地位。但是人们针对未来变化的理解却可能不一致。在社会层面,法律可能会引发社会中的共识或是歧见。但是,法律在面对社会与时间层面的紧张关系,又能够维持二者的平

---

① 参见[德]哈贝马斯:《在事实与规范之间:关于法律和民主法治国的商谈理论》,董世骏译,北京,生活·读书·新知三联书店,2014。

② 面临不符合预期的结果,人们会有两种选择:一是选择和调整自己的行为和预期,这被称为认知性期望;二是坚守原来的态度和行为,拒斥改变,甚至对社会产生失落感,这就是规范性期望。参见[德]Geore Kneer & Armin Nassehi:《卢曼社会系统理论导引》,鲁贵显译,台北,巨流图书公司,2000。又见泮伟江:《双重偶联性问题与法律系统的生成——卢曼法社会学的问题结构及其启示》,557页。

③ [德]尼可拉斯·鲁曼:《社会中的法》,152页。

衡。它通过在事情面向上调整事物的意义、法规范的内涵,进而维持时间拘束及其产生共识/歧见的能力。在此,法律发挥着一种平衡功能。① 从司法系统角度而言,法院决定是指向充满未知的未来。为争端提供一套解决方案只能围绕当事人和过去,并不能明白的指向未来的情况,提供出路。因而法院决定是充实法律规则,将整个社会与未来系于一身。②

现代社会来临之际,未来变得更不确定。社会变动往往十分剧烈,比如科学系统范式革命、医学技术革新、经济系统的模式蓦然转向等等情况。人们对规范性期待的渴望始终存在,他们始终寄期望于政治系统和法律系统,希望它们能满足他们的规范性期待。这时候,唯有法律系统可能担负得起此番重任。③

四、法律系统时间化

现代社会的复杂性与偶联性问题既被解决,又被转移。纵使如此,法律系统又如何实现将决定与转移的处理方式呢?与此同时,当问题被转移至未来,但是未来又不可期,法律系统该如何处理这样的矛盾呢?唯有法律系统全盘时间化,才能在一定程度上化解这种矛盾。为此,法律系统发展出现代时间效力理论,并促生了时间化的程序与遗忘手段。

(一) 司法中心的法律系统

卢曼所构想的法律系统,处于运转中心的是拥有审判权的法院组织,立法属于边缘地带,也是法律系统与政治系统耦合的方式。这种司法中心的构想偏向英美法的司法与立法的关系。从时间角度而言,这种法律系统与政治系统,司法与立法之间的关系能够得到很好的说明。当代政治与法律在面对社会与时间问题时,法律系统展现了比政治系统更高的稳定性与可期待性。

---

① [德]尼可拉斯·鲁曼:《社会中的法》,157页。
② 同上注,361~362页。
③ 同上注,614页。

法律系统能够更好化解沉重的时间压力,化约复杂性和稳定规范性期待。在面对不可期许的未来时,法律与政治采纳不同的策略与态度。政治系统面临沉重的时间压力,尤其在威权社会,人们将一切都诉诸政治系统。政治系统的压力源自广泛社会议题,社会所有事件与困难都可能转换为政治议题,人们也长期寄期望于政治能解决自身的困境。① 社会复杂性长期集中于政治与行政,政治系统唯有通过加速或拖延解决。这种措施最终依然侧重个案解决,却无法稳定社会大规模的规范期待。相较于此,法律同样面临诸多社会争议,但是法院所能涉及的范围并没有政治系统那么广泛。但是,在当下社会,诉讼爆炸亦成为不可避免的大趋势。对此,法院不能加速或拖延,反而受到程序等诸多因素限制。自近代以来,法院面临一个局面——"禁止拒绝审判"②,以至于法律系统只能依照本身固有时间解决。由此,相比于政治系统,法律更能成为好的稳定期待机制。法律抚慰人心,创造规则而对未来描摹一幅景象,人们不再惶惶不可终日。

法院能够做出化约复杂性的决定,经由时间塑造的司法裁判能够在当下重塑过去与未来。从前述理论出发,系统只在特定当下存在,过去不可变,未来不可期。决定能够改变什么呢?实际上,法院的审判裁决唯有从过去/未来的时间视域中审视,经由时间化的塑造才能够真正出现。司法决定被建构为"未来当下的过去",它能够重新解释乃至改造了过去,进而实现对未来潜在可能性的变更。③ 法院的司法决定发挥的是一种面向未来的功能,与此相对,立法发挥的功能是平衡和协调全社会断裂的时间。功能分化的社会形成了各功能子系统的时间,以至于彼此之间难以沟通。立法机关获得社会各领域的反馈,经由立法整个过程确保共同交流,进而平衡各系统时间。立法的协调时间功能,与司法决定面向未来的功能形成差异,前者侧

---

① [德]尼可拉斯·鲁曼:《社会中的法》,469~470页。
② 同上注,353页。
③ 同上注,347~348页。

重时间在社会领域的统一问题,后者侧重时间面对过去与未来的问题。①

(二)司法时间化应对复杂性

国内外司法实践都表明,法庭所要处理的事实激增,引起司法系统对事实的恐惧,乃至对于事实的简化,成为一种普遍而不可逆转的趋势。② 面对司法复杂性的膨胀,法院化约复杂性方式有两种,第一种是通过程序化约系统外部复杂性,第二种是通过遗忘化约内部复杂性。

一方面,程序通过将过去发生的事实建构为法律事实化约复杂性。卢曼指出一项极具关键性的现象:法院的司法裁判实际上是在当下案件中重构过去。早已发生的事情已经过去而无法重现,司法过程中所利用的事实从来都不是原初的样貌。因此,司法实际上将过去的事实建构成法律事实。此类将过去事实建构成法律事实的做法具有重大意义,通过事实的转换,法院排除了诸多不可控因素,缩减了不可辨识、裁断的可能性,化约可能遭遇的世界复杂性。诸如"反越战""Me Too"一类的社会运动,报道社会事件的新闻都可能对法律系统产生时间压力,但是法院可以通过程序只保留与案件相关的事实进入法律系统。建构法律事实的方式由塑造时间自主性的程序完成。法律的自主性建立于时间之上,程序制造了法律系统固有的时间自主性。当案件经由起诉而导入,通过判决而宣告终止时,程序被组织起来。程序由此承担起协调系统固有时间和环境时间的作用。

程序的另一种重大意义在于维持不明确性,暂时稳定规范性期待。由前述可知,未来无法恒定,当事人无法预测案件走向与结果,法律系统借由程序建立明确性条件,暂时对无法决定之事做出规制。

---

① [德]尼可拉斯·鲁曼:《社会中的法》,472页。
② [美]克利福德·格尔茨:《地方知识——阐释人类学论文集》,杨德睿译,197~200页,北京,商务印书馆,2014。

复杂性问题拆解为诸多个别衔接的琐碎事件，问题被导入程序轨道。①

另一方面，司法裁判通过遗忘功能实现内部的复杂性化约。当司法做出的裁判案件越来越多，法律条文与解释纷繁复杂之际，法律系统内部依然面临不可控制的复杂性。司法决定不可能完全顾及所有已裁判过的所有案件，因而遗忘功能具有提升司法决定适应能力的重大意义。司法裁判通过遗忘功能，将不再能赋予期望、具体适用的法律置于一旁。执行遗忘功能，还得建立在个案裁判与特定程序之上。虽然文字的产生使得遗忘不再能随心所欲，但实际上伴随着司法论证的发展，面临具体案件的法官可以经由充分论证的方式选择性忆及某些条文或是遗忘某些案例。② 法律的遗忘功能体现在法律论证过程中的冗余性，即法律的语言、程序等内容具有抽象性、公式性和可反复性等特征。基于冗余性，司法论证可以对不重要的信息不予考虑，避免信息负担过重。法官亦可以集中精力处理关键问题。这种遗忘方式就此缩减或者说是忽略了部分不重要的可能性，从而化约复杂性。③

（三）时间化的法效力及其局限

卢曼在回应法理论中的法律正当性问题时，采取的是时间化方式。时间成为法律效力的基础，也成为法律正当性的来源。

从法律内部来看，法律正当性从来不依靠外在，而是建立于内部动态变化的原则之上。古典效力理论认为，法律效力来自上一位阶的内容，比如上帝、主权、次级规则等等。自然法学派会将法律效力归于道德、自然法等，分析法学派会将法律的权威来源追向主权者命令、承认规则或是基础规范。卢曼对法理学的回答几乎全然否定。在他看来，法律创制了法律，法律的效力基础来自时间。④ 法律的效

---

① ［德］尼可拉斯·鲁曼：《社会中的法》，230～231页。
② 同上注，70～71页。
③ 同上注，393页。
④ 同上注，119页。

力和正当性应该指向动态变化的诸多原则。法律论证需要援引理由,从规则指向原则,然而不同原则常常为彼此对立的决定赋予理论基础。① 这些原则在时间中变动,互为最终规范,只不过在特定案件中经由表述显示为静止的规范,而被确定合法有效并被遵循。这其中的奥妙在于:原则通过其静止性描述掩盖了运作的时间性,这本质上是一种原则信仰的时间错置性。换言之,法律系统的原则在日常实践中反复凝练、确认,乃至变化,但是这种变化在个案裁判中并不会显现,被法官表述的原则维持其统一性和不变性,制造了统一的样态。由此,时间引发的变化被法律系统藏在论证和表述的过程之中。

从法律外部来看,时间对于法效力的塑造是深层而持久的。法效力的变动取决于时间的推移变化,进而促使法律获得效力或是失效。法律效力从时间上看,是一段延续的过程,而非点状形式存在。时间因素的显现,也解释了法律效力在时间上受到限制,不可能无限持续,同时也意味着可撤销。基于时间产生的法效力从而确保法律能够被实施,保障制裁的正当性。法效力的动态性引发的问题是,法效力处于变动之中,人们的规范性期待无法获得完全稳定,法律也无法实现其功能。不过卢曼认为,社会中唯有极少数人能够看清掩藏至深的时间问题,并对理论基础和正当性问题产生疑惑,但他们在行动上却依然受到法律系统的拘束。这样的情况才属于法律系统面临的固有风险,在整个社会来看,并不会引起过大的社会危机。在法律效力角度上,法律效力处于动态之中这件事已为人所知,但是这预设了一个理论基础是:法律态势会随时发生变更。但是在事实层面,这种变更态势并无太多诱因。

法律无法直接禁止人们对于时间风险的认识,否则法律系统会面临过大的异见者产生的压力,暴力革命可能就会随之产生。但是,革命历史反而会警醒众人:法律实证化和政治民主化并非最妥善的

---

① [德]尼可拉斯·鲁曼:《社会中的法》,388 页。

解决措施,但是却能避免成本过高的暴力革命道路。① 换言之,虽然时间理论并未解决,甚至只不过是掩盖了面向未来的时间风险,但是它至少是目前最妥适、最不坏的理论方案。

余论

卢曼对于复杂性、偶联性、时间和法律系统之间关系的探讨,给予我们对社会整合、法律理论以全新认知。对相关问题的探讨也给予诸多启发与反思:

第一,卢曼的时间观具有反传统形而上学的特征,揭示了时间的社会建构意义与内在风险。卢曼承认时间的文化建构、当下和动态性。由此,我们可知,现代社会诸事物的动态性时常被掩盖了。从时间角度而言,传统的自然法学派、实证法学派等研究也具有诸多局限性,唯有重视法律系统所具有的固有时间风险,认真对待效力的动态性等时间问题,人们才可以对法理论乃至法律发展给予新的出路。

第二,法律系统既不能将现实问题全转移至未来,也不能在当下尝试解决全部的问题。法律系统是调和人、社会和世界关系的媒介,它需要在亟待处理的社会与时间问题之间求得平衡。现代社会的复杂性与偶联性问题仍需时间化的法律系统来处理。社会无法面对大规模的意见分歧和冲突,法律需要维持社会面向的困境。法律通过司法裁判处理一部分问题,但是当下过量的问题就需留待未来解决,法律系统发展出程序等方式将问题转移到未来。然而,将问题拖至未来也非万全之策,未来本身就不可期待,法律需要在社会与时间面向之间寻求一种平衡。一旦尝试将大部分问题交由未来处理,法律系统运作决定效率低下,久拖不裁的案件本身就引发人们的焦虑;反之,一旦为了避免过多案件积压,尝试在当下解决所有案件,那么法院终究会不堪重负。

第三,卢曼似乎过于强调程序的价值和意义,甚至忽视了复杂冗

---

① [德]尼可拉斯·鲁曼:《社会中的法》,619页。

长程序的负面效应。英国法学家科特雷尔曾认为卢曼将法律的正当性问题消解了,但实际上卢曼将法律系统正当性建立于时间化的程序之上。① 法律系统的程序能够稳定规范性期待,甚至能够为法律系统提供正当性。但是,程序具有其负面效应。将问题转移到未来并未解决问题本身,而且通过时间拖长解决问题的周期,本身就会增大社会成本,降低当事人的规范性期待,以至于出现卡夫卡所描述的将普通人拒之门外的"法律之门"。

---

① 科特雷尔:《社会理论中的法律和法律研究中的社会理论》,载[美]奥斯汀·萨拉特编:《布莱克维尔法律与社会指南》,23 页。又见[德]尼古拉斯·鲁曼:《社会中的法》,615 页。

法律与政治关系的再认识
——基于法律实证主义和系统论法学的考察

韩成芳*

政治统治在各个时代普遍存在,而法律自产生以来,也普遍存在于各个社会。政治与法律的关系是社会发展过程中不断被讨论的话题。从理论层面来考察,法律与政治的关系一直是法理学的主要关注点,不同学派对法律的理解不同,导致了对法律与政治关系的不同思考,而且很难取得较为一致的结论。针对这一问题,瑞典学者马罗·赞姆伯尼(Mauro Zamboni)对当代法学流派的观点进行了梳理和总结,提出了法律与政治关系的三种模式:自主型、嵌入型与交叉型。[①] 胡水君也对法律与政治的关系做了一般性的概括,即三种可能性的关系:法律屈从于政治;政治屈从于法律;法律与政治相互制约。[②] 本文将聚焦于以哈特(H. L. A. Hart)为代表的法律实证主义和以尼古拉斯·卢曼(Niklas Luhmann)为代表的系统论法学,对于法律与政治的关系问题展开讨论。

---

* 韩成芳,中国地质大学公共管理学院讲师。本文受到高鸿钧老师和鲁楠老师的指导和启发,在此表示感谢。

① See Mauro Zamboni, *Law and Politics: A Dilemma of Contemporary Legal Theory*, Springer-Verlag Berlin Heidelberg, 2008.

② 胡水君:《法律的政治分析》,49页,北京,中国社会科学出版社,2015。

一、法律与政治的分化

（一）法律实证主义的政法观：从命令说到规则说

实践中法律与政治的关系非常密切，以至于法律与政治经常被当成同一个事物来对待。但是哈特与卢曼均认为法律应当与政治进行分化，法律应当保持独立自治，这与实践经验产生了一定距离。两位学者的分析受到各自理论体系的影响，展现了不同的论证进路。

哈特的法律实证主义观点受到了英国法哲学家边沁（Jeremy Bentham）和法理学家奥斯丁（John Austin）的深刻影响，其核心观点在于，法律是一个由初级规则和次级规则组成的规则体系，法律与政治应该分开看待。相对于政治，法律自主运作，法律与政治是两个不同的概念。近代晚期，边沁认为法律语言具有中性，第一次提出了法律的价值无涉理论。19世纪初，奥斯丁在《法理学的范围》一书中，以法律命令说建构起了传统实证主义法律体系。法律命令说认为，法律是主权者发布的以制裁为后盾的命令。法理学的对象是实定法，由政治优势者对政治劣势者制定，前者对于后者具有统治权力。[①] 为了严格定义法律的含义，奥斯丁将广义的法划分为四类：第一类是神法或者上帝法，即上帝为人类制定的法律；第二类是实际存在的由人制定的法，这一类规则是法理学的真正研究对象；第三类是实际存在的社会道德规则或社会伦理规则；第四类是比喻意义的法。[②] 奥斯丁指出准确意义上的法是一种命令，实在法区别于其他法的地方在于它是主权者的命令，命令的核心特征是命令一方在自己的要求没有被服从的情形下，有能力对另外一方施加不利的后果或者痛苦。[③] 在奥斯丁看来，法律与政治是一体的，两者之间没有本质区别。奥斯丁的命令论中，臣民服从主权者的内涵是主权者不受到法律的限制，[④]

---

① ［英］约翰·奥斯丁：《法理学的范围》，刘星译，13页，北京，中国法制出版社，2002。
② 同上注，2~3页。
③ 同上注，18页。
④ 同上注，277页。

而且服从是一种习惯性的状态,并不是偶然的情形,再者独立政治社会的成员需要达到一定的数量,而且最低限度的可能人数无法精准确定。① 换言之,奥斯丁用"命令"和"习惯"两个简单的要件,对法律的概念做了最为清晰而彻底的分析。② 哈特批判地继承了奥斯丁的实证主义法学,但是这种批判并不意味着对奥斯丁理论的彻底颠覆,更多的是完善及超越,目的是在新的时代背景下更好地捍卫实证主义法学的基本立场。

哈特对奥斯丁命令说的批判主要从以下几个方面展开:第一,从日常语言的用法出发,哈特区分了使用祈使语气的三种常见社会情形,即请求、恳求和警告,并且认为号令通常并非使用于单纯以暴力威迫服从的情况,它主要诉诸的是对权威的尊敬而非恐惧,哈特认为奥斯丁错误地将抢匪所发的命令称为号令。③ 为此,哈特在抢匪情境上添加了三个必要的特征,即普遍性、持续性和普遍服从的习惯。此时的法律包含某些人或团体所发布的以威胁为后盾的命令,这些命令大致上受到服从,而且被规范的群体大致上相信:当违反这些命令时,制裁将会被执行。简言之,此时的法律是指主权者所发出的以威胁为后盾的一般命令。④ 第二,法律的内容具有多样性,科予义务或以威胁为后盾最多与刑法和侵权法有联系,但这些并不是法律的全部面相,法律还包括授予私人法律权力或授予公共权力的内容。哈特指出,尽管法理学追求统一,但是无法用统一的定义去涵括不同类型的法律。⑤ 第三,在法律的适用范围上,奥斯丁认为发布命令的主权者并不受到法律的制约,但是哈特指出,法律的适用范围始终是法律诠释的问题,立法需要有自我拘束性。立法为法律明示或暗示之范围内的所有人创设了义务,而负有义务的这些人包括那些参与立

---

① [英]约翰·奥斯丁:《法理学的范围》,236 页。
② [英]哈特:《法律的概念》,许家馨等译,17 页,北京,法律出版社,2011。
③ 同上注,19 页。
④ 同上注,20~24 页。
⑤ 同上注,27~31 页。

法程序的人。① 第四,关于法律的起源模式,哈特指出法律有两个起源模式,第一个是像胁迫命令一样的成文法,第二个起源模式是特定法体系确认的某个类别的习惯。② 第五,关于服从的习惯和法律的连续性,奥斯丁提出了习惯性服从的概念,即主权者发布的命令会得到臣民的习惯性服从。针对这一问题,哈特提出了两点质疑,其一在于臣民服从习惯的形成需要时间,其二是主权者不可能永久统治,那么法律的连续性效力如何保证,这里涉及了立法权威的连续性和法律的持续性。③ 在哈特看来,规则与习惯的区分非常重要。尽管两者所涉及的行为都必须是一般的,但是重要的区别在于,社会习惯仅仅有外在面相,即观察者所能够记录的规律统一的行为。规则除了具有外在面相,还有内在面相,这主要体现为在规则存在之处,偏离被视为将导致过失或错误的批判,并且有偏离之虞的行为也会遭遇要求遵从的压力。另外,除了实际上有这样的批判,对标准的偏离普遍地被认为是受到批判的好理由。④ 综合以上观点,哈特认为奥斯丁的主权者命令理论是一个失败的记录。这个理论失败的根本原因在于其建构的命令、服从、习惯和威胁等观念,不包括或不能组合起来产生"规则"的概念,而如果没有"规则"这个概念,将很难说明法律的最基本形态。⑤ 紧接着,哈特指出要想理解法律的复杂性,需要区分两类相关但是类型不同的规则。第一种规则是初级的或者基本的,不论人们是否愿意,都被要求去做或不做某些行为,这类规则科以义务,规范的对象是人们具体的行为或变动。第二种规则寄生于第一类规则上,它们规定了人类通过做或说某些事,从而引入新的、取消或修改旧的初级类型规则,或者以各种各样的方式确定它们的作用范围或控制它们的运作。另外,这种类型规则的运作方式不只是导致了

---

① [英]哈特:《法律的概念》,39~40页。
② 同上注,41~42页。
③ 同上注,47~50页。
④ 同上注,51页。
⑤ 同上注,72~74页。

具体行为或变动的规则,也产生了责任或义务的创设或改变的规定。为了更好地理解规则,哈特区分了"被强迫"和"有义务"两个概念,当行为人被迫做某事时,其缺少对行为本身"应当"的主观认识,换言之,是否具有"应当"态度的义务观是区分两者的主要标准,即规则具有内在面相。① 规则的内在观点强调人们接受规则并自愿合作以维持规则,而且愿意从规则的角度来看待他们自己和他人的行为。与此形成对照的是规则的外在观点,那些拒绝规则的人,他们将规则视为惩罚可能发生的征兆。② 换言之,持内部观点的人采取的是与他人共同接受规则的态度,而外部陈述是观察者的态度,这位观察者自己并不接受该规则,而是仅仅说出他人接受该规则的事实。③ 借由这一项区分,哈特认为义务的预测理论仅仅关注了规则的外在面相,而忽略了其内在面相。

  在分析法律的要素时,哈特首先指出仅仅依靠初级规则维持的社会具有最简单的社会结构,即只有因血缘、共同情感和信念而紧密结合,并处于稳定环境的小型社群,而且必须满足两个条件,一方面是对暴力的限制,另一方面大多数人从内在观点看待规则。④ 但是此种社会结构有三个缺陷,第一个缺陷是这种群体生活所依赖的规则并不会形成一个体系,而只会是一批个别独立的标准,没有任何可供鉴别的或共同的标识,即不确定性。第二个缺陷是初级规则的静态性。在这样的社会中,无论是取消旧规则或引进新规则,不存在任何为适应变动的环境而刻意变更规则的方法。第三个缺陷是用以维持规则的社会压力是分散和无效率的,缺少终局的和权威性的决定机制。⑤ 针对这三个缺陷的每一个补救方法都是以属于另外一种类型之规则的次级规则来补充科予义务的初级规则。次级规则是关于初

---

① [英]哈特:《法律的概念》,75~80页。
② 同上注,82页。
③ 同上注,92~93页。
④ 同上注,83~84页。
⑤ 同上注,84~85页。

级规则的,它们规定了初级规则被确定、引进、废止、变动的方式及违规事实被决定性地确认的方式。① 首先,针对初级规则的不确定性,法律体系需要引进"承认规则",这类规则会指出某个或某些特征,如果一个规则具有这个或这些特征,那么群体就会确认该规则为群体的规则并给予社会压力的支持。此时,我们看到了法律体系的萌芽,规则不再是一群个别且没有联系的规则集合,而是由简单的方法统一了起来。② 其次,针对初级规则的静态性特征,需要引入"变更规则"来补救,变更规则授权给某个人或一些人,为整个群体的生活或其中某一阶层的人的生活引进新的初级行为规则,以及废止旧的规则。③ 最后,针对初级规则的无效率,需要补充授予权力做出权威性决定的"裁判规则",除了指定谁是裁判者之外,此种规则也界定了裁判者必须遵循的程序。④ 哈特认为,借助初级规则与次级规则,法律与政治概念之间的模糊之处获得澄清。

哈特的次级规则理论是法律自我描述的一个典型例子,德国法社会学家托依布纳认为,当法律系统的一个或更多的组成部分通过自我描述实现独立时,"部分自治法"的临界阈值就达到了。⑤ 但是,次级规则的机制不等于法律的自我创生,此时的法律并没有彻底地再生产它自己,因为规则的"实质"由外部力量决定,⑥"次级规则"仅仅是构成自我描述形式的众多自我关联循环中的一种。但是,不能否认的是,次级规则已经标志着法律朝部分自治的方向发展,这些规则包括了法律要素的概念化和过程的法律化,以及按照法律范畴对法律外世界的描述。⑦

---

① [英]哈特:《法律的概念》,85~86页。
② 同上注,86页。
③ 同上注,87页。
④ 同上注,87页。
⑤ [德]贡塔·托依布纳:《法律:一个自创生系统》,张骐译,50页,北京,北京大学出版社,2004。
⑥ 同上注,52页。
⑦ 同上注,50~51页。

综上所述,命令说没有区分法律与政治,而规则说将法律与政治区别对待,成功取代了命令说。哈特认为借助初级规则与次级规则的循环,法律形成了机械性的自治体系,其中承认规则在辨别法律时基于社会中人们的基本共识,而非统治者的恣意。但是,由初级规则与次级规则形成的循环仍然比较简单,不足以反映法律体系的复杂性。尽管规则说体现了法律自主性,但是政治与法律的关系并没有得到明确澄清。而且,承认规则使法律基于社会基本共识,但是在高度分化的社会很难达成共识。最后,是否承认共识也取决于法律对社会的观察。卢曼正视了规则说的不足,从法律实证主义的终点展开了自己的论述。

(二) 卢曼法律系统论中的政法观

卢曼系统论法学的基本观点是法律与政治是两个不同的功能子系统,各自根据不同的二值代码运作,政治系统的代码是有权/无权,法律系统的代码是合法/非法,[①]并且两者的功能也是不同的,法律系统的功能是稳定人们的规范性期待,即一种反事实性的期待,政治系统的功能是做出有集体约束力的决定,法律系统在运作上具有封闭性。两个系统获得统一性象征的方法也不一致,法律系统统一性的象征是效力,政治系统统一性的象征是国家。[②] 在具体论述过程中,卢曼首先回顾了西方历史发展进程中法律与政治之间的关系。首先,前现代的社会已经体现了两者之间的关系,典型的体现之一是罗马的市民法,这是一种区别于政治的法律,法律更多的是一种由自身技术组成的独立体系,几乎完全与社会习俗和一般的政治与宗教制度相分离。另外,欧洲中世纪是一个法律多元的时代,卢曼认为法律先于民族国家的"政治"存在,而且法律渗透到了不同的社会领域,并且出现了城市法、封建法、商人法及教会法,这些自治的法律体系并不与王权挂钩,有着自身固有的运行规则,排除了将政治上的秩序想

[①] 鲁楠、陆宇峰:《卢曼社会系统论视野中的法律自治》,《清华法学》,2008(2),63页。
[②] [德]尼可拉斯·鲁曼:《社会中的法》,李君韬译,台湾翻译馆主译,478页,台北,台湾五南图书出版股份有限公司,2009。

象拷贝到法律中的想法。① 其次,在现代民族国家阶段,尤其是15—16世纪的绝对君主制国家时期,法律与政治实现了联姻,两者的这种统一性一直延续到了19世纪法典编纂运动。这主要是由于封建制下权力分散、法律多元的状态不利于民族国家的集中管控,另外政治上也需要国家统一,此时借助自然法造就了法律与政治统一的想象,在主权概念的掩饰下,立法与政治相互衔接,即诺伊曼所说的"政治性的制定法概念"。② 但是18世纪的法国大革命,使得法律与政治的统一性出现了潜在的危机。卢曼敏锐地注意到了"抵抗权",并用这一概念来论证法律与政治之间的关系。卢曼认为抵抗权从反面说明了法律与政治统一的目的,换言之,政治可以为法律运行提供和平状态和确保法律得到执行的强制力。那么,紧接着的问题是,如何解决抵抗权带来的破坏效应。将其转移到经济或者道德上的尝试均以失败收场,最后通过"违宪"这一概念得到了解决。具体而言,违宪使得造成抵抗权的理由转到了法律系统内部的判断,而且法与不法之间的差异被法律与政治之间的那种更高位阶的统一性所承接。③ 但是,卢曼认为违宪审查是一种不稳定的解决方式,因为政治系统与法律系统都需要封闭运作。到了19世纪,法治国图式形成,这一图式有两个面相,一是法律的实证化,二是政治的民主化。法治国图式兼容了法律和政治两个系统的功能,首先法律的实证化避免了诉诸法外因素,保证了法律系统的运作封闭;其次政治的民主化用民主吸收了外部干扰,确保了政治的稳定性。但是从这一图式的两个面相仍然不能得出法律与政治的统一性,因为此时已经不能借助共识般的政治想象,而且法律系统已经不需要依赖政治系统来掩盖和转移悖论,两个系统按照各自的代码和纲要运作。④ 法律改变了其性质,法律不再是

---

① [德]尼可拉斯·鲁曼:《社会中的法》,455页。
② 同上注,456页。
③ 同上注,458页。
④ 同上注,461~462页。

本体论意义上的概念,也不再作为应当的目标追求而存在。① 实证化的法律不是对政治命令的执行,法院的判决也不是对法官政治立场的贯彻。在卢曼看来,普通法中对制定法的理解仍然无法撼动法官的地位,大陆法中对立法者意图的解释其实是法律自身的建构。从政治系统来看,其自身的悖论在民主的程序中展开,因此卢曼认为法治国图式下,法律与政治两个系统在运作上实现了分离。② 两者的分离主要表现为法律系统依赖法官、律师和法学家,而政治系统离不开政党、选举等机制;在政治系统的中心,国家主动做出一般性的政治决定,而在法律系统的中心,法院不告不理,做出针对不同案件的裁决。③

卢曼的系统论法学认为法律系统与政治系统都以自身的固有代码运作,均具有自主性。法律被界定为一个其法律运行形成闭合网络的自治系统。④ 法律系统的自主性主要体现在以下几个方面。第一,法律系统的功能只有一个,即稳定规范性期待。具体而言,需要透过对规范性期望的时间上、事物上与社会上的一般化做出规制,从而实现规范性期望稳定的功能。⑤ 所谓规范性,指的是反事实性的、被稳定下来的关于行为的期待,法律使人们有可能知道哪些期待可以获得社会的支持,并且可以坦然面对失落而不致蒙羞。⑥ 卢曼强调,法律系统功能单一化的好处在于可以带来明确的结果并划定法律系统的清晰界线。⑦ 再者,进入现代社会,人们可以依据不同的规范做出预期,但是这些预期之间的冲突不断,因此法律系统从全社会中分化出来,按照自己固有的二值代码运行,不受来自政治的干扰,承担稳定规范性期待的功能,这时法律系统的功能与成效已经分离,

---

① [德]尼克拉斯·鲁曼:《法社会学》,278 页。
② 同上注,465 页。
③ 高鸿钧等主编:《新编西方法律思想史》(现代、当代部分),344 页。
④ [德]贡塔·托依布纳:《法律:一个自创生系统》,9 页。
⑤ [德]尼可拉斯·鲁曼:《社会中的法》,158 页。
⑥ 同上注,158~159 页。
⑦ 同上注,159 页。

不能因为成效匮乏导致系统功能的失灵。① 第二,法律在运作上封闭,是一个自创生的系统,自我观察、自我调整、自我构成和自我再生产是自创生的重要形式。② 因为只有运作上的封闭才能保证法律系统的自我再制,它建构并且再生产包括它自己在内的茁生的单元。同时,运作上的封闭也保证了对复杂性的化约,在排除不会纳入考量的可能性时,也不会中断自我再制的过程。③ 卢曼在此引用了伯尔曼的相关论述,11—12世纪,世俗国王与教会在斗争中任何一方都没有办法胜出,因而法律作为协调两者关系的手段得到了自主的发展,法律具有专业化和职业化的特点。而且,伯尔曼指出西方法律传统是一个连贯的整体,一个统一的系统。④ 第三,法律系统的结构是代码和纲要。代码揭示了法律效力的来源是其自身,即法律是法律的套套逻辑,另外借助代码和纲要的区分,人们的关注焦点集中到了纲要的展开上。⑤ 借助纲要提供的条件化,二值代码获得展开,悖论被掩盖了起来。卢曼指出,合法/非法的二值代码尽管在逻辑上具有优先性,但是在历史上却是晚近的成就,而且也是高度或然性的演化结果。法律系统的出现不是逻辑上的公理演绎的结果,而是系统的自我再制在极其例外的情况下呈现出的可能性。⑥ 另外,代码不具有单纯凭借自身而生存的能力,因为当一项运作被带到代码中,二值中的哪一个值应当被分派的问题就出现了。此时唯有借助一项进一步的区分,才能维持自我再制。⑦ 二值代码的补充物就是纲要,法律系统的纲要具体是指分派合法/非法的条件性判断标准,即"若……则"形式的条件性纲要。

---

① 高鸿钧等主编:《新编西方法律思想史》(现代、当代部分),326页。
② [德]贡塔·托依布纳:《法律:一个自创生系统》,16页。
③ [德]尼可拉斯·鲁曼:《社会中的法》,82~83页。
④ [美]哈罗德·J.伯尔曼:《法律与革命——西方法律传统的形成》,贺卫方等译,9~10页,北京,中国大百科全书出版社,1993。
⑤ [德]尼可拉斯·鲁曼:《社会中的法》,196页。
⑥ 同上注,197~200页。
⑦ 同上注,216~217页。

为了说明法律系统与政治系统的分化，卢曼还讨论了法学家发挥政治影响的问题。传统上仅仅从法学家本身所具有的素质和能力来进行探讨，但是卢曼指出应当从运作的层面去思考这一问题，法律系统的二值代码始终是合法/非法，政治系统的二值代码是有权/无权，即使法学家在政治系统中发挥作用，也是作为政客发挥影响。他认为华盛顿特区的律师事务所对政治的影响被高估了，律师事务所提供的意见，仅仅是特定政治决定可能会带来的法律风险的提示，政治家的核心考虑还是特定决定所引发的政治后果。因此，卢曼指出，如果法学家无法区分政治问题和法律问题，还坚持政治问题应当被当成法律问题进行处理和解决，那么这类法学家将很难有所施展。①另外，卢曼还指出，一些专业的法律问题完全没有办法用政治方式去解决，比如表见代理和缔约过失，因此，法律系统与政治系统的分化是显而易见的。②

综上所述，系统论中法律系统的纲要是法律实证主义的规则，但是真正决定法律系统边界的是代码。而且，哈特仅仅强调了法律的封闭性与自主性，并没有看到法律系统认知开放的一面。最后，即使承认规则体现了一定的认知开放，在功能分化的大型复杂社会，承认规则所依赖的社会共识几乎不存在，所以应该借由系统和环境的区分，由法律系统自己去判断。

二、法律与政治的互动

尽管哈特的法律规则理论以初级规则和次级规则的结合形成了与政治明显的区分，但是其理论中次级规则的形成体现了法律对于政治尤其是国家权力组织的贡献。③这些次级规则不仅包括那些赋予政府建制以具体权限，甚至还体现为构成这些建制的授权性规范，

---

① ［德］尼可拉斯·鲁曼：《社会中的法》，475 页。
② 同上注，第 476 页。
③ ［德］哈贝马斯：《在事实与规范之间——关于法律和民主法治国的商谈理论》，童世骏译，177 页，北京，生活·读书·新知三联书店，2014。

还有一些是确立程序的组织性规范。次级规则不仅仅是指导行为的规范,而且也服务于对国家权力的组织和引导。次级规则发挥了构成性规则的作用,不仅仅保护公民的私人自主,而且产生了各种国家建制、程序和职能。① 具体而言,在哈特的理论体系中,法律与政治之间的互动集中体现在承认规则上。因为在承认规则下,通常某份官方的证明文书或官方立法文件将足以作为立法行为已经完成的充分证据。哈特进一步指出,在一个简单的社会结构中,立法是唯一的法源,那么承认规则简单地将立法行为规定为法效力唯一的鉴别标示。② 承认规则提供判准以衡量法体系内其他规则之效力,从这个意义来看,承认规则具有终极性及作为诸判准之一的最高性。哈特认为,承认规则的终极性可以从两个方面进行理解:如果用外部陈述来表达,承认规则的存在是事实,而非规范;如果用内部陈述来表达,在鉴别法律的活动中,承认规则表达了其效力。③ 简言之,当我们从"某项立法是有效的",转换到"该法体系的承认规则十分优越,建立在其上的体系是值得支持的"这种陈述时,我们已经从关于法效力的陈述转换到了关于价值的陈述。④ 哈特指出,在任何时候,法官都是法律体系的一部分,而这个体系中规则核心部分的确定性足以为正确的司法裁判提供标准,法院将规则的核心含义作为司法裁决必须加以考虑的东西。⑤ 法官对于他所适用的规则,尤其是承认规则,所应抱持的态度应该是内在的观点,即把这些规则视为正确的司法裁判所应适用的公共的、共同的标准,而不是每个法官仅就其个人而言所应服从的规则。此时,法体系的统一性和连续性取决于法官对法效力共同标准的接受。⑥ 总体而言,法体系的存在至少必须具备两个条

---

① [德]哈贝马斯:《在事实与规范之间——关于法律和民主法治国的商谈理论》,177~178页。
② [英]哈特:《法律的概念》,87页。
③ 同上注,101页。
④ 同上注,97页。
⑤ 同上注,132页。
⑥ 同上注,105页。

件:第一,那些因为符合法体系终极标准而有效的行为规则,必须被普遍的服从;第二,次级规则必须被官员实在的接受,作为衡量官员行为的共同的、公共的标准。一般人民只需要符合第一个条件,对于第二个条件,政府官员在不是私人的情境下需要遵从次级规则。① 综上,初级规则与次级规则的结合为我们提供了理解法律与政治关联的一种方式。

卢曼认为19世纪法治国图式的出现表明法律和政治实现了自主运作,但是这并不意味着两者相互对立。相反,两个系统之间的分离是提升彼此间交互依存的条件。卢曼认为政治与法律在功能上相互支撑,两者交互寄生、共同演化,两个系统在运作封闭的同时保持了认知开放,尤其是通过宪法,两者实现了结构耦合。

第一,政治与法律交互寄生、共同演化。对政治而言,法律对政治施加束缚,同时法律也是政治可以加以利用的工具,法律将政治上做出的有集体约束力的决定赋予形式,以去政治化的方式实现了可变更性。② 而且借助法律,政治决定得以持续有效,一定程度上法律维系了政治统治秩序。对法律而言,借助法治国图式,法律获得了全社会的相关性。具体而言,法律依赖政治强制力执行判决,更为重要的是,政治能够为法律运行提供和平环境。简言之,法律与政治分别借助对方而更好的存在,这反映了两者交互寄生的关系。卢曼认为,这里所体现的不是法律高于政治或者政治高于法律,政治系统依然将法律系统视为环境,对法律系统保持认知上的开放,两者在演化过程中同步进化。③ 在片段式分化阶段,古代国家尚未产生,政治法律没有分化。在层级式社会结构中,每个阶层都有对应的政治与法律,两者实现了功能上的区分,但是结构上依然没有分化。到了功能分化社会,政治与法律演化为两个不同功能子系统,两者密切互动,相互激扰。

---

① [英]哈特:《法律的概念》,105～106页。
② [德]尼可拉斯·鲁曼:《社会中的法》,467页。
③ 同上注,468页。

第二,尽管法律与政治作为两个自创生系统,都不能被对方控制,二者也不能直接参与到对方系统,但是结构耦合可以创造两个系统之间的接触区域。① 所谓结构耦合,指的是"一个系统持续地以它的环境的某些特质为前提,并且在结构上信赖于此",② 它表现为一种结构为两个系统所使用或一种事物在两个系统中出现,但是这种结构或事物对不同系统的意味不同。卢曼从时间的角度出发,展开了法律与政治结构耦合的具体论证。因为时间面对全社会发挥作用,而系统的功能分化意味着系统内部固有时间的形成,因此从全社会的视角出发就能发现时间不协调的问题。政治系统面对沉重的时间压力,并且大众媒体在不断加速政治系统的时间运作,而法院作为法律系统的中心,与政治系统相比,其时间较为缓慢。法律与政治两个系统之间的时间分歧借助立法活动得到了缓和,③ 对政治系统而言,立法活动的启动和终结相对容易,对法律而言,因为立法面向不可知的未来,所以相对不那么容易遭到反对。立法对全社会时间的协调会使人们产生错觉,认为立法高于司法,两者之间存在层级关系,并没有实现系统的自主运作。但是卢曼指出,这一现象实则是结构漂移,立法一旦在政治系统得以通过,便漂移到了法律系统,立法活动对于政治系统而言是政治商讨活动的暂时了结,同时也是法律后续运作的开始,④ 即立法是政治系统与法律系统之间结构耦合的地方,其承担了求取全社会整体时间平衡的重要功能。⑤ 我们认为传统上立法、行政与司法三者之间的关系大致有两种类型;其一是立法占主导地位,行政和司法是对立法的落实;其二是三权分立。但是卢曼结构耦合的观点为我们理解三者之间的关系提供了一个崭新的视角,司法不是对立法的直接适用,司法或者法院是法律系统的中心,现代

---

① [德]贡塔·托依布纳:《法律:一个自创生系统》,12页。
② [德]尼可拉斯·鲁曼:《社会中的法》,491页。
③ 同上注,470页。
④ 同上注,477页。
⑤ 同上注,471页。

法律解释也表明,立法规范的多重含义无法通过立法者意志获得统一,最后还需要法官的解释来确定其含义。[1] 行政隶属于政治系统,行政部门以目标为取向,旨在贯彻有集体约束力的决定。随着西方国家从自由主义治理模式迈向福利国家治理模式,政府任务的内容和行政功能的范围扩大,行政权力超出国家委托出现自我编程现象,[2]行政国现象暴露了行政部门作为政治系统组成部分的自主性,在这种情况下,行政部门执行法律的说法已经失去了说服力,更恰当的解释应该是行政系统的自主封闭运作。卢曼指出,只有当行政系统自主运转出现断裂或者失灵时,才需要法律介入,从而指明什么事情可以依法强制实现。[3] 因此,司法和行政分别属于法律与政治两个不同的功能子系统。最后,关于立法与行政的关系,卢曼认为可以从以下两个方面进行理解:第一,立法上的规定在政治上形成了利益的分配,但是立法面向未来,后续的效果如何还有待调节。因此,行政部门的最佳应对策略是保持政治上的敏感度,而不是一味机械地去落实立法。第二,尽管如此,依法做出决定或采取文牍制的形式对行政机关是一种"保护性的策略"。[4] 国家的统治部门和行政部门,从上到下都是政治系统的一个组织,实现的是政治,而不是法律。[5] 因此,经过卢曼重新解读的立法、行政和司法之间的关系可以概括为:司法属于法律系统,行政属于政治系统,而立法是法律系统与政治系统的结构耦合,即"两个系统内部选择模式的偶发巧合"。[6]

三、结语

自国家产生之后,法律与政治之间形成了十分复杂的联系,在不

---

[1] [德]尼可拉斯·鲁曼:《社会中的法》,283~288页。
[2] [德]哈贝马斯:《在事实与规范之间——关于法律和民主法治国的商谈理论》,486页。
[3] [德]尼可拉斯·鲁曼:《社会中的法》,472页。
[4] 同上注,472页。
[5] 同上注,473页。
[6] 同上注,476页。

同的社会甚至社会的不同阶段，法律与政治之间的关系呈现出了非常多元化的面貌。将法律等同于政治的看法已经远远落后于现代民主法治国家的实践，但是另一方面，脱离政治来谈法律一样无视社会现实中两者之间的密切联系。法律是什么？法律与政治的关系是什么？以上两个问题作为法理学的核心议题，对第一个问题的回答直接影响了我们对第二个问题的看法。古往今来，这些问题始终没有最终的答案，相关论述数不胜数，不同观点之间的争论也从未停止，法律与政治之间的关系之争似乎愈演愈烈。法律实证主义的开创者奥斯丁认为法律是主权者命令，法律与政治融为一体。哈特在批判奥斯丁学说的基础上提出了法律规则理论，认为法律是由初级规则和次级规则组合而成的自主体系，正是在这个意义上法律与政治实现了分离。然而，此种分离并不意味着两者没有任何联系，次级规则中的承认规则体现了法律与政治之间的关联。另外，在论证法律与政治分化方面，卢曼采取了崭新的思考视角，认为法律与政治是两个独立的系统，两者的二值代码和纲要均不相同，互相视对方为环境，系统为了实现自身的功能保持封闭运作，这一点上，系统论法学比哈特的法律实证主义走得更远。但是卢曼并没有忽视实践中法律与政治密切相关的社会现象，借用了"结构耦合"的概念来论证法律与政治之间的交互寄生关系，作为法律系统环境的政治系统，会对法律系统的封闭运作产生激扰，甚至会出现"共振"的现象，系统的认知性开放在两者的互动方面发挥了重要作用。这些理念之间的论争反映了法律与政治之间极为复杂的联系，在一定程度上对我们理解两者的关系具有启发意义，究竟哪种理论更加具有解释力和说服力，或许还有待实践的检验。

法律共同体与语言共同体的互动调试关系
——以德国民法典为焦点

刘璐[*]

一、问题的提出

民族共同体既是法律共同体,也是语言共同体。民族共同体由法律共同体与语言共同体共同发展形成。在近代德国,正是法律共同体与语言共同体推动了德意志民族共同体的形成和繁荣。16世纪,马丁·路德将《圣经》从拉丁语译为德语,德意志语言共同体开始形成。之后,普鲁士崛起,统一民族国家开始在德国的土地上建立,德意志法律共同体开始形成。德意志人用德语制定法律,通过共同的语言书写共同的法律。正是在这样的过程中形成了牢固的德意志民族共同体意识。然而,法律共同体与语言共同体又有着复杂的互动关系,两者既相互竞争、磨合,又彼此丰富、成就。闻名于世的德国《民法典》即是这一互动关系的产物。2020年,中国颁布民法典,有力

---

[*] 刘璐,德国杜伊斯堡埃森大学语言学博士、北京航空航天大学副教授。本文为北京航空航天大学人文社科拔尖人才项目"法律与语言合力构建民族共同体机制研究"(编号KG16005101)的阶段性成果。

巩固了中华民族共同体意识。在这样的重要历史时刻，研究法律共同体与语言共同体的互动调试关系、梳理它们合力形成民族共同体的具体过程，确有必要。

二、语言共同体推动法律共同体形成

在宗教改革以前，德国人并没有统一的德语书写方式。当时的书面语言为拉丁语。16世纪宗教改革时期，马丁·路德将《圣经》从拉丁语译为德语，统一的德语书写开始出现。这标志着德意志语言共同体的诞生。然而，在当时的德意志各邦国，法律依然由拉丁语写就，连诉讼及庭审过程也用拉丁语进行。法律和法律的语言掌握在谙熟拉丁语的贵族和法律专业人士手中。普通民众既无法理解法律，也难以使用法律。语言的割裂阻碍了德意志法律共同体的形成。虽然学界也有零星的声音认为法律应当被民众理解，如科英（Hermann Coring）在1643年发表的《日耳曼法的起源》（De origine iuris Germanici）中写道："到处都有人抱怨我们缺乏德语的法律表达，到处都是拉丁语……普罗大众多想摆脱这些拉丁语。"[1]但这种观点并不影响立法，连这部为德语发声的著作都是用拉丁语写作的。直到启蒙运动到来，法律应该"亲民"[2]的观念开始为立法者所接受。随着普鲁士的崛起，基于语言共同体的法律共同体开始形成。典型代表就是1794年颁布的《普鲁士一般邦法》（后文简称"一般邦法"）。

《普鲁士一般邦法》是启蒙运动之后最具代表性的德国法律。它用德语书写，贴近普罗大众的语言风格，体现了立法者对法律"亲民"的追求。这部法律尽量避免使用专门概念，而是罗列概念蕴含的具

---

[1] Kent D. Lerch, "Gesetz als Gemeingut aller. Der Traum vom verständlichen Gesetz", in Kent D. Lerch, (eds.), *Die Sprache des Rechts*, Berlin, New York: De Gruyter, 2004, S. 225-237.

[2] 本文中"亲民"一词应与我国传统文化中的"亲民"有所区别。中文语境下"亲民"一般指为官者亲近爱抚民众之意。语出《管子·形势解》："道之纯厚，遇之有实，虽不言曰'吾亲民'，而民亲矣。"本文中"亲民"源于德语中 Bürgernähe（"近民"）一词，是德国法学及法律语言学共同使用的概念，指法条接近普通民众的认知，易于普通民众理解。

体内容。同时,采取前押韵、后押韵、重复等口语化的表达方式,目的是方便普罗大众对法律基本规则的理解。立法者使用个案式规范编纂技术,用19000余条的超长篇幅详细列举了法律规范的适用情形,以期解决司法上裁决适用的问题。① 与后来充分概念化、语言书面化的德国《民法典》相比,一般邦法直观易懂,有较强的可理解性与可操作性。它的出现标志着以德意志语言共同体为基础,诞生了德意志法律共同体。

这次立法的主导者是普鲁士国王弗里德里希二世。他深信,用德语书写的法律才符合时代精神,以德语为基础的法律共同体才是真正的德意志法律共同体。这位国王深受启蒙思想影响,具有强烈的民族意识。他对德意志法律完全依附拉丁语的情形十分反感。当他读到孟德斯鸠1748年发表的《论法的精神》时,非常认同其中对法律语言的要求:"法律文体应该简短……语言应该简单……表达应该比绞尽脑汁想出来的文字游戏容易理解。法律的语句应该让所有人产生同样的理解。"② 所以,弗里德里希二世在《立法或废止法律的原因》中,确定了普鲁士立法工作的基本原则是"法律要既简单又准确,从而杜绝一切关于法律解释的争执……法律应该是民众的法律,用他们(自己)的语言书写,用简单又有意义的方式与本土风俗习惯相适应。"③这一立法要求充分体现在了1794年的《普鲁士一般邦法》中。然而,在后来的司法实践中发现,这部为民而立的法律显得不够严密、精炼。它繁丰的表达方式使得文本流于冗弱,列举式的立法技术也决定了该法难以与时俱进,连弗里德里希二世自己都觉得一般邦法篇幅太长,法规太过详尽。④ 一般邦法最终难以适用,不可避免

---

① Paul Kirchhof, § 20 "Deutsche Sprache", in Josef Isensee, Paul Kirchhof, Handbuch des Staatsrechts der Bundesrepublik Deutschland, Bd. II, 2004, Rn. 40.

② Kent D. Lerch, S. 226.

③ Kent D. Lerch, S. 227.

④ Zentrales Staatsarchiv Merseburg, Rep. 84 XVI, 3, Vol. 2, fol. 41., zitiert nach Lerch, Kent D., S. 227.

地走向了失败。

《普鲁士一般邦法》是一次由语言共同体推动构建法律共同体的尝试。立法者追求民众认同法律,强调用民众的语言书写法律,但忽略了法律语言的基本规律和法律共同体的独特性。准确是法律语言的元规则,法律的语言应当精准。而表意越精准,就越需要专门的语言体系,与大众化的语言相区别。后来的社会发展也证明,多数国家的法律语言体系都是区隔于一般语言的,其中最具代表性的就是德国《民法典》。这部法典以严谨、精准著称,大量使用专门术语和法律概念,形成了抽象化和概念化的语言风格。随着潘德克顿法学在德国的建立,大众化的法律语言风格即被扬弃。

三、法律共同体与语言共同体的深度结合与动态调试

在19世纪早期的德国,发生了一场关于民法法典化的著名论战①。随之而来的是潘德克顿法学在德国的建立和充分发展。这时起,德国民法走上了法典化之路,新的法律共同体开始形成。用什么样的语言承载这个新共同体,受到以萨维尼为代表的"罗马法"学派高度重视,成为立法的焦点问题之一。他们认为,一个民族的法律和它的语言一样,都是这个民族特有精神的体现。萨维尼在《论立法与法学的当代使命》中曾将法律与语言类比,他认为"法律已然秉有自身确定的特性,其为一定民族所特有,如同其语言、行为方式和基本的社会组织体制"。②语言既承载法律,又和法律一起体现民族精神,法律语言的重要性不言而喻。

当时的主流观点对大众化的法律语言风格持否定态度,认为一般邦法"从语言形式到内容都是拙劣的"③。萨维尼和"罗马法"学派主张从优士丁尼的《国法大全》等罗马法中寻找素材,用严谨、专业的

---

① 舒国滢:《德国1814年法典编纂论战与历史法学派的形成》,《清华法学》,2015(1)。
② [德]弗里德尼希·卡尔·冯·萨维尼:《论立法与法学的当代使命》,许章润译,7页,北京,中国法制出版社,2001。
③ Kent D. Lerch, S. 228.

语言制定新法典。他们并不在意普罗大众是否理解法律。民法典第一草案编纂委员会成员伯恩哈德·温德沙伊德（Bernhard Windscheid）甚至表达了法律就是为专业人士制定的观点。他写道："法条是为法官，而不是为外行所写。法律的价值只在法官理解法律上才能体现。"①鲁道夫·冯·耶林在《罗马法在其不同发展阶段的精神》中也写道："即便使用较为通俗的语言就可以提高民众对法律的可理解性，这样做也是毫无意义的，因为民众并不需要看懂法律条文。"②至此，德国人放弃了启蒙时代在语言上"为民立法"（volkstümlich）的追求。立法者精心设计了一套新的语言体系，用以承载新的法律共同体。他们为了构建封闭而专门的概念体系，生造了大量德语词汇③；为了追求凝练，用名词化表达代替句子④；为了表述的客观性，明显偏好被动语态⑤；为了逻辑严密，大量使用长句、套句⑥。德国《民法典》的语言体系特色鲜明，逻辑自洽，富有生命力。它的产生丰富了语言

---

① Louis Günter, Recht und Sprache: ein Beitrag zum Thema vom Juristendeutsch, Berlin 1898, 157 Fn. 224, zitiert nach Lerch, Kent D., S. 228.

② Rudolf von Jhering, Der Geist des römischen Rechts auf den verschiedenen Stufen seiner Entwicklung, Leipzig 1882, p. 332, zitiert nach Lerch, Kent D., S. 228.

③ 立法者通过复合造词、日常词汇转义等方式创造了一个专业而封闭的概念体系。德国民法典的基本概念如 Geschäftsfähigkeit（行为能力）、Willenserklärung（意思表示）、Sicherheitsleistung（担保的提供）等都是复合词。日常词汇转义是指延伸或限缩日常词汇的一般意涵来表达特定的法律意涵。如 Früchte（孳息）一词为 Frucht 的复数，日常意涵为水果、果实、大地作物，也引申为成果。而在民法上，Früchte 除了表示上述土地产出物外，还表示动物、土地、产业、金钱等的直接或间接的收获物和收益。

④ 借助名词化（Nominalisierung）表达，以动词为中心的句子可以改写为以名词为中心的短语。多个名词化短语组合进同一个句子，可以充分扩充句子内容，在有限词数内实现表意的最大化。这也是德国民法典常见的句子结构。这种表达方式可以减少词数、缩短句子并节约使用从句，从而达到语言简洁、逻辑严密的效果。

⑤ 在德语中，当行为主体不确定从而无法提及，或为了强调行为本身而避免提及行为主体时，常使用被动语态。法条中使用被动语态是有积极意义的。首先，被动语态仅描述客体和行为本身，不涉及行为主体，所以可以凸显法律条文的客观性和规范性。其次，被动句遵循一致的句型框架，有助于法律条文格式的一致性和稳定性。

⑥ 复合句也是德国民法典中的典型句式。复合句通过各种连接词形成一个环环相扣的体系，可以在一个长句中最大限度的表达意思。这样的套句犹如一个独立王国，众多法律概念各司其职，语句内部逻辑严密，体系森严。

共同体的内涵,是德意志语言共同体的重要组成部分。随着德国《民法典》在世界范围内的传播,它的语言也具有了世界影响力。

然而,法律共同体与语言共同体都是不断发展的,二者之间的关系也在不断地调试。在新的法律共同体蓬勃发展的同时,德意志语言共同体自身的重构也还击了法律共同体,从而改变了法律的表述特质和思维方式。这种重构的代表就是体现德意志民族精神的"语言纯化运动"(Sprachreinigung)。对法律体系的影响表现在《民法典》对"罗马法"法源的吸收和借鉴方式上。

细读德国《民法典》可以发现,这部法典由"罗马法"学派主导制定,其中的拉丁语外来词却不多见。这就要归因于从 19 世纪 70 年代起,德意志人发起的"语言纯化运动"。伴随着现代民族国家的形成,德国人对"民族认同"和"国家认同"的追求也表现在了"语言认同"上。他们成立了以全国德语协会(Allgemeinen Deutschen Sprachverein)为首的多个语言社团,目的是"清除德语中不必要的外来语,以此保持和建立德国精神,维护德国语言,坚定国民的民族意识。"[①]这直接影响了《民法典》的制定。早在 1874 年法典编纂之初,立法者就确立了法律术语务必使用德语的路线。然而,基于"罗马法"精神的法典不可能摒弃拉丁语。于是,立法者通过"借译"(Leihübersetzung)的方式,造出"拉丁语式的德语"。他们意图勾连德语与拉丁语法律概念,从而内化"罗马法"的影响。但这种专为《民法典》创造的"拉丁语式的德语",反而成了"看不懂的德语"。例如,物权法中的重要概念 Nießbrauch(用益物权)就借译于拉丁语 ūsus frūctus。其中,Nieß 是德语动词 genießen(享受)的词根,古义为使用,可对应拉丁语概念中的 ūsus(意为使用)[②]。但 Brauch 也为"使用",就难以对应 ūsus frūctus 中的 frūctus。frūctus 意为成果,Brauch 并无成果之意。因

---

① Jürgen Storost, Der Allgemeine Deutsche Sprachverein, In Richard u. a. Baum (eds.), Lingua et traditio. Geschichte der Sprachwissenschaft und der neueren Philologien. Festschrift für Hans Helmut Christmann zum 65. Geburtstag, Tübingen 1994, S. 827-843.

② "ūsus"是拉丁语动词"ūtor"(使用)的完成时分词。

此，Nießbrauch（用益物权）既无法对应拉丁语源概念，也无法单独理解，实为"德国人看不懂的德语"。在现代德国民法学中，Nießbrauch一般被解释为 Gebrauch der Frucht 或 Fruchtgenuss，字面意思为使用成果或享受成果，实为更明确的表述方式。

德国《民法典》用德语的袋子装了罗马法学的灵魂。拉丁语为里、德语为表的概念仅为制定法律而生造，普遍深奥难懂，失去了语言用于交流的本质功能。形式上的纯化导致了实质上的复杂化，《民法典》成为了德国人都难以理解的法律。对此，日本法学家穗积陈重这样评价："德国语言纯化运动后来搞过了头，成了精通逻辑和擅长理解抽象概念的学者们的文字游戏，词语的更替并不是以人们更加容易理解为依据，而是代之以一种学究化的、美其名曰'德语'的语言来代替，以貌似德语的词汇为其外壳，而以学者的创造癖为其内在，既不为普通人所能懂，又不为外国人所明白。"[①]质言之，法律语言体系既属于语言共同体，又承载法律共同体，它受制于双方，成为双方互相影响、构建彼此的前沿阵地。

四、语言共同体对法律共同体的新挑战

现代以来，社会快速发展，语言共同体不断演变、持续更新。这给形式相对稳定的法律共同体带来了新的挑战。德国《民法典》颁布距今已一百多年。一百多年来，随着社会的民主化、现代化发展，德国也发生了语言的现代化。德语现代化以简化语法为重要特征，呈现出简单、经济与实用的发展趋势。[②] 简化后的语言方便了民众的理解与沟通，是语言大众化的表现。然而，由于法律效力的持续性，承载法律的语言并未随之更新。德国《民法典》用百余年前的德语所

[①] 陈渊：《德国语言民族化运动对德国法学的影响》，《清华法学》，2003(2)。
[②] 德语现代化的表现之一为语法趋于简化，如第三格（宾语）加介词代替第二格（所属格），第四格（宾语）加介词代替第三格（宾语）等等。参见 Bastian Sick, Der Dativ ist dem Genitiv sein tod, Kiepenheuer & Witsch, 2004.

写,很多语言现象陈旧,甚至已被淘汰①,愈加晦涩难懂。复杂的专业语言体系叠加古文式的语言风格,这样的法律必然远离普罗大众。法律语言首先是法律的载体,承担着规范立法任务,这是它的功能属性。在现代民主社会,它还有特殊的社会属性。民主社会的法律应当是"民众"的法律,属于共同体的法律。易懂的法律语言才能增强民众的法律意识,建立民众的法律共同体归属感。

在社会民主化和语言现代化的双重夹击下,"民众应当理解法律"的诉求如启蒙时期一般,再次引起社会和学界的关注。当代德国法学界在宏观上维护"法律应为民众所理解",强调用清晰易懂的语言来表达法律基本原则。因为清楚易懂的法律语言能避免民众对法律的陌生感,从而确保法律效力的普遍性,最大限度保障民众的权利和利益。这也是落实法治国原则的必要条件。著名宪法学者基尔希霍夫(Paul Kirchhof)对法律语言的定位是"具有鲜明专业特征,同时面向所有人""法律是一种针对所有人的,具有强制约束力的规范。因此法律领域的语言不应蜕变为专业语言,而应该是具有鲜明专业特征的语言……法律语言必须是能为所有人理解的,至少可以一窥大概。"②法律语言学者莱尔西(Kent Lerch)也认为对法律语言可理解性的要求是典型的民主法治国家的追求:"法律可以被民众理解是社会政治文化的重要元素。通过语言上可理解的规范来实现法治,从而缓和民众对法律的陌生,可为民主法治国的实现提供可能性。"③这一点尤其要体现在民法上。有别于其他部门法,民法规范每个人日常生活的方方面面,因此海伯勒(Peter Häberle)认为"在民法中亲

---

① 例如现代德语在表述所属关系时,越来越多的使用 aus(源于……)、von(由……所有/所做)等介词加第三格宾语来取代第二格。而在制定民法典的时代,德语书面语中几乎只用第二格表达所属关系。例如,Gutgläubiger Erwerb nicht eingetragener Seeschiffe(未登记海船的善意取得)中 Seeschiffe(海船)即第二格(属格),通过定语 eingetragen(第二分词,意为被登记的)加二格词尾-er 来表现所属关系。

② Paul Kirchhof,§20 'Deutsche Sprache',In Josef Isensee, Paul Kirchhof, Handbuch des Staatsrechts der Bundesrepublik Deutschland,Bd. II,2004,Rn. 29.

③ Kent D. Lerch,S. 232.

民(Bürgernähe)应优先于专业任务"①。

具体到立法细节上,德国法学家们又强调用精准的语言描述复杂的具体规范。首先,法律语言应有必要的抽象程度。如果一部法典能构建一个与外部语言保持适当间隔的语言体系,就有可能避免复杂多变的外部语言过于直接地影响法律语言体系的稳定,进而保障法律规范体系的稳定。其次,如果"精确严谨"和"亲民易懂"确实难以兼顾,那么立法机关应在具体规范上更侧重精确严谨。这是德国基本法第19条法律明确性原则对于立法机关的要求。使用抽象化的、与日常语言体系相区隔的概念体系,可以超脱个体对法律条文的不同看法,确保法律体系的客观性、专业性和稳定性。如基尔希霍夫认为"当国家以法律这一方式来约束所有人,那么就必须确保法律的客观性,在立法中就必须采取特定的语言方式,以确保每个人对法律条文有相同理解"。②伊森泽(Josef Isensee)更是直言"法律遵循其专业性,就像任何自然科学一样。法律术语即便来源于一般语言,也要将其与原义区分,过渡到法律语言形态,建立清晰的概念,保障一致的意义认同"③。

一部民法典既需要"专业""精准",又需要"亲民""易懂",两方面缺一不可,实非易事。德国学界看似矛盾的表述,反映了他们对相对稳定的法律共同体如何应对不断变化的语言共同体的思考。语言共同体与法律共同体如何在竞争中寻求合作,在磨合中共同前行,在动态调试中协力构建民族共同体,是建设法治社会绕不开的问题。

---

① Peter Häberle, Das Verständnis des Rechts als Problem des Verfassungsstaates, In Kent D. Lerch, (eds.), *Die Sprache des Rechts*, Berlin, New York: De Gruyter, 2004, S. 156-166.

② Paul Kirchhof, §20 "Deutsche Sprache", In: Josef Isensee, Paul Kirchhof, *Handbuch des Staatsrechts der Bundesrepublik Deutschland*, Bd. II, 2004, Rn. 39.

③ Josef Isensee, "Staat im Wort - Sprache als Element des Verfassungsstaates", In: Ipsen, Jörn u. a. (eds.), *Verfassungsrecht im Wandel*, Köln: Heymann, 1995, S. 571-590.

五、法律与语言合力构建民族共同体

通过上述梳理可以看到,在德国法律共同体与语言共同体互动调试关系的清晰脉络。现代德意志民族共同体的形成以语言共同体的产生为开端。统一民族国家的建立促成了领土和政治层面的共同体。在民族共同体意识的推动下,基于共同语言的法律共同体开始形成。法律体系的进一步发展促生了法律语言子系统,丰富了语言共同体。一般语言体系的动态发展又给法律共同体带来新的挑战。在这个彼此成就、互相磨合的过程中,法律共同体与语言共同体既竞争又合作,合力构建了德意志民族共同体。

2020年,中国颁布民法典,有力地巩固着我国的中华民族共同体意识。新的民法典处处可见德国民法概念体系的影子,在语言风格上却呈现出不同的面貌。我国新法典承继和发扬了我国民法语言的"亲民"传统,展现出简洁、凝练、易懂的风格。它语句简明,避免使用复杂表述;它行文凝练,避免使用冗长句式;它贴近群众,多处使用通俗语言。两相对比可以看出,法律语言的最终形态是一个各方面要素相互影响、协同共进的发展过程,在不同的国家、不同的外部系统下有着不同的准则。认识和把握这一点,才能更为深刻地认识德国民法典语言的精准、晦涩,并重新思考中国民法典语言的简单、易懂。

法律语言风格的变迁,体现的是外部系统对法律系统的冲击。在德国,从启蒙时期到语言纯化运动,再到现代民主社会的发展,每一次外部系统的变化都冲击着民法立法语言系统,让法律语言呈现不同的面貌。尤其在现代民主社会,德国《民法典》因其语言晦涩难懂而饱受诟病。这正是外部系统对法律系统的又一波冲击。由于法律体系的稳定性,改变德国《民法典》并非易事,但这种冲击直接影响着后来的德国法律语言。近年来,在环境保护、网络安全等多个新兴法律领域中,德国立法者就在不断探索、努力寻求法律语言在日常语言、专业语言和法律术语之间的平衡。

这种外部系统的冲击也塑造了我国法律语言的面貌。回望我国历史,从1950年颁布的婚姻法所采用的语言风格就清晰可见,在革命的浪潮中,外部系统不仅颠覆了整个法律体系,也对立法语言体系产生了巨大冲击。自那时起,中国民法体系奠定了简单、易懂的语言风格,并持续至今。换言之,中国立法语言之所以通俗易懂,与其说是受到日常语言的影响,不如说是受到政治语言的影响,与其说是社会系统的发达,不如说是政治系统的扩展。在我国,语言共同体难接受、不接受的法律概念,常常难以真正融入法律共同体。民法学概念"除斥期间"(Ausschlussfristen)即为典型例子。这一概念源于德国,经由日本传入我国。尽管普通民众难以理解,多年来,它俨然成为学理和实务都广泛使用的通行概念。即便如此,在民法典制定过程中这一概念依然从草案中删除。其根本原因就在于它从未被语言共同体所接纳。

  不断完善的法律体系是民族共同体的重要构件,承载法律体系的语言共同体也至关重要。共同的语言与法律巩固着民族共同体意识。为此,立法机关应保持对语言共同体的关注与观察,把握法律语言专业化与通俗化之间的关系,让语言与法律合力推进我国的依法治国建设,铸牢中华民族共同体意识。

论生而平等的人权哲学
——评佩里教授的人权道德观

吴园林[*]

> 我们是谁？我们从何处来？我们要往何处去？
> ——保罗·高更：《塔西提岛三联画》

伟大的法国后印象派画家保罗·高更（Paul Gauguin）在 1897 年创作了著名的《塔西提岛三联画》。整幅画作寓意深刻，以著名的哲学三问为主题，即我们是谁？我们从何处来？我们要往何处去？哲学三问固然抽象，但绝不虚无，正是每个生而为人者亟须深思的问题。正如赫舍尔（Heschel）长老曾言，"对意义的渴求就是对终极关系的渴望，在这渴望中所有伪饰终将被弃"。① 在世俗时代，尽管少有人关注哲学三问的个体解答，但个人命运无时无刻不在重复哲学三问的演绎逻辑。作为哲学三问在法律上的一个集中面向，人权表达了我们对个体当下处境的关怀和体认。即便处于不同语境下，对人权

---

[*] 吴园林，外交学院国际法系讲师、中国政治大学制度学研究院客座研究员。本文受第 61 批博士后资助项目"当代中国财政分权体制法治化研究"（项目编号：2017M610953）和政府债务管理相关法律问题研究（世界银行贷款项目"中国经济改革促进与能力建设项目[TCC6]"子项目）资助。

① [美]亚伯拉罕·赫舍尔：《人是谁》，隗仁莲、安希孟译，50 页，贵阳，贵州人民出版社，1994。

的差异性认知也不妨碍我们的生命因人权事业而联通。著名人权学家迈克尔·佩里(Michael J. Perry)教授在《权利的新生——美国宪法中的人权》①中将这种"构成了建立在人权基础上的各种规范的基本要求,同时本身也是为世界上大多数国家所承认的人权的基本内容"称为"人权道德"。② 此刻距离高更画作面世已近百年,佩里教授的人权道德观较为全面地回应了上述哲学三问,是人权研究领域可贵的智识贡献。③

一、何为人权道德?

20世纪在人类历史上并不是一个太平世纪。战争、饥荒、瘟疫、暴行造成的悲剧不胜枚举。据统计,在20世纪的前88年,世界范围内的死亡人口超过了3.6亿人。这种人口死亡小部分是由于天灾,但大部分是出于人祸,尤其是"种族灭绝"类的反人类政策的推行。诚如齐格蒙特·鲍曼(Zygmunt Bauman)所言:现代性内生了大屠杀的机制。④ 两次世界大战的悲剧让整个人类陷入种族灭绝的恐慌与绝望之中。"二战"之后,反思战争的思想根源成为当务之急,而人权思想正是这种反思的直接成果之一。

人权思想的兴起及其制度化,成为这个黯淡20世纪最后的"一缕道德之光"。国际社会的人权共识,集中体现于"二战"之后联合国大

---

① [美]迈克尔·佩里:《权利的新生:美国宪法中的人权》,徐爽、王本存译,北京,商务印书馆,2016。英文版原著为 Michael J. Perry, *Human Rights in the Constitutional Law of the United States*, Cambridge University Press, 2013。

② [美]迈克尔·佩里:《权利的新生:美国宪法中的人权》,1页。

③ 人权道德的另一面乃是对政府权力性质的约束。佩里教授特别强调了人权道德中的政治面向。"之所以强调'政治'道德,意在指出此种道德乃是法律所力图实现、政治始终追求的一种道德信念与责任",见[美]迈克尔·佩里:《权利的新生:美国宪法中的人权》,6页。关于人权道德和政治道德之关系,笔者受益于与译者之一的王本存教授的对谈,特此感谢。

④ 事实上,大屠杀的每一个"因素",即那些使大屠杀成为可能的所有条件,都是正常的。"正常"所指的是完全符合我们所熟悉的文明,它的指导精神、它的精髓、它内在的世界观等,"正常"还指追求人类幸福和完美社会的正确方式。见[英]齐格蒙特·鲍曼:《现代性与大屠杀》,杨渝东等译,11页,南京,译林出版社,2002。

会制定的《联合国宪章》《世界人权宣言》和国际人权公约,其中后者是《公民权利和政治权利国际公约》(B公约)、《经济、社会、文化权利国际公约》(A公约)和《公民权利及政治权利国际公约任择议定书》(B公约议定书)的总称,构成了国际人权领域最重要、最基本的制度依凭。① 在人权国际化的趋势之下,人权体系的存在变得多元,世界上并存在多个区域性的人权体系,如欧洲人权体系、拉美人权体系、阿拉伯人权体系等。然而,这些区域性人权公约的形式差异并不妨碍人权体系的同质化。

在人权时代,现代国家大多建立起承认和保护人权的法律体系。正如路易斯·亨金(Louis Henkin)教授曾在《权利时代》中的断言:人权被供奉于当今世界几乎每一个国家的宪法之中。② 人权体系的扩展伴随着人权话语的兴起。哲学家尤尔根·哈贝马斯(Jürgen Habermas)曾指出,尽管起源于欧洲,……但在亚洲、非洲以及南美,(人权如今)已成为反对者和政府谋杀、内战的受害者表达其反对暴力、压制、迫害以及侵犯人类尊严的唯一语言。③ 然而,在人权体系和话语中,人们并不清楚"人权"究竟指的是什么? 换而言之,当我们说某一项权利属于"人权",是否意味着该项权利在道义上要求人们有责任予以实现,还是仅指在法律效力上反抗压迫的权利?

这一问题的实质在于作为基本权利的人权,其性质是积极权利还是消极权利?④ 权利与义务相对。人权所具有的权利属性在某些方面并不需要与之相应的义务,即某一种具体人权可能仅仅具有宣言意义,并无现实实施之可能。佩里教授同样考虑了法律实证主义的影响。在法律实证主义看来,只有真正在一国法律体系中纳入普

---

① [美]迈克尔·佩里:《权利的新生:美国宪法中的人权》,10 页。
② [美]路易斯·亨金:《权利的时代》,信春鹰等译,17 页,北京,知识出版社,1993。
③ Jürgen Habermas, *Religion and Rationality:Essays on Reason, God and Modernity*, The Collection Polity Press, 2002, pp.153-154.
④ 这种"积极权利"和"消极权利"的区分受到以赛亚·柏林对"积极自由"和"消极自由"论述的启示。见[英]以赛亚·伯林:《两种自由的概念》,陈晓林译,载刘军宁编:《公共论丛(第三辑):市场逻辑与国家观念》,196~229 页,北京,生活·读书新知三联书店,1995。

遍实践的权利,才是"真正的"法律权利。而仅具有宣言意义的道德权利,只能是虚假的不实权利。此类观点充斥于杰里米·边沁(Jeremy Bentham)、阿拉斯代尔·麦金太尔(Alasdair MacIntyre)等学者的著述之中。不过,佩里教授并不赞同。在援引了约翰·菲尼斯(John Finnis)和詹姆斯·格里芬(James Griffin)的观点之后,佩里教授指出,人权话语中的权利不仅是一项法律权利,更是一项道德权利。正如格里芬教授在《论人权》中所言:

> 人权话语有一个突出特点,那就是,它尤其关注和凸显了对人的尊严所负有的义务,而这种尊严是基于人自身的地位而产生的,而非针对某种社会身份或者特定的有才华、有能力的人。人自身的尊严并不是人类唯一或最重要的道德身份,单独把其挑拣出来在很大程度上是基于实用性的考虑。换言之,特别强调维持这种身份是为了使其得以凸显,更容易传播,并强化其在社会生活,或者毋宁说道德生活中的效用。①

人权至少具有两重内涵。首先,人权起源于生而平等的人类尊严与权利。根据《世界人权宣言》第一条:"人人生而自由,在尊严和权利上一律平等。他们被赋予理性和良知,并应以兄弟关系的精神相待"。正如《世界人权宣言》的起草者之一、法国代表勒内·卡辛(René Cassin)指出,"以兄弟关系的精神相待"本意即作为"人类联合的原则",而非其他宣扬人类不平等的理论学说。② 然而,仅仅要求人类彼此"以兄弟关系的精神相待"似乎并不足以证成人权之于权力的优越性,因而必须对生而平等的原则进行更深追溯。

佩里教授指出,正是"固有尊严"赋予了"以兄弟关系的精神相待"的权利正当性。根据《公民权利和政治权利国际公约》序言及《经济、社会、文化权利国际公约》序言,"对人类家庭所有成员的固有尊

---

① [英]詹姆斯·格里芬:《论人权》,徐向东、刘明译,94页,南京,译林出版社,2015。
② Johannes Morsink, *Inherent Human Rights: Philosophical Roots of the Universal Declaration*, University of Pennsylvania Press, 2009, p. 7.

严及其平等的和不移的权利的承认,乃是世界自由、正义与和平的基础,确认这些权利是源于人身的固有尊严"。事实上,这两者的表达都源自《联合国宪章》。在《联合国宪章》序言中写道,"重申基本人权、人格尊严与价值,以及男女与大小各国平等权利之信念"。即便这一观点被普遍承认为"平等与不移的权利"之源头,但固有尊严能否取得相应的世俗权威是存疑的。正如查尔斯·泰勒(Charles Taylor)所言,"带有现代自由主义政治文化特征的普世人权得到了确认,反映出基督教教义的真正进步……;不过,'上帝已死',这是一个'世俗时代':我们的世俗社会中,任何人都可以充分介入政治而无须'遭遇上帝'"。① 固有尊严之所以受到尊重,无疑源自宗教与世俗两种理由。在宗教教徒看来,生而为人,这是一件秉持神意而存的事,尊重他人即是尊重神的俗世形象。而在世俗主义者看来,这种尊重源自人性之爱,或人性的怜悯之心。② 格里芬教授曾言:人是独一无二的存在,是对真善美的追求,而人权是我们对人类资格或人格的一种自我保护。③

那么,由"固有尊严"推演出来的"不容侵犯",是否在逻辑上能够完全自洽呢?对这一问题的解答至少可以从三个面相上着手:首先,对宗教信徒而言,存在一个基本共识,即所有人(至少是大多数人)都致力于追求真正的幸福。这种幸福具有宗教学的意义;其次,利他主义精神(Altruism)。利他主义是一种包含着自我意识的视角,即通过共同分享的人道精神,自我与他我如此紧密地联系在一起、休戚与共。正如著名的教会诗人约翰·多恩(John Donne)的诗作:《没有人

---

① [加]查尔斯·泰勒:《世俗时代》,张荣南等译,3页,上海,上海三联书店,2016。
② 这一点与中国古代哲学家孟子的思想是相通的。孟子主张:恻隐之心,人皆有之;羞恶之心,人皆有之;恭敬之心,人皆有之;是非之心,人皆有。见《孟子·告子章句上》。
③ 在人格中寻求人权的根据意味着对人权的内容施加了一个明显约束:并非任何促进人类的善或人类繁盛的东西都可以算作人权的对象,唯有人的资格所需要的那些东西才可以成为人权的对象。人所特有的生活是一种有点严峻的状态,人权是对这种状态的保护,而不是对一个好的、幸福的或繁盛的人类生活的保护。见[英]詹姆斯·格里芬:《论人权》,41页。

是一座孤岛》。① 再者,源于自我利益。这种自我利益与利他主义并不冲突。如果将人类视为一个命运共同体,则我们不仅会关注自我利益,也会关注他人福利,这两者是相互关联的。

毫无疑问,这种固有尊严赋予了"以兄弟关系的精神相待"的正当性,奠定了人权基础规范的基石。然而,需要追问的是人权基础性规范是否具有绝对性?换而言之,是否政府应被要求任何时候都应"以兄弟关系的精神对待每一个人"?以及是否"所有人"意味着"每一个人",甚至包括"未出生之人"?从极端的意义上来看,前一个问题的特殊情形是被刑讯之人,而后一个问题的特殊情形是未成形之胎儿。我们思考这两个特殊情形的角度受到佩里教授的启发。佩里教授将两个问题集中于对"酷刑"概念的分析之上。就文本而言,《世界人权宣言》第5条、《公民权利和政治权利国际公约》第7条,乃至系统性规定的《禁止酷刑公约》等世界性公约,以及如《欧洲保护人权和基本自由公约》《美洲人权公约》《非洲人权和民族权宪章》等区域性公约,及许多现代国家的宪法基本上都对"酷刑"进行规定,仅仅是表述不一而已。显然,各国宪法中"禁止酷刑"的规定与国际性公约和区域性公约的精神是一致的。

佩里教授的思考并未止步于人权概念溯源。在此基础上,佩里教授提出了人权道德的概念,并指出这种道德"构成了建立在人权基础上的各种规范的基本要求,同时,它本身也是为世界上大多数国家所承认的人权的基本内容"。②

二、美国宪法中的人权道德

人权道德是一个抽象概念。然而,正是这种抽象性让其作为一种"一般性规则"成为不同国家关于人权的实在法之渊源。佩里教授首创以"宪法道德(或德性)"代指人权道德在美国宪法实施中的司法

---

① [英]约翰·多恩:《丧钟为谁而鸣:生死边缘的沉思录》,林和生译,北京,新星出版社,2009。
② [美]迈克尔·佩里:《权利的新生:美国宪法中的人权》,1页。

适用。在此意义上，人权道德的引入在很大程度上深化了我们对美国宪法精神的理解。基于这种人权道德观，美国宪法道德包括不受"残酷且异常"之惩罚的权利、道德平等权、宗教、道德自由权三项，这是人权道德在美国宪法中的具体化表达。

这三项权利目前都明文规定于美国宪法前 10 条修订案，即《权利法案》(Bill of Rights)中。回溯《权利法案》的历史，这种增补的修正案方式写入美国宪法表明：第一，人权是美国宪制体系的重要内容，必须予以成文化；第二，人权中包含的宪法权利对美国社会极其重要，必须予以制度化。然而，这并不意味着《权利法案》中的任何一项权利都构成美国的宪法道德。佩里教授指出，要成为美国的宪法道德必须具备两个条件：第一，这些权利具有不可替代性；第二，这些权利在美国宪法中具有基础性地位。至于第一个条件，其关键问题在于谁有权确定其是否具有不可替代性。因而，这又涉及美国宪法解释方法问题。在诸多宪法解释方法中，佩里教授采用的是原旨主义(originalism)。根据原旨主义，美国宪法的解释应忠于宪法文本，只能以美国制宪者当初的制宪意图作为判断标准。① 即便将制宪者的范围予以扩展，也不应超过修正案通过时的审查和批准者。这种解释具有一定的说服力，但并不意味着其他宪法解释方法丧失了适用空间。至于第二个条件，则可将此种权利视为是否拥有宪法权威。即此种权利是否根植于社会生活、获得社会广泛认同，对社会中的个人或组织的预期至关重要。显而易见的是，绝大多数的美国宪法道德是没有争议的。不过，在死刑、同性婚姻、堕胎等重要宪法争议上尚未达致普遍共识。或许，将人权道德转化为宪法道德的关键在于

---

① 原旨主义的一个较为完整的轮廓是由时任司法部长的埃德温·米斯(Edwin Meese)在 1985 年的美国律师协会演讲中勾画的。"我们认为，判决的坚实基础只能是'国家在通过和批准宪法时赋予的含义'以及在起草和制定法律时赋予的含义。其他任何标准都不足取，把新义注入旧词，因而创设新的权力和权利，则完全违背了我们的宪法逻辑以及对法治的庄严承诺。"见[美]斯蒂芬·卡拉布雷西：《美国宪法的原旨主义：廿五年的争论》，李松锋译，9 页，北京，当代中国出版社，2014。

理论适用之彻底性,故而佩里教授将人权道德观融入上述三个宪法议题的判例剖析中。

(一) 死刑

死刑是对人生命权的直接剥夺。《独立宣言》开篇即点明生命权不可剥夺的神圣地位,而美国宪法第八修正案也明确规定:禁止处以残酷的和异常的惩罚。尽管根据佩里教授的人权道德权,禁止死刑无疑属于美国宪法道德,但美国在签署《公民权利和政治权利国际公约》时仍然做了保留死刑适用的声明,尽管明确了美国宪法第5、8和14修正案与该公约之第7条同义。

人权道德观的理论与现实产生区隔,这一点必须得到解释。根据佩里教授的人权道德观,不受"残酷且异常的惩罚"之权利与不得违反人权基础性规范同义,意味着不得不"以兄弟关系的精神相待"。然而,人权基础性规范的抽象性让其难以执行,故而不得不将"以兄弟关系的精神相待"具体化为"不得违反美国宪法道德"。通过话语的转化达致理解与执行的便利。

《世界人权宣言》第5条所言:任何人不得遭受酷刑,或施以残酷的、不人道的或侮辱性的待遇或刑罚。"残酷的""不人道的""侮辱性的",这三者的含义并不完全相同,依据文义解释或许会产生冲突。鉴于没有任何一种惩罚是"残酷的",但同时不是"不人道的"或"侮辱性的";反之亦然。因而"酷刑"的判准就可以简化为"残酷的"刑罚。如此则佩里教授的论证逻辑可以展示如下,即死刑——"残酷的、不人道的或侮辱性的"刑罚——"未能以兄弟关系的精神相待"——"酷刑"。

基于宗教视角,尤其是基督教的视角也可以解释上述逻辑。既然"爱邻如己"是耶稣基督的诫命,而"邻人"包括罪犯在内,因而此处之"爱"并非世俗之爱,而是基督教的"圣爱"(Agape)。在基督教教义中,"爱"恰恰包含了对彼此的尊重,而这正是"圣爱"的起点。[①] 在世

---

① Timothy Chappell, "Review: A Common Humanity: Thinking about Love and Truth and Justice", 111/442 Mind, 2002, p.411.

俗的意义上,死刑在美国的司法适用难以避免种族偏见或错枉的倾向。然而,这两种倾向的出现是极端思考的产物,因而与真正废除死刑的考虑并无太大关系。从这一点看,真正值得认真考虑的死刑问题应当是死刑执行。

在死刑执行上,死刑的刑罚目的与人权道德之间的张力集中爆发。从正面来看,死刑并不能剥夺罪犯的行为能力,实现改恶从善的初衷。作为一名天主教徒,佩里教授的论证援引了《天主教要理》(Catechism of the Catholic Church)。作为一部较为权威的著作,《天主教要理》指出:如果不是出于保护社会安全的目的,在没有绝对必要的情形下,"剥夺(一个人)自我救赎的机会"是不道德的。① 与此同时,佩里教授也对现行刑罚体系背后的报应与复仇思想作了反思。同理,报应与复仇也不能一劳永逸杜绝犯罪现象,这是刑法学原理中的共识。加缪(Albert Camus)的世俗主义观点和奥古斯丁(Saint Aurelius Augustinus)的神学观点也印证了这一看法。其中,加缪对重刑犯服刑后的表现提出质疑,而奥古斯丁的观点则处于典型的《天主教要理》的中心。② 奥古斯丁曾言:

我们不反对作恶之人因其过错而丧失自由,但我认为处死他们或者使他们致残的刑罚远不是正义之举。他们应当依照法律而远离疯狂迷失,被导向和平与宁静,通过有益的工作来取代其罪行。这才是真正的惩罚。③

就死刑本身而言,这一刑罚之正当性也并不能得到完全证成。故而,禁止死刑的历史追溯是必要的。禁止死刑无疑是一种巨大的人权思想进步,其可以追溯至"二战"之后。佩里教授尤其分析了美

---

① United States Catholic Conference, Catechism of the Catholic Church (2rd Edition), Libreria Editrice Vaticana, 2000, p.546.

② Jeffrie G. Murphy, *Getting Even: Forgiveness and Its Limits*, Oxford University Press, 2003, p.112.

③ E. M. Atkins, R. J. Dodaro 编:《奥古斯丁政治著作选(剑桥政治思想史原著系列"影印本")》,62页,北京,中国政法大学出版社,2003。

国宪法第八修正案的规定。事实上,这一修正案中"不受残酷处罚的权利"与"不受异常处罚的权利"是同一种权利,即本质上为对抗政府滥施刑罚之权,不仅是联邦政府,也包括州政府,因而构成了美国宪法的基本权利之一。在司法实践中,即便普遍认为死刑应当予以禁止,但联邦最高法院依然坚持适度保留死刑:保留死刑并不必然会经常适用死刑。基于联邦最高法院的判例,对死刑的适用限制主要包括三种情形:第一,本犯并非实施杀人行为者;第二,本犯实施了杀人行为,但行凶时并非亲自实施犯罪行为,也不是故意或者放任犯罪行为之发生;第三,本犯心智不健全,抑或实施犯罪行为时尚未成年。

许多人认为,联邦最高法院的态度较为保守。但佩里教授认为最高法院的审慎态度是合适的。从原旨主义的角度来看,最高法院的态度符合美国宪法第八修正案的本义。斯汀尼福德(John Stinneford)曾指出,第八修正案中禁止酷刑条款的"残酷"处罚,不仅指的是野蛮刑罚,也包括过度的惩罚。[1] 佩里教授赞同其对"残酷"的解释,但对其对"异常"的解释则有异议。斯汀尼福德将"异常"解释为"有悖于长期使用的方式",但联邦最高法院曾在判例中指出:某一刑罚措施在过去是寻常的,但现在也可以认定为"异常的"。[2] 在佩里教授看来,第八修正案事实上涉及的是一种道德权利,而非法律权利。这一观点为沃伦首席大法官(Earl Warren)所印证:第八修正案背后的基本理念在于维护人之尊严。当一个国家有权力惩罚罪犯时,第八修正案必须确保这一权力的行使被限制在文明限度内。[3] 在佩里教授看来,与其将"异常"理解为"有悖于长期使用的方式",毋宁同样将其解释为"过度",尽管"过度"在何种意义上成立仍然存疑。

目前,在美国50个州中,至少有18个州不再适用死刑。这意味

---

[1] John F. Stinneford, "Rethinking Proportionality under the Cruel and Unusual Punishments Clause", 899/97 *Virginia Law Review*, 2011, pp. 926-961.

[2] Atkins v. Virginia, 536 U. S. 304 (2002); Roper v. Simmons, 543 U. S. 551 (2005).

[3] Trop v. Dulles, 356 U. S. 86, 100 (1958).

着,"当我们把视野放得更宽时,我们发现,在全球范围内,死刑正不可置疑地、越来越成为公认的'异常'刑罚"。① 在死刑论述的总结中,佩里教授再一次重申了"固有尊严"在禁止死刑中的"核心"地位。当前世界大多数国家和地区禁止死刑,正是基于"不可剥夺的生命权":通过剥夺生命的方式来惩罚犯罪,是对罪犯的尊严、生命权的不尊重。因而,若将"固有尊严"从人权道德的核心中剔除,则因暴行而引发的报应或复仇情绪就无法排解。在佩里教授看来,"如果我们想要、并且我们有义务结成一个由人权律令作为基石的共同体,那么我们就必须抛弃死刑,停止适用死刑。死刑不能帮我们结成这样一个共同体"。②

(二) 同性婚姻

同性婚姻同样关涉人权道德,这是美国宪法争议中的第二大焦点问题。鉴于家庭是人类社会的基本单元,民事婚姻必须在宪法层面予以认真对待。传统婚姻重在实现生物学意义上的结合,而现代婚姻则被认为是一个政治、经济、社会、文化的结合体。同性婚姻冲破了两性结合的藩篱,冲击了人们对婚姻的传统观念。然而,同性结合的存在却是一个不容否认的事实。目前来看,反对同性婚姻的理由在于:第一,同性之间的性行为是不道德的;第二,同性婚姻危及种族繁衍与传承;第三,承认同性婚姻危及传统两性婚姻的健康与稳定,毕竟传统婚姻的本质是男女两性的结合。③ 在此意义上,同性婚姻对传统婚姻制度的冲击具有颠覆性。不过,也有学者认为,同性婚姻或许是传统两性婚姻观的扩展,而非破坏。④

对同性婚姻的赞成与反对者都不乏其人,甚至在承认同性婚姻

---

① [美]迈克尔·佩里:《权利的新生:美国宪法中的人权》,95页。
② 同上注,98页。
③ Sherif Girgis, Robert George, and Ryan Anderson, "What Is Marriage?", 265/34 Harvard Journal of Law and Public Policy, 2010, pp. 260-263. 中文语境中的代表性观点见《周易·系辞上》。
④ Jean Porter, *Ministers of the Law: A natural Law Theory of Legal Authority*, William B. Eerdmans Publishing Company, 2010, pp. 286-287.

的国家也存在不同的声音。以加拿大为例,2005年加拿大议会立法承认同性婚姻。不过,正如加拿大前总检察长马丁·格桑(Martin Cauchon)所言,"(在加拿大),仍然有另外一些人认为在现代社会中,政府应当停止裁定任何一种关系高于另一种关系,因此婚姻应从法律中移除出去而留给个人和其宗教组织去决定。"[1]这一观点也得到法学家玛莎·努斯鲍姆(Martha Nussbaum)教授的认可。努斯鲍姆教授指出,"作为政治理论和公共政策问题,如果国家从婚姻事务中退出,将执照颁发权留给宗教和其他私人团体,并为同性和异性夫妻提供民事结合的保护措施更为可取。"[2]

在佩里教授看来,将同性结合排除在民事婚姻之外是不合适的。这种排除政策违背了最重要的人权道德之一:宗教、道德自由权,而非道德平等权。对同性结合的排除政策,明显让同性的双方处于不利的法律与道德地位,且越是极端的排除政策,同性的双方地位越是不利。一般来说,根据排斥程度的差异,排除政策也有三类:最极端政策、最不极端政策和较不极端政策。具体来说,最极端政策是拒绝赋予同性结合以任何异性结合所享有的合法权益;最不极端政策是赋予同性结合与异性结合相同的合法权益,仅不赋予其"同性婚姻"之名;较不极端政策是赋予同性结合部分而非全部异性结合享有的合法权益。

排除政策是否违反了道德平等权?佩里教授的回答是否定的。道德平等权预设了主体较低的人格。而在日常生活中,对同性结合

---

[1] 这一观点是由马丁·格桑代表加拿大司法部(Canadian Department of Justice)在 Marriage and Legal Recognition of Same—Sex Unions: A Discussion Paper 中提出的,但加拿大律师协会(The Canadian Bar Association)并不赞同,认为如此做法会为异性婚姻带来新问题。关于加拿大司法部的观点与律师协会的评论,见 Canadian Bar Association, "Submission on Marriage and the Legal Recognition of Same-Sex Unions", http://www.cba.org/CMSPages/GetFile.aspx?guid=860e6f06-f6f9-4160-90ac-32e544c3a6e7 (updated: 2020-06-11)。

[2] Martha Nussbaum, "A Right to Marry?", 98/3 *California Law Review*, 2010, p.672.

的污名化并不直接等同对同性结合者的人格歧视。在此意义上,佩里教授的观点并无不妥。法学家罗伯托·昂格尔教授表示认同:存在明确却重要的可能性,一个人可以敌视另一个人的行为而非这个人本身。不仅世俗领域如此,宗教领域亦然。①

从物种演化的角度来看,异性结合具有更多的优越性,但并不意味着同性结合就必然有害于人类之延续与发展。吉野贤治(Kenji Yoshino)教授指出,对许多同性权利的支持者而言,同性结合仅仅事关个人自由而非同性恋者的平等。② 类似观点的持有者还有格里芬教授。在格里芬教授看来,"人类结合的初衷是为了过以一种值得过的生活,同性结合亦是如此。排除政策否认了同样存在于同性配偶中的这一最重要、最广泛认同的,并且最难以取代的人生目的。"③ 显然,排除政策涉及了人权道德中的宗教、道德自由权,但并不意味着侵犯这项权利。

从法理上来看,宗教、道德自由权也并非绝对的权利,而是有条件的:仅仅在不满足行政法上的合法性原则与比例原则时,这种排除政策的实施才能被认定为对该项权利的侵犯。一般而言,排除政策的实施依据有两个:一是基于道德立场,预设同性之间性行为的不道德性质;二是基于非道德的立场,并不预设同性之间性行为的价值立场。显然,支撑第一种依据的理由在于:(1)同性性行为违反神的教义;(2)同性性行为无法完成生育使命。而支撑第二种依据的理由在于:(3)保护儿童的权益;(4)保护传统异性结合制度的健康与稳定。即便是基于道德立场,宗教群体内部也有意见分歧。这种分歧在于:第一,理由(1)仅仅是一种宗派性的信仰。宗教、道德自由权不允许政治权力干涉某一宗教性信仰的行为。理由(2)也属于宗教性信仰。

---

① Robert F Nagel, "Playing Defense in Colorado", 83 *First Things: A Monthly Journal of Religion & Public Life*, 1998, p.35.
② Kenji Yoshino, "The New Equal Protection", 124/3 *Harvard Law Review*, 2011, p.747-803.
③ [英]詹姆斯·格里芬:《论人权》,197页。

换而言之,前两个理由都涉及宗教,属于宗教、道德自由权之范畴。基于美国宪法上的"不得设立国教"条款,政府不能基于理由(1)和理由(2)作出排除政策决定。第二,理由(3)和理由(4)的确是一种非道德的世俗立场。不过,目前尚未有令人信服的实证研究证实这两个理由的结论。因此,根据詹姆斯·塞耶(James Bradley Thayer)教授的司法谦抑(judicial deference)论,联邦最高法院也不得认定排除政策。①

佩里教授在评议同性婚姻的争议中援引了瓦尔拉姆诉布莱恩(Varnum v. Brien)一案的判决。爱荷华州最高法院的判决意见与之类似。在判决意见中我们可以看到,司法机关在同性婚姻上基本保持了中立态度。无论从道德立场还是非道德立场,同性婚姻的排除政策并未得到特殊的支持,但这并不意味着反对同性婚姻。正如爱荷华州最高法院所指出的,"我们通过尊重我们的宪法原则来尊重全体爱荷华人关于同性婚姻的宗教或世俗观念……唯一的不同是民事婚姻具有了新的含义,反映了法律平等保护更完整的理解"。② 这事实上是对普通法系中司法谦抑观的一个绝佳注脚。

(三)堕胎争议

鉴于堕胎是美国宪法中最难以处理和观点最为分裂的一个争议,佩里教授将其放在《权利的新生》最后一章予以论述。虽然解读堕胎争议的角度比较多元,但从人权的角度来看,堕胎问题最终仍然要归结到该争议是否涉及"以兄弟关系的精神相待(所有人)"。进而言之,此处的对象是全部人类,甚或包括未出生之人?

《世界人权宣言》第1条规定:"人人生而自由,在尊严和权利上一律平等"。此处的"人"也已被广泛理解与接受为"已经出生之人"。

---

① "司法的功能仅仅在于框定合理之立法行为的外缘,……超越这一界限的权力不能在宪法允许的框架外或超出宪法允许的界限行动。"见[美]詹姆斯·塞耶:《美国宪法原则的起源与范围》,孙文恺译,载公丕祥编:《法制现代化研究》,186页,北京,法律出版社,2014。

② Varnum v. Brien. 763 N.W. 2d862,904-6 (Iowa2009).

1989年的《儿童权利公约》中回避了未出生之人是否属于儿童的界定,而选择了"18岁以下的任何人"。但该公约的"序言"将"特殊的保护和照料,包括法律上适当保护,扩展至儿童出生以前",尽管整个公约规定的绝大部分权利、自由和福利都以出生后的儿童为对象。然而,根据1969年的《美洲人权公约》,人的基本权利得以承认的依据并非在于该人的国籍,而是作为人类之一员的人格属性。《美洲人权公约》中的"人"意指"每一个人":每一个人都有使其生命获得尊重的权利,从胚胎起时就应受到法律保护。不得任意剥夺任何人的生命。《美洲人权公约》首次从积极的面向肯定了对未出生之人的生命权。2003年的《非洲人权和人民权利宪章关于非洲妇女权利议定书》规定:"缔约国……采取所有恰当措施……,通过授权在性侵害、强奸、乱伦情形以及继续怀孕会使目前的身体和精神健康或者胎儿的生命陷于危险的情况下采取药物堕胎,以保护妇女的生育权"。

这一看似相互矛盾的规定,其实质分歧在于对人权基础性规范的差异性解读。这种差异性解读可以从三个方面展开:首先,基于宗教的视角,人们可能会因为基于"固有尊严不受侵犯"的世俗理由而断然否认未出生之人,甚或婴儿享有人权;其次,基于利己主义的考虑,不赋予未出生之人,乃至婴儿以人权,于己无害,因而无须如此;最后,基于利他主义考虑,大多数人对未出生之人及婴儿的人权关注实乃出于孕妇的权益考虑。因而,问题在于:既然大多数公约仅规定出生之人的人权,那么政府是否有权力规制未出生之人的人权?换言之,一国政府能否直接在国际人权法的空白领域内制定与实施禁止堕胎之政策。

佩里教授并未直接对这个问题予以回答,而是先详细地区分了联邦最高法院在典型堕胎判例中的态度。典型的两个判例为:德克萨斯州的罗伊诉韦德案(Roe v. Wade),佐治亚州的多伊诉博尔顿案(Doe v. Bolton)。在罗伊诉韦德案中,德克萨斯州的刑事禁令禁止所有的堕胎行为,而该禁令被联邦最高法院的判决所推翻。根据佩里教授的人权道德观,除非一项禁令无法满足合法性原则、最小负担选择原则或者比例原则,该禁令并不违反宗教、道德自由权。① 真正难以抉择的问题在于禁止堕胎是否违反比例原则。这一问题并没有绝对的答案,两种相互冲突的论点各有其理据。根据塞耶的司法谦抑观点,联邦最高法院不适合作出倾向性的判断。正如苏特大法官(David Souter)在华盛顿诉基尔克伯格(Washington v. Gluckburge)中的协同判决中指出:"我们应该在合理范围内尊重立法……司法介入没有正当理由仅仅确定不同于立法解决方案的竞争方案是否合理。"② 若依据极端的堕胎禁令,孕妇一方所受之苦让其处于绝对的弱势地位。故而,佩里教授指出,极端的堕胎禁令不仅会因此违反道德平等权,还因让孕妇无所选择而违反宗教、道德自由权。相形之下,更加宽容的堕胎禁令在佩里教授看来难以像上述判断那么明晰。从佩里教授的人权道德观出发,基于塞耶司法谦抑的路径,政府不妨制定相对宽容的堕胎禁令,而非实施极端的堕胎禁令。

显然,德克萨斯州极端的全面禁止堕胎法令既违反了宗教、道德自由权,也影响了道德平等权。尽管根据美国的司法体制,最高法院享有通过司法审查撤销州法令的权力,但最高法院的判决仅能支持或否决州的法令,而非改变其内容。换言之,联邦最高法院的判决不能取代联邦或州的法令。对于堕胎问题而言,具体的政策内容仍然有待各州自己规定。由此我们可以看到,佩里教授再一次对塞耶的司法谦抑观的肯定。正如塞耶教授所言:

法官间接地、并在某种程度上获得了修正其他政府部门之行为并宣布其无效的权力,……在讼案将此问题带至法院的情况下,合理与可允许的最终裁决人当然总是法院。这也让我们的法院行使着一种伟大而庄严的司法权。(但)如果试图赋予法院更多的东西,那么这种做法只能危及这个整体框架。它们不能闯入立法者的领地……③

---

① [美]迈克尔·佩里:《权利的新生:美国宪法中的人权》,209 页。
② Washaington v. Glucksburg, 521 U.S. at. 764-765,768.
③ [美]詹姆斯·塞耶:《美国宪法原则的起源与范围》,189 页。

三、人权道德在美国的司法适用

在《自由民主社会的政治道德》一书中,佩里教授将道德平等权、宗教、道德自由权作为自由民主社会之政治道德的第一原则。① 哲学家乔伊斯·麦克卢尔(Joyce Maclure)和查尔斯·泰勒(Charles Taylor)也撰文指出,"尊重个人的道德平等权和保护良心、宗教的自由权构成了今日世俗主义的两个主要目标"。② 在此意义上,人权道德的司法适用必然与道德平等权,宗教、道德自由权相联结。因而,基于技术层面的考虑,我们必须将司法适用与司法谦抑观进行关联式讨论。

(一) 道德平等权

根据佩里教授的界定,道德平等权是指"每一个人被其政府(事实上是每一个政府)基于与他人道德上平等而被对待的权利;或者换句话说,不被视为道德上低于其他任何人而被对待的权利"。③ 这一界定兼具了道德平等权的积极和消极面向。其中,积极面向指向每个人平等的道德权利;消极面向指向每个人因道德平等权的存在而不被歧视性对待的权利。

追根溯源,道德平等权的法律效力源自基础性人权规范,如《世界人权宣言》第1条之规定。根据前述人权道德观的进路,"以兄弟关系的精神相待"可以视为每个政府对每个公民的道德义务/责任。在国际公约和各国宪法中,这种道德义务/责任的积极面向和消极面向皆有对应之规定。诚如《公民权利和政治权利国际公约》第26条之规定,所有人在法律面前一律平等,并有权受法律的平等保护。可见,

---

① 佩里教授认为道德自由权是宗教自由权的扩展,因而将宗教自由权和道德自由权在基本权利的意义上放在一起使用。Michael J. Perry, *The Political Morality of Liberal Democracy*, Cambridge University Press, 2010, p. 61, 65.
② Jocelyn Maclure & Charles Taylor, *Secularism and Freedom of Conscience*, Harvard University Press, 2011, p. 4.
③ [美]迈克尔·佩里:《权利的新生:美国宪法中的人权》,129页。

规范意义的道德平等权常被表述为"平等保护权"。除此规定之外,《非洲人权与民族权宪章》《加拿大权利与自由宪章》等区域性公约也存在类似规定。

当然,这一权利的积极面向意涵并不意味着要求(每一个)政府应当以完全相同的方式来对待(每一个)人。然而,它的确意味着以消极的反歧视举措来保护道德上平等之权利。同样是根据《公民权利和政治权利国际公约》第26条之规定:法律应禁止任何歧视并保证所有的人得到平等的和有效的保护,以免受基于种族、肤色、性别、语言、宗教、政治或其他见解、国籍或社会出身、财产、出生或其他身份等任何理由的歧视。消极面向的举措同样规定在上述国际公约和各国宪法中并要求相应的措施。

在佩里教授看来,道德平等权蕴含着公民平等权:政府不应基于弱势公民在道德上低下的观点而使其处于相较于其他公民的不利地位。① 虽然积极面向的举措容易识别,但消极面向的举措——"歧视"却不易认定。佩里教授绕开了对"歧视"的直接界定,而选择了将"政府的违法行动基于某类人道德低下判断"作为依据。这可之于布朗诉教育委员会案(Brown v. Board of Education)、洛文夫妇诉弗吉尼亚案(Loving v. Virginia)、华盛顿州诉戴维斯案(Washington v. Davis)。鉴于道德平等权业已深深嵌入美国宪制而成为美国宪法道德的内容。因而佩里教授指出:

> 这一原则(政府不应基于某些人在道德上是低下的这种有损人格的观点而使得任何人处于不利地位)长久以来已成为美国宪法的基石性特点,并且事实上也是美国各州宪法的基石性特征。②

道德平等权在美国宪法中的实践以"平等保护"的落实为核心。根据美国联邦宪法第十四修正案第一款之规定,联邦政府与州政府皆不得拒绝给予在其管辖之下任何人以同等之法律保护。平等保护

---

① [美]迈克尔·佩里:《权利的新生:美国宪法中的人权》,132 页。
② 同上注,133 页。

条款在美国宪法史上具有重要的时代意义。① 这一条款的约束对象从州政府扩展至联邦政府是通过博林诉夏普一案（Bolling v. Sharpe）实现的。联邦最高法院在该案判决中援引了美国联邦宪法第五修正案的正当程序条款。然而，在佩里教授看来，这种援引正当程序条款而扩展平等保护的做法是存疑的。基于原旨主义的立场，制宪者在宪法第十四修正案通过之时，同时通过了对联邦政府权力予以部分限制的条款。在此意义上，制宪者不可能赋予第十四修正案扩大联邦政府权力的意涵。

佩里教授对平等保护原则的讨论意在还原人权道德中的道德平等权所具有的积极与消极双重面向。在《权利的新生》中，佩里教授继续将道德平等作为最重要的人权道德之一加以强调，并力图使之成为宪法争议的判准之一。在前述死刑、同性婚姻、堕胎等重大宪法争议上，佩里教授主张坚持这一判准以审视最高法院判决的正当性，足见道德平等权在其人权道德观中的重要地位。

（二）宗教、道德自由权

宗教、道德多元化是现代属灵世界发展的趋势，也是当今所有社会面临的严峻挑战。查尔斯·泰勒教授指出，"良心自由"是宗教和道德多元化的最重要途径之一，而佩里教授更是将"良心自由"和宗教、道德自由等同视之。② 思想、良心及宗教自由的权利规定影响深远且意味深长。

作为人权基础性规范之一，宗教、道德自由权规定在《公民权利和政治权利国际公约》第18条。从该项规定的内容来看，受保护的除了宗教自由，还包括信仰自由。加拿大最高法院的判决曾指出，宗教、道德自由权是一项宽泛的权利。它保护人们实践其道德的自由，

---

① 曾尔恕教授关于"平等保护"案件涌入法院的缘由，以及对美国政治经济社会生活各方面的影响，见曾尔恕：《论美国宪法"平等保护"条款的司法检验标准》，《比较法研究》，1998（2），177页。

② Michael J. Perry, "Freedom of Conscience as Religious and Moral Freedom", 29/1 *Journal of Law & Religion*, 2014, pp. 124-141.

而不管这种道德是否建立在其宗教信仰的基础之上。① 因此,《加拿大宪法》第一章"权利与自由宪章"第 2 条第 1 款即规定人人享有良心和宗教自由。

宗教、道德自由是一种个人按照其宗教、道德信念与前景生活的自由,而这种信念与前景和大多数人的现世生活相关。如前所述,哲学三问是回答人之终极归宿:我们是谁?我们从哪儿来?我们要到哪儿去?对这类极具"宗教性质或终极性"的问题来说,并非所有人都能从超验世界予以理解。然而,随着历史演进、传统累积、人类命运共同体的不断扩展而成为一个难题。② 显而易见的是,宗教、道德自由权的保护不仅是基于个人的宗教义务,而且基于个人的道德义务。而宗教、道德自由权的所保护的对象正是那些赋予人生意义的信仰与前景,并非个人在寻求实现自我的临时性偏好。

尽管如此,宗教、道德自由权的行使仍然受到一些限制。根据《公民权利和政治权利国际公约》第 18 条之规定,表明自己的宗教或信仰自由,仅受法律所规定的以及为保障公共安全、秩序、卫生或道德或他人的基本权利和自由所必需的限制。如果说该条规定过于抽象,那么经由该公约第 19 条第 3 款予以具体阐释。从司法适用的视角来看,判断宗教、道德自由权所受限制正当与否大致可以从三个方面进行判断:首先,是否符合合法性原则,即这种限制必须服务于合法的政府目标;其次,最小负担原则,即在各种达致政府目标的诸种限制之中,这种限制给当事人带来的不利负担最小;最后,符合比例原则,即该限制之利弊相称。

那么,宗教、道德自由权与人权基础性规范"以兄弟关系的精神相待"之间是何种关系? 从世俗的层面来看,宗教、道德自由权由人权基础性规范衍生而来。然而,两者之间的关联更多是宗教意义上

---

① R. v. Edwards Books and Art Ltd., [1986]2S, C. R. 713,759.
② 不是单个的个体或者一代人以一己之力就能够搭建通往上帝的桥梁。信仰是数代人的成功,是经过数世纪积累的努力。见 Abraham Joshua Heschel, *Man Is Not Alone*, Farrar, Straus & Giroux, 1976, p.159.

的。哲学家马克·维克莱尔(Mark R. Wicclair)曾指出,当无法安顿世俗化的核心价值导致丧失道德操守时,很可能会引发对自我或者对身份认同的颠覆。① 换而言之,"强迫人们违反他们最根本的信条行事严重地威胁他们的正直,并使他们有一种强烈的自我异化与个性丧失的体验。"② 故而应极力避免这种行为与信仰之间的冲突。

在佩里教授看来,阻止人们按照其宗教或者道德信仰与前景去生活,或者使之变得极为困难,对其是一种伤害,有时甚至是极大的伤害。③ 原因在于宗教、道德自由权构成了人类社会多元生活之基。若不认真对宗教、道德自由权,不但社会团结无法建立在对存在意义和目标的一致理解上,而且为了达致这种同质化所进行的任何努力都将会给社会和平带来毁灭性的后果。④ 故而,当宗教、道德自由权得到广泛的国际认可,并写入美国宪法之后,它已经从人权道德转变为美国的宪法道德。就此,佩里教授指出:

宗教活动自由,经过正确解释就会有条件地保护人们根据自己世界观生活的自由,而免于被法律(和其他公共政策)强制基于他人世界观(一种他自己拒绝的世界观)生活的自由;以及,免于因不按照特定的一种或一组世界观生活而被歧视的自由。⑤

(三) 司法谦抑观

尽管司法谦抑极为重要,但理论探讨毕竟不能代替司法实践。对于这一宪法前沿议题,佩里教授在《权利的新生》中仍然以专章探究,但未完全展开。司法谦抑指的是"普通法院在进行宪法意义上的司法审查时,对议会的立法、行政机关的行政法规、决定、命令、行为

---

① Mark R. Wicclair, *Conscientious Objection in Health Care: An Ethical Analysis*, Cambridge University Press, 2011, p. 11.
② Gidon Sapir, Daniel Statman, "Why Freedom of Religion Does Not Include Freedom from Religion", 24/5 *Law and Philosophy*, 2005, pp. 467-508.
③ [美]迈克尔·佩里:《权利的新生:美国宪法中的人权》,147 页。
④ Jocelyn Maclure & Charles Taylor, *Secularism and Freedom of Conscience*, p. 18.
⑤ [美]迈克尔·佩里:《权利的新生:美国宪法中的人权》,156 页。

等表现出最大限度的谦抑与敬意"。① 事实上,司法谦抑仅仅涉及法院应当在司法实践中担当何种角色的讨论。这是现代人权话语体系中的一个现实问题。人权道德在美国的司法实践中争议的问题在于一个民主国家是否应该授权由法院来保护其在宪法中的人权。目前,从普通法系的司法审查视角来看,关于美国司法审查趋向形成两派学术观点:强式司法审查(Strong-Form Judicial Review)和弱式司法审查(Weak-Form Judicial Review)。

在强式司法审查中,法院享有司法终极性权力(the power of judicial ultimacy)。这意味着,在人权道德问题上,法院拥有决定一部法律是否侵犯了宪法中的基本人权的终局性权力。而这种终局性权力,是在绝大多数人试图修订或废除法院据以裁决的宪法规范未能成功的情形下才得以存在的。相形之下,在弱式司法审查中,法院享有司法次终极性权力(the power of judicial penultimacy),即当判决一部法律侵犯一项宪法中的人权或法律上的人权时,该判决仅是警告性质,由行政机关或立法机关来进行改正之。

目前美国采取的是强式司法审查,这是公认已久的事实。尽管强式司法审查自马伯里诉麦迪逊一案(Marbury v. Madison Case,1803)即已形成传统,但这并不意味着理论构建趋于完美。这种强式司法审查实际上干预了人权道德禁令的实施。原因在于,无论是联邦政府,还是联邦国会,在人权道德禁令的决定与实施上享有一定的宪定权力。但联邦最高法院的司法审查权却并非源自法定,而毋宁是源于宪法惯例。联邦最高法院的司法审查权具有终局性的特征意味着"任何一个州的立法机关,甚至美国国会也不可能通过一项普通立法推翻美国最高法院关于一项法律违反宪法的判决;这样的判决只可能为日后最高法院自身推翻,或者超长的绝对多数立法用宪法

---

① 陈云生:《论司法谦抑及其在美国司法审查制度中的实践》,《上海交通大学学报(哲学社会科学版)》,2005(5),16页。

修正案的方式推翻"。①

鉴于司法审查权的性质及行使方式,许多论者批评最高法院的"贵族制"色彩及其保守主义倾向。司法谦抑作为一种"中庸"观点,经过塞耶教授的论证之后,获得了普遍的接受、反思及其扩展。尽管《权利的新生》仅在第五章涉及司法谦抑理论的内容及其特征,但对司法谦抑的讨论却贯穿于人权道德适用的宪法争议例示之中。在这一应用过程中,佩里教授也并未完全展开司法谦抑的探讨,而仅仅是将其作为联邦最高法院判决出台的可能而进行展示。或许,这种处理方式是顾虑过多论及会冲淡人权道德的主题,亦会打乱全书的结构平衡所致。

正如有论者指出,如果谦抑问题的确像它看起来那么重要,那么它会理所当然地让法院设计出更加原则化与透明的规则来界定何时谦抑或者何时无须谦抑。② 图什奈特教授区分了真假塞耶式审查:在假塞耶式审查中,法院对宪法含义拥有最终(或唯一)发言权。相反,真塞耶式审查赋予理性的立法机关解释宪法的权力。真正遵从塞耶理论的司法审查是,"不管我们的观点是什么,一个理性的立法机关会相信涉案立法与某些合理解释的宪法相一致吗?"③在批评这种真假塞耶式审查区分过于简单的基础之上,佩里教授在另一本著作中提供了一个更简易可行的判断框架。即判断某个案件是否属于涉及人权道德的宪法争议,参照:(1)被争议规范是否属于宪法规范;(2)被诉政府行为是否违反了该规范;(3)所争议的权利是否属于人权道德。在佩里教授的人权道德观下,这三个判准上的司法谦抑适

---

① Richard A. Posner, "Review of Jeremy Waldron. Law and Disagreement", 100/2 *Columbia Law Review*, 2000, pp. 582-592.

② William D. Araiza, *Enforcing the Equal Protection Clause: Congressional Power, Judicial Doctrine, and Constitutional Law*, New York University Press, 2016, p. 171.

③ Mark Tushnet, "The Supreme Court and Contemporary Constitutionalism: The Implications of the Development of Alternative Forms of Judicial Review", in Steven Kurtz et al. (eds.), *The Supreme Court and the Idea of Constitutionalism*, University of Pennsylvania Press, 2009, p. 116.

用情形如下：

1. 关于受争议规范是否真正属于宪法规范，或者该规范是否具有宪法地位——塞耶式谦抑是合适的；

2. 如果受争议规范是一项权利，且属于人权道德的一部分，那么就不适于使用塞耶式谦抑；

3. 关于涉诉政府行为是否违反宪法规范，塞耶式谦抑是合适的，即使相关规范是一项权利，属于人权道德的一部分，也是适当的。①

基于上述观点，佩里教授更倾向于弱形式司法审查，尽管这并非由于弱形式司法审查更为民主，而毋宁是能更好地建构美国的宪制平衡，即缓解司法审查与民主治理之间的紧张关系。在《权利的新生》一书中，佩里教授至少尝试在死刑、同性婚姻和堕胎三个宪法争议上应用弱形式司法审查理论审视联邦最高法院和州法院判决中的司法谦抑倾向。由于强形式司法审查在美国的地位是历史形成的，尽管未在联邦宪法中予以正式规定，但其在美国政治生活中无可取代的地位让立即改变的尝试显得并不现实。

结语

自 1982 年出版第一部有影响力的学术作品《宪法、法院与人权》时起，迄今以来 38 年里，佩里教授以一以贯之的学术努力与勇气构建了"人权道德"的系统话语世界。他对人权事业的关怀、对人权价值的坚守、对人权规范的洞见，足以让其跻身于世界最权威的人权研究者之列。《权利的新生》尽管篇幅不长，但足以表征佩里教授在古稀之年的学术雄心与贡献。纵观全书，译者之一的徐爽副教授从"价值"和"规范"的维度来解读佩里教授的人权道德观是完全成立的，

---

① Michael J. Perry, *A Global Political Morality：Human Rights, Democracy, and Constitutionalism*, Cambridge University Press, 2017, p.141. 中译来源自获得授权从事翻译的李松锋副教授，特此感谢。

"(它)理解不断更新的基本权利提供了哲学思考和检验标准"。① 在此意义上,佩里教授的思考进一步推动了人权研究的理论进展,理应得到我们更多的尊敬。

我们正处于一个人权的时代。正如格里芬教授所言:人有自我意识,能理解自身的过去和未来。我们能反思和评价,可以勾画美好的生活愿景——尽管通常只能是很微小,但有时也会很宏大。并且,我们会努力实现这些愿景。这便是平日所言人之存在是独一无二的缘故。② 对人权哲学三问的思考将引领我们走向一个更美好的世界。过往的人权灾难固然是对人类文明可怕毁灭的现实,而人权道德观的提出却是在创造一个新的巴别塔世界。"创造和毁灭同是我们所谓文明的不可分割的组成部分,"③这是我们所必须正视的。无论如何,人类不可能阻挡人权研究的理论创新,也不可能阻挡人权实践。对我们来说,在这个世俗世界,唯一现实的选择就是保持乐观,去影响、发展和完善人权话语。

---

① 徐爽:《价值与规范:〈权利的新生〉》,《政法论坛》,2018(5),144 页。
② [英]詹姆斯·格里芬:《论人权》,39 页。
③ Richard L. Rubenstein, *The Cunning of History*: *The Holocaust and the American Future*, Harper & Row,1975, p. 91.

文心法言

与卢曼的三次相遇

[德]贡塔·托依布纳 著 王童译 张文龙 校[*]

一

1968年,当我担任法官助理并撰写学位论文时,我出现了严重的虚无恐惧症(horror vacui)。我曾幼稚期待法律论证的合理性,并期望社会科学有启蒙这种合理性的潜力,而这些希望都已幻灭。我以自己的方式研读了法律与社会科学的相关文献,当然并未从中发现自身问题的解决之道。我怀疑法学的科学性,认为法律学说是荒谬的概念杂耍,觉得法社会学无非是无关事实的堆砌和矫揉造作的理论运用。那时,对法律作为残酷权力工具的批判风头正劲,我也打心底里赞同。我在法学院学到的是,法律解决社会冲突时具有内在说服力,而这与我在法院的经历相矛盾。我意识到,在日常实践中,法律论证既不能决定司法判决,也不能为有关当事人提供有说服力的理由,其至不能令人满意地解决社会冲突。作为一名博士生,我不得

---

* 贡塔·托依布纳,德国法兰克福大学私法与法律社会学教授;王童,清华大学法学院比较法与法文化专业硕士;张文龙,华东政法大学科学研究院副研究员、法学博士。本文摘自 Ralf Rogowski(Hrsg.)*Anthem Companion to Niklas Luhmann*, London: Anthem Press, 2020. 译文已获作者授权。

不认识到,法律论证既不能参与跨学科论辩,也无法实现社会价值,更遑论产生商谈合理性。

一种新的声音猛然响起!《社会学视野中的规范》——当时默默无名的尼可拉斯·卢曼写就的一篇简短但才华横溢的论文,他用冷峻且疏离的语言让寻常的法律批判激进起来。他指出法律归因方法在科学层面不堪一击。但若仅此而已,并不会让人惊讶。令我震惊的是,卢曼以此种法律批判为起点,为法律的自治性发展出诸多社会学论证,后来他将这些论证转化为一套完整的法律自创生式自我再制的理论。当社会冲突与道德冲突似乎不可调和,法律能发现一种新的视角,使这些冲突在社会生活中可以解决,并因此能够被容忍。这个论点与当时的思潮相左。法律不应是社会共同体对冲突的共同理解之反映,正相反,彻底疏离社会冲突是法律有充分依据的坚持。

荒谬的法律学说突然变得有意义。它用其他方法将不可解决的冲突转译进一个由诸多法律主题、概念、规范、原则和结构所编织的高度技术化网络,从而使得这些冲突几乎不再被识别为社会冲突或道德冲突,而是呈现为纯粹的司法问题,从而可以通过没有社会现实对应物的法律拟制得以辩论和决定。在当时嘲讽法律论证的风潮中,这才是新颖且严肃的声音。同时,对法律批判而言,这种分析似乎构成一种绝对命令:你只可根据这样的准则展开批判,同时能从中发掘其他的建构可能性。

二

多年后,亲眼见到卢曼本尊时,我被他潜藏在友好微笑背后的冷峻距离感吓了一跳。在私下会面中,我强烈感受到了这种距离感。我观察到,卢曼对所谓的"凝视黏性"(stickiness of people's gazes)几乎有着生理上的厌恶,他与同事打招呼的方式只是为了尽快转身离开他们,他还拒绝其门徒建立卢曼学派(但未能避免其自我组织)。我发现他远离任何称兄道弟,讨厌亲密交流。我们能否在此发现卢曼理论中经常被描述、被批判的那种彻骨寒冷的人生动因(biographical motive)呢？

现在，我对此有不同的看法。卢曼内心世界中有着那种对他人内心世界无法理解的痛苦甚至创伤性体验，这近乎一种德摩斯梯尼式效应，创造出其理论中最伟大的洞见——意义生产的复制，社会生活与精神生活的彻底分离。起点是以下洞见：内心体验原则上不可沟通，语言表达和交流甚至会破坏内在意义。他喜欢引用德国浪漫主义诗人诺瓦利斯（Novalis）的诗句：" 太多温柔难以想象，更多事物无法诉说。"从人类之间不可逾越的距离出发，卢曼建构了心灵单子（psychic monads）、内心体验的自创生式封闭（autopoietic closure）以及著名的双重偶联性（double contingency）等概念，双重偶联性意味着人们在遇见彼此时难以相互接近彼此的心灵。

最打动我的是，卢曼坚持认为，任何克服封闭性的尝试、任何达至亲密关系的努力都将永远终结于精神生活的孤寂。然而，克服这种封闭性的动力却在一个完全不同的方向上发生作用，这才使得卢曼的分析如此成果丰硕。卢曼对内心世界封闭性的回应不同于通常的逃避路径：不是社群主义憧憬的感性风格化，不是主体间性的紧身衣，不是他异性的神秘超越，也不是用延异（différance）取代主体。但同时，他并未告别个人的内心体验、并未轻视意识哲学，并未禁止私人语言、也并未减损纯粹社交的意义。

相反，卢曼开启了一种对前述主体间性概念的根本解构，但他的论证足够精妙，以使其新理论达至一个超越个体经验的意义世界：沟通的自治世界。隐藏于意义复制、自治沟通涌现以及社会系统晶体结构之中的，正是对心灵无法交汇之痛的补偿。

三

我与卢曼作品的第三次相遇一定与其作品风格或营造氛围的内容有关。在这方面，卢曼作品与古典大师音乐复调作品之间存在的部分亲缘性长久以来打动着我。在表达强烈情感的形式严格性中，卢曼的理论将当代社会作为一个具有多元变体的单一主题来构思，并利用各种社会语境中的诸多区分,探寻同构性(isomorphies)和根本差异性。我感到卢曼的杰作《社会系统》与约翰·塞巴斯蒂安·巴赫的《赋格艺术》和《音乐祭》有很相近的亲缘关系。卢曼写作了关于不同社会系统的系列书籍,其风格类似于巴赫赋格(fugues)和卡农(canons)的作曲方式,两人都运用单一基本主题的某些变化,而且通常要求复杂性的增加。对我来说,卢曼的宏大理论似乎就是一项音乐技艺—数理技巧(ars musica-ars mathematica)的伟大规划,一段贯穿复调音乐创作严密技法所具有之丰富可能性的系统篇章,它将强烈的情感与高度的形式性完美结合。《理论作为激情》——献给卢曼的论文集的标题相当之中肯。

在这样严格建构的理论视角中,它的对象(即社会本身)都呈现为复调创作的结果,即在众多变化中一系列差异的自我套用。社会分化是单一主题,它伴随复杂性增长反身性地适用于自身。不同社会系统中沟通的复调与一曲乐章中众多声音的自治性相似,它们都遵守卡农式作曲的限定条件——但二者有决定性的差异:如今对世界和谐(harmonia mundi)的信心被无限偶联性的可怕经验所取代。

据说,只有在经历欧洲 30 年战争(1618—1648)之后,巴赫音乐的形式严格性、鲜明表达性以及冷峻严肃性才可能出现。我认为,只有经历了 20 世纪的 30 年战争(1914—1945)之后,卢曼理论的形式严格性、鲜明表达性以及冷峻严肃性才可能出现。从卢曼的情感克制主义,对道德事业的反讽,与友好且有益的社会理论的距离,以及他拒绝参与社会学规范转向的行动来看,这听起来可能难以置信。

但是,在卢曼的作品中隐藏着这些段落:"国家社会主义的经历极大地扩展了人们对可能性的想象。政治准许骇人的犯罪,甚至政治本身就犯下这样的罪行,但法律对此无能为力……人们不得不提出这样一个疑问:法律是否曾准许这些行为?更为根本的问题是,法律是否曾禁止这些行为?"然而,卢曼既没有寻求复兴自然法,也没有将法律再道德化,而是在社会内部激起对政治极权化的反抗。这意味着对宪法权利的重新解释,不仅将其理解为法律规则,而且视为一种社会制度,这种制度具有潜力去增强社会分化的文明效果。

在我看来,卢曼认为,尤其在有历史教训之后,德国社会已经成功免疫了政治极权主义,因此他将关注焦点转向生态危机、新型宗教原教旨主义,以及新兴世界社会中的社会排外倾向。再度从卢曼的绝对命令意义上讲,社会学启蒙不仅意味着深入分析黑暗的过去,而且还要意识到新的社会排外问题和生态危机。

在卢曼处理世界社会结构性问题和危机的社会理论中,我们会发现许多暗示和难以理解的措辞。不可避免地也要借助复调创作的分析方式加以解译,就好像《音乐祭》中独出心裁的谜题,正如巴赫晚年在一封亲笔邀请函中所言:借探索以发现(Quaerendo invenietis)。

苏联法学家的命运(三)
——正统马克思主义法学家帕舒卡尼斯

王志华[*]

叶夫根尼·布罗尼斯拉沃维奇·帕舒卡尼斯(Евгений Брониславович Пашуканис,1891—1937年)是苏联最具影响力和国际声誉的马克思主义法学家,在20世纪30年代后期其地位被维辛斯基取代之前,他的马克思主义法学理论具有无可争议的权威性。他的著作为马克思主义法与国家理论提供了丰富的研究资料,而且也提供了尝试将这一学说应用于苏联社会主义法律实践的历史经验中。[①] 因此,研究帕舒卡尼斯的学术生平及其法学理论对于认识苏维埃国家与法的理论实质具有深刻的理论意义和现实价值。

一、生平及其主要著述

1891年2月23日,帕舒卡尼斯生于特维尔省斯塔里察市一个医生家庭。1906年举家迁往彼得堡,1909年进入彼得堡大学法律系

---

[*] 王志华,中国政法大学比较法学研究院教授、法学博士。本文系北京市社会科学基金重大项目"中俄民法典编纂比较研究"(项目编号:18ZDA01)的阶段性成果。

[①] 参见王雅琴:《叶夫根尼·帕舒卡尼斯法律理论再认识——评〈法的一般理论与马克思主义〉》,《国外理论动态》,2014(12),115页。

学习。

从青年时代起,帕舒卡尼斯即开始参与革命活动,在青年学生和工人小组中宣传革命思想、印制和散发传单、在群众集会上演讲。1910年被遣送出境。他在德国慕尼黑大学进行了博士论文答辩,题目是《违反劳动保护法的统计学原理》。

1914年回国之后,他参与撰写了杜马布尔什维克党团谴责第一次世界大战的宣言。1917年积极投身十月革命活动,1918年加入俄共(布)。1920—1923年在外交人民委员会工作,曾担任经济法律部副主任,后被派往国外,任苏俄驻柏林全权代表处参赞。

1922年他与另一权威马克思主义法学家斯图奇卡(П. И. Стучка)共同组建社会主义学院(后改称共产主义学院)国家与法一般理论研究部,入选该部管理委员会。1925—1927年他与斯图奇卡和阿多拉茨基(В. В. Адоратский)编纂出版3卷本《国家与法百科全书》。1927年他当选共产主义学院委员会执行委员,并成为其主席团成员,之后被任命为该院的副院长,1931年成为该院国家与法研究所所长。1925—1936年他成为《法的革命》《苏维埃法》《共产主义学院学报》《世界经济与世界政治》等学术期刊的编委会委员,在此期间,他经常参加国际学术会议,发表演讲,向国际同行阐述马克思主义法学观点。与此同时,他还在红色教授研究院、社会科学研究院俄罗斯分院、莫斯科大学法律系指导国家与法理论教研室工作。1936年帕舒卡尼斯被任命为苏联司法人民委员部副人民委员,并在这一年当选苏联科学院执行委员。

20世纪20年代末,帕舒卡尼斯受到来自学术界和共产党内部的严厉批评,指控他的法学理论是对无产阶级法的否定,使法与国家即与无产阶级专政的政治割裂开来。在政治压力之下,帕舒卡尼斯被迫进行自我批评,不仅承认自己观点的不足,而且在实质上开始放弃自己的理论学说,从而认同法与政治等同,将法解释为一种政治形式,甚至就是政治的组成部分。但是,这一切努力都属徒劳,已无法挽救他的命运。1937年帕舒卡尼斯被执行枪决,他的著作从图书馆的架子上撤下,直到 1956 年以后才得到平反。

帕舒卡尼斯是一位极具理论深度和多产的马克思主义法学理论家。虽然只有短暂的 46 年生命,却给世界留下了 100 余部(篇)学术论著,内容涉及国家与法的理论、法律史、国家法、国际法等。主要著作包括《法的一般理论与马克思主义》(1924 年)、《法国文献中国家法基本方向概览》(《共产主义法学院学报》第 12 卷,莫斯科,1925 年)、《马克思主义法理论与社会主义建设》(《法的革命》1927 年第 3 期,第 3~12 页)、《霸权主义与殖民政策讲义》(莫斯科,1928 年)、《马克思主义国家与法理论基本问题》(《苏维埃国家与法的革命》1931 年第 1 期,第 11~40 页)、《黑格尔和国家与法问题》(载《黑格尔与辩证唯物主义:黑格尔逝世 100 周年纪念文集》,莫斯科,1932 年)、《无产阶级国家与无阶级国家的建设》(莫斯科,1932 年)、《苏维埃法与革命法制》(载《红色教授学院》.1934 年第 2 期)、《国际法概论》(莫斯科,1935 年)、《苏维埃社会主义法》(《布尔什维克》1936 年第 22 期,第 20~32 页)、《法与国家一般理论选集》(莫斯科,1980 年),等等。①

二、法学理论

(一) 法与国家的消亡理论

帕舒卡尼斯在自己的论著中继续发展了马克思、恩格斯和列宁著作中关于法的观念(主要是关于资产阶级的法),即将资产阶级的法解释为人类历史上最为发达的法,也是最后类型的法,此后不可能再有新的后资产阶级类型的法。正是从这一观点出发,帕舒卡尼斯否定了"无产阶级法"存在的可能性。他认为,无产阶级在过渡时期可以基于阶级利益的需要而利用正在消亡的资产阶级的法。

帕舒卡尼斯在 20 世纪 20 年代中期写道:"应当注意的是,道德、法和国家都是资本主义社会的形式。如果无产阶级被迫利用这些形

---

① См.: В. С, Нерсесянц, В. В, Лапаева. Пашуканис Евгений Брониславич (23 февраля, 1891—1937). Правовая наука и юридическая идеология России. Том 2 (1917—1964 гг.). Под редакцией В. М. Сырыха. М., 2011. С. 576-577.

式,也丝毫不意味着继续发展这些形式并用社会主义内容予以充实的可能性。这些形式与社会主义内容水火不容,应当根据其实现程度而逐渐消亡。但是,在目前这个过渡时期,无产阶级必须为了自身的阶级利益利用从资本主义社会传承而来的形式,直到用尽而后止。"

与那些所谓的"无产阶级的法"的维护者不同,作为始终不渝的马克思主义者,帕舒卡尼斯从一开始就将法视为必然灭亡的资产阶级现象,从而成为一般法的否定者。他的法律虚无主义带有原则性质,乃是追随马克思主义关于从资本主义向共产主义过渡学说思想和立场的理论后果。基于对法的否定态度,对于帕舒卡尼斯来说,法的理论乃是将基本法律概念作为资产阶级意识形态骗局所进行的马克思主义批判。因此,他的代表作——《法的一般理论与马克思主义》一书的副标题便可对此做出解释:"基本法律概念的批判经验"。①

在否定了存在无产阶级法的可能性之后,如何界定苏维埃法便成了问题。帕舒卡尼斯认为,苏维埃法乃是带有无产阶级性质和资产阶级法形式的过渡时期的法。在这种情况下,苏维埃法作为过渡时期的法,不必寻求法的特殊形式,因为不可能建立法的最后体系,也因为这一切都会阻碍走向社会主义。而社会主义的胜利意味着法的消亡的开始。社会主义建设者的出发点正是无产阶级专政时刻改造的客观关系,因此,革命者不能从事于无产阶级法律体系的创造。

(二)商品交换关系理论

帕舒卡尼斯在将商品形式与法的形式进行比较之后开创性地得出结论,认为法源于商品所有者的交换关系,因此他的法理论被称为"商品交换理论"。也有人将其称为"劳动理论"(斯图奇卡等)。帕舒卡尼斯原则上同意这种称谓,因为在他的理论构想中,劳动价值范畴刚好等同于法律主体范畴。交换关系理论的反对者坚持认为,法之生命力不在于等价交换关系,而是基于一个阶级服从另一个阶级的需要。

---

① Там же. С. 578.

帕舒卡尼斯认为,法之生命力的初始细胞是法律关系。追随马克思的观点,他将被赋予经济关系内容的法律关系而非官方法律、外部权威命令作为法的基础。他解释说,纯粹理论的法律关系可以设计为交换关系的反面。而法律关系的实现则需要或多或少的硬性规定、精心制定的决疑法以解决现实中的争议,也需要特别组织适用这些规定于个别情形,并保障裁决的强制执行。因此,法是商品交换关系的产物,而非国家与立法造就。

按照帕舒卡尼斯的观点,财产乃是法律关系形式的基础,这种形式就是市场上的处分自由,而该自由的最一般表现即为主体范畴。他就此写到:"劳动产品获得了商品属性便成为价值的承载者;人获得了法律主体属性便成了法的承载者。"在商品生产和交换的条件下,人的关系一方面作为物-商品的关系,另一方面则作为独立的彼此平等的法律主体(主观法的承载者、法的主体)关系。

帕舒卡斯指出,无论是对于政治经济还是对于法来说,在商品交换活动中都集中了最为本质的东西。合同(独立意志的协议)是法的中心概念之一,作为法思想的组成部分而被列入法的思想之中。在法律范畴的发展过程中,实施交换行为的能力只是权利能力和行为能力共同属性的具体表现之一种。但是,在历史上,正是交换行为提供了主体作为所有可能的权利诉求的抽象载体。只有在商品经济的条件下才会产生抽象的法律形式,即一般性地享有独立于具体权利诉求之权的能力。只有市场上经常发生的权利转换才创造了权利载体不变的思想。①

从经济决定论和唯物主义立场出发,帕舒卡尼斯对各种资产阶级的法学流派(自然法学派、心理学派规范主义法学等)的法学理论展开批判。帕氏倾向于阶级社会学立场,将国家与法视为商品交换的经济价值关系、根据本质和阶级性质属于资产阶级关系的法律和

---

① 参见[苏联]帕舒卡尼斯:《法的一般理论与马克思主义》,杨昂、张玲玉译,62~85页,北京,中国法制出版社,2008。

公共政治形式。这一观点在其《法的一般理论与马克思主义》一书中得到了发挥，但仅限于批判资产阶级的社会关系和资产阶级法，而没有分析资产阶级制度之后的法，即无产阶级法的问题。在转向苏维埃论题时，他的论断开始明显偏向阶级实证主义方向，调整自己的观点以达到为无产阶级专政制度和规范及其立法进行辩护的目的。

商品交换理论在现实中遇到的最大难题是，苏联社会经过进行工业国有化和农业集体化之后，资本主义成分已经消灭，财产公有制已经建立，商品交换现象已经不复存在。按照这一理论，国家与法律应当立即消亡。而现实状况却是，苏维埃国家得到前所未有的加强，新的法律体系也已建立，国家与法律却都没有丝毫消亡的迹象。

（三）苏维埃社会主义法理论

20年代末，帕舒卡尼斯的法学理论受到严厉批判，指控他将法与资产阶级法联系起来，否定无产阶级的法，将法与国家、无产阶级专政政治割裂开来。迫于政治压力，他在进行"自我批评"的过程中不仅承认自己观点存在诸多错误，而且开始从实质上放弃自己的理论学说，开始倾向于将法与政治同等视之，将法解释为政治形式的一部分，或者干脆就是政治的组成部分。比如在1927年发表的《法的马克思主义理论》一文中，为回应斯图奇卡的批评，他实质上开始承认存在着新的（革命之后和资产阶级之后）具有特别性质的"苏维埃法"。他在文章中强调："我们不承认任何绝对的权利能力，任何神圣不可侵犯的私人主体权利。因为这一神圣不可侵犯性乃是资本主义剥削的神圣不可侵犯性，而我们的十月革命已经斩断这一剥削之根（对土地、银行、大型工业、运输和外贸行业等进行了国有化），而作为遗产留下的任务是彻底根除资本主义。对自己提出这一任务的国家的法律不可能承认绝对的和神圣不可侵犯的私人权利，这是不容置疑的。"

在政治与法的关系上，帕舒卡尼斯强调法对于政治的从属地位。"我们有无产阶级政治体系，但是我们并不需要无产阶级法的体系。"在这种情况下，苏维埃法只是实行无产阶级专政的工具。因此，"法不可能起到独立的和终极的作用。"此时，帕舒卡尼斯主张法的全面政治化,"我们赞同在法中占据第一位的是政治,由政治主导法,因为政治引导我们前进。"①

放弃原来的学术立场,帕舒卡尼斯另辟蹊径,开始阐述"社会主义法",并号召法学同仁"研究社会主义国家和作用和社会主义苏维埃法的作用"。他将苏维埃法解释为社会主义法,并且从其产生之时即为社会主义法。"伟大的十月社会主义革命沉重地打击了资本主义私有财产,并为新的社会主义法律体系奠定了基础。这是对于理解苏维埃法、理解其作为无产阶级国家法的社会主义本质的基本的和主要的方面。"

如果此前对于帕舒卡尼斯来说,新经济政策的结束和社会主义的胜利意味着法的终结和转向组织技术和计划管理规范,而如今他却断言,多元经济的消除"并不是什么法的消亡的开始,而是相同类型的苏维埃社会主义法占据城市和乡村时代的到来。"社会主义国家(以无产阶级专政形式)和社会主义法(以无产阶级专政强制性要求和规定——社会主义国家法形式)将一直存在,直到共产主义的完全实现,因为只有在共产主义的高级阶段,人们才能学会在没有监督者和没有法律规范的条件下工作。"断言在社会主义制度下法律将会消亡,和断言资产阶级被推翻后的第二天国家权力机关应消亡一样,都是机会主义的。"②

帕舒卡尼斯将社会主义法理解为无产阶级专政的工具,因而强调关注无产阶级专政机关制定的法的规范体系。为了为无产阶级专政辩护,他还将国家与社会混为一谈,将国家机关的活动理解为社会活动。在1936年《斯大林宪法》通过之后,他片面强调"法律至上"原则,同时否定法律至上的客观条件和必要前提——分权、立法权独立

---

① См.: В. С, Нерсесянц, В. В, Лапаева. Пашуканис Евгений Брониславович (23 февраля 1891—1937). Правовая наука и юридическая идеология России. Том 2 (1917—1964 гг.). Под редакцией В. М. Сырыха. М., 2011. С. 583.

② [澳]迈克尔·黑德:《叶夫根尼·帕舒卡尼斯:一个批判性的再评价》,刘蔚铭译,202页,北京,法律出版社,2012。

于行政权等权力制衡等。在这种情况下,帕舒卡尼斯对"法律""法律规范""社会主义法制"这些概念本身的解释已经失去了法律含义,只是实现布尔什维克党领导指示的工具而已。帕舒卡尼斯对此公开表示,法律的核心就是"党的领导指示"。①

(四)法的二元论理论

作为马克思和黑格尔哲学理论的追随者,帕舒卡尼斯相信社会事物始终处于矛盾运动之中的学说,这些矛盾也是法律现实所固有的。法律只能存在于对立面中,即客观法与主观法对立,公法与私法对立等。

按照帕舒卡尼斯的观点,法律存在两种类型,即主观法与客观法,并且认为法律的这种双重性质,即"把法律划分为规范和法律权力的二分法,其重要性不亚于把商品分成为价值和使用价值的二分法"。他主张权利即主观法优先于义务,"因为归根到底它是建立在不依社会生活外部的控制而存在的物质利益的基础之上的。"他正确地指出,权利不是义务的可能的反映,而是恰好相反,"义务总是相应的权利的反映或相关物。"

在公法与私法的对立关系中,与列宁只承认公法的观点相反,帕舒卡尼斯宣称只有私法才是真正意义上的法律。作为国家和私人之间关系的所谓公法,不能够是真正意义上的法律,因为国家是一个超法律的现象,不可能设想为法律的主体。只有在私法中,法律思想的活动才具有最大的自由和自信,法律的概念也具备最完全的和对称的形式。

因为将一切法律都理解为私法,其中也包括刑法。按照帕舒卡尼斯的理论,私法,即一切法律的要素是私人利益的对立,这种对立只存在于财富为私人所有的社会中。法律关系是由财富的交换(商品交换)所构成的市场关系。为了用这样的方式去设想刑法,帕舒卡

---

① См.:В. С,Нерсесянц,В. В,Лапаева. Пашуканис Евгений Брониславович (23 февраля 1891—1937). Правовая наука и юридическая идеология России. Том 2 (1917—1964 гг.). Под редакцией В. М. Сырыва. М.,2011. С. 583-584.

尼斯解释犯罪和刑罚之间的关系为交换关系。正如卖者供给商品，买者支付价钱作为相等的东西一样，犯人供给犯罪，国家支付刑罚。刑罚是犯罪的等价物。

"等价观念——这个最主要的单纯的法律观念，永远有同样形式的财富作为它的渊源。犯罪可以看成为一个特殊的变态的交易，在这交易中，交换关系，即契约关系，是在事后建立的，就是说，在当事人一方的故意的行为以后。犯罪与报复之间的比率不过是相同的交易比率而已。"因此，"刑法完全像一般的法律那样，是那些自私的、孤立的主体之间的交往关系的一种形式，而那些主体则享有自主的私人利益或是理想的财产所有者。"①

（五）国际法理论

除一般法学理论外，帕舒卡尼斯还对国际法问题给予了极大的关注。在这一领域，他将克服资产阶级国际法学说的理论基础作为研究的任务，以世界舞台上第一个劳动者国家所展现的新时代为视角，对资本主义国际法的某些原则和制度进行批判性解读。为此他发表了一系列文章，并出版了《国际法概论》一书。

值得注意的是，在《国际法概论》这本苏联早期为数不多的国际法著作中，作者对盛行一时的法西斯国际法理论进行了分析批判。他甚至专门撰文批判法西斯的意识形态理论，如《法西斯专政述评》。他在《黑格尔：国家与法》一文中写道，法西斯分子热衷于黑格尔哲学，从其理论中寻找"极端民族主义和沙文主义依据"，并为其辩护。因此，他在批判黑格尔的国家观点时指出，黑格尔区别国家表现形式与"国家自身和为了国家"的必要性论断并不能令人信服。他就此写道："黑格尔哲学一方面包含着关于国家阶级学说的辩证法萌芽；而另一方面它又是将剥削国家置于阶级和所有私人特殊利益之上之力

---

① 转引自［奥］凯尔森：《共产主义的法律理论》，王名扬译，120页，北京，商务印书馆，1962。

量并予以神圣化的反动意识形态的渊源。"①

帕舒卡尼斯的国际法理论,不仅为苏维埃国际法学奠定了理论基础,而且在国际舞台上为新生的苏维埃国家赢得了理论阵地,起码为苏联作为国际法上的主体找到了基本理论依据。

三、余论——贡献与局限

帕舒卡尼斯的主要著作——《法的一般理论与马克思主义》被誉为20世纪法理学史上的经典名著,在1924年出版后曾于1926年和1927年两次再版,并很快有了德、法、英文译本,引起西方学者的广泛关注。自20世纪70年代以来,随着马克思主义法学分析的发展,该著作不断再版,受到国际学术界的广泛关注,被当代西方学术界誉为马克思主义法学领域最重要的理论著作。美国学者朗·富勒(Lon Fuller)在《法律的道德性》一书中,称帕舒卡尼斯为唯一可称得上是为社会哲学做出了独特贡献的苏维埃思想家。澳大利亚学者迈克尔·黑德(Michael Head)在《叶夫根尼·帕舒卡尼斯:一个批判性的再评价》一书中,称帕舒卡尼斯是一个世纪以来最负盛名的苏联法学家。美国比较法学家哈罗德·J.伯尔曼(Harold J. Berman)在《理解苏维埃法》一书中指出,帕舒卡尼斯的法律理论比迄今任何马克思主义者都更深入地剖析了法律的性质。②

帕舒卡尼斯法律的"商品交换理论"是根据马克思的《资本论》建构马克思主义法学的一般理论的尝试。作者认为,正是在商品交换过程中,自然人获得了权利享有者的资格而成为法律主体,商品占有者之间的关系构成法律关系,规范呈现出一般抽象法的逻辑完美形式。法律的"商品交换理论"虽然受到诸多置疑,但它创造性地重构

---

① См.: В. С, Нерсесянц, В. В, Лапаева. Пашуканис Евгений Бронислович (23 февраля 1891—1937). Правовая наука и юридическая идеология России. Том 2 (1917—1964 гг.). Под редакцией В. М. Сырыва. М.,2011. С. 584.

② 参见王雅琴:《叶夫根尼·帕舒卡尼斯法律理论再认识——评〈法的一般理论与马克思主义〉》,115页。

了马克思主义的法学理论体系,并合理解释了马克思主义法学理论若干具有争议的命题,对于反思当今时代的法治困境以及探索未来发展的思路具有启发性意义。①

凯尔森在1955年出版的《共产主义的法律理论》一书中对帕氏该著作的主要观点进行了系统的分析和批判。凯尔森从规范主义法学理论出发,不能同意帕氏将法律关系等同于经济关系(商品交换理论)的观点。凯尔森认为,帕舒卡尼斯所阐述的公法与私法、主观法与客观法以及法的一般概念等理论,都是受了资产阶级意识形态的蛊惑,而其沿着马克思和恩格斯关于国家与法律在共产主义社会行将消亡的理论思路,又将其引向无政府主义和法律虚无主义。但是,当苏联建设社会主义国家的现实使人们逐渐看清"国家(和法律)不只是保障资本主义经济制度的强制机构,而且被证明是保卫社会主义经济制度的必要工具时,马克思主义理论的无政府主义倾向就不能再维持了。因此,仍然忠诚地遵循这个不适合今天情况的方向的苏联著作家受到了排斥。这就是帕舒卡尼斯的命运。"②

美国著名学者约翰·哈泽德对帕舒卡尼斯评价颇高,称他是一位富有创造力的马克思主义法学理论家,是十月革命后初期涌现出的苏联法学家中最富有想象力的学者。

哈佛大学著名法学家罗斯科·庞德在阅读了帕氏的主要著作德文译本之后,为了阅读俄文原文而开始学习俄语。③ 如同马克思当年为阅读车尔尼雪夫斯基的著作学习俄文一样。

朗·富勒在1949年的一篇文章中说道,在《法的一般理论与马克思主义》一书中,帕舒卡尼斯清晰连贯地阐述了"商品交换法律理论",这一理论被早期的苏联法学界和许多西方学者认为是在不违背

---

① 赵金英:《论"法律的商品交换理论"对马克思主义法学的建构》,《中共福建省委党校学报》,2015(8),70页。
② [奥]凯尔森:《共产主义的法律理论》,132页。
③ 参见[澳]迈克尔·黑德:《叶夫根尼·帕舒卡尼斯:一个批判性的再评价》,刘蔚铭译,252～253页,北京,法律出版社,2012。

马克思主义理论基础上对马克思主义理论的独创性发展。他的著作沿袭了马克思主义的优良传统,代表着最正宗的马克思主义理论,是周密的学术研究和广泛阅读的产物,是一种任何学者都能获益匪浅的书。①

但是,帕舒卡尼斯的理论贡献并不能掩盖其理论的不足,批评者的置疑并非没有道理。对于法律形式的过分关注影响了他对于法律根源的探究,使其商品交换理论显得依据不足。而对于商品交换的过度强调,将法律形式简单地归结为商品形式,而商品形式实际上只是决定法律形式多种因素中的一种。② 理论构建的简单化处理减弱了其理论的信服力,更是授人以柄,遭受来自各方的批评。

不仅如此,帕舒卡尼斯的商品交换理论还存在一个严重的现实问题。他的学术成就得益于十月革命初期思想相对自由时期,使其得以对马克思主义理论进行创造性的探索。但是,自由探索时光非常短暂。布尔什维克执掌政权以后,在政治上逐渐排除其他党派分享国家权力;在思想领域也着手排除异端。1922—1923 年将许多对布尔什维主义持有异见的知识分子驱逐出境,史称"哲学船"事件。③ 在意识形态渐趋统一和政治高压之下,已不可能再进行任何有益的理论研究。而帕舒卡尼斯的理论又是那样的不合时宜,被清理乃是无法逃脱的命运。在他看来,法律源于商品交换,法律是商品交换关系的体现。哪里存在商品交换关系,哪里就有法,没有商品交换关系也就没法。这与法律消亡论是一脉相承的。但是,苏维埃制度经过十几年的实践之后,国际社会主义革命的时代并没有如革命导师所预想的那样如期而来,以斯大林为首的苏联共产党开始倡导一国

---

① 参见[美]朗·富勒:《帕舒卡尼斯与维辛斯基:马克思主义法律理论发展的研究》,载[苏]帕舒卡尼斯:《法的一般理论与马克思主义·附录》,143~144 页。
② 参见王雅琴,《叶夫根尼·帕舒卡尼斯法律理论再认识——评〈法的一般理论与马克思主义〉》,118~119 页。
③ См.：А. В. Квакин. Высылка интеллигенции в 1922—1923 годы: мифы и реальность. Гуманитарные науки. Вестник Финансового университета. 2013 г. No 5. С. 93.

建成社会主义理论。这样,被认为是发展马克思主义理论的商品交换理论的法律消亡论便必然会被抛弃。作者本人受到批评,最后竟遭处决,时年刚刚46岁。他已经没有机会修正和丰富他的理论了。

迈克尔·黑德在前述著作中对帕舒卡尼斯的理论贡献给予了充分肯定,认为在现代世界"为了修复国家和公民社会之间的分裂,必须扩大民主权利这样的观念,并且要突破法律和正当程序面前人人平等的狭隘局限。它必须包括广大人民群众的社会生活现实,并且以工作场所的民主化为起点,因为大多数人在这里花费了大量时间和精力。工业化民主意味着劳动人民实际控制他们的工作生活。""因此,帕舒卡尼斯的视野超越了个人利益冲突的局限,远非空想的乌托邦。人民群众会首次完全控制自己的生活,也会首次完全控制社会发展中的经济、政治、社会和文化的前进方向。在这种背景下,帕舒卡尼斯假定的'目的的统一'能够真正民主地得到确定,并且能够由双方共同商定。"①因而肯定帕舒卡尼斯的理论对现代社会仍然具有现实意义。

中国从20世纪50年代开始全面倒向苏联,全方位接受苏维埃社会主义法学理论。帕氏理论尚属被禁止之列,后来中国又与苏联在意识形态上发生冲突,故对其一直未予关注。② 近些年来,俄罗斯政治思想和意识形态的多元化也影响到了中国的法学理论界,对苏联法的研究也从一般性问题转向更深层次的挖掘。帕舒卡尼斯这位曾经占领苏维埃法学理论高地的马克思主义法学理论权威逐渐进入中国法学界研究者的视野,如杨昂、张玲玉翻译出版了帕氏的主要著作《法的一般理论与马克思主义》(中国法制出版社2008年版)一书。这为我国法学界认识和研究帕氏理论提供了最初的基础。但是,翻译者从德文译本译出,虽然参照了英文译本,但由于文字转译存在的固

---

① [澳]迈克尔·黑德:《叶夫根尼·帕舒卡尼斯:一个批判性的再评价》,303页。
② 凯尔森所著的《共产主义的法律理论》一书很早就被翻译成中文出版,其中第五章为"帕舒坎尼斯的法律理论",较为全面地介绍和批判了帕氏的法学理论。但其研究的基础主要是英文和德文翻译资料,因此影响到其观点分析和最后结论受到诸多局限。

有问题,与原文仍不免存在出入,书名本身即存在不一样的文字表述。问题主要出的副标题上。英文的副标题为"对法律基本概念的批判",德文为"法律基本概念的试评",①而俄文原文则为"基本法律概念的批判经验"(Опыт критики основных юридических понятий)。

外国研究帕氏理论的译介,重要的应属澳大利亚学者迈克尔·黑德所著《叶夫根尼·帕舒卡尼斯:一个批判性的再评价》(刘蔚铭译,法律出版社2012年版)。该书对帕舒卡尼斯的法学理论及其时代进行了全面考察分析,并肯定帕氏法学理论的贡献及其现实意义,可谓"西方马克思主义法学经典"之作。对我国学界研究和理解帕氏法学理论来说无疑具有重要的参考价值。②

值得注意的是,近年来我国法学界发表了几篇研究帕舒卡尼斯法学理论的研究成果。如孙文恺"作为形式的法律:帕舒卡尼斯的法律理论述评"一文,在介绍和肯定帕舒卡尼斯法学理论贡献的同时指出,"帕氏的法律理论与马克思主义关系微妙:在发展了马克思主义法学观的同时,其理论也显露出可操作性不强、方法论单一的弱点,且该理论受政治因素巨大影响的现实尤值得后人反思。"③

赵金英的《论"法律的商品交换理论"对马克思主义法学的建构》一文对帕氏的商品交换理论褒奖有加,认为该理论"尽管在某些方面显得不够严谨,但是创造性重构了马克思主义的法学理论体系,并合理解释了马克思主义法学理论若干具有争议的命题,对于反思当今时代的法治困境以及探索未来发展的思路具有启发性意义。"④

苏瑞莹、马拥军的《叶夫根尼·帕舒卡尼斯马克思主义法学理论研究》一文主要对帕氏《法的一般理论与马克思主义》一书进行分析

---

① [苏联]帕舒卡尼斯:《法的一般理论与马克思主义·中文版译序(杨昂)》,4页。
② 该书有王雅琴教授的书评,见前引注。
③ 孙文恺:《作为形式的法律:帕舒卡尼斯的法律理论述评》,《江海学刊》,2009(5),229页。
④ 赵金英:《论"法律的商品交换理论"对马克思主义法学的建构》,《中共福建省委党校学报》,2015(8),70页。

考察,并强调中国研究帕氏法学理论的现实意义。①

朱祥海的《知识、自由与权力:法学家帕舒卡尼斯命运的反思》一文认为,思想自由是知识创造活动的原初状态,是知识生产者极力追求与向往的一种理想。"苏联法学家帕舒卡尼斯的命运反映了学术场域中政治逻辑、知识与权力的关系。通过对个案的反思,应当构筑尊重学术自由和知识增长规律的制度环境。"②

通过以上事例可以看出,在苏联已经解体、苏维埃法学理论已被俄罗斯人抛弃的今天,帕舒卡尼斯的理论仍然受到国内国外的诸多关注,并肯定其理论意义,说明任何自由真诚的知识探索都是有价值的。

---

① 参见苏瑞莹、马拥军:《叶夫根尼·帕舒卡尼斯马克思主义法学理论研究》,《理论月刊》,2014(5),9页。
② 朱祥海:《知识、自由与权力:法学家帕舒卡尼斯命运的反思》,《辽宁行政学院学报》,2009(2),35页。

法的自主性：神话抑或现实？
——世界3与法的自创生系统*

於兴中、高鸿钧等

主持人　陆宇峰：

各位嘉宾、各位老师、各位同学：

大家好！欢迎来到华东政法大学第1期"东方明珠大讲坛"。"东方明珠大讲坛"是我校正在建设的最高级别学术论坛，旨在落实"学术兴校"的理念，打造具有学界美誉度、全国影响力的一流学术殿堂，营造浓厚的科研氛围和高雅的学术环境，带动全校高水平科研成果取得进一步突破。

第1期论坛我们很荣幸地请到了国际知名法理学家於兴中教授。

---

* 北京时间3月29日早上8点—11点半，美东时间3月28日晚上8点—11点半，华东政法大学科研处主办、科学研究院承办的第1期"东方明珠大讲坛"成功在线举行。美国康奈尔大学於兴中教授主讲《法的自主性：神话抑或现实？——世界3与法的自创生系统》，清华大学法学院高鸿钧教授特邀与谈。华东政法大学科学研究院院长陈金钊教授、科研处处长屈文生教授分别致辞，清华大学法学院鲁楠老师、康奈尔大学访问学者丁玮、杨静哲、余盛峰等嘉宾依次发表了精彩的见解。科学研究院全体教师全程参加讲座，苏彦新教授、王婧副教授、张文龙副研究员与嘉宾热烈互动。讲座由华东政法大学陆宇峰教授主持。

於兴中教授是哈佛大学法学博士,现任美国康奈尔大学王氏讲席教授。在我看来,他致力于向中文世界引介现代法理学最前沿成果,也引领着中国法理学研究。今天於老师将带来题为《法的自主性:神话亦或现实?——世界3与法的自创生系统》的讲座。

"法的自主性"问题作为法理学的经典问题,是自然法学、实证主义法学、法社会学的争议焦点。但於兴中老师将向我们表明,这个问题早已超越法学领域,引发了科学哲学、政治哲学和社会理论的关注。这种跨学科的关注,极大地开阔了我们的视野,丰富了我们关于法的自主性的理解。

正是出于这一考虑,於兴中教授向主办方特别提出,希望特别邀请另一位在法学、社会理论、政治哲学等多个领域都有精湛造诣的学者共同讨论。这位学者就是中国法学会比较法学研究会会长、清华大学法学院高鸿钧教授。高鸿钧教授是改革开放40年来为中国外法史研究和比较法研究做出最大贡献的学者之一,最近法学核心期刊《清华法学》刚刚用整整一期的篇幅,刊发了他带领的团队的印度法研究成果。高老师也是中国社会理论法学的领军人物,很多人都已经很熟悉他关于哈贝马斯商谈法哲学理论的精深研究,近几年他又带着全国几十名学者共同研习更为艰深的卢曼系统论法学。让我们期待高老师与於老师围绕法的自主性问题的对话。

今天在线的与谈嘉宾还有鲁楠副教授,他是清华大学法学院最受欢迎的青年教师,遍读韦伯、德沃金、卢曼的理论以及佛教经典。也欢迎康奈尔大学法学院三位访问学者余盛峰、丁玮、杨静哲,以及我校科学研究院的全体老师。你们的到来,使今天的讲座真正成为了高水平、国际性的学术研讨,使这个论坛真正成为了一流的学术殿堂。

为了表达对各位嘉宾的热烈欢迎,我校科研处处长屈文生教授和科学研究院陈金钊教授也来到了现场。屈文生教授是我校两位"长江学者奖励计划"青年学者之一,也是我国法律翻译界的翘楚;陈金钊院长则是华政引进的重量级学者,我国法律方法论研究的大家。

接下来我们有请陈金钊院长作为承办方代表致辞。

陈金钊教授致辞：

尊敬的於兴中老师、高鸿钧老师以及华政的各位同事、同学们大家好！

非常感谢於老师在中国抗疫取得初步胜利的时候，用现代科技进行学术交流。同时热烈祝贺"东方明珠大讲坛"第一讲开坛。在此我代表科学研究院欢迎於老师、高老师、鲁楠老师、丁玮老师、杨静哲老师、余盛峰老师等各位专家的到来，华政科研处处长屈文生教授、副处长陆宇峰教授对这次活动选题、议程设置、会议组织等做了精心细致的安排，在此一并表示感谢。非常荣幸能在第一讲开坛做一个开场白。

《法的自主性：神话抑或现实？》这个题目抓住了现代法学理论的焦点问题。这个题目也是法理学的基础问题，是需要中国法理学者认真研究的问题。对这个问题的深入探究，在中国具有补课的性质。之所以说是补课，在我看来，主要是因为中国在向西方学习法治没有赶上好时候。"甲午海战"失败后中国全面向西方学习，尽管包括了对法治的学习，但看到的主要是欧洲的不断革命以及对外殖民战争——法治不是亮点。我们通过学习革命，赢得了反侵略战争以及自身革命战争的胜利。胜利以后需要巩固胜利成果时也没有来得及学习法治，还要继续革命，以至于发生了"文化大革命"。因此我们学法治不多，比较缺乏研究。

"文革"结束后痛定思痛，我们意识到法治的重要性，还是法治靠得住。于是恢复法治，重新向西方学习。但我认为也没有赶上好时候。这时候又遇到了西方法治的理论危机，这种危机来自自由法学运动、现实主义法学、批判法学、后现代法学等反基础法学研究思潮。在这种持续了100多年的反基础法学研究思潮中，包括法律的自主性等基础性特征逐一被否定，法治的不可能性在理论上占据了上风。可以说，目前的中国法学深受反基础法学的影响，缺少对法律基础问题的研究。法律的自主性，以及与法律的自主性相关的法律的独立性、一般性、拟制性、客观性、体系性、稳定性、明确性等被称之为"法律神话"的命题都需要深入研究。这些"法律神话"虽然被解构了，但在中国的法治刚刚开启的时候，需要神化法治的理论，需要捍卫法律的自主性，需要充分意识到：法治需要逻辑，"法治是由法律所定义的社会秩序"，法学思维需要以体系之名的整饬。

在准备这个发言的时候，宇峰特别交代要提前做点功课。於兴中老师的文章我看过很多，这次找了於老师六年前一篇带有"法的自主性"关键词的文章《"法治"是否仍然可以作为一个有效的分析概念？》，重新看了几遍，发现於兴中老师结论是比较悲观的。他从"法治的观念最初产生时不过是一种理想，即用预先设计好的法律规则指导并约束人的行为以避免人的任意性"开始，到最后得出"法治很难成为一个有用分析工具"的结论。其基本思路是循着反基础法学的"神话"思路。之所以说比较悲观，是因为於老师看到了"法治概念的混乱，为不同法治概念的发展提供了可能性。"这篇文章发表于2014年，那么，6年过去了，於老师准备的提纲与这篇文章比较，也有了很大不同。我们很想听一下於老师在法的自主性问题上是否有新的高见，以及高老师在此问题上的看法。

於兴中老师很关心法律品格、法律生命。法律生命、品格与法律的自主性是联系在一起的。法律的品格与法律自主性发挥程度有关。法律的生命其实就是对法律自主运用的程度。没有法律的自主性就不会有鲜活的法律生命。正是法律具有自主性才有可能演绎出多样性的法律人生。我们相信，经过各位法律工匠的努力，多少能演绎出中国法治的图景。法治舞台不尽是政治的安排，而是法律自主性开花结果的产物。法律独立自主的品格其实是专制的克星。

主持人陆宇峰教授：

感谢陈院长的致辞，感谢科学研究院承办这次论坛。陈老师为今天的讨论进行了预热，他旗帜鲜明地反对解构的立场，提出在中国当前的发展阶段必须捍卫法治。也很高兴在 ZOOM 上见到陈老师,这次疫情迫使大家练就了许多新技能,其中之一就是使用各种会议软件,在全新的虚拟空间展开交流。这反而让我们轻松地跨越万水千山的阻隔,足不出户就能感受到於兴中教授、高鸿钧教授的思想。我不多言,把话筒交给於兴中教授,谢谢。

於兴中教授:

各位早上好!

非常荣幸能参加由华东政法大学科研处和华东政法大学科学研究院举办的"东方明珠大讲坛",我衷心希望这个讲坛越办越好,能够成为华政的品牌项目。

承蒙各位厚爱,给我这次机会作为开讲的主讲人,非常荣幸,同时也诚惶诚恐。因此,我提议把我的老朋友,真正的好朋友高鸿钧教授邀请来,我们一起聊一聊。也包括一道参加的青年学者们,大家一起来聊一聊,这样我心里会稍微踏实一些。我开个头,抛砖引玉。

今天的题目是"法的自主性:神话抑或现实?——世界 3 与法的自创生系统"。刚才陈金钊教授谈得很好。我在准备材料时还没有太多考虑这个题目与国内研究的联系及其现实意义,感谢陈金钊教授的提醒。

今天我的基本思路是,先谈法的自主性的概念和意义,从概念入手,谈各种学派对这个概念的见解和认识。不限于法律领域,而是还包括政治学与科学哲学等领域。法的自主性概念的主要提倡者是自由主义者,所以我先谈自由主义法学的立场;接着我会举例式地谈一谈结构主义的立场,涉及语言学与结构主义马克思主义的观点;然后进入波普尔的世界 3 理论与法律自主性的关联。最后关于法的自创生系统,这部分我就不多说了。因为在座的几位在这方面的功力都非常深厚,高老师做过很多研究,鲁楠教授和宇峰教授也都研究过这个问题,所以我请他们加入讨论,其他几位学者也来一起讨论。

尽管讲座阵容很可观,但由于时间关系,很难深入细节,为弥补这种遗憾,我们也准备了一些阅读材料,有兴趣的朋友看一看文章和资料,会对这个问题有更多的理解。

第一个问题,法的自主性概念。

首先,介绍背景知识,即法的自主性概念如何而来。作为中国人,由于没有经历过西方历史,我们了解西方的概念还是好像隔了一层。当然西方也没有很准确的说法,只是一个约定俗成的词语。我们知道荷兰人、德国人和法国人,西班牙人和意大利人,美国人和欧洲人,他们之间的差异还是很大的,而他们都归于西方。因为约定俗成,我们还是把以基督教、犹太教、希腊—罗马为主线的文化和地域意义上的文明称为西方。

让我们看看比较中西发展的历史背景会有什么发现。有些历史学家把中国的历史发展叫做continuation,它是持续的,从秦统一到清代,历史进程没有大的变化,一直到清末才有变化,这个背景我将其称为"道德文明秩序",是一以贯之的。

西方就不一样,发生了一种rupture,即从原来轨迹突然裂变,走向了另一方向。西方自"文艺复兴"之后经过数次巨大变化,宗教改革、启蒙运动、工业革命等,一系列大革命之后出现了"现代"。因此"现代"这个概念被用于分析和描述西方发展的过程,在这个场景之下,才采用传统、现代与后现代的表述。中国没有这个问题,今天我们主要谈西方。

西方的rupture,简言之,是指以一种"法律文明秩序"取代"宗教文明秩序"。宗教统治退居其次,法律文明秩序取得了重要地位。它以理性和科学作为背景,以法律作为制度表现形式,主要目的在于促进经济的发展。

在西方的法律文明秩序背景下,以康德著作为代表,"启蒙运动"赋予人自主性。大写的人出现了,人成为享受权利的主体,权利没有自主的主体便不复存在。这是法的自主性的一个面向。法的自主性的另一个面向则是专业化,最早是教士与医生,后来是法律人,专业性与专业化也与法的自主性密切关联。

这就是大体背景，限于时间讨论到这里。

其次，谈谈法的自主性的概念本身。

法的自主性的问题是西方法学家和法官们经过多少代的努力成就的理想。它的基本意思是，无论在形式上还是内容上，法律都是独立的，不受政治、宗教以及各种意识形态等因素的影响。法律是客观的、自成体系的知识，它通过严密而富于逻辑性的规则体系和一丝不苟的正当程序，由训练有素的专业人员予以执行。唯其如此，它才能保障正义、主持公道。简言之，在一个制定良好、机制健全的法律制度中，人为的因素是微不足道的，法律是自主的。

刚才陈金钊教授已谈到，这一概念100多年来成为了指引西方法律制度发展的理想。这种理想在何种程度上得到实现？有没有完全实现的可能性？都需要讨论。

我们的题目是，法的自主性到底是神话，还是现实？在某种意义上，它是一种神话，因为它描述的是一种理想；但从另一种意义上，它确实在某些方面实现了，也是一种现实。

大家都知道哈佛大学昂格尔教授的著作《现代社会中的法律》，昂格尔为了批判自由主义法学，专门总结了法律的三阶段——习惯法、官僚法与法律秩序（Autonomy of law-Bureaucratic Law-Legal Order）。在法律秩序中，法的自主性包括四个方面：实质性自治（内容中立客观）、制度性自治（专门机构实施，如司法系统）、职业性自治（律师职业发展）和法律方法自治（法律人的独特的思维方式，如法律推理）。那这到底是一种神话，还是一种现实呢？应该说，在世界范围，法律制度、法律职业以及法律思维方法的某种程度的自治基本上都实现了。

这就是法的自主性的基本界定。

最后，谈谈法的自主性的意义。

"文艺复兴"以来的西方法律经历了从法的神圣化到理性化再到世俗化的转变。这一转变的实质在于法律的生命从虚无缥缈的神的怀抱，最终回到了浑浑噩噩的尘世；法的渊源从上帝的旨意转向人类理性,而理性最终又受到经验的挑战。

与此相适应,法学研究的关注点也从"法是什么"这样的哲学命题,转向"有没有法"这样的现实问题,从规则中心主义转向法官本位,从相信法的绝对自主转向相信法的开放性。伴随着这种转变,始终存在着两个紧密相连而又最为困惑的问题:一是法是否确定,二是法是否自主。这两个问题直接关系到法律制度存在的合理性和法学研究的必要性。如果法是不确定的,执法和司法就会因人而异,法的面前就不可能人人平等。如果法不是自主的,就势必受到人为因素的控制,摆脱不掉人治的桎梏,有关"法治"的种种议论也就只是神话而已。

第二个问题,自由主义法学的立场。

前面讲了法的自主性问题的背景以及它重要性,接下来我们谈谈学者们关于这个问题都说了什么,然后大家再讨论。自由主义法学的概念是在与批判法学的辩论过程中逐渐清晰起来的。实际上,过去100多年发展起来的自由主义法学一般指坚持法的确定性与法的自主性,或者为现存法律制度辩护,维护公平、正义、平等、权利与法治等主要价值的流派。当然,众多法学流派的分类标准是不同的,这只是一种分类的结果。

我想提一下,我在哈佛读书时听过很多法学理论的课程,其中有一个很有意思的教授萨金提什(Lewis Daniel Sargentich)。他是一个完美主义者,同时也是一位专注于教书的教授。他在课上就将自由主义法学分为理想主义、形式主义以及现实主义(Idealism, Formalism, Realism)。我接下来结合这三种类型,谈谈那些在一定程度上维护法的自主性的学者们的立场。

首先谈理想主义。理想主义一般涉及自然法学以及法的价值等问题,其中最重要的学者就是德沃金。德沃金在法学界家喻户晓,是一位相当优秀的学者,写过很多书。很多人说他是自然法学家,但他可能想走第三条道路。如果仔细观察,他也可能是一种有原则的实用主义者。我想强调,他提出了一个非常重要的概念——法律整体性（Law as Integrity）。他试图说明，在法律目前面临各种困难和挑战（法律的不确定性、法是不是有自主性等）的情况下，大家都已经知道法律不确定了，19世纪人们对法律崇敬之情和法律意识已经不复存在了，但法律本身还是值得保卫的。简言之，他说，法律最终是一种解释性概念，最终的要求就是法律整体性。有些学者将这个概念翻译成整全性，这是有问题的，因为integrity这个词有两个重要含义，最重要的一个含义是指人的品质、一个人坚持的原则，是品格和品德的意思。另一个意思则是领土的完整，或者现在常常谈论的数据的完整。德沃金的意思并没有指整全。

德沃金的理论是在更深刻的意义上理解法律现象，要在不确定中要找到确定，在不自主中找到自主，他将"整体性"作为一个统御性的概念。这对法官的要求非常高，必须懂得规则、法律制度的内部情形，懂得先例，权衡各种因素，才能做出一个决定，即唯一正确答案。

德沃金试图在自由阵营中将平等与自由两者融合起来，建立起某种联系，强调两者并不矛盾。但很多学者认为两者矛盾。确实，可能与德法体系相比，英美体系相对更注重自由。德沃金认为，"整体性"是与正义、公平以及正当程序等并立的另一个概念。认识到"整体性"的这一层面含义，那么法的自主性实际上就在某种程度上实现了。在提到这个概念时，他特意使用了拟人化的手法，给一个没有生命的实体赋予生命的品格。德沃金就是理想主义的代表，人们也认为德沃金是连贯性的维护者。

关于法律形式主义，最早由哈佛法学院老院长兰德尔提出，后来成为被批判的对象。兰德尔将法律视为科学，把案例比作实验，在某种意义上也强调法律是一种自洽的系统。当然，如今哈特是最重要的代表。在《法律的概念》中，哈特认为法律是一种规则体系，包括主要规则、次要规则等，规则系统本身即存在一定的自主性，这也为法的自主性提供了辩护。

法律现实主义的最早代表是霍姆斯（有人也称他为实用主义的代表）。众所周知，霍姆斯说过一句著名的话，即法的生命不在逻辑而在经验。但在这里我想强调他提到的另一个概念——"法律的生命"。虽然霍姆斯是一个实用主义者,但从他后来的著作之中可以看出,在某种意义上,他认为法律隐隐约约地还是一种自洽的体系。

第三个问题,结构主义。

结构主义本身就强调结构,强调各种各样的制度都有相对的自主性。这是一个很大的思想流派,大家比较熟悉的是人类学领域的列维·斯特劳斯。更早的话,1725年维科的《新科学》就提出,人类社会的各项制度和原则(虽然是人类自身创造的)已经反过来在制约人类了。后来马克思关于异化的思想也包含这样的见解。有个比喻很好,说人设计了傻瓜相机,相机反过来把人变成了傻瓜。在某种意义上,已经创制的某种外在事物会反过来作用于我们,这也就是自治或自主性的意思。

接下来,涂尔干提出了"社会事实"概念,包括很多人们不得不遵守的内容。比较重要的还有索绪尔的语言学,他认为语言本是外在于其他系统的独立符号系统,这对法律来说意义重大,因为法律是用语言来描述,语言的自主性为法的自主性提供了一定保障。

我们再来看马克思主义结构主义。阿尔都塞,一位法国马克思主义哲学家,他的贡献在于提出相对自治的概念,他在上层建筑和经济基础的关系问题上有重要的论述。法律在他看来是相对自治的,并非一定要与经济基础相联系。另一位就普兰查斯(Nicos Poulantzas),他的观点是,国家是相对自治的,能够形成相对客观的体系,不一定符合统治阶级的利益。这里只是简单谈及,后面我们大家再讨论。

第四个问题,波普尔的世界3理论。

波普尔认为,传统的主观世界与客观世界二分的认识论有问题,第一世界通过第二世界的作用所产生出的东西既不属于第一世界,也不属于第二世界,应该如何来分类?那么就有了第三个世界,人创造出来的制度设计、文学作品等。世界3本身是自治的,其发展不以人的意志为转移。比如交响乐,在被创造出之后,往后的诠释就完全不是之前的样子了。很多文学作品也是如此。简言之,世界3有其独立生命。这个见解对法律的重要影响在于,法律的创制(议会的立法与条例、法官的判决与意见)一旦形成,一般情况下,议会和法官并不能改变创制的结果。在这一意义上,我们再来看关于法律与道德之间的关系诸多争论。

如果采用世界3自主发展的观点,再结合系统论的观点,我们会发现,法律与道德都有各自的系统,这些系统又是开放的系统,相互作用,不存在谁决定谁的问题。这也是解决法律与道德问题的一个新思路。关于这个问题我们也推荐了一篇文章,有兴趣可以读一读。

最后,卢曼和托伊布纳师徒提出的法律自创生系统理论。卢曼是非常严谨和高产的学者,卢曼和韦伯的学术地位在一定程度上有点相似,都有些生不逢时。一个活在马克思的阴影里,一个活在哈贝马斯的阴影中。但是他们的学术地位和重要性并未受到质疑,仍需我们认真对待。由于时间的关系,我先谈到这里。接下来我把时间交给高老师和各位老师一起讨论。

主持人陆宇峰教授:

谢谢於兴中教授。於老师谈到了非常丰富的内容,同时提出了一个很重要的问题:法的自主性是神话还是现实?他首先交代了法的自主性问题的来源,然后从自由主义的法学立场、结构主义立场、波普尔的想法,以及卢曼、托依布纳的"自创生"系统理论等多学科角度,展现了各方对法的自主性的认识,令我们大开眼界。於老师也让我们看到,情况比我们想象的更复杂。比如,德沃金在处理这个问题的时候,面对着已经变化的历史条件,法律不自主表象已经显露,他是在法律不自主的表象之下维系对法的自主性的认识。更重要的是,讲座中我们不仅遇到了法学领域熟悉的思想家,如昂格尔、德沃金、兰德尔、哈特、霍姆斯等,也遇到了很多不为法学领域所熟悉的思想家,如索绪尔、列维·斯特劳斯、维柯、涂尔干、阿尔都塞等;还通过结构主义的问题再进入一个更深的层次——波普尔,最后引出系统论。这中间似乎有一个渐进的逻辑,还请我们尊敬的高鸿钧老师点评。

高鸿钧教授:

主持人好,尊敬的陈老师、於老师、屈老师、各位老师、各位同学大家上午好!非常感谢华东政法大学科研处和科学研究院组织这次学术活动,并给我提供了一个跟大家交流的机会。我们在这样一个特殊的时期,用这样一种特殊的方式进行学术交流,本身是一件很有意思的事情,也是未来值得纪念的一次活动。

这次活动选定的主题非常好,於兴中教授关于法律自主性的演讲视野开阔,线索清晰,重点突出。由于时间限制,於老师没有展开论述卢曼的法律系统论内容。我尝试介绍卢曼法律系统论的三个主要命题,请大家批评。

第一,卢曼认为法律是一个系统。这个命题主要是针对以往的法律概念,比如传统上许多学者把法律或定义为规则,或定义为由国家强制力保障实施的规范的总和,或定义为统治阶级的意志,等等。这些概念都从一个层面揭示了法律的特征,但都失之片面。卢曼认为法律是一个系统,这个系统不仅包括规则和原则,还包括施行这些规则和原则的组织和人员,甚至涵括法律活动和法律事件。这就使得法律概念的思维范式从简单走向复杂,从静态走向动态,从平面走向立体。

与此同时,卢曼还引入了生物学的"自创生"概念,认为法律是一个自创生系统,自我指涉、自我繁衍。系统可以理解为是一种装置,装置里有规则、原则、法律教义学、立法、司法的组织和人员等,十分复杂。通过系统的隐喻,卢曼对早期的法律自主性概念给予了新的提升。值得注意的是,我国学者20世纪80年代也曾提出法律系统论,但那是在物理意义和机械意义上的"系统";卢曼的法律系统论引入了生物学的"自创生"概念,"自创生"是高度自主性的状态,它能够自我生成、自我发展、自我运作。比如在AlphaGo之前的围棋软件,某种程度上仍是结构主义的、机械论的系统,只能按既有信息来处理遇到的问题;AlphaGo则能够在深度学习的基础上,重新进行信息生成、提升,并根据新问题、新场景,作出新应对。韦伯曾寄望于形式理性的法律成为"法律自动售货机",准确地为人们提供所预期的"法律产品"。卢曼则认为,这种结构决定功能的"法律自动售货机"无法应对现代社会的复杂性和不确定性;现代社会需要一个功能决定结构的法律系统,用"法律变形金刚"替代"法律自动售货机"。也就是说,当有新问题需要解决时,法律系统自己可以生成新的信息处理方式,能运用这些新的方式处理随时可能出现的、意想不到的新场景和新问题。

第二,卢曼认为法律系统与环境存在互动关系。哈特的规则论虽然将法律与政治和道德分离开来,描述了法律的自治性,但会使法律同其他系统相隔绝,成为一个独立王国,该王国的发展可能会产生人们预想不到或人们不愿看到的结果;政治决定论、经济决定论和文化决定论的法律概念虽然强调法律对社会的依赖,但会使法律受社会环境的决定和支配,丧失自主性。卢曼的法律系统论兼顾了系统与环境的关系——系统运作封闭,认知开放。法律系统在运作中仅仅根据自己的代码,对人们的行为进行合法/非法的二值判断。同时,法律系统认知开放,根据自己的需要从环境吸取信息和能量。这些信息和能量一旦进入法律系统,就成为法律系统的组成部分,比如道德诉求被法律系统接受,就会变为法律权利。总之,卢曼的法律系统既具有自主性,又同环境保持互动。他把法律自主性研究提高到一个新的水平。

第三,卢曼认为法院是法律系统的中心。长期以来,立法中心论一直占据主导地位,传统上认为立法来自民选机构,司法是把民选机构的立法适用于具体案件。卢曼认为,立法中心论旨在避免"法官造法"的理论窘境,而法律来自民选机构和民主过程,则在逻辑上显得顺理成章;但英美法和欧陆法的晚近发展趋势都显示出,法院才是法律系统的中心。法律不是因有效而得到适用,而是因得到适用而有效,这证明了卢曼关于法院是法律系统的中心这样的命题具有实践呼应性。卢曼的理论在很大程度上揭示了法律系统的突出特征。德沃金虽然认为"法院是法律帝国的首都，法官是帝国的王侯"，但也强调了立法的重要地位。相比之下，卢曼法律系统论毫无保留地确立了司法中心主义的立场。

主持人陆宇峰教授：

感谢高老师精彩的演讲。高老师从伊斯兰法到伯尔曼，从茨威格特、克茨到哈贝马斯、韦伯、卢曼，还包括解释学、易经和佛学，一直坚持在艰深的理论领域耕耘，非常令人佩服。高老师接续於老师谈到的问题，提出卢曼从多个方面把我们对法的自主性理解提升到新的水平。第一，卢曼把法律当成一个系统。这并非在静态意义上讲法律作为一个规则如何区别于其他社会规则，而是在动态意义上陈述法律作为一个系统，如何在运作过程中独立于其他系统。这涉及革命性的思维方式转换，是理解法的自主性的全新视角。第二，卢曼对法律系统与环境之间关系做出了不同的处理。他不是简单地运用辩证法，认为法律既有开放的一面，又有封闭的一面；而是指出法律在规范层次上封闭，在认知层次上开放。第三，卢曼认为法院是法律系统的中心。高老师实际上向我们提示了一个当今世界非常值得重视的现象，即司法治理正在成为主要的治理模式，背后是法院作为法律系统的中心，这是法律"自创生"的重要指标。第四，卢曼与韦伯的区别。高老师谈到一组非常生动形象的对比，韦伯是结构功能主义——"自动售货机"，卢曼是功能结构主义——"变形金刚"。我想，卢曼与韦伯的对比又引出了一个话题，鲁楠老师在韦伯的研究领域耕耘非常深厚，同时也对卢曼的研究进行了广泛阅读，期待鲁楠老师的演讲，谢谢。

鲁楠副教授：

首先感谢华政科研处和科学研究院组织这场活动，并给我提供机会向於老师、高老师及在线各位师友学习。刚才於老师和高老师从法理学的角度,阐述了西方学术界关于"法律自主性"的理论探讨。我拟从法史学的角度对这一问题进行补充和延伸。我主要谈三点。

第一,法律具有自主性的观念是西方法治传统的突出特点。美国著名法律史学家伯尔曼在《法律与革命》中曾概括西方法治传统所具有的十大特征,其中第一个特征就是"在法律制度与其他类型制度之间较为鲜明的区分"。而横向考察人类社会几大主要文明的法律传统,不论是古代中国、古代印度还是伊斯兰文明,都没有产生如此明确的、主张法律具有自主性的思想观念。在古代中国,法律更多地与伦理选择和政治权力相结合;在古代印度和伊斯兰社会,法律与宗教始终保持着密切的联系,甚至法律就是宗教的有机组成部分。随着人类进入现代社会,这种具有西方文明特点的"法律自主性"观念伴随着法治这种治道,显示出了现代适应性,为其他文明所接受。如果我们将於老师所提出的"神话还是现实"这个选择理解为"观念还是实践"这个命题的话,从跨文明比较的角度来看,观念和实践始终处于密切的互动之中。观念塑造实践,实践反馈于观念,这也是人类社会互动所具有的突出特点。

第二,法律自主性的观念在西方法治传统中究竟起源于何时?围绕这个问题,在西方法律史学界和法理学界存在着争论,有五种代表性的观点。第一种观点认为起源于罗马法,我们可以在罗马法学家的事迹和实践当中找到法律自主的起源,这以梅因的研究为代表;第二种观点认为始于1075年的"教皇革命",由于当时的欧洲形成了政教分治的格局,二者的相互竞争激发了独立法律体系和法律思维模式的诞生,这以伯尔曼的研究为代表;第三种观点与於老师的主张相同,认为法律自主性的观念是启蒙运动的思想结晶,它与人的独立自主观念的出现密切关联;第四种观点认为,法律自主性的观念到了19世纪才逐步成熟,代表性的观点是韦伯,韦伯区分了四种法律的理想类型,其中形式合理性法才具备真正的自主性,这是到了19世纪才臻于完备的。第五种观点则是卢曼的主张,卢曼同意韦伯的立场,认为法律的自主性是现代的产物,与社会演化的历史规律密切联系,卢曼认为，人类社会的演化经历了三个阶段，分别是早期初民社会的分隔时代、中世纪的分层时代与现代社会的功能分化时代，而唯有在最后一个阶段才可能产生法律的自主性。卢曼谈到，在18世纪的启蒙思想中，已经出现了主张法律与其他领域相分离的一些论述，但关于法律与宗教相分离的论述较为明显，关于法律与政治、经济分离的论述却并不那么显著；到了19世纪和20世纪，人们对法律自主性问题有了全新的认识，法律与其他领域的分离才变得更加清晰。

第三，法律与政治的关系是法律自主性问题的重要侧面。刚才於老师令人信服地谈到了法律自主性命题中关于法律道德性的话题，我这里补充另一个重要话题，这个话题在今天中国民主法治的建设过程中引起很多争论，即法律与政治的关系。在西方法律思想史上关于这个问题争论很多，但大体上有两种代表性的观点。一种是法律与政治的统一论，认为二者是同一种事物，这种观点在中国相当有市场，若持这种观点则谈不上法律自主性命题成立的可能性。另一种是法律与政治的分离论，认为二者是不同的事物。分离立场可以再区分两种观点：有的认为法律高于政治，限制政治权力，很多自由主义法学家秉持此观点；有的认为政治高于法律，法律是政治的工具，这种观点仅在部分程度上承认法的自主性，同时强调这种自主性应该服从于政治对法律的导控。

卢曼认为，两种观点都存在误区。首先，法律与政治是两个不同的系统，各自发挥着独一无二的功能。政治的功能是贯彻有集体约束力的命令，法律的功能是稳定规范性期待，二者不可相互取代，取代则会造成功能紊乱，使整个社会为此付出代价。唯有两个系统各自发挥功能，才能共同建设一个成熟的现代法治社会，才能够维持高度复杂的现代社会的运转。其次，政治和法律之间不是谁高谁低的关系，而是并行的两个系统，它们交互寄生、相互激扰、共同演化。这个观点对民主法治建设也有所启发，我们要保持政治与法律之间的恰当关系，既避免二者相互混同，造成体制失去必要的灵活性，又要避免二者过于疏离，导致体制失去必要的回应性。同时应避免陷入误区，认为政治和法律保持高度一致会使社会运行更加有效，实际上，由此产生的负效应是使社会陷入更僵化的局面。

非常感谢於老师今天的讲座，也非常高兴参加这样一个交流，希望我自己做的一些不成熟的见解能够抛砖引玉，引来大家精彩的观点，谢谢。

主持人陆宇峰教授：

感谢清华大学鲁楠教授的演讲。鲁楠老师一直做韦伯的研究，今天也在采用韦伯理想类型方法的同时，贯穿法律史的视角，讨论了关于法的自主性的多种理解。鲁楠老师抛出一个很有意思的问题：法的自主性是何时形成的？我非常赞同鲁楠老师的想法，这可能是一个渐进的过程。"宗教改革"和"启蒙运动"时期，法律借助道德的力量，以康德"理性自然法"的形式与宗教脱钩；随后在奥斯丁那里，法律借助政治的力量，作为"主权者的命令"与道德脱钩；到了凯尔森、哈特，法律又借助科学的力量，作为纯粹法的规范体系与政治脱钩。今天我们可能继续面临法律系统与科学系统如何脱钩的问题。而这正是波普尔世界3的理论缺陷，即混淆了科学与法律，一会儿我还会再谈。此外鲁楠老师还接续陈金钊老师和於兴中老师，谈到了一个更现实的问题，即法律与政治的关系问题。这是中国理解法的自主性无法回避的问题。鲁楠老师提出了一个很有现代感的解决方案：法律与政治不是谁决定谁，谁服从谁的简单关系，二者是相互激扰的关系。这可能才是现代政治和现代法律应有的品格。

非常感谢鲁楠老师。接下来我们有请康奈尔大学法学院2019—2020年访问学者、哈尔滨工程大学法律系的丁玮教授演讲，谢谢。

丁玮副教授：

谢谢主持人，谢谢各位老师，有幸参加这次学术对话！刚才於老师、高老师还有鲁老师从各自的角度对法的自主性和法的"自创生"系统做了非常全面的梳理。由于时间有限，我想提出一些问题，向各位老师请教。

第一，法的自主性和法的自创生性如何可能？在自由主义法学的理论框架下，昂格尔关于法的自主性的四个方面——实质性的、制度性的、职业性的、方法论的自主性，可能都存在进一步讨论的空间。在实质性的法的自主性上，自由主义法学的核心概念正遭受来自自由主义法学内部的挑战，如权利、正义等作为法律的核心概念，是否存在自主性或者确定性？美国当代法理学学者伊丽莎白·安可尔认为权利是一种悖论，既可以保护人的利益，也可以成为压迫人的工具，这是西方左派批判法学的一种观点。同时，对权利的追问本身促使我们反思，权利作为话语，是对真实社会的描述，还是仅为一种神话？由于语言、概念的差异，以义务为本位的中国传统法律体系，与以权利为本位的西方自由主义法学的法律体系，完全是不同话语的法律体系。

第二，在实质法律之中，正义的观念如何可能实现？德沃金的平等的自由主义观念，或者罗尔斯的作为一种公平的正义理念，在西方以自由主义权利为本位的话语体系中，尤其是在处理平等、自由这一对立矛盾时，难以得到实现或平衡。若仅以利益平衡原则或比例原则处理，又将招致如社会学等其他学科的诟病和质疑。在制度性的法的自主性上，司法机构是特定国家民主政体的组成部分，法官的遴选、任命和薪资都受制于民主政治过程。在处理重大的、竞争性的权利争议时，如隐私权、同性恋关系、安乐死等问题，司法裁决往往需要迎合大众的要求。在此情况下，法院做出的司法判断如何实现法的自主？司法与民主之间的张力，使得司法独立难以保障。在国际层面上，国际社会尚未建立民主政治结构，在国际正义实践过程中，没有基于国际政治社会契约的结构过程，不存在实现国际正义的制度基础，无论是罗尔斯的一般正义还是阿玛蒂亚·森的具体正义，均难以在国际社会中实现。只有全球正义或者世界正义，才有实现的可能性。

第三，法律解释本身能否保证法的自主性？在法的方法论上，法律就是阐释性科学。这种解释是法官自己的解释还是迎合大众的解释，又或是受到政治干扰的解释，解释本身能否保证法律的自主性？这些不仅是美国现在比较流行的法律解释争议，也是当今国内学者非常关注的问题，宪法解释尤其如此。

以上都促使我们反思法的自主性指向的一个核心问题——如何解决法的确定性？用什么标准实现法的确定性？卢曼认为，法律在进化和发展中形成了封闭性体系，建立了以法律语言、概念、制度为特征的系统。维系这个系统的两个要素，一是法律规则，二是使规则保持一致性。对法的一致性的限制甚至超过了外部环境的影响，而这也是影响法律自由发展的主要原因。法的确定性是系统运作的最大追求，而不确定性是法律发展面临的最大挑战。卢曼并没有否定法的自主性对社会的作用，而是表达了合作的愿望，他希望通过社会学的理论，使法律体系中不确定性的概念再概念化，追求理论上的确定性。法的自主性和自创生何以可能？世界3的理论贡献除提出法律体系的独立性外，还在于世界3对世界2和世界1具有的反馈功能。它们之间的相互影响，包括批判性反思、同情、意识到不可靠性和不确定性的意识。这样的努力为更好地处理法的封闭性与开放性的关系、为探索法律系统未来能够从立足于法的自主性走向法的自创生提供了可能的路径。

希望能与各位老师交流，我就说到这里，谢谢。

主持人陆宇峰教授：

谢谢丁玮老师。丁玮老师抛出了很好的疑问，使今天的论题立起来了。她至少从以下几个角度，强调法的自主性很可能是一种神话。第一，权利体系自身悖论重重，如果说法的自主性就体现在它是一个权利体系，而这个权利体系却充满悖论和矛盾，法的自主性何以可能？第二，现实司法裁判中，正因法律体系内部价值矛盾重重，所以经常需要进行价值衡量，这个价值衡量往往法律自身无法解决，必须要回应社会需求。第三，如果说国内法体系勉强有其自主性的话，与国际政治高度耦合的国际法体系是否有自主性可言？

丁老师也提醒我们，卢曼不是庸俗地强调法的封闭性和法的僵化性，相反，"自创生"的法律反而更具回应性和反思性，更加适应社会的需要，这是该理论精妙的地方。

谢谢丁玮老师。下面有请康奈尔大学法学院2019—2020年访问学者、华侨大学法学院的杨静哲老师演讲。

杨静哲老师：

各位老师好，非常感谢华东政法大学科学研究院和科研处的邀请，非常有幸能以线上的形式跟自己的两位恩师和师友们学习。我谈谈自己的学习体会和认识。

第一，关于法的自主性起源、概念与发展，以及在今天，法的自主性到底意味着什么，刚刚於老师的讲解非常全面和深刻。我的认识是，於老师实际上从自由主义法学、结构主义、波普尔的世界3理论以及自创生系统理论这几个角度，将法的自主性如何体现于法的各要素或者说法治话语的各要素进行了详细梳理。例如，理想主义涉及的是法律价值的普遍化；形式主义涉及法的体系性，强调规范或者规则；现实主义或实用主义涉及法律判决的权威性；结构主义、波普尔的世界3理论是从法律学说和法律理论的角度在某种程度上体现其科学性；自创生理论涉及法律学术与理论的科学性（其他学科的科学观察），以科学的观察去阐述系统理论。而这些要素的特性都是法的自主性的具体表现。

第二，高鸿钧老师刚才揭示出卢曼理论的三个重要特征及其方法论意义。这涉及一个非常重要的问题，即知识论和认识论的根本性革命与转变。卢曼给了我们重要启示，从前我们在认识法的自主性和法的运作等问题时，采用了一些基本的认识脉络和知识结构，今天可能要完全用另一套话语，不同于过去的范式、概念和框架来理解这些问题，系统、环境、沟通等成为新的描述和观察的关键。简言之，对法的观察和描述可能需要我们在知识论和认识论层面更新理论工具,无论是内在还是外在的观察和描述。或许我们可以从跨学科或者从后学科角度,重新界定法律本身,重新界定自主性的概念。

第三,关于鲁楠老师讲到的西方文明史叙事和法律史的自主性起源,与丁玮老师讲的反思现代性问题,涉及在认识论的根本性革命之后,在时代变革之时,法律的自主性是否会衍生出其他新问题。比如,当今时代已经开始区分"前疫情时代"(before corona)的时代和"后疫情时代"(after corona)的时代。丁老师的很多疑问可能在于是否"一切都烟消云散了"这一反思现代性的核心问题。我的理解是,法的自主性正是很多所谓"保守的法律人"维护的东西。鲁楠老师更多从时间/历史角度来解释横向的法的自主性形成过程。我的理解是,在时间/历史的典型现代性叙述之外,由法的自主性问题可能衍生出一些新问题,即法的空间性问题。这样的空间性问题在今天有非常多学者和年轻的学科参与进来,重新重构法律的概念和自主性的概念,产出大量崭新而有趣的内容,这可能也是诠释法的自主性争论的一个独特视角。

谢谢大家,这就是我的一些观点。

主持人陆宇峰教授:

感谢杨静哲老师。杨静哲老师对各位老师的演讲做了一个回应,强调我们实际上是从不同的角度认识法的自主性的问题。这也意味着今天很多法学的重要基础理论都必须在新的认识层次上重新加以理解,就此而言,多学科的观察非常重要。杨静哲老师也谈到了法的现代性与后现代性的问题,以及法的空间性的理论,指出现在已经有学者把卢曼的"自创生"理论用于法的空间性问题的研究,这是很有意思的。在我想来,既然卢曼和托依布纳第一认为存在全球法律系统,一个统一的全球法律系统如何体现空间性?

感谢杨老师的与谈。接下来我们请康奈尔大学 2018—2019 年访问学者、北京航空航天大学法学院余盛峰教授演讲,谢谢。

余盛峰副教授：

谢谢宇峰，各位老师好，也感谢华东政法大学的邀请。刚才听到於老师、高老师以及各位老师非常精彩的发言，我受启发很大，那么这里我简单谈一点自己粗浅的看法。

在我看来，法律的自主性是要为现代法治提供一套理论解释。一方面，现代社会的政治、经济、科技，甚至是新冠肺炎疫情这样的公共事件，都在不可避免地对法律的运行和发展产生重要的影响。没有人会相信法律可以独善其身。大家最熟悉的就是马克思所说的经济基础决定上层建筑，法律是由经济所决定的。另一方面，法律在这种背景下是否还有它的自主性，是否可以不受其他社会因素的影响和支配，也就是说在现代社会法治如何可能？卢曼用了一种比较调和的说法：法律在规范上封闭，在认知上开放。通俗点说就是法律可以听取和接受一切别人善意的意见和建议，但是最终只能是自己来做决定。

在这里我只想谈一点，即科技发展对现代法律自主性的冲击和影响。首先我们需要思考现代社会强调法律的自主性，其目的是什么？从功能角度看，现代社会需要法律通过它的自主性推动法律系统实现功能上的分化。让法律为现代社会承担一种特定的功能，专门为社会来做一件事。这件事就是让法律维护社会规范性期望的稳定，通过这种方式，让法律更好化约现代社会的复杂性，稳定现代人类的规范性预期。

这个层面存在两个非常重要的要点：第一，必须通过功能分化的方式，让法律承担特定的社会功能。法律专门做这件事，其他社会系统待到一边，不要进入我的领域。我们知道经济学家亚当·斯密很好地论证了社会分工的经济效率，即只有通过社会分工，效率才能得到最大提高。鞋匠专门做鞋子，农民专门种地，这样社会效率才最高。应该由法律做的事情就专门由法律来做，而不是让其他社会系统越俎代庖。第二，法律是通过一种特定的方式，即"不学习"来发挥这种社会功能。简单地说,法律预先设定一系列的规则,最好是颁布一套完美的法典,然后,不管个人情况如何,只要案件发生了,那么对不起,大家都来按设定的规则解决问题。法律不会怜悯你,不会考虑你的身份,不会考虑这样是否会影响经济发展。这就是所谓法律的不学习。法律通过这样一种不讲情面的、决绝的方式发挥它的功能。

法律之所以这么做,是因为人类在处理社会事务时,其处理信息的能力是有限的,而案件一旦发生,又必须很快解决。此时就必须用一种事先设定的规则,而非临时学习的方式,快速解决问题。特别是在进入现代之后,社会变得高度复杂化、多元化,如果每种情况都临时处理,矛盾就没有办法及时解决,社会就会陷入混乱。所以现代社会就特别强调法律的自主性。但在今天,伴随着大数据、人工智能技术的兴起,情况似乎发生了变化。社会处理信息的能力和效率大大提高了,现在甚至可以通过一种柔性的、实时应变的、随时生成的规则来解决特定的问题,可以运用私人定制的法律解决问题。法律不再是普遍、统一、稳定、确定的法律,这对传统法律带来很大的挑战,也是对法律自主性的挑战。

由此进一步引申出两个方面的问题。第一,大数据和智能技术兴起之后,是不是只有功能分化、社会分工才能效率最高?今天,很多社会领域都在科学、技术的支持下高度交叉融合,而且这样做似乎效率变得更高。这对亚当·斯密的社会分工论带来很大的挑战,对现代社会的功能分化逻辑带来很大的挑战。第二,法律是否只能通过事先统一立法的方式,用一种不学习的方式来发挥它的功能?大数据等技术发展之后,似乎法律也不再简单沿用过去不学习的方式发挥作用,未来可以根据每个特定的场景实时立法、实时生成规则。

这两个方面都将影响法律的自主性。首先,法律自主性是否值得追求?自主性是不是效率最高?甚至说自主性是不是最高的价值?还是说有一个更为上位的价值?而且以前我们坚持的法律的自主性,今天已经在影响那个最高价值的实现?其次,法律是不是只能通过不学习、反事实、维护规范性期望的方式发挥功能?在新的科技条件下,法律发挥功能还需不需要坚持传统的自主性。未来结合了新科技条件的法律自主还是不是法律自主?或者是一种新的升级版的法律自主?

对于法理学来说,这些都是非常重要的新理论命题。

主持人陆宇峰教授:

谢谢余盛峰老师。余盛峰老师是继马克思之后,第二个提出"法律消亡论"的重要学者,并且是站在人工智能的角度来谈论法律消亡的未来可能性。很高兴这篇关于法律消亡的文章发表在我校主办的《华东政法大学学报》上,引起了广泛关注,开阔了我们的眼界。人工智能定将为社会带来重大改变,包括法律运行的方式、法律呈现的形式以及社会组织的原则。於老师带着我们在历史和现实的背景下讨论法的自主性问题,今天可能要放在全新的人工智能背景下或后疫情时代来讨论该问题。

遵於兴中教授的嘱咐,我也谈一谈。我认为从自创生系统理论出发,对波普尔的世界3理论和阿尔都塞的法律意识形态国家机器理论进行二阶观察,可以得出一些初步的结论。

首先,波普尔所谓世界3既不是物质世界,又不是精神世界,很接近卢曼所谓自创生的社会系统。卢曼也有类似的三分法,认为"社会系统"有两种外环境,一是"自然环境",大致等于物质世界,二是"意识系统",大致等于精神世界。更重要的是,世界3概念具备"自创生"的意涵。波普尔指出,世界3具有自主性,它既是人造的,又是客观存在的,有其自身的生命和历史,不能被还原为物质和精神。当波普尔说世界3很大部分是已经出版的书籍的副产品的时候,人们已经很容易联想到卢曼、托依布纳等人所说的,法律等社会系统通过回溯到既有的沟通网络,亦即通过封闭的递归运作,实现自我再生产。

波普尔的局限是,由于他在知识论和科学哲学的意义上展开讨论,世界3理论实际上仅仅适合描述一种特殊的社会系统,即现代科学。如果说确实存在三个世界,那么在物质世界和精神世界之外,也绝不是只剩下客观知识世界。真正的世界3是一个由多元子系统构成的全社会系统。就现代的全社会系统而言,其中除了致力于知识生产的科学系统,还存在其他多元的功能系统,毕竟社会不仅追求真理,还追求权力、财富、美、善和正义。波普尔可能很好地解释了科学系统的自创生,即通过发现问题—提出理论(猜测)—批判理论(反驳)—发现新问题,实现知识的进化。但这个模型无法解释法律等其他社会系统的自创生。法律不像科学系统那样追求真知,按照"真理/非真理"代码运转,它追求正义,追求同案同判,按照"合法/非法"代码运转,不是波普尔的知识进化模型可以解释的。

归根结底,波普尔已经发现了自创生的社会系统——世界3,但他将现代社会的一个子系统——科学系统误认为整个世界3,由此造成世界3概念不能成功描述法律的自主性。

其次,阿尔都塞是新马克思主义的代表人物。马克思主义认为法律由经济基础决定,同时又是统治阶级意志的体现。这条原理经常被僵化地理解为否定法律的自主性,并因此受到诟病。阿尔都塞试图通过承认法律的相对自主性,矫正这种机械理解,进而捍卫马克思主义的原理。阿尔都塞区分了"法律"与"经济"。他认为"法"与生产关系是分离的,比如契约自由的法律原则,就并没有直接反映资本主义的生产关系。阿尔都塞也区分了"法律"与"政治"。在他那里,政治可以分为两个部分,硬的政治叫"镇压性国家机器",包括警察、法院、监狱,它们不等于"法"。软的政治叫"意识形态国家机器",法律—道德意识形态是其中之一,它们也不等于"法"。比如,"法"只是规定法律面前人人平等,但法律—道德意识形态却宣称人生而平等。阿尔都塞甚至认为,各种意识形态国家机器都相对独立。比如,被推翻的统治阶级固然无法再控制政治意识形态国家机器,但在法律意识形态领域可能仍然保有阵地;或者反过来,被统治阶级虽然还没有控制教育、文化意识形态,但已经可以用自己的法律意识形态来对付统治阶级。法律的自主性似乎就是这样呈现出来的。

但阿尔都塞以退为进,强调法律自主性不过是表象。首先,法律看似与经济分离,体现私有产权神圣、契约自由等原则,确实没有直接反映资本主义生产关系。但法律利用形式性的特征,把实质的交易内容抽象掉了,反而更好地掩盖并维护了资本家对工人劳动的剥削。其次,法律看似与政治分离,但法律的强制属性意味着它无法离开硬的政治,即镇压性国家机器;法律往往得到"自觉"遵守,则是软的政治,即法律—道德意识形态国家机器的作用使然。就生产关系的再生产而言,最重要的是教育意识形态国家机器;就保障生产关系的运行而言,则最重要的是法律意识形态国家机器。因此法根本无法独立存在,它和镇压性国家机器及法律意识形态国家机器共同构成一个系统。最后,各意识形态国家机器尽管相对独立,甚至存在相互斗争,比如资产阶级法权观念与无产阶级平等观念的斗争,但由于统治阶级掌握了镇压性国家机器,各种意识形态国家机器还是统一在统治阶级意识形态之下。

因此阿尔都塞与其说是承认了法律的自主性,不如说是再次从根本上解构了法律的自主性。这样的理论无法解释为何在现代社会之中,法律、经济、政治三种社会系统各自发挥截然不同的功能,按照截然不同的方式运作,而且时常彼此冲突。

最后,一言以蔽之,来自左右两翼的波普尔和阿尔都塞,一个用科学逻辑理解整个社会,另一个用经济和政治逻辑理解整个社会,都没有正视现代社会的功能分化。值得一提的是,有个人把两方面的错误深刻地结合在一起。布迪厄认为司法场域是政治场域与科学场域的综合,在司法场域内部,各种角色一致对外,以科学方式面向外行人捍卫法的自主性;与此同时他们又展开争夺符号资本的斗争,以政治方式向社会环境保持开放。由于在司法场域中占据支配地位者,与政治统治阶级共享文化资本,法的自主性并不与现存秩序发生矛盾。

张文龙老师:

非常感谢有这个机会能聆听於老师和高老师非常精彩的讲座。今天的信息量非常巨大,受到非常大的启发,我想谈三个方面。

第一个方面,世界3可能是一个社会世界,也就是一个沟通的世界。因为波普尔讲到世界3是人类思想的产品。这里面他谈到了宗教、艺术,这些都涉及沟通,涉及语言。而且,他对这三个世界的区分也有其对应的元素。如果说自然世界对应的是物质,精神世界对应的是意识,那么,这个世界3对应的是沟通。所以,正是在这个意义上,我们看到他谈到世界3对物质和精神产生影响。这种影响恰恰是通过语言、沟通的方式才是可能的。

第二个方面,关于法的自主性,前面很多老师已经谈到,从卢曼角度,这是现代社会功能分化的产物。很重要的一点,从历史角度,刚才鲁楠老师谈到,法的自主性体现在法律系统怎样从其他系统中分离出来。这是一个逐步的过程,不是一下子出现的。不过,到了现代社会这个状态下,如果从卢曼角度来看,法的自主性有了个高级变化。刚才高老师也谈到了,它不是个静止的东西,不仅仅是某种规则的自主性,或者制度的自主性,它像个变形金刚,是动态的。这种动态的自主性是怎么确保它自身的法律确定性?我觉得很重要的一点就是通过司法。司法是法律系统的中心。司法通过限缩自身做出的每个判决,也就是每个法律决定的恣意,将法律决定的恣意性降到最低,来保障这种确定性。但是,这种确定性又不是僵化的,它始终需要面向社会各种需要,也就是社会环境提出的各种要求。

对此我想进一步从系统论角度谈到三个问题。一是自主性与系统的分出。法的自主性涉及系统的分出。系统的分出是要去化解(环境的)复杂性,这才能形成特定的(系统)功能。二是法的自主性涉及系统运作的封闭。法的自主性建立在系统运作封闭的基础上。这种封闭运作并不意味着法是完全隔绝的,它会要求对环境有所认知,即认知开放。所以,我们经常谈到基于运作封闭的认知开放。三是法的自主性与系统的冗余性有关。法律系统是一个意义系统。法律之所以具有自主性,是因为法律在意义上是冗余的。这种冗余意味着法律面对着环境的激扰能带来变异。这三个问题带来一个结论,即法的自主性是一个悖论。正如今天於老师谈到,法的自主性既是神话,又是现实。这个问题源自我们要把法律描述成自主的,还是非自主的。当我们把法律描述成自主的,这到底是个什么状态,可能是神话,也可能是现实。不过,这会造成法的运作处于一种摇摆的状态。因为没办法做成一个决定,也就是没办法将它仅仅看成一个神话,或者仅仅看成是一个现实,而是摇摆于神话与现实之间。从系统论角度,这个悖论提升了法的运作,即法律既是自主的,又是高度依赖环境的。因为法律与道德、政治、经济、科学、宗教等有着很大的功能差异,而且,这种差异是通过系统自身的符码来决定的。譬如说法律的符码是合法与非法。正是通过合法与非法的二元符码,法律沟通才能够实现法的自我生产。因此,法的自主性建立在法的沟通基础上。

第三个方面,我们说法的自主性是一个悖论,是因为我们把它作为一种系统的自我描述。当法律系统描述它自身的自主性时,它就会面临一个悖论,它既可能是一个现实,又可能是一个神话。这个悖论在自我描述层面怎么处理?卢曼在《社会中的法》一书中认为法理论是法律系统的自我描述。这个自我描述涉及对法律的统一性的处理。在这个意义上,法的自主性涉及法的边界、涉及法的统一性问题。按卢曼的说法,这个悖论获得展开或被掩盖,需要法理论提出新的区分。这些区分包括前面谈到的系统与环境、封闭与开放、冗余与变异,还有社会语义与社会结构。这些区分又是通过沟通本身勾连起来,或者说得到维持。因此,法理论要通过创造各种新的区分来替代悖论,从而使系统将悖论展开或者加以掩盖。

主持人陆宇峰教授:

谢谢张文龙老师,非常精彩。张文龙老师说法的自主性命题其实是法律系统的自我描述,是一个"法理论",这实际上已经回到於兴中老师开头提出的判断:没有法的自主性行不行? 一方面,正如於老师所说,没有法的自主性,法院就无法运转了,就没有存在的必要了。另一方面,则是法学家全都失业,法学也不复存在。张文龙老师谈到的便是此问题,可能法学和法院的运转的全部前提,就在于法理论必须预设法有自主性。不知於老师如何看待此问题?

於兴中教授:

谢谢各位前面的发言,我觉得法律自主性的问题,到现在为止还是一个没有办法抛弃、放弃的问题。就像余盛峰刚才提出的,在我们现在这个环境下,(法律)这种大的系统的存在还有没有什么好处,或者说有什么用处?因为我们知道,从福柯开始,人们对法律的见解就滑下来了。在我们这个社会中,经常用来调整人的行为的并不是法律,而是纪律。军队里面有军队的纪律、医院里面有医院的纪律、学校里面有学校的纪律。

尤其是在人工智能、大数据出现的时候,大的法律系统到底还有什么用处?我觉得,这个问题涉及法律职业或者说法律共同体存在的必要性。如果我们不讲法的自主性,就是不讲法的专业性,这个时候法律共同体就名存实亡了,任何人都可以做律师、做法官。立法层面也是如此,一个政策或者某个组织的一则规定,也都可以称为法律了。这个时候你就发现,法律自主性还是有必要讲的。司法层面就更清楚了,高老师也提到,人们都在讨论司法系统如何成为法律的核心,从规则中心走向法官中心、法院中心。

所以说,如果不讲究法院的自主或者法官的自主,那法院就是一个行政机构,法官就是一个行政人员、一个公务员。这个时候问题就很大了,你就根本没办法判断一个社会到底起作用的是一套什么系统。

王婧副研究员:

非常感谢於老师精彩的演讲,还有高老师、陈老师以及诸位老师的精彩发言。

"法的自主性"是我非常关注的一个问题。於老师的演讲在一个长的历史时段内和广阔的学科视野下对于"法的自主性"学说进行了梳理,给我了很多启发。时间有限,我就不再展开我的评论,而是提一个问题:如何在"法的自主性"的视角之下看待法官的角色。

正如於老师的演讲中提到的,"法的自主性"命题的提出与启蒙时代以来人的自主性命题密切相关,但是在"法的自主性"概念中,法的作用更高,人的作用是微不足道的。这在某种程度上与限制法官权力滥用相关。这种限制的极端表现形式便是韦伯所讲的"法的自动售货机"。但是我们又看到,在"法的自主性"的运作过中,法官的作用是不可或缺的。不论是社会法学派的庞德将其称为"社会的工程师",自然法学派的德沃金将其称为"法律帝国的王侯",还是卢曼认为司法系统是法律系统运作的中心,都体现了法官的重要作用。在这个意义上,"法的自主性"命题事实上对法官提出了很高的要求,其角色更接近于布莱克斯通所言的"神谕的宣示者"。所以我认为,在"法的自主性"命题下,需要对于法官的角色有更丰富的理解。我就说这些,谢谢。

於兴中教授:

这个问题非常好。我们对法官到底应该采取什么样的态度,如何看待法官?实际上我认为,法院自主或者法官自主,主要是讲制度上的自主,比如说法官或者法院免于受到其他机构的影响,比如政治机构和行政机构的影响。法律人本身也有一些自律的东西,比如客观看待说什么样的法官是好法官,什么样的律师是好律师等等。德沃金说得很清楚,法官即便是没有规则的时候,也不能有强势自由裁量权。哈特认为说法官有强势的自由裁量权,德沃金说是不行的。即便在没有规则的时候,法官也必须依靠非规则标准。非规则标准包括原则、政策、目的,就是 3P:Principle,Policy,Purpose。在这种情况下,如果原则等发生矛盾,法官还要进一步受制,存在管理他的规则。当年霍姆斯强调,我们看法律,要从坏人的角度看法律,法律实际上就是法官要做什么的预测。但是在这种情况下,法官应该怎么办呢,没有人去管法官了吗?还是要主张说法官应该有司法上的自我限制（judicial restrains），法官还是有一定的规制、规则要遵守。我写过一篇小的文章，叫作《法官大人》，我的意思都表达在里面了。法官是有神圣性的。与大陆的情况不太一样，在美国，法官从来不会去参加 party。一旦发现一个地方有法官的话，所有人都会把目光投向法官表示敬意，那是一个神圣的角色。这就取决于一般民众和官员的法律意识，我们到底如何看待法官的角色，从什么样的角度来看，比如说从政府公务员的角度，从政府领导的角度，从检察院的角度，从警察的角度，从教育界的角度如何来看法官，这是非常重要的问题。谢谢你。

苏彦新教授：

谢谢於老师，谢谢高老师，收获非常多。我想说几个小问题，然后问於老师一个问题。关于世界 3，我觉得文龙讲得对。实际上波普尔认为在精神世界和物理世界的中间，精神的运作过程中产生了思想、理论和学说，这些东西没有办法归结为物质世界也没有办法归结为意识世界，所以他提出了世界 3。这个世界肯定是按文龙讲的，实际上是一个沟通的世界，不同理论、不同学说演化出来了，包括印刷品出来了。这是一个问题。

另外一个问题涉及刚才提到的人工智能。我也在想，人工智能到底会不会让法律消失呢？我前一段时间看王浩先生写哥德尔两个定理，写得非常好，由于数学的不可穷尽性和谓词逻辑的完全性，人的心智与直觉总是比机器强，所以说人工智能不可能最后取代人。

关于卢曼，我读着他的书，我觉得他最聪明的地方在于：由于分工发展，社会的复杂性不断增长，各种系统在演化、进化过程中生成不同的系统，人类由于分工产生知识专业性，不可能应对所有的问题。怎么办呢？那就用简单处理复杂。

最后一个问题。应该是 2018 年，於老师在浙江大学人文高等研究院里有一个发言，讲到德沃金的法的德性或者叫法的品德，就是 integrity 这个单词。我想问於老师的是，它的中心含义是否在于：在德沃金这样一种循环阐释论或者叫真理融贯论中,法的品德核心就在于政治的品德。在这样一个循环阐释和循环解释下,是不是应该说法的品德,更多的是包含着政治的品德?谢谢於老师,我就说这么多,谢谢。

於兴中教授:

谢谢,我觉得是这样。德沃金一定是有这个意思的。虽然他讲的是法律的interpret,但是他在其他地方也讲到了,法律与政治之间的关系非常之密切。有的时候,政治里面表现或者制定出来的一些政策,作为法官还是应该要考虑的。法官做决定的时候应该考虑两个问题,一个叫"fit",一个叫"basic possible fit"。就是要满足两个大的要求,做的决定既要和现有的制度融合在一块,就是"fit";也要反映出这个制度最好的一面来。这个制度除了法律决策外,一定还会包含政治决策。所以我同意你这个看法,它包括了政治的东西。

主持人陆宇峰教授:

谢谢於老师,我们今天的提问环节也结束。

最后一个环节,我们有请华东政法大学科研处处长屈文生教授致辞。

屈文生教授:

感谢於兴中教授和於老师访问学者团队的丁玮、杨静哲和余盛峰老师。於兴中教授将中国法学界,特别是法学界的青年一代学人同康奈尔紧紧地联系到一起,也使得包括华政学子在内的青年一代,能够有机会在线上参与到这场高端对谈之中来。感谢清华大学法学院高鸿钧教授和鲁楠老师,高老师很少出面讲学,这次主要是宇峰教授的功劳。感谢我校科学研究院院长陈金钊教授,我校科学研究院张文龙老师、王婧老师和苏彦新教授的参与。

感谢同学们的热情。这么学术的一个题目,能有这么多同学坚持三个多小时到现在,所以说,这是一场注定难忘的学术演讲。

我作为活动的主办方,特别是看到我们精心筹划的"东方明珠大讲坛"第一场就有如此轰动效应,特别是在疫情期间还受到大家如此追捧,感到十分高兴!有成就感!

今天讲座的主题"法的自主性"我不是特别熟悉。但听了三个小时的讲座后深受启发。我从我能谈谈的角度说几句。

於老师的第一篇阅读材料就是 The Autonomy of Law。我看是耶鲁大学法学院费斯(Owen Fiss)教授20年前在南美洲阿根廷的一场讲座。我的理解是,法的自主性就是法的自治。於老师刚才讲,法的自主性是一种理想、神话。根据该篇文章的第一句话,法律只服务于正义。所有人都要在法治面前俯下身来。法律的目的是正义,而不是经济增长,不是市场,不是自由主义和新自由主义。这就是法的自主性逻辑。照此来说,我们的很多法,还不是 Fiss 教授说的法,当然照此逻辑,法律的范畴似乎也小了很多。这就是讲座题目标题的后半句:神话抑或是现实,如果它是一种理想的话,那么就是一种神话。当然讲座还有个副标题——世界3与法的自创生系统。

世界3是波普尔的理论,於老师要大家读的第二篇就是波普尔的文章,在他看来宇宙不是一元的,不是二元的,而是多元的。波普尔是谁?就听这个英文名的话,我觉得是个普通名字,对我没有造成压迫感。但宇峰和我说,世界3是"波普尔"提出的概念。因为他都说是波普尔了,波浪的波,普通的普,海尔的尔,于我而言,波普尔三个字就给我了某种压力?甚至是一种知识匮乏的恐慌。

我在这里提出了一个非常有趣的现象,那就是翻译带来的高级感、陌生化,和译文带来的神秘性问题。翻译会带来陌生化,比如大国崛起背景中的修昔底德陷阱话题、讨论荒谬性话题中的薛定谔的猫、政府公信力语境下的塔西佗陷阱。修昔底德、薛定谔、塔西佗,这些名字就很有神秘感。没错,就是这种本身就具有想象力和令人遐想的汉字来翻译他们的名字,才好!这就是翻译带来的陌生化。

当然,陌生化又不完全是翻译带来的。陌生终究还是由陌生的文化带来的,是陌生的法律文化在起作用。好了,我就讲这么多,谢谢大家。这是一场非常成功的、难忘的对谈!

主持人陆宇峰教授:

谢谢屈老师致辞。感谢於老师和康奈尔的老师们给我们带来的知识盛宴,高老师、鲁楠老师、盛峰老师对话非常精彩,令我们获益匪浅。感谢科学研究院承办这次讲座,感谢信息办的老师们为讲座提供技术支持,感谢科研处的各位同志。今天讲座到此结束,谢谢老师们、同学们的参与。再见!

域外法音

世界社会[*]

[德]尼克拉斯·卢曼^{**}著,泮伟江^{***}译

　　将社会定义为一个整全的社会系统所带来的后果,便是只有一个由所有连接着的沟通所组成的全社会系统。从纯粹事实性的角度看,许多全社会系统可能都存在,正如人们通常说的世界的多元性——但是只有在这些社会之间不存在沟通性连接,或者从某个单个社会的角度看,与其他社会的沟通是不可能的或者无后果的。

　　就此而言,我们的概念既延续又没有延续旧欧洲的传统。将所有其他社会系统都囊括其中,这来自该传统,正如独裁、自足和自治等特征一样。但是细细一看,如下这一点又很分明,即这些概念的意义在传统的语境中与我们现在的语境中并不一样。古代的城市系统被看作是自给自足的,因为它提供了使人们的生活方式达到完美所需要的一切东西。正如人们后来所说的,意大利城邦必须处于如下位置,以确保不多不少地、能好好地、有德行地生活(bene e virtuose vivere)。自中世纪以来,就有关于多大的领土、地域是必要的讨

---

　　* 本文节选自卢曼代表作《社会的社会》,为该书第一章第 10 节。See Niklas Luhmann, *Die Gesellschaft der Gesellschaft*, vol.1, Suhrkamp, 1997, Kapitel 1 X.
　** 尼可拉斯·卢曼,德国著名社会学家,系统论法学的奠基人。
　*** 泮伟江,北京航空航天大学法学院教授、博士生导师。

论——无论是以安全或者贵族内婚制实践为理由。① 无论如何,从来不存在如下建议,即所有的沟通都必须发生在一个城邦的市民社会;毫无疑问,古老的欧洲传统并没有用经济独立性来思考问题,事实上在当时还不存在如今意义上的经济概念。

这些社会相应地有一个以事物为中心的世界概念,其中事物可以根据名字、类型和种属而被归序。世界被看作是诸躯体之聚合(aggregatio corporum),或者干脆就是一个将所有其他生物体都包含于其中的巨大的、可见的生物体。② 其中存在着有朽和不朽的生命体,人类和动物、城市和农村,并且在遥远地带还有神话生物和怪物存在之传说(但是,并不存在对它们进行直接的沟通性控制的可能性),它们除在社会所熟悉的类型之外,其以奇异性作为边界之外的另一面而发挥功能。

这个社会秩序假设,当空间距离增长时,沟通变得越来越困难和不确定。虽然远程交易甚至在高度发达文明产生之前就存在了,但它们很少产生沟通性效应。技术被从一个社会向另外一个社会传播(例如金属加工技术),并且根据第二个和第三个接受者的接受能力,知识的扩散也是有可能的。③ 技术和知识通常在适应接受条件的过程中才达到成熟形式(例如口头文学)。然而,无论如何,这个过程持续很长时间,并且虽然他们最终在某个普遍化的宗教中发现了一个回应,他们最终却无法产生一个不受地域限制的世界社会的观念。关于世界之遥远部分的知识仍然是零星的,它被人们所传播着,并且通过口耳相传而越来越像传说,并且被扭曲。首先,武装冲突(这显然不是沟通性协调)带来的结果是,人们将超越自身界限之外的世界

---

① 例如,参见 Aegidius Columnae Romanus (Egidio Colonna), De regimine principum, zit. Nach der Ausgabe Rom 1607, S. 403, 411 f.

② Platon, Timaios, 92 C.

③ 利用诸如模仿或传播的概念来描述这个过程,收获很少,并且鼓励了如下观念,即这是一个单向的过程。实际上,传输行动同时也改变了传输系统。这至少显示,在其传输范围之内,沟通(这总是循环的)制造了世界社会。

描述为多种多样的诸民族。① 使沟通可能性日益增长的政治性的帝国,一直到现代之前都面临着如下问题,即中心如何控制一个广阔的疆域,也就是说:通过沟通进行控制。② 由此种经验而来的是如下处理倾向,即将社会与政治疆域等同,也即定义成是区域性的。

最后一次拯救此种以事物为中心世界概念的机会,是由神的概念所提供的。他既作为世界的副本而被设计的,③同时也是为了二阶观察的功能而作为人被确定。人们因此可以尝试在世界之中,借助世界而尝试观察神,也就是将神当作世界的观察者进行观察。虽然这产生了博学的无知悖论或无知之知悖论,但人们却可以通过预言提供的线索逃避之。此外,此种对复杂性吸收足以形成一个逃避本体论逻辑学意义的悖论的世界,这个世界是可以通过负罪、缔约和有限的知识和行动抵达的。

只要世界是通过物性来理解的——作为物的整体或作为创世——则所有在世界中被安排,却仍然难以理解的一切,都被作为崇拜的对象:作为奇迹,作为秘密,作为神秘,作为恐惧和惊骇的场合,或者作为无助者的虔信。④ 当世界只有一种视域,任何规定都只有另一面时,它就发生了变化。这个世界概念最迟在超验意识哲学时被实现了。⑤ 此时神秘被观察者们日常使用的已被标记/未被标记的区

---

① 参见 Jan Assmann, "Der Einbruch der Geschichte: Die Wandlungen des Gottes- und Weltbegriffs im alten Ägzpten", 14 Frankfurter Allgemeine Yeitung, 1987, Für Ägzpten nach den HyksosßKriegen。

② 参见 Shmuel N. Eisenstadt, the Political Systems of Empires, Free Press, 1963。

③ "extra te igitur, Dominus, nihil esse potest",参见 Nikolaus von Kues, "De visione Die IX", zit. Nach: Philosophisch-Theologische Schriften, Bd. 3, 1967, S. 130。

④ 参见 Ludwig Wittgenstein, Tractatus logico-philosophicus 6. 45 zit. Nach: schriften Bd. 1, Frankfurt, 1969, S. 82:"把世界当作有限的整体的感觉是神秘的感觉。"(维特根斯坦这句话的译文用的是如下郭英的商务印书馆版的译文:[英]维特根斯坦:《逻辑哲学论》,郭英译,96页,商务印书馆,1985——译者注)

⑤ 人们可以用施莱格尔的说法表达这一切:对"我们之外事物"的拒绝并不必然导致对世界概念的放弃。参见他在耶拿关于超验哲学的讲座(1800—1801),zit. Nach Kritische Friedrich-Schlegel-Ausgabe, Bd. XII, Ferdinand Schoningh, 1964, S37. 当时施莱格尔已经将如下命题作为基础,即只有意识能够研究,什么才能够通过区分被确定。

分所替代,并且不用概括已标记的总数,更不用将其与未被标记的等同起来。现代社会的世界是一种不确定的背景(未被标记的空间),其允许客体显现,主体进行行动。① 但是此种思维的变化是如何发生的? 如何社会学式地解释它?

我们推测,对此而言一个决定性的转折点是,作为一个封闭的意义性沟通的领域之地球的被完全发现。各种旧的社会必然是有疆界的,这是由物自身所划定的,而同时又充满了能够超越这些疆界的沟通和观察,并且在任何意义上崇拜都是能被论题化的。自从16世纪以来,此种条件就逐渐改变,并最终变得不可逆。从欧洲开始,全球被"发现",被不断地殖民化,或者说被整合为秩序化的沟通关系。19世纪下半叶以来,又产生了统一的世界时间。这意味着,在地球的任何地方,不考虑地方性时间,我们可以建立起与所有其他地方的同时性,并且在世界范围内不用损失时间地进行沟通。就像在物理世界中光速的持续稳定性,社会中的世界时间也保证了所有时间性视角的可转换性:在一个地方更早或更迟地,在另外一个地方也是更早或更迟。正如我们将在第四章所指出的那样,社会处于同一种转变的轨道,即分化为功能系统。这就消除了如下可能性,即将全社会系统的统一性定义为疆域性的实体,或者相对于无成员性的由成员组成的(例如,相对异教徒的基督徒)。② 因为就功能系统而言,诸如经济系统或科学系统、政治系统或教育系统、医药系统或法律系统,在设置其界限时都有其自身的要求,而这些都无法被具体地整合进一个

---

① 此种世界概念不能够被二值逻辑的传统所理解。它不能被描述成同时是正值的和负值,因为这将违背排除矛盾律;它也不能通过第三值来标示世界。回溯性地看,这个传统只能将世界看作是客体的聚集(aggregatio corporum, universitas rerum)。

② 关于该传统及其在18世纪的表达,参见 Reinhart Koselleck, "Zur historisch—politischen Semantik asymmetrischer Gegenbegriffe", zit. Nach dem Abdruck in ders., Vergangene Zukunft, Zur Semantik geschichtlicher Zeiten, Frankfurt 1979, S. 211-259. Rudolf Stichweh, et al., "Vorüberlegungen zu einer Soziologie der Menschenheit", in Petyer Fuchs & Andreas G;bel(Hrsg.), Der Mensch—das Medium der Gesellschaft?, Suhrkamp, 1994, S. 72-91。

给定的空间或者人类团体之中。

关于世界社会的最后一个不能拒绝的证明就是,时间语义学向过去/未来之图式的转化,并且在此图式中,首要的导向由过去(认同)被转化到未来(偶联)。① 考虑到其起源和传统,世界社会给人留下的印象仍然是高度区域性分化的。然而,如果我们展望未来,毫无疑问的是,世界社会必须在自身内部实现其命运——无论是从环境方面还是人类方面的视角,无论是从经济方面还是从技术方面的视角,都是如此。功能系统的分化同样对其未来之后果感兴趣。

对所有功能系统而言都一致的,并且无法据此将它们区分开来的,只能是它们都是沟通性运作这个事实。② 抽象地看,为了重复此种悖论性的表达,沟通是在系统中不会造成差异的差异。作为一个沟通系统,社会将其自身与环境区分开来。但这是外部边界,而非内部边界。对社会的所有功能子系统而言,沟通的边界(与非沟通的边界相区别)是社会的外部边界。在这一点上,也只在这一点上,所有的系统都是一致的。所有的内部分化,都必须并且能够通过建立单个子系统代码和程式而在该外部边界线上相连。就它们在沟通而言,所有的子系统都参与了社会。就它们以不同方式沟通而言,它们又相互区分。

如果我们从如下假设出发,即所有的沟通都是要素性运作,它们的再生产构成了社会,那么,世界社会清晰地包含在每一个运作当中,而且完全独立于具体论题,和参与者之间的空间性距离。这必然预设了进一步沟通的可能性,并且总是有象征性媒介被使用,而后者

---

① 对此的详细讨论,参见 Niklas Luhmann, Die Gesellschaft der Gesellschaft, vol. 2, Kapitel 5 VII.

② Roland Robertson, Globalization: Social Theory and Global Culture, SAGE Publications Ltd., 1992, S. 60. 在该书中,罗伯逊反对说,这个概念将全球系统当做"一个基本起源于社会内部的过程之结果"。这当然是对的,但它仅仅表明有争议的是社会的概念。该争议的反对方必须证明,一个在社会之外提供沟通的社会概念是可能的。这将导致我们回到如下困难,即尽管承认一切都全球化了,但仍然坚持社会的多样性。

是无法被包含在地区性边界之内的。① 这同样也适用于如下条件,即人们在这些条件基础上才谈论领土性边界。② 因为在任何边界的另一侧,还存在着拥有边界的领土,它们又有自身边界的另一侧。这当然还"仅仅"是一种理论论证,并不能被使用到另外一个概念领域。但是此种"地图意识"之实际内容毫无疑问总是很强大,因为如今几乎不可能有任何使边界背后之边界的事实变得可疑的成功沟通。世界社会是在沟通中产生的世界。

除了最低限度的不确定性之外(例如怀疑,某个可被感知的行动是否被看做是通知),全社会系统的边界是清晰和毫不含糊地由沟通之运作划出来的。模棱两可仍然是可能的和被精心制作的(例如,在修辞学的悖论化的形式中,幽默或者讽刺),但是这被当做表达方式的自由裁量,并且被要求承担责任和经受质疑。外部边界的有限性(等于沟通和非沟通的可辨认性)使得世界社会系统的运作性封闭得以可能,从而制造了一个不再由环境决定的、对内部不确定性保持开放的沟通可能性,此种可能性只能通过自身的手段,在形式中通过自我组织而实现。更进一步,自从印刷出现后,社会之沟通网络产生了乘数效应,并加大地增强了——这起初是渐进的,最后就变得不可逆了。原则上,如今的社会并不依赖于人口的增多或者变少。无论如何,全社会系统在所达到的发展水平上,有充足的能力可供支配,以贯彻自创生。并且只要我们意识到这一点,我们就能看出,人口统计学上的增长不再是祝福,而是问题,如果不是诅咒的话。

最后,所有的功能系统都被运作性地转化为二阶观察,转化成对观察的观察,针对的各自系统内部区分系统和环境的视角。社会因此失去了某种有约束力的世界呈现可能性。与此伴随的是对文化多样性的承认——为此目的,文化的反思性概念(文化被作为文化而被

---

① 类似论证,参见 Rudolf Stichweh, "Zur Theorie des Weltgesellschaft", 1 Soziale Systeme, 1995, S. 29-45.

② 参见 Franco Cassano, "Pensare la frontier", 36 Rassegna Italiana di Sociologia, 1995, S. 27-39.

反思)在18世纪晚期被引入——要求结束以物为导向的世界概念。①它已经被对一个无法观察之世界的假设的接受所替换。所有一切都视如下问题而定,即人们观察的是哪个观察者,以及在观察中对观察的递归性重复使用中,还只仅仅存在一个无法观察的统一性——作为所有区分之统一的公式的整体。

更进一步,新的沟通技术,尤其是电视,带来了一种很少被过高评价的效果。如果可以这样说的话,他们轻视如下地点,从那里人们看到了发生的事情。电视上看到的事情发生另外的地方,并毫无疑问是同时发生的(无论如何,独立于旅途上的时间,这是为了能够抵达能够直接参与和体验到所发生之事的那个地方人们必须花费的时间)。但此种对位置的轻视毫无疑问激发了事件的实在性。实在性是通过对摄影和事件发生之真正时间上的同步性要求在纯粹时间上来保障的,并且,尽管有各种选择性的蒙太奇手法,还是有更多的同时性被录入,同时在录入和发送之间还存在着预先安排的时间差(在事情发生之前或者发生之后,没有任何东西可以被拍成影片)。同时人们也可以推测,由于更大的自由移动空间和更高的速度,空间体验从以地点为参照转变为以运动为参照。将世界作为可感知与沟通之可抵达性的框架的观念与此相适应。

这又再次预设了如下条件,正是该条件自19世纪以来确保了所有地方性时间的可换算性,也即刚才已提及的将地球划分成不同的时区。这又使得如下这一点成为可能,即不必将世界上所有发生的事件的同时性固定在物理性设定的白天或者夜晚,例如沟通在某个地方的晚上发生,而在其他地方当时恰好是白天。随之而来的是在场与不在场区分的时间化。人们可以参与地球上所有同时发生的事件,通过沟通制造同时性,即便这关系到的是那些通过互动和感知无

---

① 在这方面的一个重要进步是康德的世界空间的无限性概念,他认同创造的不可完成性,并且认为"任何已完成的世界系统都不可避免地,一步一步地将陷入衰败。"参见 Allgemeine Naturgeschichte und Theorie des Himmels (1975), 7 Uaptstück, Yitat S. 109 der Ausgabe J. H. von Krchmann, Leipyig 1872.

法抵达之事。在此意义上,只有过去或者未来无论如何是不在场的。

世界的概念也随着此种结构性推延而改变。在旧世界中,人们围绕如下问题展开争论,即世界究竟是有限的还是无限的,以及它是否有一个起源和尽头。此种争议同时是不可避免的和无法决定的,因为不可能想象一种边界而不考虑边界的另一侧。① 变换的并非是这个维度。在当下的思考中,世界既不是一种美丽的生物体,也不是一种躯体的聚集.它也不是物的集合体(Universitas rerum),也即不是可见和不可见东西,以及物和理念的总体。最终,它也不是有待填充的无限性,也不是绝对空间或者绝对时间。它并不是一种因"包含"所有事物而"持存"的实体。所有这些描述和其他许多描述都是在世界之中被制作出来的。世界本身仅仅是所有意义性经验视野的整体,无论这些经验被向内或者向外引导,或者在时间上向前或者向后引导。它并不是通过边界而被封闭,而是通过在其中被激活的意义而被封闭。世界不是被理解成一种聚合体,而是一种发生在其中之运作的关联体。② 借用斯宾塞-布朗的术语来说,这是任何一个形式之统一体的对应者,或者作为"未被标记的状态",③通过任何一次打断,通过形式的边界被划破,它只能相对地通过区分,通过在从一侧向另一侧的移动而被探测。并且对系统理论的世界概念而言,这

---

① 参见观念史中的许多丰富资料:Pierre Duhem, Le Systeme du monde:Histoire des doctrines cosmologiques de Platon a Copernic, 2. Aufl. , Librairie Scientifique Hermann, 1954. Ferner etwa R. Mondolfo, L'INFINITO NEL Pensiero die Greci, Le Monnier, 1934; Charles Mugler, Deux themes de la cosmologie Grecque:Devenir cyclique et pluralite des mondes, Klinck-sieck, 1953; A. P. Orban, Les denominations du monde chez les premiers chretiens, Dekker & Van de Vegt, 1970; James F. Anderson, "Time and Posibility of an Eternal World", 15 THOMIST, 1952, S. 136-161; Anneliese Maier, "Diskussionen über das aktuell Unendliche in der ersten Hälfte des 14, Jahrhunderts", 25 Divus Thomas, 1947, S. 147-166,317-337.

② 对此的反对也是很著名的。此种立场被指责为"相对主义",当人们能够看见许多意识系统中的一个时,此种反对似乎很合理。但是我们此处讨论的是沟通的关联体,而不是意识的关联体——我们谈论的是统一性的问题,当人们设置一项区分,以获得信息时,这个问题就会产生,而不是讨论对事物实在性的质疑。

③ 参见 Spencer Brown a.a.O.S.5.

意味着，世界是整体性的，对任何一个系统而言，也就是系统与环境的整体。

旧世界充满了各种高深莫测的"秘密"，实际上，类似于事物的性质和神的意志，它本身是一个奥秘，并且不被人所知，或者仅仅在相当有限的程度上被人所知，而只能被惊异地崇拜。甚至命名也被认为是危险的，因为它使得世界向沟通开放；一种关于各种名称的知识也具有类似于魔法的效应，能够由此激发出自然的显现。这同样是与对社会理解的空间性限制相一致的，对后者而言，哪些未知和陌生的能够从某个地穴或者高山之巅或者海平线之外的某个地方冒出来。现代世界已经不再作为一个奥秘而被崇拜或害怕。而在此意义上，它不再是神圣的。毫无疑问，它仍然是难以进入的，因为，尽管在运作上是可以进入的（例如，原则上是可被研究的），但是每一个认知和沟通的运作对自身而言还是难以进入的。在世界中观察得以进行。然而，在此种运作中，观察者自身作为被排除的第三者而发挥功能。因此，世界的整体不是奥秘，它是一个悖论。这是世界的观察者的悖论，它在世界之中，但自身却不能在观察时被观察。

这显然消除了一个假设，它在旧世界中被不假思索地当作前提条件。那就是：世界对所有观察者来说都是同一个世界，并且能够通过观察而被确定。留下来的成题被扔给了宗教，后者将不确定性转化成确定性，并解释之。只要我们将观察的世界关系问题化，此种关于统一的元统一（一切事物的同一性）和可决定性就消减了，而相反的假设则变得越来越可信。如果世界对所有观察者（所有区分的选择）而言都是同一个，则它是不可确定的。如果它是可确定的，对所有观察者而言它就不是同一个，因为确定要求区分地做出。因此如下问题就变得很尖锐，即全社会系统是否以及如何与观察相连，从而使得，无论世界是可不可确定的，或者是通过各种方式被确定，只要世界必须被当做条件，沟通的自创生的可能性就仍然能够被保留。恰恰是在这个条件下，社会变成了观察的原始世界关系。

正如关于"相对主义"和"多元主义"的大量辩论所显示的，很难从此种事态中得出知识理论的结论。它甚至承认,所有的社会、文化等,都产生了一个"自己的世界",而社会科学必须接受这一点。但被多元主义所接受的,观察者所处的位置,仍未被澄清。作为在神的继任者,我们勉强将他们描绘成无世界的观察者或者"自由流动"的知识分子。必须找到一种认知理论,以使得他们能够作为其他观察者的观察者而在世界中被定位,尽管所有的观察者,包括他在内,都形成了不同的世界图景。因此并不存在着多元伦理学,或者说,即便有,也不过是要求之悖论,它允许自身无替代者。[①] 相应地,我们不能假设世界是一个可以分解成"部分"的"整体"。这更是一个不可理解的整体,可以被以不同的方式观察,并且只能以不同的方式被观察。它的"分解"是无法被发现的,它只能被建构,因此以对区分的选择为条件。[②] 激进的建构主义通过假设世界不能被描述,并且通过将世界的自我观察转化到二阶层次的观察而将这一点考虑在内。

当我们将现代社会标示为世界社会时,所有这些都蕴含其中。一方面,这意味着,地球上,甚至在所有沟通所能够抵达的世界中,只有一个社会。这是该概念结构和运作的一面。然而同时,"世界社会"的表达意味着所有的社会(包括传统意义的社会)都建构了一个世界,因此解开了诸世界观察者的悖论。由此在问题中出现的语义学必须是可信的,并适应社会系统的结构。世界语义学随着全社会系统的结构性演化而变化。但是,看见和诉说这一切的是我们社会的世界,是它的理论和它的历史建构。而我们只能观察到,旧社会不能以此种方式观察它们自身和它们的世界。

因其特征,现代世界是现代社会的严格对应者。一个将作为描

---

① 换句话说,全球蔓延的原教旨主义及其对多元主义伦理学的抗争,在逻辑上是天真的。原教旨主义是一种传染性的疾病,它尤其会传染给它的对手们。对此,参见 Peter M. Blau, "Il paradosso Del multiculturalismo", 36 Rassegna Italiana di Sociologia, 1995, S. 53-63.

② 与此相类似的一种理解,可参见 Henri Bergson, L'evolution creatrice, 52nd ed., Presses universitaires de France, 1940,尤其是第一章,采用了一种类似于机械论的和终局论的世界描述。

述为自然的社会,一个由人类组成的社会,与一个由物组成的世界(在拉丁语 res 的意义上)是相对应的。一个将自身描述为运作性封闭之沟通系统,因此依赖于沟通多少而成长或萎缩的社会,对应着具有同样特征的世界:一个依赖于发生了什么而成长或萎缩的世界。旧社会是阶层式的,并根据中心和边缘的区分组织起来。这与其世界秩序一致,该秩序提供了一种等级(series rerum)和中心的秩序。现代社会的区分形式要求这些结构原则上被放弃,从而使得这个社会拥有一个异构结构和去中心化的世界。它的世界对应着运作的网络化,因此从任何一个沟通都可以同等地抵达。旧世界以其分化形式为基础,预先规定稳定地将人员包容在固定的社会地位之中。它因此必须将世界理解为物的整体。现代社会的功能分化迫使现代社会放弃此种包容观念。现代的个人主义,尤其是 19 世纪的自由主题,为世界社会观念的形成提供了重要的契机。① 功能分化对世界概念的影响却独立于此。现代社会调整自身的限度,现代世界也是如此。现代社会只能自我改变,因此倾向于经常性地自我批评。这是一个自我替代的秩序。现代世界也如此。它同样只能在世界之中被改变。现代性/现代化的语义学是对此最重要的指示之一,不是作为聚合命题,而是因为它允许世界社会中的地域能够被描述为更多或者更少的现代化的(发展了的),并且通过此种区分使得一种通过可变

---

① 黑格尔因此在一种非常确定的意义上讨论"世界历史",对此参见 Joachim Ritter, "Hegel und die französische Revolution", zit. Nach der Ausgabe in: Joachim Ritter, Metaphysik und Politik: Studien zu Aristoteles und Hegel, Suhrkamp, 1969, S. 183-255。在反思殖民问题时,里德写道:"对黑格尔而言,工业市民阶级社会因此因其自身的规律而不可避免地变成了世界社会;与人性和人类物种的自由关系,对于政治革命与世界历史的关系而言是决定性的,它的基础是此种潜在的市民阶级社会的普适性。"如下想法已经出现在洛克的著作里,即由于人类的个体性,人类必然最终走向世界社会,在《政府论》中(John Locke, Two Treatises of Civil Government II, §128,zit. Nach der Ausgabe der Everyman's Library, Dent; Dutton, 1953, S. 181.)它写道:"他和其余的所有人类都属于同一个共同体,组成了与所有其他生物都不一样的社会,如果不是人的退化所导致的腐败和邪恶,就根本不需要任何其他的社会,也没有将人从这个伟大而自然的共同体中隔离开来,形成更小范围的联系。"

表彰的完整描述得以可能。没有就是没有更多或更少的现代化。如果社会是由沟通之整体构成,世界上剩余部分就被看做是失语的。它从沉默中撤退。但这也并非是一个合适的概念,因为只有那些能够沟通的人才能够保持沉默。

那么什么又来自神呢?与社会之发展平行,"通过神或与神沟通"的角色被持续地弱化,如今,神的沟通只能够被作为历史性的、文本上可以查证的事实而被呈现,作为一个为所有时代一次性做出的启示。宗教在多大程度上因此种角色而放弃适应性,而失去了另外一种可能性,即由神提供对现代性的评论,我们只能是胡乱猜测了。

尽管在现代社会中世界范围内的相互连接是无可争辩的,社会学仍坚持拒绝将此种全球体系承认为社会。像日常用语,社会学习惯性地谈论"意大利社会""西班牙社会"等,尽管诸如"意大利"和"西班牙"等名字,就纯方法论的理由而言,就是不应该在理论上被使用。帕森斯为它的一本著作提供了一个经过深思熟虑的标题《现代社会的系统》。① 尽管沃伦斯坦用了"世界体系"的术语,它的含义是却是在不同区域性社会之间互动的系统,并且这适用于现代。② 尤其是社会理论中将现代国家看作是核心角色的作者们,拒绝从这些理由出发,将全球体系看作是社会。③ 于是现代社会的现象显得是对"全球

---

① 参见 Talcott Parsons, the System of Modern Societies, Prentice Hall, 1971.
② 而对现代世界体系而言特别的仅仅是资本积累的无限可能性。参见 Immanuel Wallerstein, "The Modern World-system, vol. 3: The second Era of Great Expansion of the Capitalist World-Economy System", 7 Protosoziologie, 1995, S. 4-10, 以及: Christopher Chase-Dunn, Global Formation: Structures of the World-Economy, Basil Blackwell, 1989. 在该书中,他根据这个传统提供的框架,将世界系统定义成"社会间和超社会的关系"(S1),但是该解释缺乏一种进入社会的通道。亦可参见 Christopher Chase-Dunn & Thomas D. Hall, "the Historical Evolution of World-Systems: Iterations and Transformations", 7 Protosoziologie, 1995, S. 23-34 (S. 23).
③ 例如,参见 Anthony Giddens, The Nation-State and Violence, Polity Press, 1985; Anthony Giddens, The Consequences of Modernity, Stanford University Press, 1990, S. 12ff.

性做出回应"的角色。① 我已经指出此种固定乃是社会理论当前的一个认识论障碍。同样的,政治学家们一般仅仅谈论"国际关系"或者"国际体系",②因此首先关注的仍然是民族国家。如果他们例外地谈到世界社会,也是在条块式分化为民族国家的系统,而不是功能性分化为各种功能系统。③ 很难引起争议的是,如果不考虑区域特殊性和政治意识形态中的所有未被考虑的区分,我们所说的"国家"、教育等,其含义都是通过现代世界范围的"文化"预先给定的。④

---

① 这是 Roland Robertson 的一个表达和研究命题,a. a. O. (1992). 亦可参见 Roland Robertson & Frank Lechner, "Modernization, Globalization and the Problem of Culture in World-Systems Theory", 11 Theory, Culture and Society, 1985, S. 105-118. 关于不以社会理论为基础的"全球化",参见 Mike Featherstone(Hrsg.), Global Culture: Nationalism, Globalization and Modernity, SAGE Publications, 1990. 进一步的论述亦可参见 Giddens a. a. O. (1990),尤其是第 63 页及以下,其将全球化理解成一种时空语境的抽象化和分离。无论如何讨论"全球化",显然都意指着一个假设世界社会仍然不存在的过程。这一点在 Margaret S. Archer 为下面提到的这本书的序言里被清晰地提出来 Martin Albrow & Elisabeth King (Hrsg.), Globalization, Knowledge and Society, SAGE Publications, 1990, S. 1.

② 坚持"国际体系"而反对新潮的世界社会概念的重要的捍卫者有:Kurt Tudyka, "Weltgesellschaft—Unbegriff und Phantom", 30 Politische Vierteljahresschrift, 1989, S. 503-508;然而,他的论证是不具说服力的。必须承认,世界社会的概念不够清晰,因为一个充分的社会理论仍然是缺乏的。但是一个国际体系的概念甚至是更不清晰的,因为我们既不知道什么是民族国家,对于"之间"如何能够成为体系也缺乏解释。谈论"国家体系"是有用的(Klaus Faupel, "Ein analystischer Begriff der Entspannung: Große Politik, Machtpolitik und das Ende des Ost-West-Konflikts", 38 Yeitschrift für Politik, 1991, S. 140-165)。因此,这就清楚了,这仅仅意指世界社会的政治系统。实际上,所谓的"缓和"指的不是世界社会的状态,而是它的政治系统的状态。另外,值得注意的是尼米叶的"超国家社会",然而,这个概念在他那里仅仅是指一种私人利益网络。参见 Gerhart Niemeyer, Law Without Force: The Function of Politics in International Law, Princeton University Press, 1941.

③ 例如,参见 John W. Burton, World Society, Cambridge University Press, 1972. 无论如何得看看第 19 页的如下内容:"但是对世界社会的研究不能被局限于对国家间或者国家当局间关系的研究。除世界范围的各种正式的、非政府的机构外,还有重要的宗教、语言、科学、商业和其他关系。"但是作者被导向以国家为中心的分化图式,以及将该世界社会的紧张关系用一个比较弱的"关系"概念进行表达,这阻止了他以充分深度来探求此种观点。

④ 参见 George M. Thomas et al., Institutional Structure: Constituting State, Society, and the Individual, SAGE Publications, 1987. Aslo see John W. Meyer, "The world Polity and the Authority of the Nation-State", in A. Bergesen (ed.), Studies of the Modern World-System, Academic Press, pp. 109-137. (尽管是伴随着一个不清晰的社会概念。)

如果我们问社会的区域性概念被坚持的理由,答案一般指向不同区域之间发展状态的差异。这个事实与其重要性都不能被否认。然而,更切近的观察则显示,社会学已经成为其比较方法论所伤害。区域层面的比较能够揭示区域的差异性,此种差异性在时间的过程中会增强。相反,如果我们采用一种历史的比较,一致的发展趋势就会被发现,例如世界范围内所有阶层中家庭的解体,世界范围内生活方式对技术的依赖性,世界范围内人口统计学上从未有过的发展不平衡。社会的功能分化同样强烈地支持世界社会,而这是甚至最极端的政治和组织手段都无法予以区域性抵抗的。苏联的解体非常明显地显示了这一点。[①]

　　根据比较视角的不同,我们能够阐明区域发展的歧异性或相似性。从方法论上讲,这些矛盾是无法消除的,因此人们就能够知道,人们用对比较性视角的选择来再生产它。因此之故,我们必须寻找一个能够与此种差异性相容的,并且能够解释它们的理论。此种理论将不会主张区域性差异将逐渐消失(聚合命题),因为几乎没有证据能够支持这一点。[②] 另外,世界社会的假设无法被拒绝。差异性的论证支持而不是反对世界社会。发展的兴趣,与保持单个国家之文化多样的兴趣一样,自身就是由社会所塑造的,而当我们考虑到如下这个典型的现代性悖论,即同时谋求改变和维持现状时,这就尤其明显。按照斯宾塞-布朗的形式概念,我们可以说:发展是一个形式,其一侧(按照最近的理解)由工业化组成,另一侧则由未发展组成。

[①] 参见 Nicolas Hayoz, Letreinte sovietique: Aspects sociologique du naufrage programme de l'URSS, Genf, 1997.

[②] 较早时期,从欧洲的视角看,人们曾经将对世界社会的期望理解成是对相似生活条件和文明状态的期望。"个人自身力量的失常的平衡导致了个人的悲惨和公民之间的不平等,而国家之间的不平等则导致了地球的悲惨。"我们在让·保罗的小说《赫斯培罗斯》(Hesperus)读到:"在欧洲的一种永恒的平衡要求世界的其他四个部分保持平衡,排除细微的偏差,这是我们的星球的承诺。将来不再有野蛮人和荒岛被发现。一个民族必然将其他民族从不成熟中带领出来。文化之间越是平等,商业交往所带来的好处就越多。"Jean Paul, Werke(edt. by Norbert Miller), vol. 1, Hanser, 1960, S. 871,872.

在全球的不同部分中存在的发展状态的差异,这需要一种社会理论的解释,这并不能根据几千年来形成的"民族多样性"模式,而是要求将由这些差异制造而成的全社会系统的统一性作为出发点。例如,如果我们比较现代社会与传统社会,我们就注意到如下趋势,即将教育和训练的过程转向学校和大学,并将这些机构作为提升职业和生活机会的核心。[①] 然而,此种新的流动性又使得区域差异成为可能,后者又带来了强化不平等的效果。[②] 而博物馆或者博物馆化的知识如今被看作是一种语境,在其中新艺术得以被作为新而被贯彻。同时,普遍博物馆的想法却失败了,而这些语境,这些使得对新的观看成为可能的功能对等物,却在无数的、区域性的计算中被再一次重新发现。只有作品/语境的结构能够被世界社会地贯彻,但是如今恰恰是这一点使得语境分化成为可能,从而为各种不同的创新性表达提供可能性。显然,不同区域以各种相当不同的方式参与功能分化的优势和缺点,当劣势占主要时,已经分化出来的功能系统,例如政治和经济,就互相阻碍了。但这并不能正当化如下做法,即从不同的区域社会出发。因为恰恰是功能分化的逻辑和比较——不是与其他社会,而是与完全实现的功能分化的优势进行比较,才使得我们注意到这些问题。

对功能比较方法论的粗略了解也支持将世界社会的系统当作出发点。如果以区域性社会为出发点,则我们就只能罗列和填充它们

---

① 参见 Francisco O. Ramirez & John Boli, "Global Patterns of Educational Institutinalization", in George W. Thomas et al., Institutional Structure: Constituting State, Society, and the Individual, S. 150-172; John W. Meyer et al., School Knowledge fort he Masses: World Models and National Primary Curricular Categories in the Twentieth Century, Falmer Press, 1992. 即便我们参考来自发展中国家的关于学校和大学系统的组织和规划的教材时,也会发现类似的理由。例如参见 Vicente Sarubbi Zaldivar, Una sistema de educaion para el Paraguay democratico, Centro Interdisciplinario de Derecho Social y Economía Política, Universidad Católica, 1994.

② 从比较教学研究角度对此问题的阐述,参见 Jürgen K. Schriewer, Welt-System und Interrelations-Gefügen: Die Internationalisierung der Pädgogk als Problem vergleichender Erziehungswissenschaft, Humboldt Universität, 1994.

的特殊性。人们将介绍不同的文化传统、地理特殊性、自然资源、人口统计学特征等,并根据这些纯描述性的类别对国家进行比较。相反,如果我们采用世界社会和功能分化为出发点,就能指出某个单一社会所面临的问题。人们就能更好地发现,尤其是能更好地解释,为什么特定的区域性数据产生了差异,为什么这些差异之增强或减弱依赖的是它们与世界社会的联系。这当然不会导致线性的因果关系,因为系统理论早就抛弃了此种思维。[1] 人们反而能够得到关于惊异、不可预料性、非线性的因果性的一个更好的理解,例如"耗散结构""偏离放大效应",最初很重要差异的消失或者相反,最小差异却产生了重要的外部效应,以及作为偶然事实发挥作用的区域性"政策"等。比较的问题设定自然也能够被抽象地获取,而这方面系统理论的推动作用是很著名的。当然,即便是在探查一个像现代社会这样的复杂系统时,如果在整体性系统层面结合大量的经验性的问题概念进行工作也是有很多好处的,例如,在一个分裂成族群的、宗教的和部落的地区中如何引入现代国家的中央机器的问题;或者是如下问题,即在全球经济条件下,在一个高消费和高工资期待的区域中是否以及如何保持就业的问题;或者在缺乏全球性研究设施的情况下,科学系统的何种设施提升了研究主题的国际化。[2]

从这种概念和比较方法论出发观察就能够发现,当人们继续类型学理论的论证,并且将某个国家之生活条件之"类似性"作为其归附于某个社会的前提条件时,这体现了一种已过时思想的特征。只有当"事情的性质"提供一种相应的标准,并且规定概念时,才是有用的。如今没有人会接受这个前提条件。因此人们必须在理论中纳入后果考量。社会的现代性并不在于其特征,而是在于其形式,这意味着在于其所运用的区分,为的是引导其沟通性的运作。并且典型的

---

[1] 参见 Morin, La method, vol. 1, Seuil, 1977, pp. 269-270 and passim.
[2] 参见 Rudolf Stichweh, "Science in the System of World Society", 35 Social Science Information, 1996, S. 327-340. 根据施蒂希韦的研究,此时发生作用的是专业研究领域,以及对国内机构来说并不有利的外部接触的单个研究者。

现代关怀—概念,诸如发展或文化,都导向特定的区分(并且,正如我们在观察理论基础上可以说:不用看见如下这一点,即当时人们没有看见,用此种方式看不见的那些东西)。毫不令人奇怪的是,特定的区分被强制实施,而其他区分则仍然保持为不可见。在区分的区分的层次(或者观察的观察),整个过程仍然保持偶联性。但是所有社会都在自身之中掩盖它的偶联性,而现代社会则在自身之中掩盖发展和文化的偶联性(当然伴随着更少自信,因为伴随着更少的传统)。与此相反,人们在各自偏好的区分语境中观察自己和关爱自己。

在前现代社会中,远程的跨区域接触只涉及少数的家族,要么是贵族家族,要么是少数的大的贸易家族。贸易首先涉及的是"珍稀物品",这在地方上能够显示和强化阶层的分化。就此而言,区域性社会的外部接触被连接到内部的分化。首先,此种分化建立在家族的条块式分化的基础之上。然后,就是如下的划分,或者是按照阶层的角度进行划分,或者使城市/乡村的划分,或者是职业的划分。这就使得特定的家族被挑选出来进行跨界接触成为可能。在如今的社会中,跨区域性建立在组织的运作或者合作的基础上,其中尤其是商业的、大众媒介的、政治的、科学的和运输的组织。经济在世界范围内紧密相连,这不但通过它的市场(金融市场、商品和货物市场,以及不断增大的劳务市场)而实现。它也缔造相应的运作组织,它们努力从前所提及的分化中获利。① 甚至大众旅游业也被组织起来。乍一看知识分子似乎是个例外。但如果没有大众媒体,他们将会如何,又有谁知道他们的名字?同样地,组织也是分化出来的社会系统——我们很快就会回来讨论这一点,但通过其内在的动力机制,它们贯彻了社会的功能系统。它们的演化遵循决策需求和对决策进行沟通以作为进一步决策的出发点的必要性。一方面它们将自身置于社会及其功能系统之间,另一方面又将自身置于在场者面对面的互动之间。

---

① 这是一个如今经常被讨论的话题。例如,参见 Hans-Ghristoph Froehling & Andreas Martin Rauch, "Die Rolle Multinationaler Konzerne in der Weltwirtsshaft", 42 Zeitschrift für Politik, 1995, S. 297-315.

它们使得世界范围内所有的社会领域都不可避免地联系起来。然而,既然这一切都发生在社会之中,而并不反对社会,坚持一种地区性社会的做法就很难被坚持。

即便是在现代条件下不存在区域性社会,我们也许仍能够考虑,世界社会系统的一种区域性的分化——就像社会分化成子社会。但仔细考虑,这一点也是不能成立的。首先,区域性分化将与现代功能分化的首要性相矛盾。它会因如下这一点的不可能而失败,即所有的功能系统都被局限于统一的空间界限之内,并且这是普遍适用的。只有政治系统和与它相关的法律系统才能够以国家的形式进行区域式分化。所有其他功能系统都不依赖于空间界限进行分化。非常确定的空间界限表明,它们既不受真理也不受疾病、既不受教育也不受电视、既不受金钱(如果信贷需求被考虑的话)也不受爱情的尊重。换言之,整个社会中所有系统的整体现象不能在空间的界限内被重复,就像一个微观宇宙在宏观宇宙中那样。空间界限的重要性,一方面存在于政治系统和法律系统的互相依赖,另外一方面也存在于其他功能系统中。它们通过利率和中央银行系统的不同影响对经济发生间接作用,通过教育质量对教育和就业规则产生间接影响。此种差异能够在世界社会的语境中很好地被理解,并且通过政治的手段被很好地强化或者弱化。但是,当我们将它们看做是不同地区性社会之间的差异,或者是全社会系统的地区性分化时,我们就误判了此种特定性。

只有在世界范围内统一的全社会系统的假设出发才能够解释,如今仍然并且恰恰是如今,存在着区域性差异(比起古代的部落社会而言更是如此),但是它们并没有接受系统分化的形式。它们被解释成是对诸世界社会系统的主导性结构的不同参与,以及对诸世界社会系统做出的不同反应。从一个地方到另一个地方,它们产生着不同的影响,目前我们还不能具体并分别地予以处理。目前我们仅仅提及一些作为研究视角的一般性要点。

(1)正如现代性意味着需求的多样性的持续发生,地区性变得依赖于世界经济体系,尤其是在产品和销售、劳动和金融方面。

(2)在功能系统的体制下,理性选择模式的影响恰恰是偏离的强化(而非均衡)。拥有金钱或者收入的人更容易获得信用。初等学校教育的细微差异在后续的教育中被不断放大。那些无法在科学研究的中心领域中利用最新信息可能性进行工作的人,就会失去机会,顶多只能在很晚以后才将其他地方人们已经研究出来的成果作为知识而学习。科学领域中的诺贝尔奖就体现了鲜明的地区性分配的特征。结果是核心/边缘模式的,然而,这并不需要保持稳定。关注点总是在转移,①对自身传统的发明或者重构是一种世界社会现象,是对现代的比较可能性的一种反应。②

(3)传统和现代社会之间截然对立必须被抛弃。存在着各种能够促进传统结构在向现代社会转变时发挥明显作用的条件。也就是说,世界社会乃是从传统中选择的,并在诸如分层、组织、工作伦理或宗教等领域中受益。③ 如今任何本土的生活方式都很难存在了。我们能够发现的情况是,世界社会结构的要求和运作与特殊的地区性的地理和文化条件的遭遇所产生的不同效果。

(4)对世界社会发展程度的适应,是通过政治驱动的工业化以及伴随而来的城市化实现的,这导致了旧的建立在土地所有权基础上的阶层结构的解体。类似的,农业和手工业部分的小本经营的家庭经济在世界范围内都分解成流动的货币经济和个人主义经济。它们(暂时地?)被对其他贫困人口的包容/排斥的尖锐区分所替代;国家变成了一种使得此种区分永久化的一种机制,尤其是在追求将某个

---

① 尤可参见 Edward Tiryakian,"The Changing Centers of Modernity",in Erik Cohen et al. (Hrsg.), Comparative Social Dynamics: Essays in Honor of S. N. Eisenstadt, Westview Press, 1985, S. 121-147.

② 参见 Eric Hobsbawn & Terence Ranger(Hrsg.), The Invention of Tradition, Cambridge University Press, 1983.

③ 大规模的讨论开始于 20 世纪 60 年代,而日本则是一个最受欢迎的例子之一。例如,参见 Reinhard Bendix, "Tradition and Modernity Reconsidered", 9 Comparative Studies in Society and History, 1967, S. 292-346; Joseph R. Gusfield, "Tradition and Modernity: Misplaced Polarities in the Study of Social Change", 72 the American Journal of Sociology, 1967, S. 351-362; S. N. Eisenstadt, Tradition, Change and Modernity, Wiley, 1973.

国家封锁于世界经济发展之外的发展政策时更是如此。①

（5）包容/排斥的区分具有严重的后果。因为,一方面它通过世界社会的功能分化而被触发,另一方面它又阻碍（如果不是阻止的话）了功能分化地区性条件的建立。它阻止了足够巨大和分化的地区性市场的发展,将此作为市场导向的大规模生产的条件,从而使得边缘国家严重依赖于出口,以至于它们的经济遭受了巨大的波动。更进一步地,它导致了大量人口被拒绝纳入在法律体系之内,因此使得法律系统的合法/非法代码不能被贯彻,或者仅仅在很低的程度被贯彻。我们可以相应的不依赖于法律程式（立法,包括宪法）而在事实上规范合法与不法的分配,尽管它们在可观的范围内是如此发生的,但都是根据包容/排斥区分来进行。② 总的来说,这意味着在政治中,金钱和法律只有在很有限的（通常是"腐败"的）意义上是一种可供支配的构成性手段。相应地,人们发现很难在学校和大学的教育系统中为现实的生活做准备。它们所学的东西仍然是抽象的,并且只能进一步地通过国外的原型才能被正当化。这又重新将职业招聘转化成另外一种局限于特定阶层或圈子的机制。传统社会学仍然用阶层分化的概念来解释所有的这一切。然而,阶层分化是社会秩序的原则,而社会根据包容/排斥区分而形成的分裂,却不仅仅是发展政治的一个过渡状态,它所触发的是与升迁、追平或者再分配的努力完全不同性质的骚乱。

（6）对世界社会现代化的参与和依赖的差异推动了一种看起来好像是时代倒置的趋势,尤其是在民族国家内部的宗教和族群运动中,这一点尤其明显。世界社会中功能系统运作的普遍化并不排除不同类

---

① 详细的讨论,参见 Niklas Luhmann, Die Gesellschaft der Gesellschaft, vol. 2, Kapitel4 XII.

② 例如,参见 Volkmar Gessner, Recht und Konflikt: Eine soziologische Untersuchung privatrechtlicher Konflikte in Mexico, Mohr Siebeck, 1976; Marcelo Da Costa Pinto Neves, Verfassung und positives Recht in der peripheren Moderne: Eine theoretische Betrachtung und eine Darstellung des Falles Brasiliens, Duncker & Humblot, 1992; Marcelo Da Costa Pinto Neves, A constitucionaliZACAO Symbolica, Acadêmcia, 1994.

型的特殊化,实际上,它倾向于鼓励它们。世界社会的结构因便捷性而改变,这又通过本土的和无论如何都强化界限的那些条件而被补充。

(7)当然,仍然存在着互动层次的文化间沟通、理解中的语言困难和误解等问题。但是这与世界社会的出现毫无关系,①而是在所有的文化接触中都存在。如下的假设是能够经受得住检验的,即文化的多种多样,连同它的种族中心主义,如今都已广为人知,并且理解的问题因此更少地被种族中心主义式地归因到他者身上。

这些倾向于世界社会的论据在经验上很容易被证实。所缺乏的是一种能够接受和处理它们的理论。被广泛讨论的、由沃伦斯坦提出来的资本主义世界体系的概念,②以假设资本主义经济的优先性为出发点,因此低估了其他功能子系统,尤其是科学,以及通过大众媒介的沟通等功能子系统的贡献。这一点还无法通过下述的做法而被完全纠正,即采纳一项19世纪受到阶层影响的区分,将文化与经济对立起来。③ 只有综合考虑存在于各个功能系统中的各种全球化趋势时,所有传统社会的变化幅度才能被看清楚。由于"全球化"有如此众多的异质渊源,一种统一的社会概念是缺乏的。系统理论的社会概念试图填补这个漏洞,作为一种运作封闭的自创生社会系统,它将所有的社会系统,也就是所有的沟通都包含在内。

---

① 与此不同的观点参见 Horst Reimann(ed.), Transkulturelle Kommunikation und Weltgesellschaft: Theorie und Pragmatik globaler Interaktion, Westdeutscher Verlag, 1992;然而,缺乏一个社会的概念,也缺乏如下可能性,就是去检验,通过沟通的全球化,究竟是什么被改变了。

② 参见 Immanuel Wallerstein, The Modern World-System, vol. 1: Capitalist Agriculture and the Origins of the European World-Economy in the Sixteenth Century, Academic Press, 1974; Immanuel Wallerstein, The Capitalist World-Economy, Cambridge University Press, 1979; Immanuel Wallerstein, The Politics of the World-Economy, Cambridge University Press, 1984.

③ 参见 Mike Featherstone(ed.), *Global Culture, Nationalism, Globalization and Modernity*, Sage Publications, 1991; Roland Robertson, *Globalization, Social Theory and Global Culture*, Sage Publications, 1992. 对相关讨论的一个概览,参见 Gianfranco Bottazzi, "Prospettive della globalizzazione: Sistema-mondo e cultura globale", 35 *Rassegna Italiana di Sociologica*, 1994, S. 425-440.

非人类的权利?
——作为政治和法律新行动者的电子代理和动物[*]

[德]贡塔·托依布纳[**]著,陆宇峰、迟子钧[***]译

一、欧坦的老鼠[①]

1522年,欧坦的宗教法庭审判了老鼠。它们被控重罪,吞噬并故

---

[*] 本文原载于《法与社会杂志》,2006(4),497~521页("Rights of Non-humans? — Electronic Agents and Animals as New Actors in Politics and Law", Journal of Law and Society, 2006(4), pp.497-521.),亦收录于郑永流主编《法哲学与法社会学论丛(2013年卷)》,69~105页,北京,法律出版社,2013。

[**] 贡塔·托依布纳(Günther Teubner),著名系统论法学家、法兰克福大学法学院教授。

[***] 陆宇峰,法学博士、华东政法大学科学研究院研究员。迟子钧,华东政法大学2020级法学理论硕士。

[①] 以下讨论摘引自William Ewald, "Comparative Jurisprudence (1): What Was It Like to Try a Rat", 143 *American Journal of Comparative Law*, 1995, pp.1889-2149, 1898 ff. 该文依赖两种文献资料:Edward P. Evans, *The Criminal Prosecution and Capital Punishment of Animals*, Faber and Faber, 1987, pp.18-20;Walter Woodburn Hyde, "The Prosecution and Punishment of Animals and Lifeless Things in the Middle Ages and Modern Times", 64 *University of Pennsylvania Law Review*, 1916, pp.696-730, 706 f. 处罚动物的更多法律史记录,参见Karl von Amira, *Thierstrafen und Thierprozesse*, Wagnar, 1891. 对于何为"法律行动者"还存在疑问。一些人认为,没有任何法庭曾将作为行动者的法律身份给予树,当组织和个人代表树采取行动的时候,并没有把树变成法律行动者。这个问题,当然取决于如何定义。本文认为,沟通事件被归因到一个实体,就成为这个实体的行动;权利被归属于一个实体,这个实体就成为行动者。同时,如果系代理代表实体行动,那么"行动者"就不是代理,而是实体本身。

意破坏了法院辖区内的大麦。正式的控告提交教区牧师之后,牧师随即传唤罪犯们在确定的日期出庭,并为它们安排了一位本地辩护人巴泰勒米·夏森尼。在辩护意见中,夏森尼提及一大堆鲜为人知、久已被遗忘的作者,还有旧约和新约记载的各种相关诅咒——上帝诅咒伊甸园的蛇;《出埃及记》的律法,即牛若触死男人或是女人,总要用石头打死那牛,却不可吃它的肉;耶稣对贝瑟尼贫瘠无花果树的咒骂;加大拉猪群的故事。他也引用了维吉尔、奥维德、西塞罗、亚里士多德、大格里高利、查士丁尼法典、摩西、教父神学家和米拉多拉。他列举了中世纪圣徒成功诅咒动物的大量例证,对象包括麻雀、蛞蝓、水蛭、鳗鱼甚至果园。根据他在程序问题上的有力论证,法庭由于难以决定老鼠们出庭的适当期间,只能无期限地中止审判,无法判决老鼠承担责任。最终,老鼠们胜诉。

从9世纪到19世纪的西欧,动物作为当事人的案件,有明确记载的将近200起。在这段时间里,被审判的动物包括驴、甲壳虫、水蛭、公牛、毛虫、鸡、金龟子、母牛、狗、海豚、鳗鱼、田鼠、苍蝇、山羊、蝗虫、马、老鼠、鼹鼠、鸽子、猪、硕鼠、蛇、绵羊、鼻涕虫、蜗牛、白蚁、象鼻虫、狼、幼虫和五花八门的害虫毒物。

动物并非总是胜诉。有些动物被严厉处罚,处以火刑;其他的只是火燎,然后在焚烧尸体之前被扼死;还有的常被活埋。奥地利有条狗被判决有期徒刑1年;17世纪末,俄罗斯有只公山羊被判决流放西伯利亚。被判谋杀的猪常被监禁,直到执行死刑;与人类罪犯一样,它们被关押进相同的监狱,待遇也基本相同。

在中世纪和文艺复兴时期的欧洲,以及在其他文化中,法律世界充斥着非人类主体,从祖先的灵魂、神明、树、圣坛、内脏、鸟群,直到所有可见不可见的现象,只要这些现象被假定为可以沟通,可以欺骗、说谎、耍赖或者默示地表达某些意思。[①] 今天,在理性化的科学的

[①] Peter Fuchs, "Die archaische Second-Order-Society: Paralipomena zur Konstruktion der Grenze der Gesellschaft", 2 *Soziale Systeme*, 1996, pp. 113-130, 120 ff.

影响下,法律世界的行动者数量大大减少了。在科技革命之后,在哲学的启蒙运动之后,在方法论个人主义主导社会科学之后,在对目的行为进行心理学和社会学分析之后,唯一留下来的合理行动者就是人类个人了,其余都是迷信。当然,法律还是致力于组织和国家的法人构造。① 但受法经济学影响,这方面的实践日益被贬低为一种"类比",一种个体间复杂法律关系的"语言学省略",一种社团主义意识形态的"圈套",最多只是一种"法律拟制",一种多余的神话,应当由把组织视为个人之间多重契约的关系模型取而代之。②

只有人类个体能够成为行动者。但这个观念最近受到了强烈批判。为非人类权利而斗争的生态运动成功地提出了一个争议问题:树是否应该有其法律地位?③ 宪法权利也已日益扩展到动物。④ 这是否意味着我们正在回到中世纪时代:"审判老鼠是怎么回事?"⑤非人

---

① 一项富有启发性的比较法分析,参见 Katsuhito Iwai, "Person, Things and Corporations: Corporate Personality Controversy and Comparative Corporate Governance", 47 *The American Journal of Comparative Law*, 1999, pp. 583-632.

② 公司的关系模型,参见 Arman A. Alchian & Harold Hemsetz, "Production, Information Costs, and Economic Organization", 62 *American Economic Review*, 1972, pp. 777-795;法律视角的分析,参见 Frank H. Easterbrook & Daniel R. Fischer, *The Economic Structure of Corporate Law*, Harvard University Press, 1993;批判视角的分析,可参见 William W. Bratton & Joseph A. McCahery, "Incomplete Contracts Theories of the Firm and Comparative Corporate Governance", 2 *Theoretical Inquiries in Law*, 2001, pp. 1-38.

③ Christopher D. Stone, "Should Trees Have Standing? Toward Legal Rights for Natural Objects", 45 *South California Law Review*, 1972, pp. 450-501.

④ 很多作者认为这不过是"象征性的"立法,对实践没有什么影响,可参见 Ulrich Stelkens, "Erweitert das neue Staatsziel 'Tierschutz' die behördliche Prufdichte bei der Genehmigung von Tierversuchen?", 25 *Natur und Recht*, 2013, pp. 401-406. 其他人则认为,这些宪法规范是重要的文化和政治变革的法律结果,参见 Hans-Georg-Kluge, "Staatsziel Tierschutz-Am Scheideweg zwischen verfassungspolitishcer Deklamation und verfassungsrechtlichem Handlunguftrag", 5 *Zeitschrift fur Rechtspolitik*, 2004, pp. 10-14; Malte-Christian Gruber, Rechtsschutz fur nichtmenschliches Leben: Der moralische Status des Lebendigen und seine Implementierung in Tierschutz-, Naturschutz-und Umweltrecht, Nomos, 2006, pp. 160 ff.

⑤ William Ewald, "Comparative Jurisprudence (1): What Was It Like to Try a Rat", pp. 1889-2149, 1898 ff; See Karl von Amira, Thierstrafen und Thierprozesse.

类客体能够提起诉讼吗?今天的法律是否正在探索自身的本质,以不断产生规则?这些问题确实改变了法律主体的数量和种类,改变了法律与环境的关系。生态运动还提出了以下问题:哪些"生命"单元有权主张政治和法律行动者身份?谁是政治生态学意义上的新行动者?环境保护组织依然是"新"行动者的最典型例证。后代人能否构成新行动者,则要复杂得多。更复杂的问题是:动物种群、植物、环境是否构成新行动者?语言呢?文化呢?

对方法论个人主义的另一打击来自信息技术。电子代理(electronic agent)是行动者吗?人工智能能否创造出新的精神实体——我们时代的天使①——在这个信息处理的世界中?②问题就在于,这些新行动者(动物和电子代理)是否并没有为他们的利益而斗争,更谈不上为真正的宪法权利而斗争,情况只不过是,一些社会群体正确或者错误地表达了对非人类实体的同情,要求将它们正式接受为法律行动者(人类中心主义的视角)?还是说,社会沟通的能力正在扩展,已经涵括了社会环境中的不同自治过程,因此尊重这些自治过程的特征值(生态中心主义的视角)?又或者,法律和政治直接联结了其他"有生命的""搏动的""自治"过程,这些过程可能将政治和法律的规则生产导向新的方向(司法中心主义或者社会中心主义的视角)?

将这些政治和法律发展态势加以理论化的富有野心的努力几乎还不存在。对于严肃的理论家来说,深度生态学理论中的大地之母

---

① Michel Serres, Angels: A modern Myth, Flammarion, 1995.

② See Wemer Rammert & Ingo Schulz-Schaeffer, "Technik and Handeln: Wean soziales Handeln sich auf menschliches Verbalten und technische Ablaufe verteilt", in Wetner Rammert & Ingo Schulz-Schaeffer (ed.) Konnen Maschienen handeln? Soziologische Beitrage zum Verhaltnis von Mensch und Technik, Campus, 2002, pp. 11-64;怀疑的态度,参见 Peter Fuchs, "Kommunikation mit Computern? Zur Korrektur einer ragestellung", 29 Scoiologia Internationalis, 1991, pp. 1-30. 互联网宪法性法律脉络下的法律分析,参见 Vagios Karavas, Digitale Drittwirkung der Grundrechte im Internet, Juristische Dissertation, 2005.

盖亚自创生理论(Mother Gaia Autopoiesis)并不是非常有吸引力。①在对人类个人之外的代理(agent)的理论解释中,我想选择两个最具挑战性的观点——尼可拉斯·卢曼和布鲁诺·拉图尔的观点。

卢曼为集体行动者提供了全新的实在地位。当然,对集体行动者的承认由来已久。② 但卢曼有个大胆的想法,即完全改变它们的身份。他不再将那些令人怀疑的事物界定为集体行动者,比如奥托·冯·基尔克著名的社团真实人格(reale Verbandspersönlichkeit)、埃米尔·涂尔干的集体意识、詹姆斯·科尔曼的汇集性资源(pooled resources),或者莫里斯·奥里乌的制度。③ 相反,卢曼讨论"纳入"(incorporated)。集体行动者不是一群人,而是一系列信息。沟通之链在双重条件下就自身进行沟通,一是创造出一种自我描述,二是在这种自我描述之中,沟通事件被归因于行动;正是由于它自身的决策结构及其对社会系统的约束效果,一个集体行动者涌现为社会实在。在这种情况下,像方法论个人主义要求的那样将集体行动还原为个人行动的做法就被完全排除了。④ 卢曼重新阐述了代理的标准,不论对人类还是非人类,都不再考虑:要"成为"社会、法律或者其他行动者,一个实体应当具有何种本体论属性(心智、灵魂、反思能力、同理

---

① James E. Lovelock, Gaia: A New Look at Life on Earth, Oxford University Press, 1979.

② Locus classicus Ernst H. Kantorowicz, The Kings' Two Bodies: A Study in Mediaeval Political Theology, Princeton University Press, 1957.

③ "社团真实人格"概念,参见 Otto von Gierke, Das Wesen der menschlichen Verbonde, Duncker & Humboldt, 1902;关于集体意识,参见 Emile Durkheim, the Division of Labor in Society, Free Press, 1933, pp. 79 ff. 关于汇集性资源,参见 James S. Coleman, Foundations of Social Theory, Harvard University Press, 1990, pp. 325 ff.;关于规范复合体(norm complexes),参见 Maurice E. Hauriou, Aux sources du droit: le pouvoir, l'ordre et la liberte, Bloud & Gay, 1933.

④ Niklas Luhmann, Social Systems, Stanford University Press, 1995, Ch. 5 VI. 将集体行动者概念与法人联结起来的讨论,参见 Gunther Teubner, "Enterprise Corporatism: New Industrial Policy and the 'Essence' of the Legal Person", 36 *The American Journal of Comparative Law*, 1988, pp. 130-155.

心)?① 取而代之的是两方面的变化:首先,在特定条件下,作为环境的社会系统,即遭遇这个实体的封闭自治的一系列递归式沟通,通过"行动者"的语义加工构建了这个实体。其次,实体之外的社会系统——而不是实体自身——构造了实体的同一性、行动和沟通能力、责任、权利和义务,一言以蔽之,社会系统为它的产品赋予了主体性。② 个人与集体行动者一样,都是由社会归因创造的。它们的社会实在作为实体与行动归因的循环关联,存在于组织化的社会系统那具有社会约束力的自我描述之中。

国家成为集体行动者,不在于它拥有明确的自然资产或者具体的组织形式。毋宁是关于战争与和平的国际制度将国家塑造为行动者,从而迫使种族/领土实体在参与国际政治时,采用一种组织化的国家形式。国际政治体系的最低要求,就是这种组织化的集体性沟通能力。③ 同样的,是市场将公司建构为集体,否则它仅仅一堆个人间的合同。④ 名以订实(Nomen ossibus inhaeret)——一旦法律系统放弃了旧有的偏见,并通过赋予这些名称行动权利,为其配备"精神实体",法律就能够联结完全不同、相互冲突的动力,提升规则生产的能力。法人(legal person)的发明作为法律对组织革命的伟大文化贡献,正是因为它将行动属性扩展到自然人之外。法律不仅将法律人格归因于个人,而且在一定条件下也归因于纯粹的沟通之流,接受这一

---

① Nicklas Luhmann, Organisation und Entscheidung, Westdeutscher Verlag, 2000, Ch. 13 IV.

② 弗里茨·沙尔普夫强调了向"复杂行动者"构造归因的重要性,参见 Fritz Scharpf, Interaktionsformen: Akteurzentrierter Institutionalismus in der Politileforschung, Leske & Budrich, 2000, p. 97.

③ Niklas Luhmann, "Der Start des politischen Systems: Geschichte und Stellung in der Weltgesellschaft", in Ulrich Beck (ed.) Perspektiven der Weltgesellschaft, Suhrkamp, 1998, pp. 345-380, 352; Niklas Luhmann, Die Politik der Gesellschaft, Suhrkamp, 2000, pp. 224 ff.

④ Gunther Teubner, "The Many-Headed Hydra: Networks as Higher-Order Collective Actors", in Joseph McCahery et al. (ed.) Corporate Control and Accountability, Clarendon Press, 1993, pp. 41-60, 44 ff.

大胆的观念,也就理解了曾经引起了众多争议的法人的社会基础问题。

然而,这一理论无论多么令人印象深刻,似乎仍不足以覆盖生态运动和网络革命的远大目标。作为行动者的集体,亦即人类个体之间的社会系统,是卢曼停步的地方,也是拉图尔开始之处。在拉图尔看来,许多新的行为元(actants)和杂合体(hybirds)不能被等同于个人或集体行动者,但它们正在登上舞台,彻底改变当今的政治生态。拉图尔带来的挑战不言而喻:

> 政治生态……涉及规范、设备、消费者、制度、习惯、牛犊、奶牛和猪等事物之间的复杂联系形式……是对人与物之间可能的联合的集体实验……是一个由准客体构成的网络,其从属关系存在不确定性,因此需要与之相适应政治行动新形式。①

我在两位社会学家的讨论基础上发展三个论点:②

(1)根据卢曼和拉图尔:"非人类的人格化"被认为是解决他者身份不确定性问题的策略,该策略将归因图式从因果关系改变为双重偶连性,使预先假定他者的自我指涉属性成为可能。

(2)超越卢曼:将行动归因排他地限定于人类和社会系统,并无有力的理由。其他非人类的人格化不仅已经成为当今的社会现实,而且也符合未来的政治需要。

(3)超越拉图尔:与拉图尔的观点不同,对行动者的承认并不仅限于唯一一种集合体。毋宁是,在多元的政治生态场域中,各种新行

---

① Bruno Latour, "To Modernise or to Ecologise? That is the Question", in Bruce Braun & Noel Castree (ed.) Remaking reality: Nature at the Millenium, Routledge & Paul, 1998, pp. 221-242, 229. See also 234 f. 关于理论基础的讨论,参见 Bruno Latour, Reassembling the Social: An introduction to Actor-Network-Theory, Oxford University Press, 2005.

② 将卢曼与拉图尔关联起来的另一尝试,参见 Lorentzen, "Luhmann Goes Latour: Zur Soziologie hybrider Beziehungen", in Werner Rammert & Ingo Schulz-Schaeffer (ed.), Können Maschinen handeln? Soziologische Beiträge zum Verhältnis von Mensch und Technik, Campus, 2002, pp. 101-118.

动者的性质存在极大的差异。

二、人格化:应对不确定性

为什么社会要将非人类人格化？很多动机可以解释当代社会的人格化现象。① 经济学家谈及降低多主体合同的交易成本,社会学家指出资源汇集的协调优势,法学家则强调纳入教会、国家和公司等客体带来的"法律永恒性"。② 卢曼认为,社会系统一旦被人格化,就能在与环境接触时获得可观的优势。③ 拉图尔展望了扩大参与政治生态的潜在候选者范围的可能性。④ 这些洞见都很重要,但我试图强调一个不同的方面。面对非人类实体,人格化是解决其不确定性问题的最佳策略之一。人格化将主客体关系转换为自我—他者关系,这尽管没有产生他者之于自我的确定性,但能够使自我在他者并不透明的情况下行动。如此对待一个客体,"仿佛"它就是一个行动者,这种方式将因果关系的不确定性转变为互动对方如何应对自我之行动的不确定性。自我由此被置于一个选择行动过程、观察他者反应和得出结论的地位。⑤ 当然,人格化只是特定情境下降低不确定性的多种策略之一。

人格化通常暗含着三个假定、三种拟制:黑箱(black box)、双重偶联性(double contingency)和寻址能力(addressability)。当我们不

---

① "传统"社会人格化的动机概览,see William Ewald, "Comparative Jurisprudence (1): What Was It Like to Try a Rat", pp. 1889-2149, 1898 ff.
② 关于交易成本,see Oliver Williamson, the Economic Institutions of Capitalism: Firm, Markets, Relational Contracting, Free Press, 1985;关于资源汇集,参见 James Coleman, Foundations of Social Theory, pp. 325 ff. 关于连续性,see William Blackstone, Commentaries on the laws of England: in four book, Philadelphia, Robert Bell, 1771, pp. 467 ff.
③ Niklas Luhmann, Social Systems, Ch. 5 VI.
④ Bruno Latour, Politics of Nature: How to Bring the Sciences into Democracy, Harvard University Press, 2004, pp. 53 ff.
⑤ 从另一个理论视角出发,丹尼尔·丹尼特运用"意向姿态"概念得出了相同的结论。Daniel Dennett, The Intentional Stance, Cambridge, MIT Press, 1987, pp. 15 ff. 但丹尼特讨论对"理性行动"的"预测",而系统理论框架下,人格化涉及所有人类行动的指向,无论理性与否。

清楚非人类客体的内在属性时,这些假定和拟制很有助益。由于客体的内在动力不透明、不可预知,第一个假定将客体视为黑箱。① 客体被认为是不确定的,但又可以由外部关系确定,从外部关系出发可以观察黑箱,特别是在可以观察它对外界影响的反应。通过黑箱实验进行学习! 第二个假定更富戏剧性,试图通过用双重偶联性替代因果关系的归因图式,将一种特殊的内部动态置入黑箱之中。② 当人们像对待人格体一样对待非人类,他们就创造了与非人类的双重偶联性关系。在相互依赖的关系之中,双方各自做出选择。借助第三个假定,即寻址能力,人们对非人类及其相应行为做出全面的人格化假定,仿佛它们就是人类。③ 非人类被假定为像人类一样自我指涉地处理意义、具备选择自由、自我保护策略、反思能力、自身固有的现象世界观、同理心和理解力,甚至是沟通能力。④ 这些设计并不否定前述因果关系的不确定性。它们只是将因果关系的不确定性转化为另一种不确定性,亦即聚焦于考察一方会向另一方提出什么问题。事实上,这与应对其他行动者的不确定性完全一样。⑤

听起来可能有些奇怪,从这样的观点看,人类与非人类行动者并无区别。"人格体不过是参与沟通的能力象征,无论对应的实体是神、动物、机器人还是人类,都是无关紧要的,都是在历史之中不断变

---

① Ranulph Glanville, "The Form of Cybernetics: Whitening the Black Box", in James C. Miller (ed.) General Systems Research, Louisville, 1979, pp. 35-42.

② Talcott Parsons & Edward A. Shils (ed.), Toward a General Theory of Action: Theoretical Foundations for the Social Scienes, Harper & Row, 1951, p.16;详细的阐述,参见 Luhmann, Social Systems, Ch. 3.

③ Hans Geser, "Der PC als Interaktionspartner", 18 Zeitschrift fur Soziologie, 1989, pp. 230-242, 233.

④ 一个很好的概述,参见 Rammert and Schulze-Schaeffer, "Technik und Handeln: Wean soziales Handeln sich auf menschliches Verbalten und technische Ablaufe verteilt", pp. 11-64.

⑤ Gordon Park, "A Proposed Evolutionary Model", in Heinz von Foerster & George W. Zapf (ed.) Principles of Self-Organization, Oxford University Press, 1962, pp. 229-248, 230.

动的。"①在两种情况下,社会系统都通过人格化,将自主过程的内在动力"寄生"(parasitises)于其环境。这是一个古老的主题:"我点名呼召了你,你属于我。"(《以赛亚书》第43章第1节)人格化利用了各种外部过程的自我延续,以实现各种社会制度的自我延续。当然,人格化并不能由此将各种外部过程纳入全社会之中。全社会作为一个运作封闭的系统,没有能力整合环境中的其他系统运作。但是,沟通能够借助其自身的结构连接作用,使自身依赖于环境。正是出于这个目的,才用到了"人格"这种语义拟制。② 对于人类来说,对于组织和国家来说,道理都一样。可以说,通过这样一种方式,社会才能够把别人的谷物带进自己的磨坊。③

悬而未决的问题在于,这一化约不确定性的策略能够扩展到哪些非人类类型?向各种社会系统的扩展非常顺利,把它们转换为集体行动者就行了。就此而言,与方法论个人主义的理解不同,将法人的构造扩展到沟通之链,并非仅仅意味着简单缩写复杂的个体间关系。法律的人格化向非人类实体、正式组织、联合、公司和国家赋权,使它们成为完全成熟的政治协商者和错综复杂的商事交易者。它们由此得以有效控制它们的环境,同时约束自我决定的过程。集体行动者一旦得到法律的正式承认,就会形成自己的策略、偏好和利益。④

---

① Lorentzen, "Luhmann Goes Latour: Zur Soziologie hybrider Beziehungen", p. 105.

② Niklas Luhmann, "Die Form 'person' ", 42 Soziale Welt, 1991, pp. 166-175.

③ Michael Hutter & Gunther Teubner, "Homo Oeconomicus and Homo Juridicus: Communicative Fictions?", in Theodor Baums et al. (ed.) Corporations, Capital Markets and Business in the Law: Liber Amicorum Richard M. Buxbam, Kluwer, 2000, pp. 569-584, 574 ff.

④ 当然,这一点有争议:Hans Geser, "Towards as Interaction Theory of Organizational Actors", 13 Organization Studies, 1992, pp. 429-451; Dorothea Jansen, "Das Problem der Akteurqualitiat korporativer Akteure", in Arthur Benz & Wolfgang Seibel (ed.) Theorieentwicklung in der Politikwissenschaft: Eine Zwischenbilanz, Nomos, 1997, pp. 193-235, 201 ff. Scharpf, Interaktionsformen: Akteurzentrierter Institutionalismus in der Politileforschung, p. 97.

它们不能简化为它们的成员、经理人或者所有者。① 法律通过将集体行动者建构为法人、向它们赋予权利、课以义务和责任,稳定了社会预期。此外,法律已使公司集团和联邦国家这样的更高阶集体行动者成为可能,没有法律人格化的技术,它们是无法存在的。

三、超越卢曼:行为元和杂合体

但人格化策略为何只能适用于社会系统?如何化约其他非人类的不确定性?卢曼与拉图尔在此分道扬镳。卢曼当然有很好的理由只为社会系统赋予行为能力。② 无论是将社会系统的人格化加以正当化,还是否定过去对老鼠的人格化和如今对电脑的人格化的正当性,都是集体行动的历史成果。但拉图尔提出了一个大胆的问题:在当前导致政治选择不确定性极度增长的生态危机面前,我们是否不得不尝试将一些非人类人格化?

前些年,合同法领域出现了同样的问题。当人们被要求与非人类订立合同,例如与有轨电车及其自动售票机、取款机、包含诸多条件选项的复杂的计算机合同订立程序、互联网之中的计算机网络订立合同,合同的法律效力受到了质疑。毕竟,合意在哪里?经过长期的学术讨论和富有争议的法院判决,在"事实性的合同订立"(de-facto-contracting)这一大胆构造中,在这一概念更隐微的教义选择中,解决方法被发现了。事实性合同订立概念所做的,是最大限度地减少对合同当事人心理—法律能力的要求,比如行动的意图、开展交易关系的意图、作出立约声明的意图、依法约束自己的意图,减少到事

---

① Arnold Windeler, Unternehmungsnetzwerke: Konstitution und Strukturation, Westdeutscher Verlag, 2001, pp. 225 ff.; Gunther Teubner, "Company Interest—The Public Interest of the Enterprise 'in Itself'?", in Ralf Rogowski & Ton Wildhagen (ed.) Reflexive Labour Law: Comparative Studies in the Regulation of Employment and Industrial Relations, Kluwer, 1985, pp. 21-52.

② 对于卢曼来说,人工智能必须处理符号操作问题,而不是意义形成问题。Niklas Luhmann, Die Gesellschaft der Gesellschaft, Suhrkamp, 1997, p. 522.

实上进入标准商事关系的程度。① 如果说砍掉复杂的缔约人(homo contrahens)概念,意味着合同法领域的一场革命,②那么在不当得利法中,则找到了(更确切地说是隐藏着)一个更加谨慎、更不显山露水,但实际上类似的解决方法,以降低对交易当事人法律行为能力的要求。③ 即使与有轨电车或者其他非人类签订的合同无效,你也从"交易"中获利了,法律要求你补偿不当得利。这意味着你需要支付合同对价。第三个解决方法是运用禁止反言(protestatio factum contrarium)的古老诚信原则,通过拒斥缔约当事人的明确否认,维护所有与机器签订的有约束力的合同,这被认为保持了合同法的完整性。④ 当然,这是一个虚假的解决方法。与其他方法一样,它降低了事实交易缔约的心理——法律要求。要求的降低并非发生在诉因层面,而是隐藏在对诚信的技术性法律预期之中。第四个解决方法涉及不易发现的法律答案——财产权,财产权整合非人类合同当事人的准行动与个人、组织(通常是非人类的所有者)的行动,把合意、违约、履行等合同行动归属于这个社会—技术整体,安全地隐藏在法人这张熟悉的幕布背后。

随着电子缔约的到来,合同法的处境变得更富戏剧性,当合同关系的双方都是计算机时尤其如此。⑤ 最近,美国和加拿大的合同法对

---

① Loci classici: Gunter Haupt, über faktische Vertragsverhältnisse, Weicher, 1941; Spiros Simitis, Die faktischen Vertragsverhältnisse als Ausdruck der gewandelten sozialen Funktion der Rechtsinstitute des Privatrechts, Klostermann, 1957.

② "法律思想中的原子弹",Heinrich Lehmann, "Faktische Vertragsverhältnisse", 11 Neue Juristische Wochenschrift, 1958, pp. 1-5, 5.

③ 这是当前关于如何处理事实合同的主流观点,有关综述参见 Ernst Kramer, in Kurt Rebmann et al. (ed.) (2004) Münchener Kommentar zum Bürgerlichen Gesetzbuch: Schuldrecht Allgemeiner Teil., Beck, 2004, pp. 241-432, 63 ff., 66.

④ Dieter Medicus, Burgerliches Recht, Carl Heymanns, 2004, note 191.

⑤ Tom Allen & Robin Widdison, "Can Computers Make Contracts?", 9 Harvard Journal of Law & Technology, 1996, pp. 25-52. 一些人可能认为,此种情况并非要求人类与非人类订立合同,而是要求人类通过计算机媒介或自动售票机媒介与人类(不论是个人还是集体)订立合同。计算机当然不是合同当事人,但问题在于,计算机是不是作为人类当事人的代理或者准代理行动,尤其当计算机仅在特定条件下才订立合同的时候?

此做出了一个大胆的回应。美国《统一电子交易法案》(Uniform Electronic Transaction Act)第14节规定：

当事人的电子代理之间的交互行为成立合同,即使没有人知道或检查电子代理的行为及其相关条款和协议。①

这样一来,就可能出现一种经由电子代理之间的互动成立的合同,人类个体对此并不知晓,也没有采取行动。② 该规则的特殊目的是,当没有人类干预的电子代理经由互动成立合同时,避免当事人主张缺少订约意图,由此降低使用电子合同的交易成本。③ 这使法律教义面临困境：较之被授予法人地位的其他非人类实体,特别是公司,法律建构的"电子代理"并非更不可能具有"意向性"？④ 还是说,计算机缺少"意向性",因为它没有能力独立处理意义,将意义与运行程序的指示分离？一旦计算机能够通过人工智能进行学习和自主产生信

---

① 《统一电子交易法》第 14 节,参见 http：//www. law. upenn. edu/bll/ulc/fnact99/1990s/ueta99. pdf.

② 在美国,美国法律协会已经提出了这样一条规则,统一州法全国委员会提出的《统一商法典》第二编(买卖)修正案,已在 2013 年 5 月的美国法律协会年会上通过,参见 http：//www. ali. org/ali/2601-03-actions. html. 引入这条规则的理由,参见 http：//www. nccusl. org/Update/uniformact_summaries/ uniformacts-s-ucc22003. asp. 也参见《统一计算机信息交易法案》第 202 和 213 条,http：//www. law. upenn. edu/bll/ulc/ucita/ucita01. html. 加拿大的情况,参见《加拿大统一电子商务法案》第 21 条,htpp：//www. law. ualberta. ca/ahi/ulc/currendeuecafin. html. 在加拿大的一些州,如英属哥伦比亚,这些规则已经生效。

③ Juanda L. Daniel, "Electronic Contracting under the 2003 Revisions to Article 2 of the Uniform Commercial Code：Clarification or Chaos?", 20 *Santa Clara Computer & HighTechnology Law Journal*, 2004, pp. 319-346, 327.

④ 电子代理被定义为"一种计算机程序或者电子的或者其他的自动化工具,用于在无人审查和行动的情况下,独立地开启一项行动,或对电子数据或电子效果做出全面或部分的回应。"引自《美国统一商法典》第 2 编第 103 条第 1 款(g)项,也参见 Emily M. Weitzenböck, "Electronic Agents and Formation of Contracts", 9 International Journal of Law and Information Technology, 2001, pp. 204-234, 以及 Eleanna Kafeza et al., Legal Issues in Agents for Electronic Contracting, Proceedings of the 38th Hawaii International Conference on System Sciences, 2005, pp. 1-10, 2, at http：//csdl2. computer. org/comp/proceedings/hicss/2005/2268/OS/22680134a. pdf.

息传送,回答这一问题就变得特别紧迫。① 据说,使用人工智能技术的计算机是可训练的,能够从经验中学习。它有能力自主调整指令、生产信息,不考虑人类当事人的利益。电子代理越是具有自主性,法律人就越难指望通过小幅度的法律变革加以应对,或者越难宽慰自己说,仅仅对既有法律稍加限缩或者扩张就足以解决问题。② 如果没有预先编写的参数引导计算机的行动,电子代理显然不具有当事人的意图。但是在新的规则下,电子代理的行为仍然被归因于委托人。③ 即便有了这种宽松的归因,法律还是需要决定如何处理计算机的行动者地位和它的心理—法律能力。可否适用代理行为法?合同法上,就与当事人的关系而言,代理人拥有一定的自主决定权。如果发生了欺诈和错误怎么办?在电子合同场景下,普通法上的意图、"信任"和"欺骗"概念都需要重新解释,在人类仅限于参与复杂的编程,而计算机负责处理灵活处理次级问题的情况下尤其如此。

在德国法上,类似的问题也已引发学术讨论。④ 电子代理在订立合同,且订立合同的行为看起来是机器自己的主张,但机器的合同行为被归因于电脑背后的人类个人,即便人机距离很远,且电脑程序在

---

① Lawrence B. Solum, "Legal Personhood for Artificial Intelligences", 70 North Carolina Law Review, 1992, pp. 1231-1283, 1267.

② Samir Chopra et al., "Artificial Agents-Personhood in Law and Philosophy." in Proceedings of the 16th European Conference on Artificial Intelligence, IOS Press, 2004, pp. 635-639.

③ Daniel, "Electronic Contracting under the 2003 Revisions to Article 2 of the Uniform Commercial Code: Clarification or Chaos?", p. 329 ff.

④ Wettig et al., "The Electronic Agent: A Legal Personality under German law?" Proceedings of the Law and Electronic Agents Workshop, 2003, pp. 97-112; Kai Cornelius, "Vertragsabschluss durch autonome elektronische Agenten", 5 *Multimedia and Recht*, 2002, pp. 353-358; Norman Thot, Elekironischer Vertmgsschluss: Ablauf und Konsequenzen, Lang, 1999; Heiko Denk et al., "Der Einsatz intelligenter Softwareagenten im elektronischen Vergabeverfahren", 5 *Neue Zeitschrift für Baurecht and Vergaberecht*, 2004, pp. 131-135; Peter Sester, "Vertragsschluss und Verbraucherschutz beim Einsatz von Software-Agenten", 4 *Informatikspektrum*, 2004, pp. 311-322.

不同选项之间做出了"决断",同样如此。① 在行动归因应当依据财产法和合同法的一般原则,还是依据"雇佣"(Botenschaft)或者代理规则(Stellvertretung)的问题上,法律学说分裂了。选择的学说建构不同,电子代理故障的风险分配就不同。如果计算机仅仅被视为人类操作者的财产,故障就将被视为"计算错误"(Kalkulationsirrtum)而非动机错误,其结果是严格要求所有者接受合同约束,没有撤销合同的任何可能。在此背景下提出了错综复杂的教义问题。法律能否考虑计算机相对的自主地位,调整代理行为法的规则,以电脑程序的认知属性取代人类代理人的心理属性?特别是过错范畴(意识与事实的背离)能否转换适用到电脑程序?至少将规范合同要件与偶发事实(factual contingencies)的不同纲要结合起来,这是可能做到的。法院已经对此做出了相互矛盾的判决。②

合同责任和侵权责任方面提出了不同的法律问题。③ 在雇主责任(Respondeat superior, Erfüllungsgehilfe, verrichtungsgehilfe)主题上有三种相互争论的立场:除非人类存在过错,计算机的错误被一些学者视为不可抗力(force majeure),所有者不承担任何责任。另一方建议对计算机错误课以严格责任,或者将合同规定的担保作为隐含的合同生效要件。他们将电子代理仅仅视为操作者的工具,或者仅仅是沟通的手段。电子代理的所有行为被归因于操作者。他们提出了一个比人类代理及其委托人所适用的归责原则更严格的归责原则。最有趣的是第三个立场,该立场类比雇主责任原则,界定了关于

---

① Karl Lorenz & Manfred Wolf, Allgemeiner Teil des Bürgerlichen Rechts, Beck, 1997.

② 在软件出现计算错误的情况下,不可能撤销合同,参见 BGHZ 139, pp. 177ff., 180f. 但在软件出现传输错误的情况下,可以撤销合同,参见 BGH NJW 2005, p. 976. 在对软件瑕疵风险进行分配时,这样的区分并无合理理由,参见 Gerald Spindler, "Irrtümer bei elektronischen Willenserklärungen: Anmerkung zu BGH VIII ZR 79/04", 55 *Juristenzeitung*, 2005, pp. 793-795, 795.

③ See Manfred Wolf, "Schulderhaftung bei Automatenversagen", 29 *Juristische Schulung*, 1989, pp. 899-902.

计算机行动的技术能力的标准化预期。这相当于向人类行动者和公司行动者课以的注意义务。

拉图尔可能并不了解上述这些法律发明,他用一个精致的理论解释解释了当下的法律变革,但实际的法律变革并没有反映拉图尔的理论。在拉图尔看来,可以这样解释合同法的新发展,即通过对所谓"行为元"和"杂合体"给予承认,法律扩展了行动者的概念,使之远远超出了个人(individuals)和集体(collectivities)的范畴。这种双重改造回应了一个问题:集体行动模式无法直接适用于其他非人类的人格化。集体行动模式要求我们反事实地推定,组织和国家这些非人类确实拥有高度的沟通能力。但与树对话是查尔斯王子的特权。如果法律严格要求证明特定社会—心理—法律要素的存在,与电脑订立的合同就不可能有效。确实,社会系统在将人格属性赋予其他社会系统之前,要求它们满足一系列可信的沟通能力度指标,比如寻址能力标准。仅当社会系统有充分的理由假定,在其他社会系统的社会地址背后,存在着自我指涉的意义处理,且社会系统与它们的沟通存在紧密的结构耦合,它们才被视为人格体。社会系统赋予其他社会系统主体性的前提是:(1)它们假定在被称为人格体的沟通人造物背后,存在堪称"理解"(Verstehen)的行动;(2)它们假定这些人造物也这样假定它们的沟通对方;(3)对于那些"主体"的贡献,做出赋权的社会系统自身已经发展出内在的敏感性。这些都是高度发达的沟通能力,但只适用于人类和社会系统,不适用于其他非人类。

拉图尔第一项成功的改造是引入"行动元"概念。① 此举旨在极大降低对行为能力的通常要求。拉图尔舍弃了一些附着在资格充分的"行动者"(主要是真正的人和组织)之上的拟人化假定。在非人类的问题上,如果试图使用人格化作为降低不确定性的技术,就应当放弃假定高度发达的沟通能力,这种高度发达的沟通能力将意义从人类向社会系统传递。应当忘掉反思能力、现象世界观、同理心、被称

---

① Latour, Politics of Nature: How to Bring the Sciences into Democracy, pp. 62 ff.

为理解的行动,以及沟通的能力。剩下的最低假定是双重偶联性。拉图尔将行动元描述为那些科学机构已经承认的非人类。① 对它们的最低要求是抵抗(resistance),亦即现有科学知识无法克服的"不服从"(recalcitrance)。② 在现有的知识条件下,无法用是或否回答各种问题,相反,它们制造了不确定性、争议和困境。③ 这类似于史蒂夫·富勒(Steve Fuller)的所谓"摩擦点"(points of friction),这些摩擦点抵制被归入既定的法律和结构。④ 在已知的自然规律和社会规律之下,它们被视为不规则的,"异常"的(anomalies)。在这样的情况下,何时用新的库恩范式(Kuhnian paradigm)处理这些异常问题尚不清楚,解决困境的另一个方法,就是将这些客体转换为"行动元",亦即假定它们之间存在双重偶连性关系。超越令人困扰的不确定性/确定性问题,通过假定行为选择过程的存在,实验性的"互动"成为可能。与"深蓝"下棋是一个很好的例子。同样,与机器订立合同也是可能的。为了订立合同(分别进入不当得利关系),知道要问它们什么问题并且回答它们的问题就足够了,无须考虑心理—法律能力。在并无任何人类介入的情况下,拥有人工智能的电子代理之间的合同订立,可以解释为行为元之间的沟通。⑤ 此处引入一项区分可能是有益的。虽然拉图尔似乎认为,行为元这种处理方式对于所有类型的自然客体都具有实践—政治意义,但似乎只有更小范围的行动元可以成功互动,这些行动元可以被认为拥有处理元意义的能力,比如

---

① Latour, Politics of Nature: How to Bring the Sciences into Democracy, pp. 68 ff.
② Ibid., p. 77.
③ Ibid., pp. 62 ff.
④ Steve Fuller, "Making Agency Count: A Brief Foray into the Foundation of Social Theory", 37 *American Behavioral Scientist*, 1994, pp. 741-753, 748.
⑤ Daniel, "Electronic Contracting under the 2003 Revisions to Article 2 of the Uniform Commercial Code: Clarification or Chaos?", pp. 329 ff.

适应性软件代理和家养动物。①

拉图尔还提出了另一个可能更成功的方法。他引入了"杂合体"概念。② 当社会系统要求更高水平的行为能力时，仅仅诉诸双重偶连性就不够了。这样的做法通常会使黑箱停留在瘫痪状态，即使它们被认为拥有在不同选项之间进行选择的能力。尽管科学已经提供了证成，但是它们仍然缺少不同脉络需要的沟通技能。拉图尔用一个隐喻对此做出分析：行动元不仅需要语言和有抵抗力的身体，还需要有形成联合（associations）的能力。③ 在这样的环境中，为了赋予非人类政治行为能力，还需要创设杂合体，即人类行动者与非人类行为元的联合。如今，在一些联合之中，已经出现了资源共享。行动元那种令人不安的抵抗性，以及它们之间的双重偶连关系，现在与真实人类的沟通技术结合在一起。"借助社会系统分配的智能，非人类心理系统的能力不足得到了充分的补偿。"④ 在杂合体之中结合人类与非人类的属性，使非人类能够参与政治协商、经济交易和法律缔约。有了杂合体的概念，就不再需要事实合同的概念了。在法律上，电子缔约中的委托代理关系可以重新解释为一种独立的杂合体关系。这样一来，只要需要，就总能找到人和公司行动者，将合同法的心理—法律要求归因于他们。

但仍然存在一个麻烦的问题。从行为元到杂合体、从非人类到人类与非人类的联合，这种转换只是简单转向人类—个人或是集体—行动者吗？乍看起来的确如此，因为在杂合体中，人类的行为明

---

① Lorentzen, "Luhmann Goes Latour: Zur Soziologie hybrider Beziehungen", p. 106. 类似的区分，参见 Malte-Christian Gruber, Rechtsschutz fur nichtmenschliches Leben: Der moralische Status des Lebendigen und seine Implementierung in Tierschutz-, Naturschutz-und Umweltrecht, pp. 160 ff.

② Latour, Politics of Nature: How to Bring the Sciences into Democracy, pp. 70 ff.

③ Ibid. p. 71.

④ Lorentzen, "Luhmann Goes Latour: Zur Soziologie hybrider Beziehungen", p. 110.

显可见。只有人类行动者参与了杂合体,才能识别出更复杂的行为能力。① 但在简单的人类行动者与奇特的杂合体之间,存在着一项重要差异。这种差异体现为,在联合体中,非人类对个体或集体行动者施加了巨大的影响。② 在没有人类合同当事人参与的情况下,围绕复杂事项进行的电子缔约,即为一例。如果用系统理论术语重新表述的话,这里涉及的是非人类对人类的持续激扰,由此形成了杂合体的独特性。其结果是,与杂合体中的个人或集体行动不同,杂合体本身发展出了自己的现象世界观、生命实体一般的自我感知、自己的偏好序列、自己的社会需求和政治利益。各组成部分的扰动循环紧密地结构耦合,这使杂合体类似于公司行动者。③ 反过来说,它们的行为,不能完全等同于它们的代理人的行为,通常也就是管理人员的行为。参与杂合体的个人或者集体行动者不是为了他们自己行动,而是为了作为一个涌现的单元的杂合体、一个人类与非人类的联合体行动。它们的行动方式类似于并非代表自己行动的经理人,这些经理人是代表"委托人"的"代理人",此处所谓"委托人",即作为一个社会系统的公司。④ 当然,集体行动者存在众所周知的代理困境,即不同成员的利益和取向可能发生冲突。同样的困境也存在于人类和非人类的联合中。因此,董事责任和义务的正式化、越权无效原则、集体诉讼代表资格审查等制度化安排,被用于解决人类与非人类联合的代理人困境。事实上,关于电子缔约的法律学说已经讨论了缔约的计算

---

① 同样的论点经常被用来反对集体行动者的行为能力,最突出的是 Max Weber, Economy and Society, University of California Press, 1978, pp. 13 ff.

② Raymond Werle, "Technik als Akteurfiktion", in Werner Rammert & Ingo Schulz-Schaeffer (ed.) Können Maschinen handeln? Soziologische Beiträge zum Verhältnis von Mensch and Technik, Campus, 2002, pp. 119-139, 126.

③ 扰动循环概念及其在公司脉络下的运用,参见 Gunther Teubner, "Idiosyncratic Production Regimes: Co-evolution of Economic and Legal Institutions in the Varieties of Capitalism", in John Ziman (ed.) The Evolution of Cultural Entities: Proceedings of the British Academy, Oxford University Press, 2002, pp. 161-181.

④ 如同一些人倾向于认为的,"委托人"既非股东,亦非财产所有者。

机与人类当事人之间的"委托—代理"关系的类似补救措施。①

如果非人类客体被人格化为行动元,并成为人类与非人类联合体的一部分,我们就可以从结构耦合、激扰和扰动循环的角度出发,有理有据地描述杂合体之中的人类与非人类关系。封闭的沟通过程与封闭的非沟通过程结构耦合(无论后者属于心理、生理、组织还是信息过程),二者出于各自的路径依赖共同演化,但又发生共同的结构漂移。更具挑战性的问题则是,在杂合体内部,是否在严格意义上发生了人类与非人类之间的沟通过程?是否从它们的相互关系之中涌现出了一个真正的社会系统?答案取决于杂合体内部互动态势的性质。如果杂合体将其非人类组成部分视为人格体,就会出现一种奇特的不对称沟通。人类与自然客体对话,"仿佛"它们是人格体一样。②

这类似于最著名的临界情形——宗教祈祷,即与上帝私下或者公共的沟通。无论上帝的现实地位如何,"与上帝的沟通本身就证明了上帝的存在"。③ 借助其内在的拟制,沟通过程本身弥补了非人类沟通能力的不足。④ 在这种情形下,指向非人类的人类沟通行为没有带来任何疑问。但非人类的"言语行为"是否存在呢?答案取决于考察在互动之中,非人类的贡献能否根据信息、告知和理解的程式做出解释。⑤ 这建立在沟通单元有沟通能力的拟制基础上。但只要它们

---

① Daniel, "Electronic Contracting under the 2003 Revisions to Article 2 of the Uniform Commercial Code: Clarification or Chaos?", pp. 344 ff.

② Geser, "Der PC als Interaktionspartner", p. 33 分析了与计算机的沟通,讨论了产生社会后果的行动者拟制。

③ Niklas Luhmann, "Läßt unsere Gesellschaft Kommunikation mit Gott zu?", in Niklas Luhmann (ed.) Soziologische Aufklärung 4: Beitrage zur funktionalen Differenzierung der Gesellschaft, Westdeutscher Verlag, 1987, pp. 227-235, 232.

④ Werle, "Technik als Akteurfiktion", pp. 128 ff.

⑤ Luhmann, Social Systems, Ch. 4 II.

维持了沟通的流动,就无须这种拟制的特征。① "与人格体沟通,需要一个名字,或者一个可以辨识的形象,但不需要分析这个人格体'内在'的组织或心理过程。"② 只要杂合体内部的沟通过程能够被"理解"为非人类"告知"的事件,且这些事件包含了一定的"信息",真正的社会系统就涌现出来了。我们从适应性的软件代理或者被驯服的动物那里得到了问题的"答案",它们已经充分满足了信息、告知、理解三位一体的沟通要求。因此,尽管非人类不具有人类的心理能力,但在人类与非人类不对称的互动之中,涌现出了一个真正的社会系统。③

一旦杂合体作为人类与非人类的沟通互动建立起来,这些特殊类型的社会系统就会在一定的限制条件下,被人格化为独立的行动者。在这种情况下,正如传统的个人和集体成为更大社会系统的成员一样,杂合体也成了更大社会系统的成员。当拉图尔谈及杂合体在制度化的政治之中的政治参与时,所思所想的就是这个问题。④ 但此处需要准确了解成员资格的含义。这不是整体与部分之间的简单关系。社会系统仅由沟通事件构成,真正的人类不能够成为其中的部分,他们生活在社会系统的环境之中。物理客体和动物也是如此。在社会系统的运作之中,人类和非人类被重新建构为人格体,也就是

---

① Fuchs, "Die archaische Second-Order-Society: Paralipomena zur Konstruktion der Grenze der Gesellschaft", p. 114. :"用一种特别的方式来表述的话,可以说当一起事件被另一起不同的事件作为对一项信息的告知(正是由于存在这种差异)加以观察,以至于进一步的事件能够标示到一面或另一面时,这起事件就将在沟通过程中'被自创生'。"

② Niklas Luhmann, Die Politik der Gesellschaft, p. 375.

③ Lorentzen, "Luhmann Goes Latour: Zur Soziologie hybrider Beziehungen", p. 101,当洛伦岑将杂合性定义为"相互的意义和元意义交换"时,已经接近此处的意思。他用元意义这个概念讨论不对称性。Fuchs, "Die archaische Second-Order-Society: Paralipomena zur Konstruktion der Grenze der Gesellschaft", p. 121, 对与"非人类处理器"沟通的不对称性提出了更高要求,要求"理解"的成分。Geser, "Der PC als Interaktionspartner", p. 33, 强调互动之中的不对称性。Werle, "Technik als Akteurfiktion", p. 134, 讨论了"一方是行动者,另一方是拟制行动者的社会行动情境"。

④ Latour, Politics of Nature: How to Bring the Sciences into Democracy, pp. 53 ff.

以往所说的"角色"。① 将这些人造物称为"人格体"（person），意味着接受词源学意义上角色（persona）的双重含义——"面具"（mask）和"身份"（personare），亦即"通过某物发声"，但又有新的含义。人格体是特定逻辑定位的名称，在这个逻辑定位上，社会系统制造了各种"身份面具"，内在地指涉环境中的人类和非人类过程，创造出了被它们从外部扰动的可能性，但又无法触及它们或将它们纳入其中。这些人格体是沟通性的结构、沟通的语义人造物，各种运作被归因于它们的行动。

但有一项重要的限制。这些角色——个人、集体和杂合体——并不只是没有外部支持的拟制、构造、故事、迷信和幻梦。② 它们是社会系统内部的归因点，同时也是社会系统与其环境之中的动力发生持续关联的界桩。③ 通过结构耦合，它们建立了沟通与外部的"真实"动态、脉动过程，也就是沟通的环境之中发生的各种过程的联系，无论在自然或者技术的意义上这些过程是有血有肉的人类过程，还是非人类过程，都是如此。借助"人格体"的面具，社会系统间接但又有效地与人类和非人类发生联系。尽管它们彼此无法沟通，但它们可以相互形成有力的激扰。这相当于拉图尔所谓相互实验的关系。④ 在密集的扰动循环中，沟通通过选择性的"询问"激扰心理过程、组织过程和物理过程，这以假定这些过程的内在属性为前提，而沟通又受到"答案"的激扰，反过来高度选择性地受到限制。正是在此递归过程中，诸社会系统"剥削"了人类和非人类的能量。一言以蔽之，沟通过程将来自人类和非人类的激扰聚集到人格体构造这个内部的行动

---

① Hans Rheinfelder, Das Won "persona": Geschichte seiner Bedeutungen mit besonderer Berücksichtigung des französischen und italienischen Mittelalters, Niemeyer, 1928.

② 在沟通与其环境的关系中，"人起到了结构耦合的作用"，Luhmann, "Die Form 'person'", p. 153.

③ 详见 Hutter & Teubner, "Homo Oeconomicus and Homo Juridicus: Communicative Fictions?" pp. 574 ff; Fuchs, "Die archaische Second-Order-Society: Paralipomena zur Konstruktion der Grenze der Gesellschaft", pp. 116 ff.

④ Latour, Politics of Nature: How to Bring the Sciences into Democracy, p. 75.

归因点上。①

除了这一内在和外在维度,亦即行动的归因以及与外部世界的结构耦合,非人类的人格化还有一个可以称为档案的时间维度。贫乏的行为归因点在此变得丰富起来,学习得以开展,经验得以积累。就此而言,杂合体也是完备的档案,是人类与非人类之间的经验历史,实实在在地影响了社会和政治生活。

最终,非人类确实得以进入社会沟通,尽管是以间接的方式。② 法律在此发挥了独特的作用;通过借助法人构造承认杂合体的法律身份,通过将行为能力归属于它们,通过赋予它们各种权利,法律稳定了非人类的人格属性,运用一系列法律责任的形式向它们课以义务,要求它们承担责任。③ 特别是允许它们进入司法,意味着向全部的新型利益尤其是生态利益开放了法律程序。今天有很多迹象表明,为了生产政治生态的新居民,法律已经开始重新设计其程序和概念。政治宪法纳入生态权利,动物权利逐渐法律化,法律语言经历了从"保护自然"的语义开始,经由"生态"利益向生存"权利"转变的过程,这既是赋予生态组织合法身份的渐进过程,同时也是生态破坏概念不断丰富,不再归因于个人的过程;所有这些指标都显示出,法律正准备再次创造新的行动者种类。④ 树确实有其身份。

---

① Fuchs, "Die archaische Second-Order-Society: Paralipomena zur Konstruktion der Grenze der Gesellschaft", p. 122,讨论了"人格概括"作为一种"归因技术,能够用于将各种事件解释成……行为,并赋予其双重偶联性"。
② Latour, Politics of Nature: How to Bring the Sciences into Democracy, pp. 102 ff.
③ Ibid, pp. 108 ff.
④ Regina Ogorek, "Recht and Tier: Eine traurige Begegnung", 18 Rechtshistorisches Journal, 1999, pp. 247-259; Christine Godt, Haftung fur ökologische Schäden: Verantwortung fur Beeinträchtigungen des Allgemeingutes Umwelt durch individualisierende Verletzungshandlungen, Duncker & Humbolt, 1997; Thomas Benedikt Schmidt, Das Tier-ein Rechtssubjekt? Eine rechtsphilosophische Kritik der Tierrechtsidee, Roderer, 1996; Dietmar von der Pfordten, "Die moralische und rechtliche Berücksichtigung von Tieren", in Julian Nida-Rumelin & Dietmar von der Pfordten (ed.) Ökologische Ethik and Rechtstheorie, Nomos, 1995, pp. 231-244; Gunter Erbel, "Rechtsschutz fur Tiere", 27 Deutsches Verwaltungsblatt, 1986, pp. 1235-1258.

四、超越拉图尔：扩展行动者的多样性

因此，将行为元和杂合体引入政治生态是一场解放运动。客体从狭隘的拟人化假定中解放出来，只要符合拉图尔的最低要求，亦即"通过一系列被实验协议列举出来的测试，能够证明它们改变了其他行动者"，①就可以被视为行动者。新政治行动者（行动元和杂合体），正在与旧行动者（个人与集体）竞争、合作，它们如果通过政治承认程序的双重检验，就可能彻底改变政治生态：一是提出新的候选者并进行开放的政治辩论；二是正式的决策过程，接纳新行动者并排除不符合和平共处要求的其他候选者。②

这是否意味着拒绝卢曼的更高要求，即行动者必须具有概念—沟通的寻址能力？是否意味着必须拒绝代理的其他定义，它们诉诸自我决定、自我指涉、元意义处理、意识、解释行动、内省、回应他人行动、预测未来事件并作出计划、开展理性论证或者理性地追求利益最大化？历史和当代的具体经验带来了疑惑。想想欧坦的老鼠发生了什么事吧。历史地看，非人类行动者数量的不断变化，当然并非由于科学的进步，而是由于社会组织原则的改变。这些行动者能力的历史性改变也影响了各种集体以及人类个体，比如奴隶和女人。③ 当代社会的情况并无不同。举例来说，各种社会运动（social movements）是政治领域的强大行动者，但在法律中它们没有法人的地位。它们没有权利、没有义务、没有责任、无法诉诸司法。20世纪初，工会面临同样的矛盾情景，而它们的对手——公司，则是不折不扣的法人。在经济领域，方法论个人主义否认公司的行动者身份，但法律赋予它们受宪法保障的人权，国际政治赋予跨国公司（MNEs）在国际谈判中的

---

① Latour, Politics of Nature: How to Bring the Sciences into Democracy, p. 75（拉图尔着重强调了这一点）。

② Ibid, pp. 108 ff.

③ 古代社会与现代社会的差异，参见 Fuchs, "Die archaische Second-Order-Society: Paralipomena zur Konstruktion der Grenze der Gesellschaft", p. 115.

话语权和身份。无论法院如何进行怪异的折中,法律上的行动能力标准和责任标准,还是明显不同于心理学和医学上的标准。[1] 经济人被赋予代理和理性资格的标准,当然也不同于法律人、政治人和社会人的标准。承认行为元和杂合体是否会引发诸社会部门的类似分化?社会人格学意义上的理性最大化者或许能够成功地进入某些经济市场,或者进入法律系统中的法院,但可能难以进入政治系统中的议会,更不用说各种道德和宗教场所。

我们在此可以利用拉蒙特关于代理的渐进概念理论。[2] 如果必须在最广义与最狭义的代理概念之间做出非此即彼的决定,很难公平对待各种代理候选人的不同特点。相反,渐进的代理概念能够根据不同语境,有效描述代理的不同等级和强度。拉蒙特区分了三个等级:因果性(causation)、偶联性(contingency)、意向性(intentionality)。但是我们需要更进一步,追问在不同社会系统中,不同的符码和纲要对行动者做出的生死决定有何不同?

如果认可拉图尔关于政治生态中的新候选人的研究,就非常有必要回答以下问题:在政治生态中,对是否承认新候选人资格做出集体决定的制度场所在哪里?拉图尔似乎摇摆于两个不同的场所之间。第一个场所他称之为"第七城",位于鲁克·布尔当斯基和罗郎·戴弗诺的论辩共和国。[3] 在那里,政治生态仅仅被描述为全社会多种自主话语之一。另一个场所则是当代社会这个巨大的统一集体,所有职业齐聚于此,为新行动者是否应该成为候选人,或者谁应当被接纳为新成员这样的基本决定做出它们特殊的贡献?[4] 我更想论证第三个选项。几乎没有任何经验证据表明存在着一种新的自主

---

[1] 法庭里科学与法律的冲突,参见 Sheila Jasanoff, Science at the Bar: Law, Science and Technology in America, Harvard University Press, 1995.

[2] Rammert & Schulze-Schaeffer, "Technik und Handeln: Wean soziales Handeln sich auf menschliches Verbalten and technische Ablaufe verteilt", pp. 11-64..

[3] Latour (Fn. 18); Luc Boltanski & Laurent Thevenot, De la justification: Les economies de la grandeur, Gallimard, 1991.

[4] Latour, Politics of Nature: How to Bring the Sciences into Democracy, pp. 136 ff.

话语,一个可被称为政治生态的成熟社会系统。假定将会出现一个无所不包的社会话语系统,甚至更不切实际。政治生态场所是片段化的,分散在不同的社会制度之中。① 制度化的政治系统正在经历一场变革,作为社会中心的政治正在变成一种更广阔的政治生态。但法律也将沿着这个方向改变自身,回应生态行为元和杂合体的刺激。

经济和科学同样如此。两个领域都在发生深刻的政治化和生态化变革。"在'环境营地'(environmental camp)难以界定、各种'生态侵占'(ecological appropriations)层出不穷的情况下,浮现了多元的环境主题,话语的混乱即是多元环境主题的产物,是分化的现代社会试图应对不断增加的生态问题的结果。"②科学主义的技术专家模式号称能够计算生态的社会影响,但在这些领域完全无法运转。每个领域都在发展一种社会回应的双重决策机制,然而拉图尔将这种双重决策机制归诸作为整体的集体,即一个不可分割的统一体。③ 用进化论的术语来说,每个子系统都运用各种变异机制,呈现出各种新的代理候选者,并从制度上与之保持分离,进而运用选择机制,使之得以进入各种社会制度内部的亚政治领域。

这样一来,对于各种衡量代理和经济人、法律人、政治人之理性的特殊标准,其作用就变得清楚了。这些特殊标准在其生态关系之内,精细地调整着不同社会部门的独特选择。这些特殊标准决定了法律、政治、科学和经济何时和如何在它们特定的政治生态下,接受所处环境的扰动。这些特殊标准也决定了何时和如何它们将不受环境的影响。各种社会部门并不需要遵循一个集体的中心决定。支配政治生态并非民主集中制,而是语言多元主义的游戏。只有在非常明确的条件下,法律才赋予和剥夺法律人的生命,这与其他社会系统

---

① 最明确的表述,参见 David Sciulli, Theory of Societal Constitutionalism: Foundations of a Non-Marxistic Critical Theory, Cambridge University Press, 1991.
② Oren Perez, Ecological Sensitivity and Global Legal Pluralism: Rethinking the Trade and Environment Conflict, Hart, 2004.
③ Latour, Politics of Nature: How to Bring the Sciences into Democracy, pp. 128 ff.

对待它们的经济人、政治人、社会人十分不同。① 即使来源相同,不同的人格化机制也是面对各种环境动力,作为具有系统特殊性的过滤器发生作用。每个社会系统都相应于它随着历史变迁的符码/纲要组合,形成自己的人格自由度预设。这也解释了为何在特定历史条件下,欧坦的老鼠能够偶然地进入司法。每个子系统都以不同方式规定其人格体的行为、责任、权利和义务,并向其行动者分配财产、利益、动机、目标和偏好。② 可以说,每个子系统都设计了自己的心理特征,用特定的相关标准创造了行动者模型。这些行动者模型取决于子系统生产相关人类和非人类信息的特定需要。社会人格体的数量增长,从根本上决定了社会历史的发展。③ 从个人与社会阶层之间存在一一对应的明确关系的分层社会,转向今天的个人化社会是多元的人格体构造物出现的结果,诸子系统可以通过这些人格体构造物获得个人、集体和其他非人类的不同能力。

你的"偏好"序列是什么?——这是经济系统向它的行动者和适应性软件代理提出的问题。你的"规范投射"是什么?你"受法律保护的利益"是什么?——这是法律希望从它的行动者和生态组织所代表的动物那里知道的信息。每种制度都运用它特有的理性模型,制造出不同的行动者,即便它们实际面对着相同的人类或者非人类。在所有的情况下,都存在着封闭性与开放性的不同相互作用,封闭性关乎代表着社会系统自我指涉的行动者,开放性则涉及个人、集体和杂合体。

---

① Hutter & Teubner, "Homo Oeconomicus and Homo Juridicus: Communicative Fictions?", pp. 576 ff.

② 拉图尔试图最小化意义世界的多元性以及相应的行动者概念的多元性,但与此同时,拉图尔至少承认存在不同形式的"职业",这些职业对于将行为元和杂合体承认为集体做出了不同的"贡献"。参见 Bruno Latour, Politics of Nature: How to Bring the Sciences into Democracy, pp. 136 ff.

③ Dirk Baecker, "Die Unterscheidung zwischen Kommunikation and Bewubtsein", in Wolfgang Krohn & Gunter Kuppers (ed.) Emergenz: Die Entstehung van Ordnung, Organisation und Bedeutung, Suhrkamp, 1992, pp. 217-268.

计算经济效用的经济行动者被封闭在经济系统之中,且任何情况下都可以在系统内部计算净效用。相反,行动者的偏好并未确定:"各有各的口味"(De gustibus non est disputandum)。① 无论何时,经济计算都无法说清这些情况。这些情况无法从遵循经济规律的内部信息储存中得到重构,但能简单地从周围环境中"获得",能够从各种外部扰动处得到更精确地重构。而且,新行为元和杂合体的出现对市场产生了剧烈的影响。金融市场中计算机程序的行动是一个极端例证,计算机程序对特定情况做出的自动反应带来了新黑色星期五的威胁。

法律领域的情况同样如此。在法律系统中,封闭性涉及外部规范性预期的内部法律重构。的确,内在的法律过程,依靠认知的、规范的和程序的规则决定正确和错误。但是通过未界定的规范投射、个人利益的表达、"共同的正义感",法律允许自身受法律之外产生的预期的影响。传统上面向真实人类和集体行动者开放的法律,现在越来越面向人类与非人类的新联合体做出回应。一旦法律规定新的权利和义务,特别是进入司法的新程序规则,向这些人类与非人类的联合体赋予新的法律身份,法律预期的内容就向生态开放了。

其结果是,动物和电子代理将成为社会行动者,但与此同时,也会带来全社会的高度片段化。根据不同的代理要件,它们将在政治、经济、法律和其他社会环境中呈现出非常不同的面目。然而,各种不同的社会制度如何能够在彼此完全隔离的情况下,真正创造出它们自己的行动者?难道不是在政治和经济压力的巨大影响之下,法律才塑造出了法人?② 难道不是在不同制度之间持续的冲突性对话过程中,社会才承认了新的杂合体?难道我们不应当期待,拉图尔所谓的政治生态统一体,可能在制度化的传统政治领域之外,围绕是否承认新代理人的主题,作为一种不同制度之间的对话、一种不同社会系

---

① George J. Stigler & Gary S. Becker, "De gustibus non est disputandum", 67 American Economic Review, 1977, pp. 76-90.

② 前述关于工会与企业的法律人格化的不同历史提供了一个很好的例证。

统之间的争论出现？我再一次地不会选择全社会这个层面的代理聚合,恰恰相反,我选择在不同的意义世界之中,大大增加行动者的数量。的确,在行动者的生死问题上,不同的制度永远存在冲突。但结果并不是各种不同制度之下的代理要件的妥协,诸多新的差异,如今将出现在不同制度之中。诸社会系统确实倾听了其他社会系统的需要,但并没有放弃自己对代理资格的要求。恰恰相反,借助不同的再进入动作,它们将外部与内部的资格要求结合起来,在它们的代理构造物中制造出内部差异。

在政治系统内部的新兴生态商谈中,"行为元"和"杂合体"不需要具备完备的法律主体性就能开启新的政治态势。在不同程度的法律主体性之间,在各种纯粹的利益之间,在部分的权利与完备的权利之间,在限制行为能力与完全行为能力之间,在代理、代表与信托之间,在个人责任、多人责任、群体责任、公司责任以及其他形式的集体责任之间,多重的法律区分能够将仔细界定的法律身份赋予由各种生态行动元构成的政治联合体。① 这些纯粹的拟制物仅在组织化的政治之中作为行动者行动,而在经济、科学、医疗、宗教或其他社会领域,则没有必要表现得像行动者一样。法律上的行为能力可以有选择地赋予不同的社会脉络。

最终,法律向新的法律行动者——动物和电子代理开放。但从结果上看,存在着惊人的差异。尽管在两种情况下,法律都使用了同样高度形式化的概念技术,包括法律人格、法律行为能力、权利和义务分配、参与行政程序和司法程序的权利;尽管在两种情况下,法律上的人格化都为非人类创造了进入政治、经济和文化沟通的可能性条件;但所有这一切都完全是法律形式主义的,允许新法律行为者之间的巨大差异。动物权利以及类似构造从根本上创造了防御制度。悖论在于,它们将动物纳入人类社会的目的,在于防御人类社会伤害

---

① 关于人工智能的部分人格属性,参见 Solum, "Legal Personhood for Artificial Intelligences", pp. 1231-1283.

动物的趋势。社会主导自然的旧公式,被社会与自然的新关联关系取代。① 电子代理的情况则恰好相反。它们的法律人格化,特别是在经济和科技领域,将它们涵括进全社会,并不是为了保护新的行动者,反而是社会需要保护自己,对抗新的行动者。赛博格(cyborgs)的社会涵括,将电子代理异化的新问题带入法律的视域之中。与困扰马克思和海德格尔的旧的异化问题,亦即社会关系的物化问题——异化(Entfremdung)和物化(Verdinglichung)②不同,困扰着我们这个时代的是电子代理的人格化,它意味着物的社会化。在异化和再侵占(re-appropriation)的态势下,法律面对的问题是:新的宪法保障能否抵御臭名昭著的"代码",亦即互联网的电子架构?人类能否重新控制已经被电子代理掌控的经济、社会和技术交流?

---

① Michel Serres, The Natural Contract, University of Michigan Press, 1995.
② 在新的情境下,对一场旧辩论的重构,参见 Rahel Jaeggi, Entfremdung: Zur Aktualität eines sozialphilosophischen Problems, Campus, 2005。

论社会宪治的政治性[*]

[希]埃米里奥斯·克里斯托多里迪斯[**] 著，卞苏[***] 译

引论

早期的宪法学理论具有激进的浪漫主义色彩，常常通过回溯到制宪权基础来回答以下疑问：如果政治社会或政治群体是通过权力归属规则来行动的，那么这一规则本身在多大程度上可以被重组、反思，被不断重新界定？由这一规则赋权的集体又是否可以反过来运用甚至超越这一规则（operationalization and transcendence）？这显然是一种马克思主义的问题意识，即把解放的主题自觉置于理论的核心："解放"一方面与权力归属于谁紧密相连，后者是实现解放的必要步骤；但另一方面"解放"也意味着对权力归属模式本身的超越，才能真正实现反思性的自我定义理想。尽管当下我们面对金融危机时无能为力的现实境况似乎已经与这种自我定义理想相差甚远，但社

---

[*] 原文载于 20/2 Indiana Journal of Global Legal Studies，2013，pp. 629-663，已获原作者授权。

[**] [希]埃米里奥斯·克里斯托多里迪斯（Emilios Christodoulidis），法学博士、英国格拉斯哥大学法学院法理学讲席教授。

[***] 卞苏，西安交通大学法学院讲师。

会宪治理论向我们承诺要从早期宪法理论的残片中划出一个反思性的空间,即切断宪法与国家的联系,回归与社会各领域相适应的"毛细管宪法"(in capillary form)。通过把宪法理论解析为构成和限制两个层面,贡塔·托依布纳主张宪法语言应从国家中心主义向以功能为中心的自组织转换。① 唯有如此,才可以使社会各子系统尤其是经济系统的"增长冲动"和扩张趋势得到控制,不致再对社会造成损害。托依布纳引用卢曼的论述来说明,既然"每个功能系统的自我定义都是通过一套将意义、反思和自治性归属于系统自身的精密语义学来实现的",②那么社会宪治理论的问题就变成了:"施加于社会子系统的外部压力能否在系统内部引发自我限制的行为?"

这种自我限制的"系统内部"反思即是托依布纳所指的宪治化过程——它被系统外部的(政治的和法律的)力量引发,但却不能被这些外部因素所取代。这就是为什么对托依布纳来说,跨国社会子宪法是不能通过外在的政治决断产生的,政治推动力仅是宪治化的激扰因素。托依布纳认为,社会宪治要解决的"根本问题"是"怎样能通过增加社会子系统的外部压力、引发子系统的内部自我限制,从而遏制由于社会子系统的独立而产生的消极外部效应"?③ 对此,他回答道,"社会子系统的自我限制"依赖于对系统反思性资源的发掘和内部拣选过程。即使这一过程是在外部动力的刺激下开启的,但却是以一种"内部政治化"的方式进行内部处理并以公共利益为指引,我将在后文中详述。

"这就是社会宪治理论所要传达的信息。任何形式的全球宪法

---

① See Günther Teubner, Constitutional Fragments: Societal Constitutionalism and Globalization, Oxford University Press, 2012.
② Günther Teubner, "A Constitutional Moment? The Logics of 'Hitting the Bottom'", in Paul Kjaer, Günther Teubner & Alberto Febbrajo (eds.), The Financial Crisis in Constitutional Perspective: The Dark Side of Functional Differentiation, Hart Publishing, 2011, p.14.
③ Teubner, Constitutional Fragments: Societal Constitutionalism and Globalization, p.41.

秩序都面临着一个任务:怎样能产生足够大的外部压力,使之作用于社会子系统并推动他们进行自我限制?"①对应着构成和限制两个层面,托依布纳先后提出了两个问题:维系社会子系统功能自治的制度前提是什么? 又应该从何处着手对其扩张进行限制? 我们需要从社会系统的自我奠基这一"构成性"层面入手,然后才能理解对其进行限制的可能性。对于托伊布纳而言,经济宪法、科学宪法、媒体宪法等"都发挥着同样的构成性功能,即在各社会领域中保障其专属媒介的独立性,并且这些功能如今已经发展成为全球性的。部门宪法根据各自的'构成性规则'对抽象的、同质性的交流媒介进行规制——无论是权力、金钱、法律还是知识,他们都是全球功能系统中一类独立的社会建构。与此同时,这些部门宪法还要确保在不同历史条件下其专属的交流媒介具有对整个社会的影响力。根据这两点要求,一系列的组织规则、程序、职权和主观权利被发展出来,并通过把社会领域的分割符码化,支撑起社会的功能分化。"②

功能分化对"主权国家所能采取的国内或国际干涉行为"提出了"很高的认知要求":在经济危机爆发的情况下,他们尤其需要抵制以国家理性代替系统理性(此处特指经济系统理性)的冲动。③ 相反,干涉行为应表现为有选择地产生"宪法激扰",即不是将国家理性强加于系统之上,而是通过系统的自我引导使其从"自我阻塞"的异常状态中解放出来。④ 更直白地说,由国家主导的计划经济就是企图以国家理性代替经济系统理性的一种尝试,并在失败时用国家恐怖措施强制推行。但"在经历了20世纪的政治极权主义之后",托依布纳警

---

① Teubner, Constitutional Fragments: Societal Constitutionalism and Globalization, p. 84.
② Ibid., pp. 75-76.
③ Teubner, "A Constitutional Moment? The Logics of 'Hitting the Bottom'", p. 14.
④ Ibid., pp. 14-15.

告我们,"将社会子系统永久地置于国家控制之下已经不再可行"。①"除了宪治化的尝试外,我们别无其他选择",只能希望最终"幸运地""通过外部和内部编程(programmes),激扰和被激扰的系统之间的相互作用会使系统运行走上理想的轨道"。②

本文将就社会宪治理论的社会性进行反思,并认为在这一理论中存在着双重弱化(double slippage)的危险。第一重弱化与宪治的含义有关:当社会宪治有意地、不断地与政治或国家系统的作用及影响保持距离,这反而会威胁它自身的宪法根基,使其呈现出自由落体的倾向。下文中将详述,如果社会各领域的宪法反思依赖于其与法律系统形成(元层次的)耦合,那么我们要回答的宪法问题就是为了支持与其耦合的社会系统的反思性,法律系统应发挥怎样的作用。第二重更隐秘的弱化则体现为市场陷阱的危险,即市场在召唤社会出场的同时,却使社会性服从于市场的功能必需,最终使社会性受制于市场分配的逻辑。我强调的是"最终",因为系统的功能必需与市场分配之间当然并不存在直接联系。但我将提出,在某种层面上,功能相当(functional equivalence)的概念通过市场机制建构了一种可比性:市场不再只对经济价值而且对所有价值做出裁判(value simpliciter)。也正是由于这种双重弱化的危险,我们对危机做出的任何回应都有或归于无效或被吸收同化的可能。

这篇文章是对托依布纳社会宪治理论的内在批判。它之所以是批判的,是因为我将讨论的重点是这一理论中还未被充分认识到的吸收同化危险:宪治化作为一个不断发展的过程,削弱了通常与宪法联系在一起的架构功能(第三部分);这一危险在跨国层面上变得更为突出(第二部分);此外,社会宪治的反思性还容易陷入市场陷阱,变成只在名义上可以被称为政治性的(第四部分)。但本文仍是一种内在于社会宪治理论的批判,因为本文借用了反思性的自我定义这

---

① Teubner, "A Constitutional Moment? The Logics of 'Hitting the Bottom'", p. 13.

② Ibid., p. 15.

一核心概念,只是意在以一种不妥协的政治含义来诠释它(第五部分)。在分别论述这几部分之前,我还需要首先提出以下几个警醒(caveats)(第一部分)。

请允许我在这一部分中仅仅先示意一种反对意见。在我的论述中最有争议的方面可能就是,我坚持认为一个不可减损的政治维度对社会宪治的规范内涵是必要的。这里有两个关键词:"不可减损的"和"政治的"。我所谓的"不可减损"指的是不能被转换为接受系统的符码。我对社会宪治理论的顾虑,也是我与托依布纳教授观点上的根本分歧在于,我认为如果功能分化是社会系统独立、自由地运作的保障和任何情况下均不可改变的前提,那么,托依布纳所主张的在系统外部与内部政治化之间建立起一种对话关系的观点就会迅速倒向内部政治化这一端。在全面的系统功能独立的条件下,内部"政治化"的政治性内涵就变成了一个由且仅由社会子系统来回答的问题。而我认为,只有通过从系统内部"断裂(ruptured)",即外部的政治化才能实现系统的反思。应该如何理解这一"政治性"的含义呢?带着这个问题,我们来讨论第二个关键词。卢曼很少否认,在提到政治的时候,常常会让人联想到国家。但是,根据卢曼和托依布纳的说法,"系统"首先并首要地是若干意义系统,经过现象学的化约而成为一种交流媒介。在化约过程中,由于与国家相关的语词引导和组织了有意义的政治交流,使之对政治系统的稳定起到了极为重要的作用。因此在这一过程中,"民主"被界定为统治与反对的区分,作为卢曼所言的一种超级符码,取代了其他关于民主内涵的"区分准则(distinctions directrices)"。但如果我们认为这只是一个历史的、偶然的结果就错了,在全球化的情势下,国家仍然通过其与资本之间的联系有选择地推动着全球体系的稳固建立。归根到底,政治的核心从来都是关于划分公共领域、构想权力分配的斗争,对这些问题的反思构成了"政治"的定义。

因此,让我们不要忽视对"意义的自我归属"之批判以及对这一批判的批判。也正因为系统论可以提供一种特别的反思性,它才被认为是一种批判理论。我们应该将对社会宪治理论的内在批判与上文中甄别出的双重危险联系在一起,即一方面,"宪治化"的过程属性使"宪治"的含义变得难以确定,失去了其固有的"集合"功能;而另一方面,"社会性"概念的不清晰也使宪治的含义结构性地屈从于价格逻辑的支配。

一、三项警告

(一) 把危机当作机会

托依布纳在《触底(*Hitting the Bottom*)》[①]一文中曾明确表达过、进而又在《宪法的碎片(*Constitutional Fragments*)》中隐晦地复述过"危机的幽灵"(spectre of crisis)这一观点。在历史的紧要关头,面对社会子系统的发展失控,系统论应发挥怎样的作用?托依布纳坚持认为,在"引爆点(tipping point)"触发之时,一种反作用力必然会产生,系统的限制性运动将凸显出来。在迫在眉睫的灾变面前,系统扩张的构成性力量将受到控制;子系统的部门理性将服从于整体控制的需要。而在《多重脉络的宪治化(Constitutionalising Polycontexturality)》一文[②]中,托依布纳则集中表达了对"灾变"(catastrophe)的预防这一观点。他关心的是,当"引爆点"被触发时,"释放出的能量"可能会"超出控制",产生腐化的甚至毁灭性的社会效果,以至于变成功能系统的再生产与"全球社会的总体理性"之间的冲突。[③] 托依布纳因此认为,"需要采取大量的干涉措施",而其中最有效的干涉则是"导入系统的自我限制机制和转变为部门宪法"的形式。[④] 然而,我想问的是,我们如何知道引爆点已经触发而毁灭性的能量必须得到遏制?什么样的社会标志可以向我们传达这种讯息?马克思和波兰尼

---

① Teubner, "A Constitutional Moment? The Logics of 'Hitting the Bottom'".
② Günther Teubner, "Constitutional Polycontextuality", 20/2 Social and Legal Studies, 2011, pp. 210-29.
③ Ibid., p. 225.
④ Ibid.

都曾说过,市场体系与社会之间爆发过一系列大规模的冲突。马克思将资本主义早期的"原始积累"阶段描述为一段充满着侵略、抢夺和毁弃的历史,波兰尼则把它描述为市场体系从它所嵌入的社会系统中剧烈地脱嵌的历史,并以暴力攫取造成了对社会的损毁。旧日的世界消逝在这些冲突中,却不仅没有任何"引爆点"被触发或识别出来,甚至在某些情形下,譬如在殖民背景下,连可以描述那一消逝的世界的语言都无迹可寻。这些都说明了功能子系统实际上可以超越灾变性事件而存续:"引爆点"所识别出的灾变被重新投入系统的日常运作中,那些危机的责任方反而获得了新的融资工具,对灾难进行再循环利用,转而售卖另一种毒害人类的商品来继续获利。这一历史见证着功能化的趋势正生发出新的系统运作和动力机制。这是如此令人沮丧又如此熟悉的场景,无须赘言;但另一方面,它也显示出与托依布纳关于系统如何"思考"的论断不符之处。① 我们可以以欧盟委员会提出的欧洲2020战略为例,作为2000年里斯本战略的后续,这一战略提出了在21世纪建立欧洲社会市场经济的愿景,即希望能"彰显欧盟怎样从经济危机中走出并变得愈加强大,变成一个更明智、更可持续也更有包容力的经济体,造就出高水平的就业率、生产率和高强度的社会团结机制"。②

如果说在这一战略中危机被当作"变得更强壮"的契机,我们却会在希腊发现迥然不同的境况。在2012年上半年雅典的艾滋病感染率上升了1000%,与此同时,去年(2012年)希腊本来就捉襟见肘的医疗保健财政支出却被削减了40%,众目睽睽之下的自杀事件经常见诸报端。

因此,我要提出的第一项警告即是我们不应急于预见范式变迁一定会发生,过往的历史已经证明了资本主义具有非凡的弹性。也

---

① See Günther Teubner, "How the Law Thinks: Towards a Constitutional Epistemology of Law", 23/5 Law and Society Review, 1989, pp. 727-758.

② 如欧盟委员会主席José Manuel Barroso所言。参见"Europe 2020", European Commission, http://ec.europa.eu/europe2020/index_en.htm(最后访问日期:2013-10-1)。

许,能引发剧烈变化的唯一契机恰恰超出了现有范式所能识别(和做出回应)的范围,它恰恰是不能被它所挑战的旧范式识别出来的。这是我在其他文章中论述的观点。而在这一部分中让我们先作出这样的小结:正如我们在使用集合名词时常常会碰到的情况,认为一个集体会一起"触底"的观念既是对这一"集体"的夸大又是对这一"集体"的低估。危机仅仅对某些人的生活和生计是一场"灾难",也的确有很多人感到愤怒(参考涂尔干对"公愤 colère publique"的论述),但另一方面同样存在着一些没有受到影响甚至从危机中获利的人。当某些人已经安全渡过了"引爆点"时,对另一些人来说一切却为时已晚。

(二) 对国家的恐惧

1979年福柯在法兰西大学的系列演讲中有这样一段话,他说:"为了反对那些对国家的过度批评和不严谨的表述,我想提出以下观点……首先,福利国家与极权国家、纳粹、法西斯的国家相比,不仅不拥有相同的组织形式,也不分享同样的根源。我还想指出我们通常称为极权国家的典型特征远不是国家机器的内在延伸或强化。极权国家根本不是国家自主性的提升;而是……相比于其他的主体——政党来说……对国家独立性、特殊性和功能专属性的限制、削弱和压制。"[1]

尽管托依布纳将政党的作用识别为"极权主义的社会宪法"之关键要素,[2] 对福利国家所保持的"不稳定的平衡"状态也没有大加谴责,而是持一种模棱两可的态度,[3] 但在他后期的作品中却逐渐显示出对国家直接引导"社会子秩序"的不满,并很快发展为对"国家主义"社会宪治的拒斥。在离我们从来都不遥远的极权主义阴影下,对国家的恐惧取代了对何为适当的引导方式的更细致检视。但在任何

---

[1] Michel Foucault et al., The Birth of Biopolitics: Lectures at the College de France 1978—1979, Palgrave Macmillan, 2008, p.190.
[2] See Teubner, Constitutional Fragments: Societal Constitutionalism and Globalization, pp.21-23.
[3] Ibid., pp.24-26.

情况下,我们都不该急于否定国家可以成为引导工具的一种;否则社会宪治理论就会轻易陷入反乌托邦主义中,把消费行为当作民主参与,把公共空间等同于一个大型的沃尔玛超市。

(三)波兰尼与"双向运动"

"从长远来看,'新自由主义'将全球宪治问题简化为单向度的'构成'功能的做法难以长久,系统释放能量并引发破坏性的后果也仅仅是一个时间问题……而这就是波兰尼的'双向运动'实现的时刻。"①众所周知,波兰尼确实提出了一个反作用的、双向运动设想,用托依布纳的语言表述即是在到达"引爆点"时,社会力量将会冲击市场体系,扭转经济系统从社会中剧烈脱嵌的倾向。② 但我想问的是,在社会已经功能分化的条件下"脱嵌"意味着什么?当社会被分割为诸子系统,因而减弱了其对市场过度扩张倾向的回应能力时,社会又从哪里汲取力量来冲击市场?社会将怎样"集合"起来,采取行动,做出回应?用波兰尼的理论来解决这些重要问题实际上蕴含着巨大的困难。在这里我仅列出其中两点,因为他们与"社会宪治"的"社会性"直接相关。对波兰尼而言,功能分化与他所甄别的经济系统从社会系统中"脱嵌"一脉相承。这也许就是为什么波兰尼不能成为那些低估了社会分化程度的人们的盟友。早在功能分化的开端,在一个远远低于"触底"的程度上,那些能集中表达社会性内涵、价值或立宪承诺的意义符号就已经从社会中被抽走了,剩下的仅是功能分化条件下的那些价值,他们是如此糟糕的选项(卢曼也这样认为),既不能支撑身份认同,也不能引发"嵌入"社会的意愿。

波兰尼所说的分界点在哪里呢?众所周知,波兰尼在市场与市场体系之间做出了区分。贯穿整个历史过程,经济当然离不开市场:《大转型》的前几章描述的就是脱嵌之前的市场活动。③ 但随后,一个

---

① See Teubner, Constitutional Fragments: Societal Constitutionalism and Globalization, p. 78.
② Karl Polanyi, The Great Transformation (1944), Beacon Press, 2001.
③ Ibid.

里程碑式的转变伴随着土地、劳动和货币市场的产生而发生。正是由于出售这三种"虚假的商品"的市场的出现才组合成了市场"体系",并促成了大转型的发生。而这一组合的一项似是而非的成就即是把政治经济学的概念简化成了市场形式本身。随着商品的逻辑贯穿了所有关键性的社会领域,脱嵌就发生了。这种互补的、综合的、将所有领域勾连在一起的具有破坏性的商品化逻辑特别值得注意。尽管我在此不会作进一步说明,但从系统论的角度来说,正是由于货币市场的出现及其与另外两个市场的综合,才造就了一个以"超循环(hypercyclical)"方式联结在一起的①、自我指涉的、闭合的经济系统,即成为一个市场体系。经济系统的功能分化体现为它从社会中脱嵌,并斩断了与政治经济学的联系。因此,我的第二个关切即是:我们实际上抱有一种不恰当的乐观主义,认为社会力量终会拯救我们,控制那些由于经济的脱嵌、社会保障的贫瘠化所造成的更极端的、灾难性后果。但波兰尼很难赞同社会宪治理论的观点,因为他"将社会主义恰当地定义为经济对社会的服从,经济目标对社会目标的服从,后者涵盖了前者并将前者置于从属地位,即作为实现社会目标的手段"。② 从根本上说,波兰尼认为社会团结是不可减损的价值。但是,当我们目睹了那些处于欧洲边缘地位国家中的人民不断因为新一轮的紧缩措施而陷入贫困,还会有谁对欧盟所谓的经济团结抱有幻想?即使我们有一刻相信欧盟的政策监督是善意的,在当下社会功能分化的条件下,又从哪里找寻团结的力量呢?尽管波兰尼做出的诊断——经济系统从欧洲社会中脱嵌是如此重要,他提供的处方却令人痛心地遥不可及。

在提出这些警醒之后,我们现在转向"跨国社会宪治"概念,来探究组成它的每一个词汇。

---

① "超循环"概念以及它在自创生系统中自我指涉的闭合作用,可参见 Günther Teubner, Law as an Autopoietic System, Blackwell Publishers, 1993, p.25.

② André Gorz et al., Critique of Economic Reason, Verso, 1989, p.130.

二、上升到"跨国"层面

托依布纳说:"全球化首先意味着功能分化,它起初在欧洲和北非的民族国家中发生,如今却已经覆盖了整个世界。当然不是所有的社会子系统都以相同的速度和强度同步全球化。在宗教、科学和经济已经发展为全球性系统时,政治和法律系统却仍然以民族国家为依托。"①

托依布纳进一步补充道:"全球化的这一不平衡性在独立的全球社会系统的自我宪治化与政治法律形式的宪治化之间造成了一种紧张关系。"②

通过描述这种"紧张"关系,托依布纳指出,在民族国家范畴内形成的法律、政治及其他社会领域(子系统)之间的集合已经解体;但"在全球层面上与之相对应的集合还不存在";"全球自发形成的宪治化和民族国家的宪治化,例如全球经济系统和主权国家政治系统,正不可避免地渐行渐远"。③ 面对这种必然的发展趋势,唯一的解决方式只能是由全球功能系统发展出他们自己的宪法,而法律结构将会在其中发挥重要的作用。"已经全球化了的社会子系统和停滞在国家间层面的政治系统之间的不平衡性"将只能导致"宪法整体工程的破裂"并"被宪法碎片的形式取代"。④ 卢曼针对现代民族国家宪法做出的著名论断——它是一种"全面的系统结构耦合"——"显然在全球社会的层次上没有对应物"。⑤ 相反,我们看到的是"一种新现象:全球秩序在没有国家参与的情况下自我宪治化"。⑥ 在新的组合形式中、在"社会宪法"和"国家宪法"的彼此疏远中,既有益处也存在着风

---

① Teubner, Constitutional Fragments: Societal Constitutionalism and Globalization, p.42.
② Ibid., p.43.(略去原文强调。)
③ Ibid., p.44.
④ Ibid., p.51.
⑤ Ibid., p.52.
⑥ Ibid., p.53.(略去原文强调。)

险。社会宪法在减少了对"国家权力、国家政策和政党意识形态"的依赖的同时,却不可避免地与"全球碎片化的利益集合体"紧密耦合在一起。从积极方面来看,"相比于民族国家宪法,社会宪法能更好地回应社会需求。"[①]但另一方面,风险却存在于社会宪法与"部门利益"之间过度紧密的耦合可能会产生"腐坏"的宪法规范。尽管这正是托依布纳宪法理论的规范性内涵,他却承认,有组织的和市民社会自发的反作用力能否抵消这种腐坏的风险还有待观察。[②] 这是一个很重要的问题,托依布纳在书中也提出了非常重要的观点,但我并不打算沿着这一方向继续讨论下去,而是停在我刚才做出的那个诊断上,即宪治作为政治系统与法律系统的耦合在全球层面上不存在对应物;进而识别在全球层面上它被什么所替代;从而考察这一设想是否成立:即通过"全球秩序自我宪治化"的社会形式,宪法功能可以从民族国家层面上传至全球层面。与托依布纳相同,我对宪法功能的强调落脚于在何种意义上可以认为存在一部宪法上。当所有之前使用的定义要素分崩离析时,我们需要从功能上定义和理解宪治的含义。有两种方式可以把宪治之含义从民族国家层面传导至全球层面:一种是一般化和再具体化的方式,另一种则是功能主义的分析方式,即寻找(民族国家宪法的)功能等价物,能在全球层面上保持系统的功能分化和独立性,尤其关注系统间的分立和联系——这一联系意味着认知上的彼此适应和共同演化。让我们分别来讨论这两种方式。首先,一般化与再具体化的对话模式,在涉及公民基本权利问题时,可以通过一种抽象化的方式将宪法问题上升到全球层面。例如,在解析"全球社会"背景下基本权利体系的生发机制时,托依布纳问道:哪些要素可以从民族国家宪法传统中抽象出来并在全球高度功能分化的背景下重新具体化?

一般化当然意味着有选择的实现和有选择的压抑。通过一般化

---

① Teubner, Constitutional Fragments: Societal Constitutionalism and Globalization, p. 54.

② Ibid.

（离开民族国家的背景）和再具体化（适应特定的接受领域）的双向运动，系统的"反思性"影响着在上升到全球层面的过程中哪些基本权利被压抑，哪些又得到实现。而引导这一反思过程的因素则在于我们如何处理宪法的一般含义（绝对的、超越的）与适合于某一自创生的社会领域的框架之间的紧张关系。①

托依布纳指出，"认为跨国层面不存在宪法的观点是错误的"。② 这当然是一个正确的论断，但他却把这一点发展成了宪法学理论的创新，即"在跨国层面上难以找到与民族国家等同的宪法"。③ 当我们面对这些新的"集合、组合和综合"时，具有宪法意义的问题就变成了这些集合"能否像民族国家的组合形式一样稳定"，即在制宪权、集体的自我定义、决策和组织方面具有可比性。④ 而"一般化"与"再具体化"的方法对发现这些持续的可比性至关重要。

托依布纳的这一观点绕开了围绕着基本权利的"水平效力"和如何以人权限制全球私主体的权力等诸多难点。⑤ 在指出人权宪法学的限制性功能方面（在另一篇文章中），他当然是正确的。作为一种补偿性的宪法理论（我的总结，非托依布纳原文），人权可以标示出一种"过度"，即标示出在系统的日常运行中，哪些社会成本已经超出了系统可以忍受的极限或者超越了系统可以有效外部转移的界限。⑥ 但这并不是本文继续讨论的重点，因为《宪法的碎片》一书已经转向建构一种全面的反思性宪治化理论。反思性被用于维持适当的系统

---

① 我曾在其他文章中指出协调这种紧张关系是不可能的，结果只会倒向第二个端点，即系统的自我指涉，重新具体化的要求会过度限制那些起初可以"一般化"的内容。参见 Emilios Christodoulidis, "Of Boundaries and 'Tipping Points'": A Response to Günther Teubner, 20/2 Social and Legal Studies, 2011, p. 240.

② Teubner, Constitutional Fragments: Societal Constitutionalism and Globalization, p. 7.

③ Ibid., p. 8.

④ Ibid.

⑤ Ibid., pp. 124-149.

⑥ Günther Teubner, "The Anonymous Matrix: Human Rights Violations by 'Private' Transnational Actors", 69/3 Modern Law Review, 2006, pp. 329-30.

界限、实现构成与限制运动之间的平衡,以实现社会子系统自治领域的最大化,并在全球层面保证系统的功能分化。但我们不应忘记,恰恰是由于已经全球化的系统(如经济系统)和未全球化的系统(如法律和政治系统)之间的发展不平衡,碎片式的宪治化模式才被用来补救这一缺陷。但这种补救方式却会把"历史上最先出现在欧洲主权国家的功能分化"之界限和平衡关系复制到全球范围。如果功能分化的系统以结构耦合的方式得以维系,即自创生的系统之间以一种复杂的联结方式共同演化,那么社会宪治如今就是在全球层面上尝试复制这些复杂的耦合。但是,某些系统显然在"表现(performance)"上落后了,在对其他子系统产生影响以保证社会系统的整体再生产方面,他们都落后于其他系统。

将我们熟悉的系统相互激扰和适应的范式从国家层面上升到超国家的层面,至少初步看来是成问题的。而这恰是由经济系统和政治法律系统之间的不平衡,或者说是市场与国家向跨国方向发展时的不同步导致的。这一不平衡性并非偶然,也不是通过加速就可以迎头赶上的,而是结构性地根植于全球资本主义的架构中。以欧洲为例,这种不平衡体现为各国间统一市场的形成(经济的迅速一体化)与不统一的社会保障体系之间的对比。而在"全球社会"层面,则是"全球资本主义涡轮"的巨大成功与政治系统跨国过程中的多重分裂之对比。而以上每一种不平衡都只会进一步推动资本的整合和利润的攫取。

让我们用系统论的语词重述这个问题。不平衡发展的后果就是全球层面经济系统和政治系统"激扰能力"的不平等:经济系统压倒一切,政治系统微不足道。跨国发展本是要实现对经济逻辑的宰制,然而却被后者所殖民。这一(被经济系统殖民的)跨国系统的概念,依靠竞争和比较优势来建立联系(即"跨"国的含义),因此指望它会反过来控制它赖以存在的基础实际上是一个悖论。于是,我们经常看到一个令人沮丧的景象:遵循为"市场化做准备"的目的"跨国"层面被组织起来,"剥离对劳工的保护",压低工人的工资,削减工会的影响,将劳动再生产的主要成本加回到劳动者身上,遵从世界银行的治理手册等等。更重要的是,资本和国家的不平衡关系产生了边际效应,即"争相触底"的趋势——由于国家的社会保障责任被视作成本,因此任何想把这一保护水平抬高至国家层面之上的努力(无论是宪法中的社会章节、社会宪章、社会权利还是社会协商)都被系统性地缩减(即使最初这些内容被当作重要的和需要关注的事项)。令人惊叹的是,相比于其他领域,法律和政治系统的反思性耦合更容易以很短的回路导回市场范式中,将组织生产过程的"共同决策"原则看作"(系统)的冗余",抛弃"传统的"对劳动问题的思考,而转向讨论如何优化劳动市场的规制模式即增强阿玛蒂亚·森所谓的劳动者自由的[译者注]"能力"(capabilities)。另外,在这一跨国理性中,核心与边缘国家间不平等的国际关系也扮演了重要角色。通过使那些边缘国家系统性地贫穷化,在紧缩政策下窒息,每天有大量的熟练工人和半熟练工人变成失业人群,不得不与日益壮大的非法移民工群体竞争临时性的工作机会。在金融收益最大化要求的驱使下,这一范式既成为一种社会总体性范式,又具体化为每个社会领域的制度逻辑。例如,在讨论国际组织的"自我宪治化"时,托依布纳就选取了世界贸易组织(WTO)作为"一个宪法解放的著名事例"。① 他认为,在众多"方向"中,宪治化选取了一种可以将"贸易规则置于优先于政治原则的地位并赋予其'直接效力'"的路径。② 托依布纳所使用的"解放"一词是特别有意思的,它意味着将"贸易规则"与"政治原则"分开。这种"解放",无疑是一种"自我宪治化":全球贸易组织通过规避主权国家(municipal)所有可能的保障措施,逐渐与劳动保护义务相脱离。而实现这一"解放"的关键时刻就是1998年的新加坡峰会。通过这一会议,WTO斩断了与劳动争议的联系,从此国际贸易对全世界劳动者产生的影响不再受WTO规则的规制。然而,正如阿兰·苏比奥特

---

① Teubner, Constitutional Fragments: Societal Constitutionalism and Globalization, p.55(在原文基础上添加了强调的内容)。
② Ibid.

(Alain Supiot)所言,劳动关系、社会保障、就业和失业水平,相比于其他因素,更依赖于国际贸易而非民族国家的政策,这就会造成一个悖论,即集体权利的有效保护反而必须与劳动者工作的稳定程度相适应,那些最需要劳动保护的人群恰恰最没有机会获得他们。① 对这些问题,我们还可以继续讨论、作其他解读或者不予讨论,但全球公共政治的目标是什么的问题却不能也不应被低估:全球经济的发展一定会在全球范围内产生它的支持者和挑战者。托依布纳就常常提到这点,例如他认为:"国家间壁垒的废除和明确的去规制化将会产生一部……全球的金融市场宪法并释放出难以控制的力量……但我们只有在接近灾难的时候才会开始集体学习,才会寻求进一步的宪法限制。"②

我认为这是一个非常重要的观点,但使我不禁疑问的是:如果这一"学习过程"已经开始,那么从宪法视角来看我们应该学习什么?如前所述,宪治化从国家层面"上升"到跨国层面依赖于一种结构性的或者构成性的不均衡,那么这一学习过程就只能采取纯粹否定的方式。换句话说,如果全球资本主义的扩张采取"争相触底"的形式把经济系统与政治系统对立起来,那么集体学习就只能以一种反资本主义的形式实现。但我并不认为跨国社会宪治理论会把这一点视为其政治解决方式。

无论在此背景下"学习"意味着什么,在这一部分中我的目的是识别一种不平衡性。这种不平衡性塑造了全球化背景下攫取剩余价值的逻辑,因而是结构性的。我认为这种不平衡性将会对系统论分析产生影响:系统间要实现认知层面的相互适应,需要依赖一种平衡,而在组织或功能分化的原则下这种系统平衡的要求却被遮蔽了。核心问题即在于,尽管从国家的政治向超国家的政治转化时,政治逻

---

① Alain Supiot, "Law and Labour: A World of Market Norms?", 39 New Left Review, 2006, p. 109.
② Teubner, Constitutional Fragments: Societal Constitutionalism and Globalization, p. 11.

辑的一般化本来是以纠正经济逻辑为目的的,但却受到了经济逻辑的严重影响,甚至可以说,经济逻辑实际上组织了这一跨国过程。本来政治系统和经济系统逻辑相异,他们彼此的独立和交互的"激扰"是维系功能分化的基础,但在跨国层面上这一点却被削弱了,因为政治系统重复的不再是国家行动的逻辑却是经济系统的逻辑,后者任由国家卷入全球竞争体系中,"利用"国家来实现其野心勃勃的扩张。因此,让我们对从民族国家向超国家转型过程中的系统"相互激扰"命题提出一点质疑。在后面的部分我们会看到这种"有组织的不平衡"会在元层次的反思性方面引发什么重要弊病,进而使我们思考如何重塑社会宪治理论。带着这样的思考,我将在下一部分中从"跨国社会宪治"的"跨国性"发展到对其"宪法性"的讨论;而这三个词语的最后一部分"社会性"我将会放在本文的最后一部分。

三、宪治化的缺陷

"跨国宪治的任务"不是"创造"而是"从根本上转变已有的宪法秩序"。[①] 在这一部分中,我对社会宪治理论的质疑主要针对其时间维度,以及"宪治化"能否实现全球层面上系统间的相互影响和交互限制。

在前一部分中我们是以"学习过程"来结尾的,这是社会宪治理论的关键,即系统的反作用(reactive)模式。由于在全球层面上没有形成政治与法律系统的全面耦合,"宪法工程变得碎片化","当社会问题出现时,只存在系统间偶然的耦合。一个当下的冲突因涉及宪法层面而要求做出一个宪法性的决定时,只有个别的宪法规范可以产生出来。"[②]"随着全球性问题在全球范围的部门域中累积起来,社会冲突就会生发出具有宪法属性的单项法律规范。而随着时间的推

---

① Teubner, Constitutional Fragments: Societal Constitutionalism and Globalization, p.11.(略去原文强调)。
② 同上注,第52页(在原文基础上添加了强调的内容)。

进，这些规范集合起来就成为了全球社会子系统的宪法。"①

但我们应该怎样理解反作用式的宪治化，即以渐进的、累积的、碎片化的方式形成宪法的过程？在这一部分中，我将指出宪治化的论点中内含的紧张关系。一方面，我将指出那些没有得到充分批判的危险，即宪治化只是以后验的（渐进的、碎片式的、累积的）方式对经济过程予以认可。另一方面，我想用这一理论本身的要素来抵抗对宪治语词的误用，这种误用只不过支持和促进了全球资本积累的实现。"学习"不仅指向知识的接受者，也包含了一种不可改变的"期待结构"，它决定了什么样的信息将被接受。换句话说，"正是通过有选择地产出某种期待结构才促成了学习的发生"。从这里我们能识别出宪法反思的焦点所在。

在卢曼具有开创性意义的著作《社会系统》第二章中，他指出，建构社会系统的所有"意义"都会涉及三个层面，即社会的、实现的和时间的要素。② 以其理论为依据，我提出"宪治"也包含三个层次的内涵：在社会层面上，它关联着宪法主体是谁的问题；在时间层面上，焦点在于宪法能否将过去置于面向未来的期待结构中；而在实现层面上，则关系到怎样把法律系统整合为一个有意义的整体。只有满足了这些最基本的要求，我们才能称其为"宪治"，即法律系统被建构为统一的整体，能为未来提供有规范约束力的期待可能性，并将主权归属于人民。任何形式的宪法反思都必须包含这些因素。借助这一理论框架，我们应首先考察此种反作用模式的宪治理论中蕴含的风险，然后再考察这种有选择的、反思性宪治化能否兑现它的承诺，即它会预防社会遭受由于经济系统的失控而产生的危害结果。③

将宪治化视作一个学习过程、一个反作用的过程将给"宪治"概

---

① Teubner, Constitutional Fragments: Societal Constitutionalism and Globalization, p. 53.

② 参见 Niklas Luhmann et al., Social Systems, Stanford University Press, 1995, pp. 59-102（对这三个层面做出了解释）。

③ 本文作者认为，托依布纳不会将讨论限定在对经济系统做出单独控制的层面上。

念带来挑战。如果宪治一词指向一种架构功能,是一套关于系统运行和变更之元规则体系,那么把宪治化当作一个不断延展的过程又意味着什么呢?什么又是跨国层面的宪治化——如果宪法的功能看似可以在国家的和超国家的两个层面之间分配或为两者兼有,但对这一分配本身的内容却不能决定?如果宪治传统上意味着政治和法律系统之间的某种综合,那么随着政治性架构或干涉的可能性在宪治化过程中弱化和消失,我们又从何处寻觅这一政治性的标志呢?既然宪治化主张从两个方向上,即内在地和外在地建构宪法,它也在这两个方面存在问题。对于法律系统来说,"外在"层面意味着法律和政治系统的综合或耦合,但在这一耦合中政治系统却仅以后验的方式发挥作用,从而变成了既是与法律系统耦合的条件也是耦合的结果。第二个内在的方面则与什么赋予了法律体系性本质这一根本问题相关。当法律体系的等级化或者说架构功能只能后于宪治过程而发生时,法律的体系性就是存疑的。让我们首先讨论这一内在面向。

解决这些概念困难的通常途径就是诉诸宪法多元主义。但是把一种宪法秩序称为多元的至少从表面看就是矛盾的。克里斯·桑希尔(Chris Thornhill)在一篇近期发表的对宪法多元主义进行批判的评述中非常有洞见地提出,宪法说到底,是法律系统"规范回溯的终点(point of normative regress)"。① 这样的回溯是体系性的要求,而体系性是法律秩序的特征。即使普通法系秉持着个别性和实用性的特征,作为普通法系最杰出的法理学家,哈特(Herbert Hart)仍然引入了初级规则和次级规则的区分来定义法律体系。他把法律定义为"初级规则与次级规则的结合",② 次级规则、承认规则、效力规则、变更规则、管辖规则,赋予了整个规则综合体体系性的特征:承认规则将(分散在不同等级的规则)碎片集合为一个具有等级结构的,因此

---

① Chris Thornhill, "Legal Pluralism: The Money Books on Europe's Many Constitutions", 21/3 *Social and Legal Studies*, 2012, p. 420.

② Herbert Hart, *The Concept of Law*, Oxford University Press, 1961.

也可以称为理性法的整体。在凯尔森那里这一体系化的理性得到了最好的表达。而贯穿从哈特到凯尔森之间的所有理论谱系,法律都是通过它的体系性被定义的,即与"多元主义"相反,它是规范回溯的终点、"承认规则""基础规范"和最基本的宪法原则。

当然,社会宪治理论的重要创新就在于不将法律问题置于优先位置:"宪治化是一个社会过程并仅在次要意义上才是一个法律过程"。但是,即使与法律系统分离,宪治的含义仍然要在上述社会的、时间的和实现的三个轴线上维持某种"控制"的功能,这即是宪治的基本含义。但在上升到"跨国社会宪治"层面时,这些要素的组合被打乱了,他们必须在三个层面上进行一系列超常的重新组合:在"社会层面"难以找到行使制宪权的中心和代表,宪法主体被排除在实际的制宪过程之外,反而是以一种倒推的过程被建构出来的;这一事后归因将宪法主体地位赋予了宪治化过程中组合出的某个行动者,但是这种看似"美妙的回溯(fabulous retroactivity)"却无法保证这一主体真的会在跨国公共空间的碎片中产生,或者说至今尚未形成。① 而在"时间层面"上,我们也无法发现与宪治相关的架构功能,更令人吃惊的是,连对这一架构的需要都不存在。相反,"宪治化"只是对宪法"碎片"的沉积和巩固。最终在"实现层面"上,我们面对的是一个缓慢、渐进的过程,伴随着系统的延续而不断重新组合。

---

① 这一点可以进一步表达为:即使当前还无法识别出某个"人民"作为制宪过程的主体,这一主体定会在建成一个更紧密的共同体之后产生。雅克·德里达(Jacques Derrida)在谈论这种未来先行的"美妙的回溯"时用的是一种更具试探性的口吻,而约瑟夫·韦勒(Joseph Weiler)则以一种冷静的语调高扬建立欧洲共同体这一计划的弥赛亚特征。然而,在当前的紧要关头我们应该更加谨慎。尽管经历了理想的破灭,徘徊于社会的赤字与民主的赤字之间,以经济团结为代价片面追求经济增长等种种危机等种种挫折,这些欧洲最好的理论家却努力把建立欧洲宪法的过程刻画为一种后验的成功,把取得这一成果的过程称为"宪治化",并把那些激烈的反对声音称为宪法多元主义。在另一篇文章中我曾指出,宪治化和多元主义是与市场的扩张相伴而生的,或者说是紧密嵌入在后一过程中的。在其中并不存在与民主的任何联系,也无法激发与欧洲宪治化有关的任何对话。参见 Emilios Christodoulidis, "A 'Minefield of Misreckonings': Europe's Constitutional Pluralism", 14 *Cambridge Yearbook Of European Legal Studies*, 2012, p.119.

欧洲一体化就是将宪治化看作一个延续的过程的典型例子。与那些我们通常读到的有关欧盟宪法的文献观点不同，我认为这一过程特别能显示出解构宪治概念的风险。如果说在欧洲创造一部宪法的过程包含了艰苦卓绝的努力和一系列充满争议的重大失败，宪治化的叙事却隐秘地把它表述为一种虚假的成功。很多重要的"宪法时刻"消逝得无声无息，毫无影响力，恰恰是由于欧洲法学者们用功能等价物的概念填补了欧洲层面上制宪权的重大缺失。在很大程度上，他们用对宪法的再想象重新定义了争议的语词本身。"欧洲宪法"在政治上是一个失败的尝试，但在另一方面它也代表着资本缓慢、渐进的积累过程。而在当前资本加速积累、变得愈加残酷的情况下，保护社会的逻辑被经济竞争的逻辑尤其是比较优势的逻辑牢牢控制了。我们当然可以认为所有的失败都是偶然的，欧洲宪治理想的去魅不能被视为跨国宪治的整体失败。但这些例子也提示了当宪治化被看作一个"生成宪法"的过程时所蕴涵的理论风险、需要具备的前提条件，以及关于宪治标准是什么的疑问。如果说在这一部分中我主要从宪法理论角度质疑了"宪治化"的概念，我的另一个目的则是从"社会宪治理论"中发掘关键性资源，将"宪法"反思的要素用于规制经济理性的一般化倾向。

在托依布纳著作的开头部分，他引用莱因哈特·科赛莱特（Reinhard Koselleck）的理论提出了一个重要问题：在宪治化和（单纯的）法律化之间是否存在任何重要的界分？吸引托依布纳的是科赛莱特"将宪治从国家的局限性中解放出来而拓展至所有社会组织"的尝试。[①] 但我想强调的并不是这一点，而是科赛莱特提出的下列区分标准："宪治意味着所有的机构都为法律所规制……没有这些机构，政治共同体将不能采取任何政治行动。"请注意在宪治、政治共同体与政治行为之间的联系。对托伊布纳来说，科赛莱特留下了一个"开放

---

① Teubner, Constitutional Fragments: Societal Constitutionalism and Globalization, p. 16.

性"的问题:"在市民社会的宪治化和单纯的法律化之间有什么区别?"托依布纳自己是这样回答的:"与社会子系统的单纯法律化相比,只有当法律规范发挥双重作用时才真正触及宪治化的问题。这一双重作用即是自治秩序的奠基和自我限制。"[①]托依布纳与科赛莱特观点相同的部分是,他们都关注市民社会机制的激活、多元主义传统下存在于社会与国家间的中介机构,以及托依布纳所捍卫的功能分化之含义,即社会领域的自治如何得到保障;如何控制其帝国主义式的扩张倾向;以及基于以上两项要求,社会整合何以可能。[②]

因此,与宪治化过程相联系的理论风险可以表述为:"自我描述"、一般化,以及一些新兴概念仅仅是规则的集合而未具备宪法性功能(如架构功能或审查功能),这些功能本应先于其具体适用而存在。如果宪治要保留任何"制宪"的——政治含义,保证社会能影响其各部门域的自创生逻辑,那么宪治化就应该与单纯的法律化相对立,就像它需要与经济理性的一般化相对立一样。而将一种事物与其他事物对立,以及将不同的系统"理性"对立起来,就意味着拒绝将一个系统的功能必需输入其他接受系统之中。换句话来说,它意味着社会能够做出有政治意义的区分并给出有政治意义的命令,而这恰是宪治化过程所意图削弱的。因此科赛莱特坚持认为甄别宪治本质的标准在于:"宪治意味着所有机构都为法律所规制……而没有这些机构,政治共同体将不能采取任何政治行动。"

在这一点上,我们可以更清晰地看到存在于宪治化作为一个反作用的时刻和反思时刻之间的模糊之处和紧张关系。认为两者的关系是一种内部政治化与外部政治化的对话关系是不够的,因为正是这种预想的"对话关系"架设了从外部政治过渡到内部政治的桥梁,抹去了其中的冲突和对立。譬如,如果我们认为保护工人尊严是不可妥协的要求,那么当我们将这一要求视作经济系统的内部政治时

---

① Teubner, Constitutional Fragments: Societal Constitutionalism and Globalization, p. 18.
② Ibid., p. 20.

又意味着什么呢？无论我们怎样高声疾呼公共利益应得到保护，经济理性却指示我们除了从劳动的交换价值角度去实现这一目的外别无其他可能。在最后一部分我们会就这一点更多论述。现在，让我们仅仅重复一下与宪治化相关的问题。

把宪治化视作系统自我限制的理论支持了将宪治化视作一个内部政治化的过程，并把对这一过程的审查看作是正在形成中的宪法结构的偶然结果而非先决条件。如果宪治化仅意味着把已成事实"夯实"为一些概念，引导社会系统沿着自创生的轨道对社会刺激（无论是抗议还是冲突）做出回应，那么我们就失去了在政治——社会层面上做出区分的可能性。这意味着一种屈从，使社会价值持续服从于系统的部门理性，它必然为资本积累提供制度辅助，而我们不应将这一过程称颂为宪治。

但对宪治化采取另一种解读可以挽救我们免于这种命运。在《宪法的碎片》第四章中[1]可以发现一种更复杂和精致的论述，而我会在下一部分中详述这一点。依据这种解读，宪治引入了一种反思机制，这种反思性并不会直接服从于经济系统的功能必需，而是使集体学习过程与规范命题紧密相连——我将之称为广义的政治性。这一解读将宪法反思性从各部门的内在动力机制中抽出，而使其发挥保护社会（即限制性）的作用。从系统论的角度来说，以反思性来转换规范性和功能性之间的对立是非常困难的。具体说来：在分化的、离心的社会再生产过程中"限制性"运动如何开始呢？以什么为中心才能对系统的适当界限做出反思？除了"功能性"外，还有什么标准可以用来衡量"适当性"；而除了在"必不可少的多样性"与对复杂性的控制之间维持稳定外，又能用什么标准衡量"功能性"？如果以上任何问题可以将我们引向一个"限制性"的宪法时刻，宪法反思机制就必须识别出某个界点：从这一点开始，系统将或者服从于不同序列的

---

[1] Teubner, Constitutional Fragments: Societal Constitutionalism and Globalization, p. 73.

价值标准，或者将自己限缩在适当的界限中。而这就是一个规范性的而不仅仅是功能性的标准。尽管在托依布纳天才般的创见中，规范性与功能性并不冲突，功能性的考量可以引导规范性的要求，但在我看来，除了依赖一种政治性反思机制外，没有其他方式能使保护社会的目的免于在功能逻辑中落空。

四、功能相当的夷平逻辑

"需要在经济系统中强化反思性政治，而这需要宪法规范的支撑。历史上，集体谈判、共同决策和罢工权可以保证新的社会异议得到表达。而在现今的跨国机构中，他们的伦理委员会也发挥着一种相似的功能。社会宪治理论的应用就体现在把社会中广泛存在的'反思中心'，尤其是经济系统内的反思中心，转变为民主社会的衡量标准。"[①]

让我们展开分析这一公式中包含的多个要素。托依布纳给出的反思实例（或者说"中心"）有：政治性的"积极"消费（或者说"消费领域的政治化"）、"公司治理生态化"和"纯货币（plain money）"改革。这些实例的共通之处在于他们都允许将系统扩张引发的社会回应导入系统的自我限制轨道。这一"自我限制的功能……会形成强有力的反作用结构，即以权力限制权力、以金钱限制金钱，每一种情形都是系统专属媒介的自我限制"。[②] 以纯货币改革为例，"这一改革是经济宪法的核心，因为它组合和构成了经济系统的自我限制机制……而并不试图以政治权力、法律规则、道德命令或对谈式的劝导来规制经济系统。"[③]

这些事例将我们引向更广泛和丰富的社会动力资源。社会宪治理论首先就要揭示出系统的表象与其社会动力基础之间的联系，这

[①] Teubner, "A Constitutional Moment? The Logics of 'Hitting the Bottom'", p. 17. （在原文基础上添加强调的内容。）

[②] Ibid.

[③] Ibid., p. 16.

些被称作"宪法平台(constitutional arenas)"。不容忽视的是,社会冲突、社会运动以及社会需求会引发社会子系统的运作,而以机构为中心的"解决方式"只能提供短暂的缓解。需要注意的第二点则是,社会子系统除了具有社会属性外,还需要应对内在的冲突力量,也正是为了消除这些冲突,宪法反思才需要得到法律系统的支持。在这种意义上,上述"系统媒介的反思性"(以权力制约权力,以金钱制约金钱)还没有完成宪治化的过程,系统的自我宪治化还不是真正的宪治化。必须有法律系统反思性的进一步支撑,才能在元耦合的意义上实现"宪治"。托依布纳写道:"什么是系统理性?为什么社会反思性需要次级法律规则的辅助?社会系统的自我奠基过程需要法律系统的支持是因为他们自己无法完全实现系统的自治。这或者是由于社会系统凭借自身初级和次级秩序不足以实现系统的闭合,或者是因为反思性的社会过程在面临系统的问题时难以维持自我稳定。在这样的情形下,就需要附加的闭合机制来帮助社会自治系统的自我奠基。法律系统就是其中之一尽管不是唯一的因素。同样,'国家'的自我描述也是一种闭合机制:因为政治系统只有在以国家的形式完成了自我描述时才实现了与其他系统的功能分化。"[1]

我们还会进一步论述这一点,而现在让我们首先讨论一下在"反思中心""异议"和"民主"的联结中存在什么问题。我们先不讨论那些反思性成分稀少的事例,比如针对经济过速增长而出现的积极消费或者"公司治理的社会责任",而是转向异议的概念及其与民主的联系。我认为其中首要的和最成问题的因素就是功能相当的逻辑。在这一逻辑下,"反思中心"本性上并不是民主的(如果民主意味着要将经济系统纳入政治规制的话),但却在功能上与民主程序有相当性。在"历史上,工人与资本家的共同决策"发挥着审查资本积累的作用,如今,在功能相当的意义上则由企业的伦理委员会来承担着

---

[1] Teubner, Constitutional Fragments: Societal Constitutionalism and Globalization, p. 107.

"相似的功能"。① 现代公司治理结构中资本的"增长冲动"可能会受到政治主体"外部压力"的遏制,但必须经由公司治理结构来接受和处理民主的要求和异议的提出。

因此,民主参与(及其对社会劳动的重要意义)之不可减损、不能通约(因而在功能上也不可置换)的价值变得不再有意义。托依布纳在某些情况下表达过这样的看法:"未经检查就将政治决策的模式运用到其他社会领域中"是一种"分类错误",因为它会导向"以政治模式为主导来整合彼此相异的系统理性,并强加给他们一部内在的'政治'宪法",从而"错误地将他们政治化了"。② 总之,随着民主的(或至少是集体的)决策机制被仅仅归类为政治系统,留下的就只能是功能相当的机制。这种功能相当的机制又渗透着工具主义的逻辑,即只对那些有益于维持功能系统之恰当平衡的异议开放,而不是出于"民主"不可减损的本质价值。在我们转向托依布纳关于反思性和宪治化更复杂的论述前,让我们从上述阶段性批评中保留关于民主的本质价值和工具性价值之区分,以及出于策略性的目的,在有益的和不协调的异议之间的区分(我曾在《断裂的策略(*Strategies of Rupture*)》一文中讨论过后一种概念区分)。③

毋庸置疑,托依布纳关于宪治问题的讨论是非常具有创见的。他认为,宪治化的过程即是要实现如冯·福尔斯特(von Forester)所言的"双重闭合"。④ "除了系统运作的一阶闭合外,系统通过将反思结果再输入其运作过程中,发展出系统的二阶闭合。"但这一双重闭合的关键在于形成与法律系统的元耦合。"宪治"的二阶闭合体现为系统形成对自身运作的反思结构(比如,在政治系统中,对权力的反

---

① Teubner, "A Constitutional Moment? The Logics of 'Hitting the Bottom'", p. 17.
② Ibid., pp. 28-29.
③ Emilios Christodoulidis, "Strategies of Rupture", 20/3 Law and Critique, 2009, pp. 3-26.
④ Teubner, Constitutional Fragments: Societal Constitutionalism and Globalization, p. 103.

思导回权力行使过程本身——对选举过程、候选人胜任与否和选举的基本权利等做出规定),而这一反思本身又是与法律系统的反思耦合而成的结果。从内部视角看,这一反思是一阶运作与二阶运作的结合;而从外部视角看,它表现为相关社会系统与法律系统之反思结构的耦合。"当双重反思——自创生的社会系统的反思和支持其自治的法律系统的反思形成之时,宪法就出现了。"① 也即是说,宪法形成于法律系统的反思性机制(如次级规则)与相关社会域的反思性机制之间形成结构耦合之时。与卢曼观点不同,托依布纳用宪治一词来指涉两个系统内部反思过程的耦合,只有当这一耦合达到了足够的强度和持久度时,两个社会子系统之间才能形成宪治的共同演化关系。

当"混合的双面元符码"在两个社会子系统中引导其内部过程时,宪治化就开始了。② 这是在"混合的元符码"作用下,通过系统的二阶耦合来实现的。这些"元符码"作为符码,具有判断合宪/违宪的价值;又在反思层面形成系统耦合(因此被称为"元"符码);而"混合的"则指在跨越两个系统时,两种反思秩序之间并没有直接的意义输送,在追求公共利益的实现时,每个系统都只依赖于自身符码定义下的、专属于系统本身的标准来做出合宪与否的判定。公共利益和公共责任因此被当作"附加反思"的标准,使这一理论具备了规范性的内容。

这就是托依布纳在《宪法的碎片》当中所指出的:"社会领域的宪法符码(合宪/违宪)优先于法律符码(合法/非法)。这一元符码最特别之处就是它的混合性,它不仅比法律系统的符码更重要,而且也比功能系统自身的二元符码更重要。它将功能系统的二元运作置于一种附加反思之中:即社会子系统是否将公共责任纳入考量。"③

---

① Teubner, Constitutional Fragments: Societal Constitutionalism and Globalization, p. 104. (略去原文脚注。)

② Ibid., pp. 110-111.

③ Ibid., p. 110.

这一宪治标准的重要意义在于,作为一种混合性的元结构,它使元层次的系统耦合成为可能,并有效地支持了异议的表达。它强化了一种更高层次的附加反思。在异议的诸多作用中,它对于系统"自我限制",即防止系统的盲目再生产,以至于从一种有益的扩张转变为灾难性的扩张,有重要意义。但这只是以公共利益限制和引导系统自我再生产的效果之一。恰在这一点上,托依布纳将社会宪治的政治意义表达为"外在于组织化的政治",并认为这一政治并不比组织化的政治更弱。我们该如何理解这种政治形式?对托依布纳来说,"政治性"意味着两种事物:第一,国家的、组织化的政治;第二,社会的、组织化的政治以外的政治,或者说经济系统和其他社会领域的内部政治化(比如基于他们的社会定位的反思性政治)。由于社会系统必须面对他们的自我奠基悖论和决策悖论,社会系统永远不能仅仅"技术化地"对这些问题做出决定。从这一视角来看,国家政治之外独立的社会宪法也具有高度的政治性。如托依布纳所言,"社会宪治要求将政治反思性牢牢建立在经济系统的自发领域和组织化的领域之中",[1]即是指从社会的、国家之外的政治反思中寻找"制宪权"。"通过将消费偏好政治化,将公司治理生态化以及将货币政策置于公共领域中——这三个宪法平台向我们显示了社会子系统的'内在'政治化在多大程度上依赖于系统独特的交流媒介。"[2]也正因为如此,他们与以国家机构为中心的"外部"政治化之区分不容忽视。社会宪治理论反对将根本性的社会政治问题集中于政治系统之中,而是通过将社会中的"政治域"多元化,扩展冲突发生和决策做出的场域。

托依布纳十分认同费舍尔·勒斯卡诺(Fisher Lescano)和伦纳(Renner)的观点,即"社会宪治可以使公私领域中的行政性机制对社会根基,即全球社会本身(而非对政治系统或由民族国家组成的国际共同体)作出更多的回应。它使我们创造出新的行为模式,将(立法、

---

[1] Teubner, Constitutional Fragments: Societal Constitutionalism and Globalization, p. 119.

[2] Ibid., p. 121.

行政和司法机构做出的)决策程序与(全球不同的公共领域中)的辩论结合起来。因此在形成社会宪治的过程中,自发领域和组织化领域的双重结构就建立起来了,这一点对民主理论有重要意义。"①

然而,我认为这段话夸大了社会宪治乐观的前景和它所主张的社会回应性。元层面的反思作为合宪性的标准既没有承诺也不能保证外部政治化能成功转换为内部政治化(也即这段话中所说的"回应性")。相反,它仅仅检视了各社会域间不可通约的系统逻辑,并只在间接意义上回归了科赛莱特提出的命题:"政治共同体采取政治行动的能力"。在最后一部分中,我将以一种内在批评的方式,尝试重新将宪法反思性与社会宪治的政治维度联系起来。

五、宪法反思的政治性

下面让我们从一种不同的政治进路来研究社会宪治理论。在此之前,我认为,我们都会相对赞同把民主视为政治的组织原则、把平等视为政治的基本要求。任何政治的概念如果不将民主和平等视作应有之义和不可化约的价值,就不仅缺乏规范性,而且不能称为一个定义。同时,我也想再次强调我在本文开头所提到的,政治和国家之间的联系只是偶然的历史的成就。在政治系统的运作中,民主常常被简单地与国家联系起来,似乎讨论代议制下民众如何行动就已足够(尽管与之相对的其他选民组合方式,如典型的阶级划分法,对代议制提出了挑战),民主的可能性当然从来没有为国家形式所穷尽。例如劳动民主,激进的工团主义(Syndicalism),或者阶级斗争,就是基于对民主和平等的渴望所激发出的国家政治之外的形式。也正是通过切断与国家政治的相似性,民主斗争的历史也是一部政治语词的斗争史。当然,我无意为政治性做一个全面的辩护,我只是想以

---

① Teubner, Constitutional Fragments: Societal Constitutionalism and Globalization, p. 123. (引用 Andreas Fischer-Lescano & Moritz Renner, "Europäisches Verwaltungsrecht und Völkerrecht", in Jörg Terhechte (Hg.), Verwaltungsrecht in der Europäischen Union, Nomos, 2011, p. 370).

上述背景说明，政治性由于进入社会子系统中并与社会子系统的功能理性相调和，往往放弃了它的根本含义，即民主是其组织原则，平等是其基本要求。在这一情形下，将"外部"政治化转化为"内部"政治化就是成问题的，宪法反思在其中起不到促进作用，而嬗变为一种阻碍机制。在社会宪治这一宽泛的理论框架中，我的关注和兴趣点尤其落在政治学与经济学的关系上。我认为，宪法反思需要重新发挥政治性的作用，指引某些领域的社会行动远离价格逻辑的支配。

我之所以认为宪法反思的政治性功能不能通过"内部"政治化的过程实现，是因为其中存在着一个与经济理性密切相关的结构性原因。如果说，政治的本质含义是民主与平等，并要求任何的现实举措都根据这一标准来衡量，那么在功能分化和系统自治的背景下，经济理性却把生产活动的组织学意义完全剔除出经济领域。经济理性从此变成了在互相竞争的目标、"可替代的选择"之间分配稀缺资源的逻辑。正如福柯在一场重要讲座中所言："经济学已经脱离了对经济过程的历史逻辑分析，而变成了对个人行动的内在理性和策略的分析"，[1]即我们所说的，分配稀缺资源以实现不同目的。这一新的转向使经济理性不再关心对人的需要的满足，而是转向研究"目的与匮乏的、专用的手段之间的关系"。[2] 对有用性的衡量不再与社会需求和集体劳动相联系，更遑论实现社会正义与平等。安德烈·戈尔兹（André Gorz）曾以劳动领域的制度变迁为着眼点，敏锐地追溯了公正这一古老问题是如何被以效率为中心的经济理性所取代的。[3] 当然，从卢曼那里我们已经清楚地知道，以新的"指导性区分"对某个社会

---

[1] Foucault et al., The Birth of Biopolitics: Lectures at the College de France 1978—1979, p. 223.

[2] Gary S. Becker, The Economic Approach To Human Behavior, The University of Chicago Press, 1976, p.3(引用 L. Robbins, The Nature and Significance of Economic Science, Macmillan, 1962, p. 16)。

[3] 参见 André Gorz et al., Critique of Economic Reason 一书。

领域如经济领域进行这样彻底的重新定义会产生新的悖论和套套逻辑。耶鲁经济学家厄尔文·菲什就举过一个例子。他问道:"什么是收入?"①简单来说收入就是资本的产出或对资本的回报。但厄尔文·菲什认为,我们可以将任何一种能以某种方式成为未来收入源泉的事物叫做"资本"。由此可见,经济系统的闭合实际上是通过系统的自我描述和套套逻辑实现的。这本来更需要我们运用系统的反思理性解开障碍,然而,在这一过程中我们却用纯粹的经济学[译者注。]替代了政治经济学的组织原则。通过把劳动鲜活的意义置换成劳动的交换价值,资本主义对工人的剥夺被掩盖起来,经济理性使生产过程中的任何政治含义都成为了多余。无须赘言,这些都证明了一个观点:在"外部"和"内部"政治化之间没有联结通道。尽管对系统论学者来说这是一种共识:没有什么共同的意义可以跨越系统的界限。但即使如此,在讨论反思性和系统耦合时,我们又认为在混合的元耦合层面上什么信息是可以交流的呢?更确切地说,在与经济系统形成元耦合的层次上,政治系统中"宪定权—制宪权"之区分能否在进入经济系统时仍保有其内涵,变成内在于经济系统的、以保护公共利益为原则的"政治"呢?经济系统如何能重新对待价值问题而非仅仅采取交换价值的视角呢?如马克思在《1844 年经济学哲学手稿》中指出的,当工人本身而不仅仅是工作都变成了"资本的产品"时,保护工人的尊严又意味着什么呢?

问题的关键就在于,随着政治性"重新进入"到其他系统理性中,它不再发挥影响和决定作用,而被调适为与接受系统的功能保持一致并有益于接受系统的模式。但其中的悖论是,如果我们期待宪治发挥限制性功能,那么"公共责任"作为一个政治时刻,就必须成为一种"附加反思"或者说独立标准,而不能严丝合缝地重新落入系统再生产的逻辑中。这是托依布纳的观点。而我想更进一步追问的是,

---

① Foucault et al., The Birth of Biopolitics: Lectures at the College de France 1978—1979, p.223(引用厄尔文·菲什)。

在分配稀缺资源以实现多个不同的目标时,我们如何分辨什么会对公共利益的保护产生影响?在积极消费者的实践中,哪些因素更可以凸显公共利益的优先性并阻止经济系统触底呢?在其中,怎样使公共利益的内涵不会被消费主义掏空,或如丽莉·蒙克利夫(Lilian Moncrieff)所言,从"一人一票"的政治诉求变成"一人一买"的经济逻辑?[①] 一个政治行动者显然不等同于一个谨慎的消费者。如果积极消费被当作"政治性"的"经济表达",那么从"重新进入(经济系统)"那一刻开始就蕴含着根本性的错误。我们可以从"积极消费"的反义词来理解这一点:对消费主义的反对显然并不等同于、相当于或者说可类比于对政治的冷漠。社会宪治的反思性标准应该是:宪法反思能否对市场标准提出质疑,因为任何一个有尊严的社会都不会选择使其成员的尊严受制于商品化的逻辑。反思性的耦合能否回归政治经济学的思考方式,将生产过程中的民主价值视为不可减损的(也不可化约为功能等价物)?在这一点上,通过政治决策切断功能等价物的逻辑至关重要,因为这一逻辑"总是"要求民主的诉求与市场标准保持一致,最终使民主内涵变得空洞。这里当然存在着更复杂和细微的讨论空间,但我的目的是借助托依布纳的"社会宪治理论",来探讨是否公共利益足以实现对商品化和全盘市场化的控制。我认为,我们需要重返宪法反思这一概念,并在元层次上检视其功能。我的结论也许与托依布纳不同,但出发点却是相同的,或者更狭窄一些,即考察法律和经济系统如何能以政治系统为中心来支撑其各自的反思性。失去这一中心和支持,就没有办法维持元层次上的反思,也无法想象"限制性运动"的发生。从法律系统角度来看,这一点在宪法学者们的讨论中十分清楚,即如果宪法反思是元层次的反思,那么只有以政治来引导宪法转向才能实现。托依布纳同样谈到了这种反思性的耦合,但他认为,从宪法意义上来说,法律也会对政治系统的理

[①] Lilian N. Moncrieff, Bound to Shop: Corporate Social Responsibility and the Market (Jan. 19,2011), Ph. D thesis, University of Glasgow.

性起到"驯化"作用。这并不是本文讨论的真正焦点。我想强调的是,元层次的反思必须依赖于政治维度来实现,法律不可能在盲目的、实证的自我再生产中更新自己,而只能在一个政治时刻中衡量自己、重新定位,并在时间、社会、实现的层面上再生为稳定的规范性期待秩序。这才是宪法反思的成就:即通过有组织的宪法区分、制宪和宪定的区分,来指引法律的理性化。尤其是制宪权和宪定权这两个端点,从来都是彼此对立而不平衡的,但在宪法理论中这种不平衡却极富创造性地表现为宪治的两方面含义。我不想偏离主题太远,但我想在这里强调一下,法律在反思层面上既可以与政治系统(如上所述)也可以与市场形成耦合。而在任何一种情况下,第一阶运作都需要经由反思性耦合产生的第二阶运作(即验证)的真理标准得到检验。但是,福柯指出,在历史上随着市场体系的兴起(与波兰尼的观点大体相同,即认为在 1750—1830 年之间),法律和市场越来越紧密地耦合起来,造成了市场在第二阶运作的意义上[译者注。]变成了一个"验证"真理的场域。①

由于市场体系的产生和催化作用,公法部门传统上所依赖的衡量和自我限制机制反而被市场认作一种扩张性的本征力量(eigen-dynamic)。市场代表自然守恒,而[译者注。]法律成了自然守恒的"真理"的对立面,这一真理反过来被用以衡量法律干涉的正当性。如果说传统上权力的自我限制依赖于外在措施来实现,公法即发挥着这样的作用,如今则是通过系统耦合来保证权力适当的自我限制(公法上"政府不能过多干涉"的要求被转换为系统论意义上"过量"的含义)。最关键的是,系统耦合被应用在公私法的划分中,划定他们各自的范围,定义干涉的含义,最终把合法性的追求与市场的验证标准

---

① Foucault et al., The Birth of Biopolitics: Lectures at the College de France 1978—1979, pp. 27-50.

联系在一起。① 随着市场成为一种验证,我们面临着更高的理论风险,即宪法的反思性被转换成一种完全异质的元耦合。市场本是与法律相关或附随的一种系统自我指涉,如今却成为确立法律"正确"与否的标准。(在此情形下)经济系统能否在没有政治系统的帮助下进行自我反思并回归政治经济学的维度,以实现对其盲目的自我再生产的控制?唯有回归政治经济学,限制性运动才能提供一套独立的标准,即可以在某些方面中止经济系统的自我再生产、贪得无厌的商品化和肆无忌惮的扩张。也正是这一中止使反思性变成了一种阻却机制,它能使某些事项,如集体谈判权保护免于陷入纯粹经济的考量。

这就是我认为在元耦合层次上经济系统存在的问题。通过"是否满足公共利益"的区分,经济系统的反思被拔高为一种元层次的反思,然而公共利益的区分标准是过于空洞和不确定的,无法为元层次的反思提供足够的支持。我们因此面临着两个选择:或者借助于政治性的标准将其发展为一个独立的反思性追问;或者继续遵从价格逻辑(如公司的社会责任、积极消费的形式),但这样做也意味着它将从元层次的反思跌落回功能层次的反思。当然,没有什么能够保证那些支撑经济宪法的"宪法属性"的政治力量是广泛而有适应能力的,他们通常会表现为不妥协的、固守底线的尝试。例如,欧盟法院

---

① 福柯发现了与治理实践相适应的一种自然主义倾向的兴起,这一点至关重要。针对亚当·斯密关于人的经济理性的论述,波兰尼曾非常准确地评价了这一经济人的假设:在历史上从来没有一种理论曾像这样地把人的自然属性当作对他行为的预言。"自然"从人的本性这一关键意义上,改变了公法的运作逻辑,反过来成为公法行为的理由、界限和措施的基础。然而,这一转变只不过是把治理逻辑投射在其客体身上,即把他们建构为可治理的。福柯说,可治理性"就像它的皮下组织一样不可缺少"(同上注,第 16 页)。而法律的自我指涉属性是依靠市场的作用来实现的。没有市场,则自我指涉难以发生(尽管福柯在原话中没有使用这些词汇)。"在统治者行为的底层或者说另一面,就是可统治性。而治理的这一面向——它的特殊必要性正是政治经济学要研究的。它并不仅仅是治理行为的背景,而且是一个永恒的相关项(同上注,第 16 页,在原文基础上添加强调的内容)。"这一与治理行为相伴生的即是自我指涉的逻辑和自然主义的逻辑。

(ECJ)在近期的判例中(如 Laval and Viking),①就把社会保障和罢工行为擢升为具有宪法意义的事件。克里斯丁·约格斯(Christian Joerges)提出了一种与市场一体化直接对立的"解决方案",他认为我们应该尊重芬兰的法律,尊重工会协调跨国劳工权益的作用。他说,"除了固执地坚守芬兰法在(劳工保护)方面取得的成就之外,恐怕不存在第三条道路。"②沃尔夫冈·斯特里克(Wolfgang Streeck)则号召我们"远离廉价资本主义所提供的那些危及我们生命的镇静剂,回归民主",而这必须依赖于"激活工团运动的活力",遍及欧洲所有的前沿阵地。③ 在他们的论述中,经济宪法的反思性都显然为政治反思性所限制和指引。这一与托依布纳不同的结论究竟有什么重要的意义呢?重点即在于,这种反思性不是从经济系统角度反思公共利益,而是反对在不同质的诉求之间进行通约。它反对将工人罢工的自由和企业主改变注册地的自由在政治层面上不加区分地"并置在一起",也反对在"比例原则"扁平化的机制下使劳动权利与经济权利相互"平衡"。这种反思性反对将劳动者的尊严置于比较优势的经济考量之下。而任何认为外部政治化可以过渡到内部政治化的设想都忽视了这些禁令,并在把这些关切转换到经济系统的过程中消解了反思性的机制。

结论

以一种我没有预料到的迂回的方式,本文回归了元层次意义上的社会宪治理论,但却更清楚地认识到了我们所面对的风险和困境。我在本文中对功能相当的逻辑提出了警示,并指出批判性的系统论

---

① 案例 C-341/05, Laval un Partneri Ltd v. Svenska Byggnadsarbetareforebundet, 2007 E.C.R. 1-11767;案例 C-438/05, Int'l Transp. Workers' Fed'n v. Viking Line ABP, 2007 E.C.R. I-10779。

② Christian Joerges, "Will the Welfare State Survive European Integration?", 1 European Journal of Social Law, 2011, p.17.

③ Wolfgang Streeck, "Markets and Peoples: Democratic Capitalism and European Integration", 73 New Left Review, 2012, p.70(在原文基础上添加强调的内容)。

必须包含一种政治性反思,才能重拾民主的本质含义和其认知论上的前提,对抗把市场当作真理验证标准的做法。也许我们现在处于一个更恰当的位置,可以对什么是社会宪治的社会性做出反思。我们在开头提到的双重弱化的内涵也更清晰了,即究竟是政治机制还是市场机制在维系着宪法的反思过程?市场陷阱的危险表现为:宪治的"社会性"依赖于市场机制的导出,却同时陷入了经济功能的支配,最终被市场分配的逻辑所控制。为了对抗这一危险,我们需要在政治层面上重新思考,并采取一种政治经济学的视角。在民主的内涵被市场思维消解之前、在政治空间还没有被价格逻辑控制之前,让我们努力抓住这最后的机会。

编后记

前两年,卢曼的法律思想在清华大学法学院掀起过一波思想狂潮。2018年春天,高鸿钧教授开设卢曼研读课。正所谓,卢曼难,"难于上青天"。读卢曼,此途路漫漫。在这一年间,数十人围坐一堂,轮番上台,解读《社会中的法》,逐渐也跟着卢曼"不说人话"了。其间众人如我,费尽全力攀登这座山峰,困惑过,倦怠过,好在多位卢曼专家前行引路,一行人才能披荆斩棘,最终勉力登顶,一览卢曼思想之魅力。

通常来说,这么晦涩艰深的课程只会让初学者望而却步,令同行者退缩,以致最后参与者寥寥无几。但是令人称奇的是,编者作为这门课程的助教,在每节课前反倒担忧教室太过狭小,容不下从各大高校、研究所慕名而来旁听的"卢曼迷"。当然,这和授课的高鸿钧教授学识渊博、风趣幽默分不开关系,金句频出的高老师会用"很卢曼"的方式说道:"我,就是一个系统在运作。"但我想,能令众多老师和学生痴迷卢曼的原因更在于卢曼思想本身的无穷魅力。

卢曼是学术大师,也是一位抽象理论的建筑大师。从事学术研究是苦力活,因为绝大多数的研究都是面向整个学术史,辛勤的学者要在学术先贤创造的理论大厦中再添砖加瓦绝非易事,更别说像卢曼一样雄心勃勃地斩断诸多哲学和法学理论根基,平地起高楼,重建一座涉足人文社科各领域的系统论大厦。这种几乎颠覆整个学术传统,重建系统论话语体系的行径让人心生敬佩。因此,许多人或许和我一样,一方面会在卢曼的成就面前倒吸一口凉气,心生无力感,另一方面也会在秉烛夜读卢曼时仍久久不得要领。当然,我们也可以自嘲道:在这种拔地而起的理论高峰面前,我们那些微薄学术积累其实显得同样渺小,既然彼此都站在"同一"高度,那就安心埋头苦读吧。

读卢曼日久,编者会愈加感受到他的独特气质,他仿佛是一位冷峻的先知。他揭示了法律系统"法/不法"的运作代码,审视到观察的盲点,戳穿法律运作中的悖论,描绘出法律系统置身的社会环境。不同于自视先知的尼采高调喊出"上帝死了",卢曼告诉世人"法律即系统",但是他又藏匿在系统之后,不轻易显示真身,更不过多泄露真相。一切都留待读者去探索、发掘,像一个系统运作起来后才能悟到真理。同时,卢曼的系统论极具科技感与工业感,全书充斥着"代码""纲要""系统""环境""耦合"等概念。这些话语犹如钢铁般冰冷生硬,但是越读卢曼,越能感受到这背后的深刻。

当20世纪初,第二次工业革命行将结束之际,韦伯对法律的比喻曾让人耳目一新。他提到,现代法律可能像一台"自动售货机"。当立法完善到无可挑剔时,法官不过是依照诉讼方需求照单开药,依法判案。面对即将来临的新科技时代,卢曼提出过一个新的比喻让人思索良久。他说:"法律是一部历史机器,它会随着每个运作而转变为另外一台机器。"法律是系统,也是一部机器,它会不断更新、升级和发展迭代。对此,高鸿钧教授有一个绝妙阐释:"法律其实是变形金刚。"在当今中国,5G网络、区块链、比特币等技术在中国如火如荼地发展,人们似乎意识到了一场不亚于两次工业革命的历史变革正在酝酿爆发。未来即将到来,那些尝试描绘社会途径的社会思想家又是否准备充足呢?至少现在看来,卢曼向我们指出了未来法律的基本样貌。正是如此,"法律是一部历史机器"成为本辑的主题,我们面向未来,探索"法律作为系统"的可能性。

同样有趣的是,卢曼的系统论包罗万象,就连世间最浪漫的爱情也成为系统的一部分。当一对情侣沉湎于爱情、无可自拔之际,卢曼兴许会在一旁冷不提防地提醒:爱情也是系统中的沟通。由此看来,我们可以略微夸张地总结卢曼系统论:"万物皆系统。"

卢曼的晦涩、冷峻、深刻与趣味,或许是编者无法逐一道明的,幸好本辑的诸位作者都是个中高手,正是他们的解读、评析和翻译工作使得本辑精彩纷呈,从而让我们对系统论法学的认知也迈上新台阶。当然,本辑的诞生也与鲁楠主编的策划和组稿密不可分。我们还要特别感谢清华大学出版社诸位编辑的辛勤劳作。没有大家的努力,本辑也很难在疫情肆虐的风险社会中照常运作生产。

李宏基

2022 年 9 月